사고는
없 다

사고는 없다

교통사고에서
재난 참사까지,
무너진 시스템을
어떻게
복원할 것인가

THERE ARE NO ACCIDENTS

제시 싱어 지음
김승진 옮김

위즈덤하우스

표지 설명

전체적으로 회색 바탕이 깔려있고, 모래알처럼 작은 흰색 점이 바탕에 흩뿌려져 있다. 위에서 아래로 찢은 듯한 종이의 단면이 표지 중앙부를 세로로 가로지른다. 윗부분에는 "사고는 없다"라는 책의 대제가 2행으로 적혀있다. 찢어진 종이의 단면을 기준으로 왼편의 글자(첫 행의 "사"와 "고"의 대부분, 둘째 행의 "없")는 검은색이고, 오른편의 글자(첫 행의 "고"의 일부와 "는", 둘째 행의 "다")는 흰색이다. "없다"에서 "없"과 "다" 사이 빈 공간에 "교통사고에서 재난 참사까지, 무너진 시스템을 어떻게 복원할 것인가"라는 부제가 검은 글씨로 작게 적혀있다. 제목부 아래 왼쪽에 "제시 싱어 지음"과 "김승진 옮김"이라고 지은이와 옮긴이 이름이 세로쓰기로 적혀있다. 그 오른쪽 아래에 빨간색 테이프 두 조각이 엑스 자 형태로 놓여있다. 각각의 테이프에는 "There Are No Accidents"라는 책의 원제가 두 단어씩 검은 글씨로 적혀있다. 맨 아래 왼쪽에 출판사 위즈덤하우스의 로고가 있다.

이 책이 오디오북, 점자책 등으로 만들어지거나 전자책으로 제작돼 TTS(Text to Speech) 기능을 이용할 독자들을 위해 간단한 표지 설명을 덧붙인다.

에릭 제임스 응(1984~2006)을 기억하며,
또한 “사랑과 분노”를 기억하며,

이 책을 에릭에게 바칩니다.

그저 사고였다고, 구조적 문제와는 상관없는 개별적인 사건이었다고,
이런 일을 하다 보면 생기기도 하는 일이라고 당신 자신에게 말해보십시오.
그래요, 아빠 없이 살아야 하게 된 아이들과
남겨진 가족들에게 그렇게 말해보십시오.
신 앞에서 그렇게 말해보십시오.

—스티브 얼Steve Earle, 〈석탄의 나라〉Coal Country

차례

일러두기

1 *There Are No Accidents: The Deadly Rise of Injury and Disaster—Who Profits and Who Pays the Price*(2022)를 우리말로 옮긴 책이다.

2 모든 주는 지은이의 것이고 옮긴이의 첨언은 대괄호([ ])에 넣었다.

3 원문에서 이탤릭으로 강조한 부분은 고딕체로 표시했다.

4 본문에서 언급된 단행본은 의미 전달을 위해 부제까지 적되, 대제만 원어를 병기했다.

5 단행본·정기간행물에 겹화살괄호(《 》)를, 논문·기사·영화·방송 프로그램 등에 홑화살괄호(〈 〉)를 사용했다.

들어가는 글

사고가 아니다

이 책은 미국에서 사람들이 어떻게 죽는지에 관한 책이다. 그중에서도 중요하지만 흔히 간과되는 부분집합인 **사고**를 다루는 책이다. 오늘날 미국에서는 그 어느 때보다 많은 사람이 사고로 죽는다. 통계에 따르면 현재 미국의 사고 사망자 수는 연 20만 명이 넘으며,[1] 이는 만석인 보잉 747-400 비행기가 날마다 한 대 이상씩 추락해 탑승자 전원이 사망하는 것과 같다.[2] 미국인은 뇌졸중, 알츠하이머병, 당뇨, 폐렴, 신부전, 자살, 패혈증, 간 질환, 고혈압, 파킨슨병, 무차별 범죄보다 사고로 더 많이 죽는다.[3] 이렇게 많이 죽는데도 사고사 연구 기금 마련을 위한 마라톤 대회라든가 사고사 추념비 같은 것은 보기 어렵다. 교통사고, 화재, 낙상, 익사 등 우리가 사고라고 부르는 것은 거의 대중의 관심을 끌지 못한다. 왜 사고는 이렇게도 흔한가? 왜 오늘날 미국에서는 예전보다 많은 사람이 사고로 죽는가?[4] 왜 우리는 사고에 대해 이야기하지 않는가? 사망과 중대 손상의 증가 추세를 막기 위해 우리는 무엇을 할 수 있는가? 이 책은 이런 질문에 답을 구하고자 한다.

보잉 747 이야기부터 해보자. 우리 사회에서 사고사가 비용으로 잘 인식되지 않는 여러 이유 중 하나는 사고사 대부분이 보잉 747이 추락하는 식으로 일어나지 않기 때문이다. 대개 단일 사고의 사망자는 한두 명이다. 이런 죽음은 속보로 뜨지 않는다. 사고사는 빠르고 외로운 죽음이다. 기껏해야 경찰 사건 일지에나 기록될 뿐이다. 사고사는 넘어지거나, 차에 치이거나, 마시면 안 될 것을 마시거나, 잘못된 곳에 서있어서 발생한다. '사고'는 차량 충돌이나 계획하지 않은 임신을 묘사하는 말이기도 하지만, '여기는 더 들여다볼 것 없다'고 암묵적으로 관심을 돌리고 입을 막는 표현이기도 하다.

미국에서는 3분마다 1명이 사고로 죽는다.[5] 이 죽음들은 서로 관계없는 것처럼 보이고 딱히 사회가 관심 가질 만한 일도 아닌 것 같아 보인다. 하지만 미국에서 사고로 목숨을 잃는 사람이 **누구인지**를 보면 사회가 관심을 가져야 할 이유가 보인다. 흑인은 화재로 죽을 확률이 백인의 2배다.[6] 원주민은 길을 건너다 차에 치여 죽을 확률이 백인의 3배다.[7] 웨스트버지니아주 사람들은 바로 이웃한 버지니아주 사람들보다 사고로 죽을 확률이 2배 높고, 전반적으로 사고사율이 높은 주는 가난한 주다.[8] 왜 어떤 사람들은 사고로 죽고 어떤 사람들은 그렇지 않은가? 이 책은 이 질문에 대한 책이기도 하다.

가장 간단한 질문부터 시작해 보자. 사고란 무엇인가? 무엇이 사고가 아닌지를 통해 무엇이 사고인지를 규정해 볼 수 있다. 암 같은 질병, 날씨 같은 하늘의 작용, 살인 같은 의도적인 사건은 사고가 아니다. 하지만 맞는 설명이긴 해도 사고라는 복잡한 현상을 온전히 포괄하기에는 너무 단순한 답이다. 무언가를 일컬어 "사고"라고 말할 때, 이것은 변명도 될 수 있고, 설명도 될 수 있고, 자책도 될 수 있고, 범죄 혐의도 될 수 있다. 사고는 법적 대응이나 감정적 반응을 불러일으키기도 하고 전혀 불러일으키지 않기도 한다. 당신이 실수를 했고 용서받기를 원한다면 "그건 사고였어요"라고 말할 것이다. 실수한 사람을 당신이 용서하고 싶을 때도 "그건 사고였잖아요"라고 말할 것이다. 사고는 이불에 실례를 했거나 바람을 피운 경우를 말할 수도 있고 '사고 쳐서' 임신한 경우를 말할 수도 있다. 사고는 사망진단서의 사인死因란에 체크하게 되어있는 보기 중 하나이기도 하고, BP의 심해 원유 시추 시설이 폭발해 멕시코만에 원유 1억 3400만 갤런〔약 5억 700만 리터〕이 유출된 사건을 묘사할 때 쓰는 말이기도 하다. 또 핵과학자협회는 지구 종말 시계가 자정에 닿기 겨우 100초 전이라고 밝혔는데, 지구 종말이 임박한 한 가지 이유는 지구온난화이고 또 다른 이유는 사고로〔우발적으로〕 핵이 발사될 위험이다.[9] 그리고 내가 가장 사랑하는 친구도 사고로 사망했다. 적어도 그를 죽게 만든 사람에 따르면 그렇다.

사실 이것이 내가 이 책을 쓰게 된 계기다.

열여섯 살 때 나는 에릭 응이라는 이름의 소년을 만나 사랑에 빠졌다. 그는 열정이 넘쳤고 친절했다. 아주 미남이었고 유머 감각도 뛰어났다. 우리 둘 다 엄마가 퀸즈 출신이었고, 주말에 몰래 교외 동네를 빠져나가 펑크 쇼를 보러 가곤 했으며, 사회에 대해 젊은 활동가다운 분노를 가지고 있었다. 고등학교 때 우리는 곧바로 둘도 없이 가까운 사이가 되었고 연인이 되었다.

얼마 뒤에 나는 뉴욕으로 왔고 뒤이어 그도 뉴욕으로 왔다. 그는 수학 교사가 되었고 나는 기자가 되었다. 스물세 살 때 내 유일한 인생 목표는 그가 영원히 변함없이 내 곁에 있어주는 것이었다.

2006년 12월 1일, 맨해튼에서 자전거를 타고 이동하던 에릭은 집에 도착하지 못했다. 1년 뒤에 나는 에릭을 죽게 만든 사람의 선고공판을 보러 갔다. 나무 벽으로 된 법정은 방청석이 피해자 측과 가해자 측으로 나뉘어 있는 것이, 마치 아무도 참석하고 싶어 하지 않는 끔찍한 결혼식장 같았다. 에릭을 죽게 만든 사람은 음주운전과 차량에 의한 과실치사vehicular manslaughter로 형을 선고받기 전 최후 진술에서 미안하다고 말했다.

"일어난 이 사고에 대해 말로 표현할 수 없을 만큼 진심으로 미안하게 생각합니다."

지금도 들리는 듯 생생하다. **일어난 이 사고**라는 말이, 누구도 책임 있게 설명하지 않는 책무성의 부재가, 죽음을 일으킨 사람이 그 죽음과 관련이 없다는 듯한 유체 이탈된 화법이 내게 어떻게 다가왔는지 말이다. 하지만 그날 나는 이런 것을 질문하지 않았다. 나는 내 사랑하는 친구를 죽게 만든 사람의 아이들이 아빠에게 작별 인사로 고개를 끄덕여 보이는 것을 보았고, 에릭이 이 자리에 있었다면 그저 한 사람이 감옥에 가고 더 많은 삶이 망가지고 이런 일이 다시 일어나지 않도록 예방하는 조치는 거의 이뤄지지 않는 일이 반복되는 것을 분명히 원하지 않았을 거라고 생각했다.

미국에서 발생하는 모든 사망을 집계하는 역학자들은 '비非의도적 손상'unintended injury이라는 용어를 사용한다. 그들이 사용하는 정의에 따르면, 사고는 누구의 의도도 아닌 상황에서 누군가가 외력에 의해 신체에 물리적 손상을 입는 경우를 일컫는다. 《전국손상종합통계》*The Injury Fact Book* 제2판에는 1988년에 미국에서 가장 흔했던 20가지 사고사가 다음과 같이 열거되어 있다.[10]

차량 충돌—교통

추락 및 낙상

고체 및 액체 독극물 중독

화재 및 화상

익사

기도 폐쇄—비음식

기도 폐쇄—음식

총기

기계

항공기

질식

가스 및 증기 중독

극단적 저온

낙하하는 물체에 충돌

전류

보행자—열차

극단적 고온

보행자—비교통

물체 및 사람과의 충돌

노출 및 방치

《전국손상종합통계》는 사고 예방 연구의 개척자인 역학자 수전 P. 베이커가 편찬했다. 이런 종류로는 최초로 시도된 것으로, 미국의 사고사 및 사고 손상에 대한 통계와 분석을 담고 있다.[11] 이 책은 질병통제예방센터의 데이터를 인터넷으로 볼 수 없던 시절에 공중 보건 분야 종사자들이 실무에 참고하는 주된 자료였다. 여기에서 베이커는 '사고'라는 단어를 세 번 사용했는데, 모두 (소위 그렇게 불린다는 의미에서) 따옴표를 쳐서 사용했다.[12] 첫 번째는 '비의도적 손상'이 무엇을 뜻하는지 설명하기 위해 흔히 사고라고 불리는 범주가 여기에 해당한다고 언급했을 때이고, 두 번째는 '사고 유발 경향성' accident proneness이라는 개념이 완전히 논파된 개념임을 설명했을 때이며, 세 번째는 각주에서 사고라는 용어의 문제점을 다음과 같이 지적했을 때다.

> '사고'라는 단어는 손상이 우발적으로 일어나며 예견되거나 예방될 수 없다는 잘못된 암시를 준다. 많은 과학 저술에서 '사고'라는 용어로 묘사되는 사건은 점차 더 적합한 표현으로 대체될 것이다. 이를테면 '비의도적 손상'이라고 표현하거나 손상의 상태에 대한 구체적인 묘사(가령 '경골 골절'), 또는 손상이 발생한 구체적인 사건에 대한 묘사(가령 '차량 충돌') 등을 사용할 수 있을 것이다.[13]

베이커는 이 각주가 담긴 제2판을 1992년에 펴냈는데, 정말로 베이커의 말대로 되었다. 적어도 신체적 손상과 관련해서는 전문 문헌에서 이제 사고라는 표현을 찾아보기 어렵다. 미국 도로교통안전국은 1997년에 이 단어를 정부 발간물에 사용하지 않기로 했고,[14] 《영국 의학 저널》*British Medical Journal*은 2001년부터 이 표현을 이 저널에 게재되는 논문에 사용하지 않기로 했다.[15] 뉴욕 경찰국도 2013년에 이 단어를 공식적으로 사용하지 않겠다고 밝혔다.[16] 2016년에 열린 미국교정교열자협회 콘퍼런스에 참석한 《AP 표기원칙》*AP Stylebook*(미국 신문사 대부분이 사용하는 문법 및 표기법 가이드북)의 한 편집자는 책임의 방기로 야기되었을 가능성이 있는 사건의 경우 "그 사건에 책임이 있는 사람에게 면죄부를 주는 것으로 읽힐 수 있기 때문에" 교정교열자는 "사고"라는 표현을 피해야 한다고 언급했다.[17]

그리고 사고라는 단어의 사용에 대해 문제 제기한 선구자는 베이커만이 아니었다. 일찍이 1961년에도 미국 심리학자 J.J. 깁슨이 이 점을 정교하게 지적한 바 있다.[18] 그는 '사고'라는 단어가 법적·의료적·통계적 함의들이 뒤범벅된 허술한 개념으로 보인다고 언급했다.

> 이 단어의 두 가지 의미는 양립할 수 없다. 환경과의 유해한 접촉이나 피할 수 없는 위험으로 정의될 경우에 사고는 예측과 통제의 대상이 되는 인지적 현상을 의미하게 된다. 하지만 예측 불가능한 사건으로 정의될 경우에는 그 의미상 통제 불가능한 현상이 된다. 일상에서 이 단어는 이 두 가지 의미가 절망적으로 뒤엉킨 채 사용된다.[19]

무언가를 사고라고 부르면, 그것의 위험성을 당신이 알고 있다는 것과 그것을 통제할 수 없다는 것을 동시에 의미한다. 두 가지 의미를 한 문장에서 사용하는 것이 좀 웃기게 들릴 수는 있어도 부적절하지는 않다. 가령 '어쩌다가〔예기치 못하게〕 자동차 사고〔흔하고 예측 가능한 범주〕를 당했다'고 말할 때처럼 말이다. 내년〔2022년〕에 미국에서 약 4만 명이 자동차 사고로 사망할 것으로 보이는데, 내가 이렇게 예측할 수 있는 이유는 매년 일어나는 일이기 때문이다. 하지만 이런 사고들 각각은 예측 불가능한 것으로 여겨질 것이다.

미국 도로교통안전국 초대 국장을 지낸 의사 윌리엄 해던은 사고가 무작위적이고 예측 불가능하다는 개념은 "합리적인 인간에게 남아있는 마지막 민속 전설"이라고 말했다.[20] 그는 무언가를 사고라고 부르는 것이 미신처럼 터무니없는 짓이라고 생각한다. 과학적 현상 대부분이 불가해하고 설명할 수 없는 것이던 시절의 유산이라고 말이다. 워싱턴 D.C.에 있는 그의 사무실에는 잘못된 단어를 말하면 벌금을 내는 통이 있었는데, 차량 충돌을 "사고"라고 말하면 10센트를 넣어야 했다.

하지만 공중 보건 전문가들의 문제 제기가 세상에는 별로 영향을 미치지 못했다. 다른 모든 곳에서는 여전히 사고라는 단어가 일반적으로 쓰인다. 《뉴욕 타임스》 아카이브에서 "그것은 사고였어요"it was an accident라는 문장을 검색해 보면 1853년에서 2009년 사이에 사용 빈도가 증가한 것을 볼 수 있다. 구글 트렌드로 보아도 2004년에서 2021년 사이에 '사고'라는 단어의 사용 빈도가 높아진 것으로 나타난다.[21] 베이커나 해던 같은 공중 보건 전문가들의 반대에도 이 단어는 끄떡없이 생존력을 유지하고 있다.

단어의 사용 횟수뿐 아니라 실제 사고의 발생도 증가했다. 당신이 언제 사고로 죽는대도 이상하지 않을 정도다.

미국에서는 24명 중 1명이 사고로 죽는다.[22] 부유한 국가들 중에서 유독 사고사가 많은 나라가 미국이다. 미국에 사는 사람들은 호주, 오스트리아, 캐나다, 덴마크, 프랑스, 독일, 이탈리아, 일본, 네덜란드, 노르웨이, 포르투갈, 스페인, 스웨덴, 스위스, 영국에 사는 사람들보다 사고로 죽을 확률이 현저하게 높다. 격차는 실로 두드러진다. 2008년에 미국의 사고사율은 2등인 노르웨이보다 40퍼센트 이상 높았고, 부유한 국가 중 가장 안전한 네덜란드보다는 거의 160퍼센트나 높았다. 그해에 미국에 사는 사람은 영국에 사는 사람보다 사고로 익사할 확률이 3배 높았고, 일본에 사는 사람보다 교통사고로 죽을 확률이 3배 높았으며, 캐나다에 사는 사람보다 중독 사고로 사망할 확률이 4배 높았고, 스위스에 사는 사람보다 화재 사고로 사망할 확률이 9배 높았다.[23]

그런데도 미국 정부는 사고 예방 연구보다 질병 예방 연구에 더 많은 예산을 할당한다. 2006년에 미국국립보건원이 가장 빈도가 높은 29가지 사망 원인에 대해 지출한 119억 달러의 연구 지원금 중 사고로 인한 손상은 질병부담burden of illness(사망자 수와 수명 손실 연수) 대비 지원금 규모가 끝에서 두 번째였다. 이보다 자금 지원이 더 적은 항목은 우울증뿐이었다. AIDS, 당뇨병, 출산 전후 증상, 유방암, 치매, 알코올 남용, 치아 및 구강 질환, 간경변, 허혈성 심장 질환, 조현병 모두 금액 자체로도, 그 질환으로 인한 사망 가능성에 비해서도 사고보다 더 많은 자금을 지원받았다. 1990년대 초 이래로 사고가 사망 원인에서 차지하는 비중은 높아져 왔는데도 사고에 대한 연구 자금 지원은 오히려 감소했다.[24] 1996년에서 2006년 사이에 사고사율은 증가했지만 미국국립보건원의 사고 손상 관련 사망에 대한 연구 지원금은 5억 7800만 달러가 줄었다. 그러다 2016년에 이런 추세가 반전되기 시작했는데, 20년간이나 오피오이드 중독이 확산되고 나서 마침내 정부가 연구 자금 지원을 포함해 사고성 약물 과용 문제를 다루기 위해 처음으로 종합적인 법률을 통과시켰기 때문이다.[25] 하지만 2019년에도 사고 손상 연구에 지원되는 자금은 HIV/AIDS나 치매 및 알츠하이머병(둘 다 사망자 수와 수명 손실 연수 모두 사고보다 적다) 연구에 지원되는 액수의 절반도 되지 않았다.[26]

2019년에 사고사와 사고 손상으로 초래된 비용은 약 1조 900억 달러로 추산된다.[27] 임금 손실과 의료비 부담, 망가진 자동차나 불에 탄 주택의 가치, 그리고 보험금 지급 및 보험료 인상 비용 등을 합산한 것이다. 질병으로 죽는 데는 시간이 걸리고 따라서 비용이 든다면, 사고에는 자산 파괴, 토양 오염, 노동과 소득의 상실이 따라온다. 생존한다 해도 평생에 걸쳐 부상으로 인한 비용이 발생하고, 이것이 유발하는 삶의 질 상실에 따른 비용이 연간 약 4조 5000억 달러로 추산된다. 직접비용(개인이 직접 내는 돈, 오르는 세금, 더 많이 구매해야 하는 재화와 서비스 등)만 합산해도 사고로 인한 비용이 미국에서 1인당 2800달러에 달한다.[28] 개인으로서, 또 국가로서 우리가 그 비용을 지불한다. 환자가 과도하게 많은 병원이 그 부담을 지고, 끝없이 가드레일을 수리하고 화재 대응 부서를 확대하고 석유 유출에 대비해 해양 기름 오염 확산 방지 장치를 구비해야 하는 지역 정부가 그 부담을 진다. 우리가 내야 할 세금과 잃게 될 임금도 사고의 비용에 들어간다. 미국에서는 안전하지 않게 제조된 자동차나 점검이 제대로 이뤄지지 않은 일터에서 발생하는 사고조차 그로 인한 비용 대부분을 기업이 아니라 납세자가 부담하기 때문에, 미국 기업으로서는 사고가 나게 두는 것이 수익 면에서 이득이다.

1986년에 베이커가 집계한 사고사는 9만 5277건이었다.[29] 30년 뒤인 2016년에는 그 수가 16만 1374건으로 늘어났다.[30] 2016년은 암울한 분기점이었는데, 이때 사고가 미국에서 세 번째로 비중이 큰 사망 원인이 되었다.[31] 1992년에서 2020년 사이에 연간 사고사 건수는 132퍼센트 증가했고, 이는 인구 증가 속도보다 4배 이상 빠른 것이었다.[32] 2020년의 사고사율은 1992년보다 79퍼센트 더 높았다.[33] 1~44세 인구에서는 사고가 사망 원인 1위다. 이 연령대에서는 암이나 심장 질환보다 사고로 죽는 사람이 4배나 많다.[34] 당신이 '너무 이르게' 죽는다면 사고로 인한 죽음일 가능성이 크며, 오늘날 미국에서는 그 어느 때보다 많은 사람이 사고로 죽는다. 2020년에 매 분마다 92명이 사고로 다쳤고 매 시간마다 20명이 사고로 죽었다.[35]

이런 수치를 비롯해 이 책에 나오는 사고사 통계는 역학자들이 매년 수백만 건의 사망진단서를 추적하고 분석해 제공하는 질병통제예방센터의 국가생명통계시스템에서 가져왔다. 의사, 법의학자,

검시관 등은 사망진단서를 작성할 때 사인을 기록하는데, 거기에는 "(a) 직접적으로 죽음으로 이어진 연쇄적 사건을 촉발한 질병이나 손상, 또는 (b) 치명적인 손상을 야기한 사고나 폭력의 상황"에 대한 의견도 기재된다.[36] 나는 이 책에서 질병과 폭력은 다루지 않았고 사고와 손상에 초점을 맞추었다. 이것이 앞에서 "미국의 사고사가 20만 건 이상"이라고 말했을 때 지칭한 대상 범위다(질병통제예방센터가 '비의도적 손상'이라고 일컫는 범주에 해당한다. 이것은 2020년 숫자이며, 이 글을 쓰는 시점에 확보할 수 있는 가장 최근 자료였다).

이렇게 풍부한 데이터가 있지만 중대한 빈틈도 존재하며, 그 때문에 이 책에서 다루지 못한 영역들이 있다. 일례로 검시관들은 총기 오발을 어떻게 분류할지에 대해 의견이 일치하지 않는다.[37] 어떤 법의학자는 누군가가 방아쇠를 당겼다면 의도성이 없었더라도 사고가 아니라 살인으로 분류해야 한다고 본다. 방아쇠를 당긴 사람이 유아여도 말이다. 그렇다면 총기 오발 사고는 우발적으로 총을 땅에 떨어뜨렸거나 총기가 잘못 발사된 경우만으로 한정된다. 그러나 여기에 대해서도 반대하는 사람들이 있다. 따라서 총기 오발 사고 통계에는 우발적으로 방아쇠를 당긴 경우와 총알이 잘못 발사된 경우가 혼합되어 있을 것이다. 그래도 이것은 작은 빈틈이다. 질병통제예방센터에 따르면 1999~2019년 사이에 총기 오발로 인한 사망은 1만 3000건에 조금 못 미쳤다. 실제 숫자는 이보다 클 것으로 추정되지만, 2배로 잡는다 해도 같은 기간 동안의 전체 사고사 약 270만 건에 비하면 아주 작은 숫자다.[38]

하지만 다른 데이터의 빈틈들은 훨씬 더 크다.

2016년에 존스홉킨스대학 연구자들은 질병통제예방센터가 분류 체계를 수정해야 한다고 촉구하는 논문을 펴냈다.[39] 현재의 분류 체계가 많게는 연간 25만 건의 의료 과실 사고를 집계하지 못한다는 것이었다. 25만 건은 사망 원인 3위 자리에서 "사고로 인한 손상"을 빼고 그 자리에 "의료 사고"만 넣어도 될 정도로 큰 숫자다. 법의학자들은 미국에서 발생한 모든 죽음을 세계보건기구가 발간하는 〈국제질병·사인분류〉(현재 11번째 개정판이 나왔으며 'ICD-11'이라고 불린다)에 따라 분류하는데, 몇몇 과실은 해당하는 분류 코드가 없다.[40] 간호사가 환자 상태를 살피러 왔는데 차트가 분실되었거나 의사가 오진을 했거나 마취과 의사가 너무 신참이어서 환자가 사망한 경우 등이 그렇다.

여기에는 누락, 오진, 커뮤니케이션 오류, 시스템 오류, 그리고 의사가 잊었거나 그 밖의 방식으로 의료 시스템에서 방치된 환자에게서 문제가 발생하는 경우까지 다양한 종류의 과실이 포함된다. 하지만 이런 사고는 별도로 집계되지 않고, 따라서 이런 문제는 다뤄지지 않는다.

이 논문에는 실제 있었던 다음과 같은 사례가 등장한다.[41] 한 젊은 여성이 몸이 안 좋아서 병원에 입원해 정밀 검사를 받았다. 그런데 적어도 하나의 검사는 불필요했다. 그것은 바늘로 심장 근처의 심낭에서 삼출액을 빼내는 심낭천자 검사였다. 이 여성은 퇴원했다가 며칠 뒤 출혈과 심정지로 다시 병원에 왔다. 부검 결과 심낭천자 바늘이 간까지 찌르는 바람에 사망한 것으로 밝혀졌는데, 위험한 검사를 불필요하게 실시해 야기된 손상이나 심낭천자 도중 우발적으로 내장 기관에 상처가 나 일어난 사망은 분류 코드가 없다. 의사들은 사망 원인 코드를 사고가 아니라 심혈관계 질환으로 입력했다.

사고가 증가하기 시작한 것은 사고 통계가 수집되고 분류되기보다 한참 전이다. 산업혁명으로 노동자들이 주요 생산 인력이 되어 전에 베틀 앞, 논밭, 대장간에서 일하던 숙련된 장인들을 밀어내고 어셈블리라인에 빽빽이 모여 일하게 되었을 때부터 말이다.[42] 공장이 많아지면서 경제도 성장했고 산업재해로 사망하는 사람도 증가했다. 그 다음에는 자동차가 공장에서 대량생산되기 시작했고 많은 사람이 교통사고로 사망했다. 도시들은 추념물을 지었고 아이들은 추도 행진을 했다.[43]

20세기 초의 몇십 년간 사고사가 급증했다. 하지만 생명을 살리는 여러 발명이 나오고 노동조합의 성장, 공공 건설 및 사회복지의 확대 등으로 생활수준이 향상되면서, 사고 예방에 큰 진전이 있었다. 1944년에서 1992년 사이에 미국의 사고사율은 전반적으로 감소했다.[44] 하지만 그 이후로 사고사율은 다시 50퍼센트 이상 증가했고, 그것도 미국의 전체 사망률은 감소하는 추세에서 증가했다.[45]

이는 퍽 의아한 일이다. 1971년에 미국 정부는 오피오이드 중독을 해독할 수 있는 날록손 판매를 승인했다.[46] 1974년에 미국 정부는 처음으로 자동차 제조사가 모든 차량에 안전벨트를 달도록 의무화했다.[47] 1995년에 미국 직업안전보건국은 건설 노동자들의 안전 장구 착용을 의무화했다.[48] 1998년에는 자동차 에어백이 의무화되었다.[49] 이 모두가 위해 저감harm-reduction 분야에서 이뤄진 다양한 혁신의 사례이고, 이런 혁신들이 있었으니 사고사, 특히 교통사고, 일터에서의 추락사, 중독으로 인한 사고사가 줄었어야 마땅하다. 그런데 2020년에 교통사고 사망이 급증했고, 추락은 건설 분야 노동자 사망의 가장 큰 원인이며, 질병통제예방센터에 따르면 1999년 이래 오피오이드 확산으로 인한 사망(거의 모두 약물중독으로 인한 비의도적 손상으로 간주될 수 있다)이 84만 건이 넘는 것으로 추산된다.[50]

이 숫자들은 미국의 사고사에 대한 명백한 사실이다. 하지만 더 자세히 보면 어떤 사고사도 그렇게 깔끔하고 딱 떨어지게 이야기할 수 없다는 것을 알게 된다. 통계에는 많은 이야기가 빠져있다. 나는 이것을 힘들게 배웠다. 이 책을 쓰기로 결정했을 때, 나는 책 작업에 성실하게 최선을 다하고자 정말로 하고 싶지 않았던 일을 하나 했다. 정보공개법에 의거해 내가 가장 사랑했던 친구의 죽음에 대한 기록을 뉴욕시 정부에 요청한 것이다. 두어 달 뒤 두꺼운 봉투가 도착했다. 몇 주 동안 차마 열어보지 못했다. 정확히 무엇을 보는 게 두려운지는 몰랐지만, 그 안에 두려워할 만한 무언가가 있으리라는 생각은 옳았다.

봉투 안의 자료에서 나는 가장 소중한 내 친구가 자전거가 다닐 수 있는 보도에서 엄청난 내상으로 사망했다는 것을 알게 되었다. 내 친구를 친 운전자가 처음에는 경찰에게 자신이 술에 취하지 않았다고 했다가 나중에 보드카 크랜베리를 두 잔 마셨다고 말했다는 것을 알게 되었다. 더 나중에 언론은 그 운전자의 혈중 알코올 농도가 법적 허용치의 2배였다고 보도했다.[51] 또한 나는 그 운전자가 자신이 시속 25마일〔약 40킬로미터〕로 달렸다고 말했지만, 충돌 지점과 에릭의 시신이 떨어져 있던 곳 사이의 거리로 볼 때 적어도 시속 60마일〔약 95킬로미터〕로 달렸으리라는 사실을 알게 되었다.[52] 구급 대원이 에릭의 시신을 벨뷰병원 시신 안치소로 옮겼을 때 에릭은 스물두 살이었다. 그를 죽게 한 사람은 스물일곱이었고, 2000년식 회색 BMW 528i를 자전거가 다닐 수 있는 보도에서 몰고 있었다.

경찰의 사고 기록에는 현장을 묘사한 그림이 있었다. 생전에 에릭은 올리브색 피부의 근육질이었고 팔뚝에는 커다란 해바라기와 함께 도시 풍경을 그린 문신이 있었다. 하지만 사고 기록에서 그는 자동차 한 대와 자전거 바퀴 두 개가 각각 나동그라져 있는 그림 옆에 그려진 막대 인간이었다. 그 막대 인간으로부터 먼 곳에 책가방이 있던 곳이 표시되어 있었고, 아마 그의 신발이 떨어진 자리로 보이는 표시도 있었다(그는 늘 척테일러스 신발을 신었다). 사고 기록에 따르면 충돌 시 충격으로 신발 한 짝이 벗겨졌다고 한다. 그림에는 이 물건들과 자동차가 그를 친 위치 사이의 거리도 적혀있었다.

봉투 안에는 사전 진술 녹취록도 있었다. 에릭을 친 사람이 검사에게 사고 직후의 기억을 이야기한 내용이었다. 그는 에릭이 어떻게 죽었는지에 대해 언급했고, 그때 어떤 소리가 났고 어떤 움직임이 있었는지 묘사했다. 또 에릭의 생명이 꺼져가는 것을 보면서 자신이 서 있었던 위치도 가늠해 말했다(몇 발짝 떨어져 있었다고 했다).

얼마 후에 여성 경찰이 그에게 다가왔다고 한다. "경찰이 무슨 일이냐고 물었습니다. 저는 사고가 났다고 말했습니다. 제 차가 이 사람을 쳤다고요."

그는 "제 차가 이 사람을 쳤다"고 말했다. 마치 자신은 그 자리에 있지도 않았던 것처럼 말이다.

이 책을 쓰기 시작했을 때는 이 모든 사실을 몰랐다. 에릭의 죽음에 대해 내가 아는 이야기는 그것이 사고였다는 것, 즉 빠른 죽음이었다는 것뿐이었다. 우리는 사고를 이야기할 때 고통에 대해서는 잘 이야기하지 않는다. 나 또한 의도적으로 고통에 눈을 감았다. 에릭에게 일어난 일에 직면하기가 너무 힘들어서 회피했다. 고통에 대해 생각하고 싶지 않았다. 이렇게 나는 에릭을 죽인 사람을 이해했다. 우리 둘 다 더 자세히 들여다보고 싶지 않았다. '사고'라는 말과 마찬가지로 '빠른 죽음'이라는 말도 남겨진 사람들에게 위안을 준다. 죽게 만든 사람은 죽게 만든 사람대로, 죽음에 슬퍼하는 사람은 슬퍼하는 사람대로, 남겨진 사람들이 자신을 위해 생각을 다른 데로 돌리게 해 주는 말인 것이다.

마침내 자세히 들여다보았을 때, 나는 마음이 무너졌다. 하지만 사고에 대해 전에는 몰랐던 무언가를 알게 되기도 했다. 바로 사고를 누가 이야기하느냐가 매우 중요하다는 사실이다. 에릭은 살아남아서 자신의 죽음에 대해 말할 수 없었고, 그래서 나는 그가 어떻게 홀로 차가운 아스팔트 위에서 숨져갔는지 듣지 못했다. 하지만 에릭을 죽인 사람은 이야기를 할 수 있었다. 적어도 처음에는 말이다. 그의 이야기는 자동차가 사람을 쳤다는 이야기였고, 사고의 이야기였으며, 그 말을 하는 순간에 죽지 않고 살아있는 사람으로서의 권력을 가진 사람의 이야기였다. 그가 감옥에 가고 나서, 이제 이야기를 할 수 있는 권력은 그를 기소한 검사에게 넘어갔고, 에릭의 죽음에 대한 이야기는 나쁜 운전자에 대한 이야기, 범죄의 이야기가 되었다. 사고가 났을 때 우리가 어떤 이야기를 듣게 될지를 결정하는 것은 권력이다. 그 권력이 빠르게 달리는 자동차든, 형량 조정 협상이든, 그 밖의 어떤 형태이든 말이다. 나는 미국 전역을 통틀어, 그리고 과거와 현재를 통틀어 이것이 모든 사고의 공통점이라는 것을 알게 되었다. 이야기를 하는 사람은 늘 권력이 있는 사람이고, 권력이 있는 사람은 피해자인 경우가 거의 없다.

이런 방식으로 미국에서는 실수에서 살아남는 것이 특권의 징표가 된다. 자전거를 탄 에릭은 그를 보호해 주는 것 없이 위험에 노출되어 있었고, 두 다리가 낼 수 있는 속도로밖에 갈 수 없었다. 빠르게 달리는 차와 맞닥뜨리면 매번 질 수밖에 없었을 것이다. 그의 죽음은 가장 가시적인 형태로 나타난 힘의 싸움이었다. 하지만 사고는 물리적 힘과 시스템적 권력 모두를 포함해 모든 형태의 불균등한 힘이 일으키는 예측 가능한 결과다. 미국에서 사고로 죽을 가능성이 큰 곳들은 가난한 곳들이다. 미국에서 가장 안전한 골목은 다 부유한 동네에 있다. 백인과 흑인의 사고사율은 매우 불균등하고 권력에 접근할 수 있느냐 아니냐가 결과를 좌우하는 유형의 사고에서는 더욱 그렇다. 당신의 일터가 안전해야 한다고 요구할 수 있는 권력, 당신의 집에 화재 방지 시설을 설치할 수 있는 권력, 걷지 않고 차를 몰 수 있는 권력처럼 말이다. 사고는 그저 불운으로 일어나는 일이 아니다. 당신이 사고로 죽느냐 아니냐는 당신의 권력을, 혹은 권력의 부재를 말해주는 척도다.

'사고'라는 단어와 이 책이 가져올 다른 효과에 대한 메모

나는 이 책 바깥에서는 '사고'라는 단어를 사용하지 않는다. 벌써 수년째 그러고 있다. 이 책의 제목이 말하듯이 사고란 없기 때문이다. 하지만 이 책을 쓰면서 나는 이 단어가 과거와 현재에 사용되어 온 방식을 어떻게 다뤄야 할지, 의미의 교차로에 수없이 많이 놓였다. 이 책은 따옴표가 만 개쯤 나오는 책이 될 수도 있었다. 그런데 이것이 정말 '사고'인가? 나는 이 질문을 스스로에게 수없이 되풀이했다.

그러나 결국에는 '사고'라는 단어를 그대로 두었고 따옴표 표시도 하지 않기로 했다. 독자 여러분이 스스로 판단하게 하는 것이 좋겠다고 생각했기 때문이다. 사고라는 단어를 그대로 사용했으므로, 여러분은 이 책을 읽다가 어느 시점부터 이 단어가 어이없거나 불편하게 들리기 시작하는지 알 수 있을 것이다.

이 책에서 나는 20세기로 접어드는 시점의 뉴욕부터 오늘날의 웨스트버지니아주까지, 또 공장 작업장에서 원자력발전소까지 다양한 곳을 둘러보면서 우리가 무언가를 사고라고 부를 때 이 말이 정말로 의미하는 바가 무엇인지 알아보고자 했다. 책의 구조도 하나의 사고가 갖는 구조를 본떠서 잡았다. 먼저 사고 이전의 조건들에 대해 살펴보았고, 이어서 사고로 인한 사망과 손상의 발생을 다루었으며, 마지막으로 비난, 처벌, 놓쳐버린 예방의 기회 등을 다루었다. 또한 책의 전반부에서는 역사적으로 미국에서 벌어진 사고의 증가와 감소를 시기에 따라 살펴보면서 사고에 대한 우리의 이해가 어떻게 달라져 왔는지 설명했고 책의 후반부에서는 최근의 사고 급증에 초점을 맞추었다. 책 전체에서 사고에 대한 우리의 이해를 진전시키는 데 공헌한 개척자들과 전문가들을 만나보게 될 것이다.

이 책은 사고 이후에 유통되는 기만적으로 단순한 이야기에 관한 책이다. 누군가가 실수를 했고 더 이상은 들여다볼 것이 없다는 이야기 말이다. 또한 이 책은 우리가 복잡한 실제 이야기를 기꺼이 알고자 한다면 우리 자신과 사회에 대해 무엇을 배울 수 있을지에 관한 책이다. 단순해 보이는 모든 사고 이면의 권력, 취약성, 고통에 관한 복잡한 이야기를 알고자 하는 의지가 있다면, 우리는 매년 수만 명의 목숨을 구할 길을 찾을 수 있을 것이다. 마지막으로, 피해자 탓하기에 심리적으로 의지하려는 마음을 어떻게 극복할지, 사고사가 인종적·경제적 취약성을 따라 불균등하게 발생하는 현실을 어떻게 개선할지, 막을 수 있었는데도 막지 않은 사람들이 사고의 진정한 비용을 물도록 책무성의 시스템을 어떻게 복구할지, 도로, 집, 병원, 일터, 더 크게는 우리의 세계를 효율성이나 이윤이나 권력보다 사람을 우위에 두는 방식으로 어떻게 다시 상상할지 등에 대해 해법을 논의하는 것으로 이 책을 맺고자 한다.

1

과실

THERE ARE NO ACCIDENTS

사고를 알려면 과실을 알아야 하며 우리가 왜 실수를 저지르는지뿐 아니라 권력을 가진 사람들이 어떻게 실수를 우리에게 불리한 방향으로 사용할 수 있는지도 알아야 한다. 이 책을 과실에서 시작하는 이유는 사고에는 거의 항상 과실에 대한 질문이 따라오기 때문이다. 누가(주로 사고로 죽거나 다친 사람이) 무엇을 잘못했는지 말이다. 왜 차를 그렇게 빨리 몰았는가? 사고 시점에 그는 술에 취해있었는가? 그들은 스토브가 켜져있는 줄 몰랐는가? 누가 주의를 제대로 기울이지 않았는가?

이런 질문에 내재되어 있는 가정이 하나 있다. 사고는 사고를 잘 내는 경향성을 가진 사람이나 안 좋은 의사 결정을 내리는 사람, 또는 우리가 생각하기에 무언가를 잘못된 방식으로 하는 사람이 낸다는 생각이다. 맞는 말이다. 사람은 실수를 한다. 인적 과실이라는 요소가 관여되지 않은 사고는 거의 없다. 이 책에서 우리는 과실과 잘못된 의사 결정의 사례를 아주 많이 보게 될 것이다. 하지만 발생할 수밖에 없는 과실, 예측 가능한 과실, 그 시점에 피할 수 없는 과실도 많이 보게 될 것이고, 다른 선택의 여지가 없었기 때문에 과실을 저지르게 된 사람들, 여러분이나 나도 충분히 저지를 수 있었을 과실을 저지르게 된 사람들도 많이 보게 될 것이다.

내용을 더 진전시키기 전에 용어의 뜻을 명확히 해둘 필요가 있

겠다. **인간의 과실**〔인적 과실〕은 실수를 뜻한다. 그리고 **위험한 조건**은 환경을 뜻한다.[1]

미끄러지는 것은 인간의 과실이다. 바닥에 물이 흥건하게 고여있는 것은 위험한 조건이다. 제한속도를 위반하는 것은 인간의 과실이다. 과속을 하기 좋게 설계된 도로는 위험한 조건이다. 유조선을 몰다 암초에 부딪히는 것은 인간의 과실이다. 유조선을 모는 사람에게 하루 12시간을 내리 근무하도록 한 것은 위험한 조건이다.

지난 200년 동안 이 두 요인 중 어느 것이 더 중요한지의 논쟁이 우리가 사고를 이해하는 방식을 규정해 왔다. 한편에서는 인적 과실이 사고를 유발하며 사고를 예방하려면 사람을 고쳐야 한다고 말한다. 다른 한편에서는 위험한 조건이 사고를 유발하며 사고를 예방하려면 환경을 고쳐야 한다고 말한다. 당신이 바닥에 물기가 흥건한 작업장의 소유주거나 도로를 설계한 교통공학자거나 유조선 선장을 고용한 고용주라면, 사고란 인적 과실의 문제라고 여기고 싶을 것이다. 하지만 나는 이 책에서 모든 인적 과실이 환경, 즉 (때로는 모호하고 때로는 터무니없이 노골적인) 위험한 조건의 문제로 언제나 귀인 가능하다고 주장할 것이다. 또한 과실에 뒤따르는 사망이나 중대 손상을 거의 언제나 예측하고 예방할 수 있다고 주장할 것이다. 실수는 불가피하며 사람을 완벽하게 만들 수는 없다. 인적 과실 탓을 멈춰야만 사고 문제의 진짜 해법을 찾기 시작할 수 있다. 사고는 위험한 조건하에서 인간의 과실이 발생했을 때 일어나지만, 우리는 과실을 예상하고 그것이 생사를 가르는 문제로 이어지지는 않게 할 조건을 만들어 낼 수 있다.[2]

아니면, 인적 과실에만 초점을 맞추다가 동일한 사고가 계속 반복되게 만들 수도 있다.

항공기 조종사이자 호주 브리즈번에 있는 안전과학혁신연구소 소장이며 네덜란드 델프트공과대학의 항공우주공학 교수이기도 한 시드니 데커는 위의 두 입장을 각각 '썩은 사과 이론'과 '새로운 견해'라고 부른다.[3] 옛 이론은 몇몇 썩은 사과가 있어서 그들이 사고를 유발한다고 보며, 새로운 견해는 만약 사람들이 실수를 하고 그 때문에 다친다면 이는 환경이 안전하지 않다는 신호라고 본다.

산업재해에 적용해 보면, '썩은 사과 이론'은 공장은 내재적으로 안전한 곳인데 사고 유발 경향성을 가진 사람들과 그들의 실수가 공장을 안전하지 않은 곳으로 만든다고 말할 것이다. 이 논리에 따르면 사고는 몇몇 썩은 사과의 잘못이고 고용주는 썩은 사과를 솎아냄으로써 일터를 안전하게 만들 수 있다. 따라서 사고 발생 이후의 해법은 해고, 재훈련, 자동화, 처벌, 새로운 규칙 제정 등이 된다.[4]

'새로운 견해'는 공장이 **내재적으로** 안전한 것은 아니며, 만약 사람들이 실수를 해서 다친다면 그 공장은 **명백하게** 안전하지 못하다고 말할 것이다. 이 관점에 의하면, 고용주는 사람들이 실수를 할 **경우**에 그로 인해 누군가가 죽거나 다칠 **수도 있는** 위험한 조건들을 고침으로써 일터를 더 안전하게 만들 수 있다. 따라서 사고 후의 해법은 실수가 생길 만한 곳을 예측하고 실수를 방지하기 위해 생산 공정이나 공장 설계를 바꾸는 것이 된다. 어셈블리라인의 속도를 늦추거나, 추락 방지용 완충장치를 설치하거나, 날카로운 사물에 보호대를 씌우거나, 노동자에게 안전 장구를 지급하는 등의 방법으로 말이다.[5]

'썩은 사과 이론'을 따르는 사람들에게 사고 후 진상 조사의 목적은 실수한 사람을 찾아내 책임을 돌리는 것이다.[6] 이들은 조사를 거쳐 누구 탓인지 밝히고 그 사람을 처벌하면 해당 사고가 해결되었다고 여길 것이다. 이와 달리 '새로운 견해'를 따르는 사람들에게 진상 조사의 목적은 누군가가 실수를 했을 때 그것이 사망이나 손상으로 이어지게 만든 위험한 조건이 무엇인지 알아내는 것이다. 위험한 조건을 알아내고 나면 사고가 재발하지 않도록, 혹은 다른 사람이 불가피하게 동일한 실수를 하더라도 사망과 손상으로 이어질 가능성이 낮아지도록 그 조건을 바꿀 수 있다. 어느 이론이 승리하느냐에 따라 이후에 일어날 일이 결정된다. 이것은 큰 차이다. 사고 후에 다친 노동자를 해고하는가, 아니면 바닥재를 고치는가? 운전자를 처벌하는가, 아니면 도로를 다시 설계하는가? 이 질문들에 대한 답에서 우리는 같은 사고가 또 일어날지 아닐지를 예측하는 능력을 발견할 수 있다.

누가 이런 질문의 답을 결정하는가는 상당 정도 권력의 문제다. 누가 이야기를 하는가, 그리고 그것이 어떤 이야기인가가 사고의 핵심이다. 나쁜 노동자에 관한 이야기인가, 젖은 바닥에 관한 이야기인가? 무모한 운전자 이야기인가, 위험한 속도까지 쉽게 가속할 수 있는 자동차 이야기인가? 이 장에서 우리는 미국의 일터와 도로에서 일어나는 사례들을 통해 사고에서 가장 중요한 것은 누구의 대답이 목소리를 낼 수 있는가임을 명확하게 보게 될 것이다.

우선 미국 역사를 거슬러 올라가 오늘날의 사고사 급증 이전에 사고사의 갑작스러운 증가를 가져왔던 가장 중요한 계기 두 가지를 살펴보기로 하자. 하나는 산업혁명 시기의 노동자 사망 사고이고, 다른 하나는 자동차 발명 후 약 50년 동안의 자동차 사망 사고다. 우리는 산업가와 자동차 제조사가 어떻게 사고에서 인적 과실을 자신들에게 유리하게 판을 기울이는 수단으로 삼았는지 살필 것이다. 두 시기 모두에서 이윤으로 추동되는 강력한 이해관계인들은 사람이란 실수하기 마련이라는 단순한 사실을, 대중의 관심을 돌리고 인식을 조작하고 대중을 설득하기 위한 전략적인 무기로 사용했다.

먼저 살펴볼 것은 교통사고다. 포드가 모델 T를 선보인 1908년에는 미국에서 751명이 교통사고로 사망했는데,[7] 1935년에는 연간 교통사고 사망자가 50배나 늘어있었다. 그해에만 3만 7000명이 사망했고 10만 5000명이 영구적인 장애를 갖게 되었다.[8] 그런데 당시 사람들은 차량에 의해 보행자가 사망한 사고에 대해 차와 운전자에게 면죄부를 훨씬 덜 주는 용어를 썼다. '차량 **살인**'이라고 말이다.[9] 하지만 자동차 회사들이 맹렬히 캠페인을 벌여 도로에서 사람이 저지르는 실수에 대해 우리가 생각하는 방식을 바꿔놓으면서 이런 표현은 사라지게 된다.

사고 목격자들의 반응에서 이런 변천을 확인할 수 있다.

살인이라고 외치다

1931년 봄의 어느 목요일 초저녁에 스물세 살의 조지프 웨이츠는 일을 하고 있었다. 그는 H&S 트럭운송 회사의 운전사였다.[10] 웨이츠는 트럭을 몰고 뉴욕에 들어섰다. 뉴욕은 점점 더 경이로운 도시가 되어가고 있었다. 불과 1주일 전에 최초의 에어컨 달린 열차가 뉴욕에서 워싱턴을 잇는 구간을 달리기 시작했다.[11] 그달 초에는 허버트 후버 대통령이 백악관에서 당시 세계에서 제일 높은 빌딩이던 엠파이어스테이트 빌딩 준공식의 점등 버튼을 눌렀다.[12]

그 경이로운 것들 중에 자동차도 있었다. 오랫동안 부자들이 재미 삼아 타는 물건이던 것이 보통 사람들에게도 접근 가능하고 구매 가능하며 도처에서 볼 수 있는 것이 되었다. 10년 전만 해도 미국의 자동차 및 트럭 등록 대수는 이때의 절반도 되지 않았는데, 1921년에서 1931년 사이에 매년 100만 대 이상의 자동차가 새로 등록되었다.[13] 웨이츠는 맨해튼 도심을 달려 이스트 67번가에 접어들었다. 그때 도시의 소음을 뚫고 비명이 들렸다. 그는 도로 가운데 트럭을 세우고 운전석에서 내려왔다.

그의 트럭이 방금 지나온 곳 근처에 사람들이 모여 웅성거리고 있었다. 한 남자아이가 도로 한복판에 쓰러져 있는 것이 보였다. 아이는 움직이지 않았다. 군중이 점점 더 늘어났다.

얼마 뒤 그 블록의 아래쪽에 있는 경찰서에서 버넷이라는 순찰요원이 나와 현장에 도착했다. 그는 트럭 소유주에 대해 몇 가지 질문을 하고서 여섯 살 소년 어윈 우서를 죽인 혐의로 웨이츠를 체포했다. 이 사고에 이제 범인이 있다는 것을 군중이 깨닫기까지는 오래 걸리지 않았다. 군중은 웨이츠와 버넷을 둘러싸고 밀치면서 소리를 질렀다. 경찰이 모두 진정하라고 외쳤지만 아무도 경찰 말을 듣지 않았다.

경찰 버넷은 웨이츠를 군중으로부터 가까스로 떼어내 아이가 쓰러져 있는 곳을 빠져나와 트럭 쪽으로 가게 했다. 군중이 웨이츠를 움켜잡으면서 따라왔다. 버넷은 자신이 통제할 수 없는 상황이 되어가고 있다는 것을 깨달았다. 그는 웨이츠를 트럭 운전석에 밀어 넣고 군중에게 권총을 겨눴다.

죄인에게 손대면 쏩니다. 그가 소리쳤다.

요청한 지원 병력이 도착했을 무렵에는 군중이 버넷을 트럭으로 밀어붙이고 있었다. 한 경찰이 웨이츠를 67번가 경찰서로 데리고 갔고 또 다른 경찰은 우서의 부모인 이스라엘과 애들레이드에게 안 좋은 소식을 전하러 갔다. 아들이 죽었다는 소식에 부모 모두 혼절했다.

이보다 32년 전, 기록이 남아있는 미국 최초의 교통사고 사망 사건이 뉴욕의 또 다른 도로에서 벌어졌다. 센트럴파크 웨스트와 74번가가 만나는 교차로에서 부동산 개발업자 헨리 블리스가 전차에서 내리다가 전기 택시에 치였다.[14] 그때는 군중이 몰려들었다는 기록은 없다. 이 첫 교통사고사가 있었던 1899년과 어윈 우서 사건 같은 뉴스가 언론에 자주 등장하기 시작한 1920년대 사이에 무언가가 달라져 있었다.

1920년대의 교통사고 뉴스를 보면 성난 군중이 응징하겠다며 운전자를 에워싸고 공격했다는 이야기가 거의 빠지지 않고 나온다.[15]

트럭이 소년을 치어 숨지게 하자 군중이 운전자를 에워싸고 공격하다

경찰, 추가 병력이 도착할 때까지 권총과 야광봉으로 운전자를 보호

군중이 운전자를 에워싸고 공격하다

행인을 치어 숨지게 한 트럭 운전자를 남녀 군중이 구타

트럭이 두 명의 소년과 여성을 숨지게 하다

7번가에서 트럭이 사람을 친 뒤

운전사와 조수가 500명의 군중으로부터 도망치다

경찰이 군중에게 총을 겨누고 한 명을 구출,

가해자를 안전하게 이송하다

때로는 군중이 아주 대규모가 되기도 했다. 때로는 군중이 성공하기도 했다. 하지만 이야기는 늘 같았다. 운전자가 사고로 보행자 한 명이나 두 명을 숨지게 했고 성난 보행자들이 몰려들어 운전자를 죽이려 했다. 이와 같은 이야기가 나온 기간은 길지 않았다. 1920년

경에 나타나기 시작해서 어윈 우서가 사망하고 몇 년이 지나면 이런 이야기는 사라진다.[16]

오늘날에는 교통사고를 목격한 군중이 분노해 폭동을 일으켰다는 뉴스를 거의 찾아볼 수 없다. 술에 취하지 않은 운전자가 사망 사고를 일으킨 경우에는 살인자로 여겨지지 않는다. 어쩌다 찬장에서 독성 물질을 발견해 삼킨 아이에게 죽을 의도가 있었으리라 여겨지지 않듯이 말이다. 하지만 어윈 우서와 조지프 웨이츠의 시대에는 사람을 사망에 이르게 한 교통사고가 끔찍한 범죄로 여겨졌다. 역사학자이자 버지니아대학의 역사학 및 테크놀로지학 교수인 피터 노턴은 저서 《교통사고와 싸우기: 미국 도시에서 자동차 시대의 서막》*Fighting Traffic*에서 이런 경향을 처음으로 짚어냈다. 그에 따르면, 1920년대에는 개혁 지향적인 상류층 신사들의 클럽인 뉴욕시티클럽에서 매년 아동 교통사고 사망 지도를 발행하기 시작했을 만큼 차량 살인이라는 개념이 널리 퍼져있었다. 그들은 이 프로젝트를 '도시 살인 지도'라고 불렀다.[17]

뉴욕시티클럽이 작성한 1926년 지도는 "지도 위의 검은 점들은 뉴욕에서 아동이 차량에 치여 사망한 장소를 의미한다"며 다음과 같이 설명하고 있다. "이런 아동 살인 장소가 200곳이다. 맨해튼에서만 이 정도다."[18]

처음에는 자동차 사고 이야기가 살인에 관한 이야기였다.[19] 그리고 자동차 사고를 살인에 관한 이야기로 말한 사람들은 자동차가 도시의 거리에서 행위자들 사이의 위계를 바꿔놓은 것에 분노한 사람들이었다. 당시에 미국 보행자들은 전에 없던 위험에 처해있었고 그 위험은 점점 더 커지고 있었다.[20] 자동차가 있기 전에는 말 뒤에 가까이 붙어서 걸어갈 때 조심해야 하는 것을 제외하면 누구도 당신에게 언제 어떻게 걸으라고 말하지 않았다. 그러나 자동차가 등장하고 이어서 교통신호와 교통법규가 도입되자, 보행자는 도로에서 2차적인 존재로 밀려나 지시를 받게 되었을 뿐 아니라 엄청나게 많이 죽기까지 하고 있었다. 갑자기 2차적인 존재로 강등되고 전례 없는 위험에까지 처하게 된 사람들이 교통사고를 살인이라고 소리 높여 비난하는 것은 이상한 일이 아니었다.

하지만 우서의 사망에 분노한 군중이 결국엔 흩어졌듯이 차량 살인이라는 개념도 점차 사라졌다. 도시 살인 지도의 수십 년 뒤 '환생'이라 할 법한 지도를 보면 이런 변화를 발견할 수 있다. 뉴욕시티클럽은 어윈 우서가 이스트 67번가에서 사망하기 1년 전인 1930년에 도시 살인 지도 프로젝트를 중단했지만, 약 40년 뒤인 1971년에 또 다른 이가 매우 비슷한 프로젝트를 시작했다.

그의 이름은 윌리엄 번지였고, 그가 지도를 그린 도시는 디트로이트로 달라졌지만 메시지는 동일했다.[21] 한 호는 〈포인테스-다운타운 도로에서 통근 운전자가 흑인 아이를 친 곳〉이라는 제목으로 발간되었고, 또 다른 호는 〈디트로이트의 아동 자동차 '사고'〉라는 제목으로 발간되었다. 뉴욕시티클럽의 지도 제작자들처럼 번지도 자신의 목적을 전혀 에두르지 않고 밝혔고, '사고'라는 말을 쓸 때에는 매번 따옴표를 쳤다.

> 학교에 가려면 아이들은 위험한 길을 건너야만 한다. 학교 앞에서 많게는 대여섯 건의 '사고'가 매년 시계처럼 반복된다. 예측할 수 있는 사건이라면 그것을 왜 '사고'라고 부르는가? 어떤 골목을 가리키면서 '내년에 여기에서 다섯 명의 아이가 차에 치일 것'이라고 예측할 수 있다면, 그 길에서 사망과 손상을 일으키는 것은 거리의 지리학이고 말과 마차의

시절부터 새겨진 도심 슬럼의 자국이지 아이를 방치한 엄마들이 아니다. 교외 지역처럼 길이 막다른 골목으로 되어있다면 이런 '사고'는 거의 사라질 것이다.[22]

하지만 뉴욕시티클럽 사람들과 달리 윌리엄 번지는 도시 엘리트 계층이 아니었다.[23] 그는 소위 급진 성향의 지리학자였다. 하원 비非미활동위원회가 대학 캠퍼스에서 발언을 금지한 정치 활동가 블랙리스트를 보면 스토클리 카마이클과 H. 랩 브라운 사이에서 그의 이름을 발견할 수 있다.

자동차의 위험성을 알리기 위해 교통사고 사망 지도를 그리는 프로젝트가 도시 엘리트층의 관심 범위를 벗어나 정치적 급진주의자의 일이 된 것은 우연이 아니다. 자동차 사고가 증가하기 시작한 초창기에는 그것이 살인이라고 외치던 군중과 도시 살인 지도를 제작하던 뉴욕시티클럽 모두가 자동차 제조사 입장에서 커다란 문제였다. 둘 다 자동차 회사를 무기 거래상 보듯 했기 때문이다. 이 문제를 극복하기 위해 자동차 제조사 및 그와 금전적 이해관계가 일치하는 세력은 교통사고의 원인을 〔차량이 아니라〕 인적 과실로 돌리기 위한 캠페인을 벌였다.[24] 이것이 교통사고를 단순한 사고 이상으로, 가령 차량 '살인'으로 보는 것이 정치적으로 급진적인 견해로 보이게 된 경위다. 이런 변화에는 모두가 자동차에 대한 악마화를 멈추고 자동차를 구매하도록 만들기 위해 자동차 사고에서 자신의 역할을 지우려 한 자동차 회사들의 체계적인 캠페인이 있었다(이는 오늘날에도 계속되고 있다). 자동차 제조사와 딜러, 자동차 부품 제조사, 석유 회사 등은 자동차가 어떻게 제작되어야 하는지를 규제하려는 움직임에 맞섰고, 이를 위해 사람들의 분노가 자동차가 아니라 사람들이 걷거나 운전하는 방식을 향하도록 했다.[25] 이들은 몇몇 썩은 사과가 문제라고 말하는 캠페인을 조직적으로 전개해, 막강한 힘을 가진 자동차가 보행자가 밀집한 도시 거리에서 일으킨 충격적인 영향에 대한 이야기를 정신 나간 운전자와 제대로 걷지 않는 보행자의 이야기로 바꿔냈다.

'무단횡단자'를 발명하다

사고에 관한 논쟁에서 인적 과실을 내세우는 쪽에 매우 효과적인 도구 중 하나는 탓할 허수아비를 세우는 것이다. 《교통사고와 싸우기》에서 노턴은 '무단횡단자'라는 단어의 발명을 이런 화법상의 전술을 보여주는 대표 사례로 들었다. 그는 오늘날이라면 '자동차 로비 세력'(자동차 제조사, 운전 매니아, 석유 회사, 타이어 및 자동차 부품 회사, 자동차 딜러 등이 자동차 협회, 자동차 클럽 등으로 조직화된 것)이라고 부를 수 있을 법한 이해관계 집단에 대한 초창기 기록을 찾았고,[26] 무단횡단자를 허수아비로 사용하는 경우가 늘어난 현상이 교통사고 증가에 대해 탓할 다른 누군가를 절박하게 찾으려 했던 사람들과 직접적으로 관련된 현상임을 발견했다.

1920년대 이전에 무단횡단자라는 말은 그리 흔히 사용되지는 않는 모욕적인 말이었고,[27] 아마 여러분은 들어본 적이 없을 또 다른 모욕적인 표현인 **무단운전자**와 짝으로 쓰이는 말이었다. 이런 비난의 표현은 주로 보행자와 운전자 사이의 공방에서 등장했다. 각자 상대방이 도로 교통의 무법자이며 도시의 거리에서 어떻게 행동해야 하는지를 모르는 "무단" 행위자라고 비난했다.[28] 한동안 무단횡단자는 순전한 욕설이었다. 1915년에 뉴욕시 경찰국장이 이 말을 사용했을 때《뉴욕 타임스》가 사설에서 "진정으로 충격적"이고 "매우 강하게 비난이 실린 말"이라고 언급했을 정도다.[29]

이 두 가지 모욕적인 말 중 하나는 일상어가 된 반면 다른 하나는 사라진 것은 우연이 아니다. 자동차 로비 세력은 무단횡단자라는 말이 욕설로서뿐 아니라 법률 용어로서도 널리 쓰이게 하려고 엄청난 캠페인을 전개했다.[30] 오늘날 미국의 모든 주가 무단횡단을 금지하고 있으며 자동차가 무단횡단자를 쳤을 경우에는 보행자의 과실로 규정하고 있다. 이것은 교통사고의 책임을 자동차가 만든 위험한 조건에서 운전자나 보행자가 저지르는 인적 과실로 돌리기 위해 전개된 집중적인 캠페인의 결과였다.[31] 전에는 자동차 로비 세력이 포장도로라든가 운전자가 내는 세금과 요금의 인하 등을 위해 활동했다면, 이제는 교통사고를 둘러싼 대중의 분노에 대응해 자동차를 방어하기 위해 안전 문제를 다뤄야만 하게 되었다. 자동차 로비 세력의 이와 같은 역할 변화는 오하이오주 신시내티에서 시작되었다.[32] 노턴에 따르면, 자동차 로비 세력이 주민 투표를 무산시키기 위해 교통안전에 대한 담론을 전환하려 한 최초의 시도가 벌어진 곳이 바로 신시내티였다.

1923년에 신시내티 주민들은 속도제한장치speed governor(자동차가 일정 속도 이상으로는 가속되지 못하게 하는 장치)를 신시내티 주민이 소유한 모든 차량에 의무적으로 설치하게 하고자 했다.[33] 속도제한장치는 자동차 사고가 증가하면서 제안된 해법 중에서 널리 호응을 얻고 있었다. 자동차를 비판하는 사람들은 어느 것도 도시의 거리를 그렇게 빨리 달려서는 안 된다고 주장했다. 4만 2000명가량이 조례 발의 청원에 서명했고 속도제한장치 조례안이 주민 투표에 부쳐졌다. 통과되면 신시내티의 운전자들은 시속 25마일〔약 40킬로미터〕 이상으로는 달릴 수 없게 하는 장치를 차량에 달아야 했다.

(아무렇게나 정한 속도가 아니다. 교통사고에서 보행자가 사망할 확률이 시속 20마일〔약 32킬로미터〕 이상에서는 급격히 높아진다. 인체가 충돌의 영향을 견딜 수 있는 최고 속도가 시속 20마일이기 때문이다. 시속 23마일〔약 37킬로미터〕로 달리는 차에 치이면 10퍼센트가 죽는다. 시속 32마일〔약 51킬로미터〕로 달리는 차에 치이면 25퍼센트가 사망하며, 시속 42마일〔약 68킬로미터〕에서는 50퍼센트, 시속 50마일〔약 80킬로미터〕에서는 75퍼센트, 시속 58마일〔약 93킬로미터〕에서는 90퍼센트의 보행자가 생존하지 못한다.[34])

이때 막 생겨난 자동차 로비 세력이 그다음에 한 일을 하지 않았더라면 오늘날 아주 많은 사람이 살 수 있었을 것이다.[35] 자동차 제조사들은 빠르고 강력한 자동차가 중요한 마케팅 포인트라는 것을 잘 알고 있었다. 이것이 일반적으로 자동차가 실제로는 시속 100마일〔약 160킬로미터〕보다 그렇게 많이 빠르게 달릴 수는 없는데도 오늘날 자동차의 속도계 눈금이 시속 160마일〔약 257킬로미터〕까지 표시하고 있는 이유다.[36] 속도가 사람을 죽인다는 명백한 사실에서 사람들의 관심을 돌려놓기 위해 자동차 로비 세력은 비난의 초점을 빠르게 달릴 수 있게 설계된 자동차에서 인적 과실로 돌렸다.

신시내티자동차딜러협회는 1만 달러의 자금을 모아 속도제한장치 조례안과의 싸움에 돌입했다.[37] 전국자동차상공회의소도 신시내티에 지원군을 보내 이곳 자동차 딜러들의 조례안 반대 운동을 도왔다. 투표 날 자동차 로비 세력은 400명의 노동자를 투표소에 보내 속도제한장치 조례안에 반대투표를 하라고 사람들을 독려했다. 그리고 이런 활동은 효과가 있었다. 조례안을 발의하기 위한 청원에는 4만

2000명이 서명했는데 투표에서 실제 찬성표는 1만 4000표뿐이었다. 속도제한장치 조례안은 6 대 1 수준의 표차로 부결되었다.

제한속도 이상으로 달리는 것은 인적 과실이다. 자동차가 그렇게 빨리 달릴 수 있게 설계된 것은 위험한 조건이다. 자동차 로비 세력이 차량 살인 내러티브를 어찌나 성공적으로 바꿔냈던지, 이제 우리는 속도에 대해 말할 때 거의 언제나 **과속한 사람**이 잘못했다고 말하지 자동차가 그렇게 빨리 달릴 수 있게 설계된 것이 문제라고 말하지는 않는다.

신시내티의 속도제한장치 싸움은 자동차 로비 세력이 핵심 전술을 연마하는 실험장이기도 했다.[38] 자동차가 너무 빨리 달릴 수 있게 설계된 데 대해 대중의 비난이 일면 이들은 관심을 다른 데로 돌리기 위해 일부 무모한 사람들, 일부 '썩은 사과' 운전자들이 도로 전체를 망치고 있다고 말했다. 수십 년 뒤 총기 로비 세력도 이 전술을 그대로 사용하는데, 다음의 슬로건이 이를 잘 보여준다. **총은 사람을 죽이지 않는다. 사람이 사람을 죽인다.**[39]

하지만 곧 자동차 로비 세력은 더 많은 허수아비가 필요해졌다.[40] 자동차의 파괴적 속성에 대한 사람들의 저항이 전국적으로 퍼지고 있었기 때문이다. 세인트루이스, 볼티모어, 피츠버그 등에서 자동차에 치여 사망한 아동을 위한 추념비가 세워졌다.[41] 이런 저항운동은 '하얀 별 엄마들'(자동차 사고로 아이를 잃은 엄마들)의 사연을 두드러지게 이야기하면서, 충분히 막을 수 있었던 사건으로 입게 된 비극적인 상실을 애도했다.[42] 바로 이 지점에서 무단횡단자 화법이 등장한다.

자동차 로비 세력은 저항운동과 사망 아동 추념의 물결에 맞설 두 개의 거점을 생각해 냈다.[43] 하나는 교육이고 다른 하나는 법 집행이었다. 누가 도로에 있어도 되는지, 그리고 도로에서 어떻게 행동해야 하는지를 규율하는 법을 만들고 이를 대중에게 교육한다는 아이디어였다. 자동차 업계와 금전적인 이해관계가 얽혀있는 세력 중 일부가 보행자의 도로 접근성을 제한하는 교통 조례를 통과시키도록 시 당국에 압력을 넣는 동안, 미국자동차협회는 교육에 초점을 맞춰 전국의 학교를 대상으로 도로 안전 캠페인을 진행하는 데 자금을 댔다. "길 건너는 법"이 교육 내용에 포함되었고, 이런 교육은 자동차가 먼저 가고 보행자는 기다려야 한다는 개념을 확고히 했다. 여기에는 누군가가 차가 지나가기를 기다리지 않고 길을 건너려다 차에 치여 죽었다면 그 죽음은 자동차의 속도 때문이 아니라 사망자 본인의 무단횡단 때문이라는 암시가 깔려있다. 즉 사고가 보행자 과실이 되는 것이다. 이런 교육의 목적은 자라나는 세대에게 도로가 사람이 아니라 자동차를 위한 것임을 주지시키는 것이었다.[44] 자동차는 새로운 존재였고 오랫동안 도시의 도로는 보행자가 지배해 왔으므로 보행자가 도로를 걷는 방법 중에 부적절한 것도 있을 수 있다는 개념이 새로이 개발되어야 했는데, 자동차 로비 세력이 바로 그것을 해냈다.

또한 자동차 로비 세력은 자동차 사고에 대한 담론에 인적 과실을 밀어 넣는 새로운 방법도 찾아냈다. 시카고모터클럽 등 각 지역의 운전자 클럽은 언론에 "무단횡단자"라는 단어가 많이 등장하도록 대언론 활동을 시작했다.[45] 로스앤젤레스에서는 서던캘리포니아자동차클럽이 이 도시 최초의 횡단보도를 칠하는 데 비용을 대고서, 무단횡단자라는 말이 아직 지역 교통법에 등장하지도 않은 시절이었는데도 "무단횡단 금지—경찰"이라고 적힌 팻말까지 세웠다.[46] 뉴욕에서는 아메리카자동차클럽이 1923년에 소책자를 발간해 교통사고 문제를 다음과 같이 규정했다. "보행자들은 종종 어리석거나 조심성 없게 행동하는데, 많은 보행자가 그렇다."[47]

이런 활동은 지역적인 차원을 넘어섰다. 1924년 초에 전국자동차상공회의소는 자체적인 사고 통계 뉴스 서비스를 만들어 신문사에 무료로 제공하기 시작했다. 교통사고의 책임이 누구에게 있는지에 대한 대중의 인식을 바꾸는 것이 목적이라고 아예 명시적으로 밝히고 있었다.[48] 이 뉴스 서비스가 제공한 자료는 중립적인 숫자가 아니라 하나하나가 다 인적 과실 이야기를 담은 사례였다. 각 사례마다 누구 책임인지가 언급되어 있었고, 비난의 손가락은 거의 언제나 무모한 운전자나 무모한 보행자를 가리켰다. 자동차의 내재적인 위험은 이 공식에서 빠져있었다. 무단횡단자 개념이 등장하면서 보행자에 대한 비난이 특히 증가했다. 상공회의소의 사고 통계 뉴스 서비스가 전국적으로 배포되기 시작하고 몇 달이 지나자 지역 당국자들도 비난의 방향이 바뀌었다는 것을 감지했다.[49] 1924년 말 뉴욕에서 교통 위반 즉결 재판소의 한 판사는 이렇게 언급했다. "사고의 70~90퍼센트가 무단횡단자의 잘못으로 결론 날 정도로 이제 이런 설명이 유행이다."

자동차 제조사 크라이슬러의 회장 월터 크라이슬러도 여기에 일조했다. 1927년에 그는 《아웃룩》에 〈자동차 사고에 대한 유일한 해법〉이라는 글을 게재했는데, 이 글은 다음과 같이 시작한다.[50]

> 신문에서 자동차 사고로 아이가 죽었다는 기사를 보는 것보다 내게 더 참담한 일은 없다. 나는 자동차 제조업자이며 자동차가 미국 사람들의 행복에 기여한 바를 잘 알고 있다. 하지만 자동차 사고로 인한 사망과 부상의 증가를 막기 위해 몇 가지 현실적인 방법을 찾을 필요가 있다는 사실도 잘 알고 있다.

크라이슬러가 제시한 "유일한 해법"은 썩은 사과들을 교육하는 것이었다.[51] 그는 거리에서 놀지 말고 공을 쫓아가지 말고 스쿠터나 롤러스케이트를 타고 자동차 뒤를 따라가지 말도록 아이들을 교육해야 하고, 이런 잘못을 잘 단속할 수 있게 경찰을 훈련해야 한다고 주장했다. 그에 따르면, 자동차에 의한 사고사와 부상의 재앙적인 증가는 비 오는 날 우산으로 시야를 가린 채 다니는 보행자나 책을 읽으면서 길을 건너는 보행자처럼 무모한 보행자의 과실로 생기는 문제였다.

점차로 자동차 제조사들은 무단횡단자 외에 또 다른 허수아비들도 발명하게 되는데, 가장 두드러진 것은 '운전석의 미치광이'다[52](1920년대에 생겨난 이 화법은 이 장의 마지막 부분에서 다시 살펴볼 것이다). 사고의 역사에서 사고 유발 경향성이 큰 노동자, 위험감수형 인간, 중독자, 범죄자 등 인적 과실을 상징하는 허수아비는 전혀 드물지 않게 찾아볼 수 있다. 이제 운전석의 미치광이나 무단횡단자는 비난의 어휘로 그리 많이 사용되지 않지만, 폭주족, 음주운전자, 주의 산만 보행자 등이 그 허수아비 역할에 새로이 들어왔다.

오늘날 교통사고는 '무단횡단자'라는 말이 처음으로 널리 쓰이게 되었을 때만큼이나 많은 사람을 죽이지만,[53] 어느 모로 보나 우리는 그때만큼 교통사고에 관심을 기울이지 않는다. 성난 군중이 사고를 일으킨 운전자를 에워싸거나 사고 장소를 표시한 '살인' 지도를 그리는 일은 이제 없으며, 언론은 교통사고를 무미건조하게 보도한다. 날씨 예보에서 "우산을 챙기시고, 101번 도로 진입로에서 차가 막힐 것을 대비해 시간 여유를 두고 출발하시기 바랍니다"라고 말할 때처럼 말이다. 이는 자동차 회사들이 21세기에 발맞춰 무단횡단자 캠페인을 현대적으로 재구성하는 데 성공했기 때문이라고 볼 수 있다. 최근에 교통사고로 인한 보행자 사망이 다시 증가하는 동안(2009년부터 증가하기 시작해 2019년에는 30년 중 최고치를 기록했다) '주의 산만 보행자' 개념이 특히 관심을 끌었다.[54] 교통사고 사망률이 올라가기 시작하자 포드는 신조어 하나를 대대적으로 촉진해 보려 했다. 휴대전화로 문자메시지를 보내면서 걷는 사람을 일컫는 '문자보행자'petextrian〔보행자를 뜻하는 pedestrian과 문자메시지를 뜻하는 text를 합해 만든 말〕였다.[55] 이 단어 자체는 그리 관심을 끌지 못했지만 '주의 산만 보행자'라는 개념은 사라지지 않았다. 아니 그 정도가 아니라 어찌나 설득력이 있었던지, 2018년과 2019년에 교통 공무원을 대상으로 진행한 설문 조사에서 응답자의 3분의 1이 주의 산만 보행자가 안전에 심각한 문제라고 답했다.[56] 도로 설계자 및 엔지니어는 보행자가 숨진 사고 중 보행자가 정신을 딴 데 두고 걸어서 발생한 비중이 40퍼센트 정도일 것으로 추측했다(실제로는 보행자 사망 사고의 0.2퍼센트로 추정된다).[57] 뉴욕의 시의원들은 시 교통국이 주의 산만 보행자 문제의 심각성에 대해 연구하도록 하는 조례를 통과시켰다.[58] 그 조례에 따라 연구가 수행되었는데 그런 문제가 있다는 실증적인 근거는 발견되지 않았다.

주의 산만 보행자라는 말은 관심의 초점을 위험한 조건에서 개인의 과실로 옮기는 옛 수법의 새로운 형태다. 자동차 제조사들은 과거에 사고사가 증가했던 또 다른 시기, 즉 일터에서 사고사가 증가한 시기에 실시됐던 캠페인에서 이 수법을 처음 배웠다.[59] 산업혁명 끝자락에 노동자의 죽음과 부상에 대해 새로이 비용을 물게 된 산업계 경영자들은 그런 사건들이 단순히 사고라고 주장했다. 미국의 광산이나 공장의 노동조건을 결정하는 경영자들은 노동자가 죽거나 다칠 경우에 그 원인은 〔자신들이 결정한 노동조건이 아니라〕 노동자의 인적 과실이라는 개념을 널리 퍼트렸다.

사고 유발 경향성이 있는 노동자라는 신화

소위 부주의한 노동자라는 개념은 산업화된 일터, 석탄 광산, 철도 차량 기지 등에서 무단횡단자보다 10~20년 먼저 등장했지만, 비슷한 이야기는 그 이전에도 있었다.[60] 광산에 전기가 사용되고 철로가 확장되는 등 새로운 산업 테크놀로지가 대거 등장하면서 노동자들은 크게 위험해졌다. 1900년에 미국 노동자 50명 중 적어도 1명이 일터에서 사고로 목숨을 잃거나 전치 4주 이상의 부상을 입었다.[61] 점점 더 위험해지는 노동조건에 맞서 노동조합이 조직되자 소유주들은 다른 내러티브를 밀어붙이기 시작했다. 사람들이 일터에서 숨지는 데는 다른 단순한 이유가 있다고 말이다. 그 이유는, 어떤 노동자들에게는 사고를 잘 일으키는 경향이 있다는 것이었다.

어떤 노동자는 보통의 노동자에 비해 사고를 일으킬 가능성이 유독 더 높다는 개념(이들은 "사고 유발 경향성이 있는 노동자"라고 불리게 된다)은 1911년 몇몇 주에서 미국 최초로 노동자배상법이 통과되자 〔이 흐름에 맞서기 위해〕 대대적으로 촉진되었다.[62] 노동자배상법으로 노동자와 사용자 모두의 금전적 책임이 크게 달라졌다.[63] 전에는 일터에서 사고가 발생해도 다친 노동자나 사망한 노동자의 유가족이 회사로부터 돈을 받기란 거의 불가능했다. 노동자는 일자리를 잃었고, 일을 구할 수 없는 상태가 되었고, 치료비를 스스로 감당해야 했다. 노동자가 사망한 경우에는 가장을 잃은 가족들이 생계를 꾸려갈 방법을 알아서 찾아야 했다. 노동자와 유가족에게 유일한 선택지는 법정에서 고용주가 알면서도 의도적으로 노동자를 치명적인 위험에 노출시켰다는 사실을 입증하는 것뿐이었는데, 변호사 비용까지는 어찌어찌 마련한다 해도 거의 언제나 노동자가 패소했다. 노동자의 죽음은 사고로 치부되었고 고용주는 어떤 비용도 부담할 필요가 없었다.

그런데 노동자배상법이 통과되면서 상황이 달라졌고 "사고였다"는 말로는 더 이상 회사를 충분히 방어할 수 없게 됐다.[64] 이제 고용주들은 자신의 작업장에서 노동자가 손상을 입으면 배상을 해야 했다. 점점 더 빨라지는 어셈블리라인에서 벌어진 사고나 환기가 되지 않는 광산에서 벌어진 사고 등이 처음으로 수익에 영향을 미치기 시작했다. 갑자기 사고가 비용이 되었다. 비용을 인식하게 된 미국의 거대 기업 경영자들은 최초의 산업 안전 캠페인을 벌였는데, 과실을 저지르지 않도록 노동자들을 가르쳐서 노동자들의 행동을 바꾸는 데 초점을 맞춘 캠페인이었다.[65]

1911년 위스콘신주가 최초로 노동자배상법을 통과시키자,[66] 이듬해에 미드웨스트 전역의 산업가들이 위스콘신주에 모여 제1회 협업적 안전 회의를 열었다.[67] 기업의 권력자들이 노동자 안전을 논의하는 회의였다. 이어 다른 주들도 위스콘신주를 따라 비슷한 법을 통과시키자, 이 회의는 전미산업안전협회를 설립해 전국 차원의 조직적인 활동에 나섰다.[68] 노동자 안전과 산업재해에 대한 정보를 관리하고 이를 위한 자금을 지원하는 전국 단위 조직이었다. 갑자기 미국 전역의 일터에서 안전 교육이 실시되었고, 일터 안전 교육은 해법, 연설, 그리고 사고가 일어난다면 그것은 서투르고 무책임하고 때로는 술에 취한 노동자 탓이라는 반복적인 메시지를 생산하는 하나의 산업이 되었다.[69]

이런 주장을 볼 수 있는 대표적인 곳이 노동자들이 점심을 먹거나 출퇴근 카드를 찍는 동안 읽을 수 있게 철도 차량 기지나 공장 벽에 붙여놓은 포스터였다.[70] 전미산업안전협회가 이런 포스터를 고안하고 판매했다. 포스터에는 노동자를 어린애 취급하는 듯한 뻔한 메시지가 담겨있었다. 무엇이 사다리이고 무엇이 사다리가 아닌지, 상자를 어떻게 들지, 깔끔한 작업장은 어떤 모습인지, 어떤 신발을 신어야 하는지, 멍키스패너를 사용하는 잘못된 방법은 무엇인지, 바위가 들기에 너무 큰 경우는 무엇인지, 바짓단을 양말 안에 어떻게 넣어야 하는지 등 모든 내용이 노동자의 과실이 어떻게 사고를 일으킬 수 있는지에 초점을 맞추고 있었다.[71] 1930년경에 이런 포스터는 기업가들 사이에서 굉장히 인기가 많았다. 전미산업안전협회는 매달 47개의 새로운 포스터를 제작해 90쪽이 넘는 카탈로그에 게재했다.[72] 이곳은 20년도 안 되는 기간 동안 도합 7000개 이상의 포스터를 제작했다.

이런 포스터에는 '오토 노베터'라는 가상의 인물이 자주 등장했다.[73] 무단횡단자에게 족보가 있다면, 오토 노베터가 시조라고 할 수 있을 것이다. 오토 노베터는 제대로 하는 게 없는 노동자다. 오토는 부서지기 쉬운 판자 위를 걸어간다. 오토는 바닥에서 흥미로워 보이는 무언가가 눈에 띄자 그것을 줍는데, 알고 보니 델 정도로 뜨거운 금속 봉이다. **이것보다는 더 잘 알아야 하지 않겠는가?**

이즈음에 기업계는 태생적으로 사고를 잘 일으키는 성향을 가진 사람들이 있다고 시사하는 응용심리학의 새로운 이론을 적극 이용했다.[74] 이런 이론에 따르면 사고 유발 경향성은 타고나는 속성이었다. 즉 내재적인 것이지 후천적인 것이 아니었다. 이런 심리학자들은 (종종 기업에 고용되어서) 산업재해가 오로지 일부 노동자의 사고 유발 경향성이 강하기 때문에 발생한다는 가설을 제시했다. 전미산업안전협회는 이 불운하고 산만한 일부 노동자에 대한 포스터를 만들어 배포했다.

사고 유발 경향성을 정의하고 측정하려는 노력이 몇몇 주요 학술 저널에도 등장했다.[75] 조종사를 대상으로 수행한 한 연구는 낮은 사고율과 강한 종교적 가치관 사이의 상관관계를 보이고자 했다.[76] 전업 운전사를 대상으로 한 또 다른 연구는 다른 사람들보다 사고를 잘 내는 사람들이 "정상 이하의 정신 역량"을 가지고 있을 가능성을 제기했다.[77] 사고를 더 잘 내는 광산 노동자에 대한 한 심리학 연구는 그들에게서 죄책감, 권위자와의 문제, 성심리적 욕구 등을 찾아냈다.[78] 프로세스 엔지니어링 코퍼레이션에서 일한 한 심리학자는 사고를 더 많이 유발하는 노동자들에게는 "사회적으로 바람직한 성향"이 부족하다는 것을 입증하려 시도했다.[79] 또 다른 심리학자는 몇 달에 걸쳐 택시 운전사들을 참여관찰해서 사고율이 높은 운전사들에게서 여러 가지 바람직하지 못한 특성을 찾아냈다. 이혼율이 높고, 음주, 스포츠, 도박 외에는 관심사가 제한적이며, 아동기에 엄격한 부모, 알코올의존증인 아버지, 청소년 비행, 무단결석, 갱단 가입 등의 문제가 있었다는 것이다.[80]

주목해야 할 사실은, 과실을 개인의 정신심리적 요인으로 설명하기 위해 이 모든 노력이 벌어졌는데도 사고 유발 경향성의 존재를 결정적으로 입증한 연구는 하나도 없었다는 점이다.[81] 출간된 논문 중 통계적으로 타당한 것은 없었고, 단 한 건의 실험에서도 사고 유발 경향성의 존재는 확인되지 않았다.

연구자들이 비로소 사고 유발 경향성이라는 개념에 의문을 제기하기 시작한 것은 1940년대가 되어서였다.[82] 그런데 그나마도 사고 유발 경향성의 존재를 입증하려는 시도가 무수히 벌어지는 와중에, 아주 드문드문 이 개념에 대한 비판이 나타난 것이었다. 나중에 이 시기의 연구들을 일별한 한 논문은 사고 유발 경향성을 입증하려 한 시도들이 "부주의한 기록, 비논리적 논증, 통계 이론에 대한 무지를 상당히 많이 드러냈다"고 언급했다.[83] 이 논문의 저자들이 보기에 사고 유발 경향성이라는 개념이 계속 건재했다는 사실은 참으로 이해하기 어려운 일이었다. 그들은 이렇게 언급했다. "그것을 입증하는 믿을 만한 결과가 없는데도 개인의 성격적 특성으로서 사고 유발 경향성이라는 것이 존재한다는 것을 보이고자 한 연구자들이 이렇게 많았다는 것은 놀라운 일이다."

그렇더라도 사고 유발 경향성을 가진 노동자가 있다는 주장은 대중의 주의를 돌리는 데 너무나 효과적이어서 과학적 증거 없이도 수십 년간 지속되었다. 과학적으로 숱한 의구심이 제기된 오늘날에도 이런 믿음은 여전히 널리 퍼져있다. 이렇게 모호한 개념은 논파하기가 어려울 뿐 아니라, 논파되었느냐 아니냐는 사실 여기에서 중요하지 않다. 핵심은 진리를 찾는 것이 아니라 모호함을 만드는 것이기 때문이다. 사고가 일어났다면 사고를 당한 사람에게 무언가라도 잘못이 있었을 거라는 모호한 결론을 만들어내는 게 핵심인 것이다.

노동자들이 안전 수칙을 따르지 않는 이유

인적 과실이 사고를 유발한다고 암시하는 데 가장 일반적이고 효과적인 방법은 과실 방지용 수칙을 만드는 것이다. 일터의 안전 매뉴얼이 이런 과정을 잘 보여준다. 뛰지 마시오, 안전 제일, 손 조심. 산업혁명기에도 오늘날에도 생산 공정이 빠르게 돌아가거나 날카로운 기계가 있는 곳, 그리고 생산 속도를 맞추지 못하면 해고되는 곳에는 벽에 이런 규칙이 붙어있다. 노동자가 죽거나 다치면 소유주는 이런 규칙을 가리키면서 사고가 위험한 조건 때문이 아니라 규칙을 따르지 않는 사람 때문에 일어난다고 말할 수 있다.

노동 전문 저널리스트 크리스토퍼 레너드는 미국 전역의 산업 시설에서 사고가 나면 경영자들은 늘 안전 매뉴얼을 들먹인다는 사실을 발견했다.[84] 레너드는 대개 사고가 일어나는 경우는 어셈블리라인의 속도를 높이는 등 소유주가 생산 공정을 바꿀 때이지만 공정이 바뀌어도 안전 매뉴얼은 변하지 않는다고 설명했다. 작업 속도가 빨라지면 규칙을 따르기가 더 어려워지고 따라서 노동은 더 위험해진다. 나와 만난 자리에서 레너드는 2005년에 코크인더스트리가 조지아퍼시픽 제지 공장을 인수한 뒤에 이 공장의 조건이 어떻게 달라졌는지를 예로 들어주었다.[85] 이 사례는 그의 저서 《코크랜드: 코크인더스트리와 미국 기업 권력의 비밀스러운 역사》*Kochland*에도 소개되어 있다.

코크인더스트리는 조지아퍼시픽 인수에 210억 달러를 들였다. 투자금을 회수하기 위해 코크는 수익을 늘려야 했고, 그러려면 생산을 늘려야 했다.[86] 회사는 둘 다 했고, 곧 사고가 급증했다. 2017년에 사고 사망과 상해 건수, 노동자당 사고율, 사고 상해로 잃어버린 시간이 모두 증가했다. 어느 한 해의 봄과 여름 동안에만 해도 노동자 4명이 숨졌고, 그해에 노동자 9명이 신체가 절단되는 사고를 겪었다.

레너드가 조지아퍼시픽을 취재하면서 만난 코크인더스트리의 고위 경영진 다수가 이 회사가 안전을 얼마나 중시하는지에 대해 열변을 토했다.[87] 50쪽에 달하는 안전 매뉴얼을 제공하면서 사고로 이어질 수 있는 실수를 피하는 방법을 노동자들에게 알리고 있다는 것이었다. 하지만 그와 동시에 이 회사는 노동력을 대폭 줄이고 노동자를 해고했다. 특히 노조 가입 노동자들을 해고했다. 노조의 규칙에 따르면 노동자는 자신이 원래 할당받은 직무에 관련된 기계, 그들이 작동법을 훈련받은 기계만 운전할 수 있었고, 다른 기계 업무에 곧바로 투입될 수는 없었다. 당신 옆에서 일하던 동료가 갑자기 그만두거나 해고되거나 그의 직책이 없어져도 당신이 즉시 그의 자리에서 그 기계로 일을 할 수는 없는 것이다. 이 규칙을 따르면 생산 속도는 느려지지만 사람들은 더 안전해진다. 하지만 코크인더스트리는 조지아퍼시픽을 인수하고 나서 이 규칙을 대체로 무시했다. 경영자들은 노동자들이 이 업무 저 업무, 이 기계 저 기계로 옮겨 다니면서 일하게 했고 노동자들은 일하면서 그때그때 작동법을 새로 익혀야 했다. 이것은 더 위험하지만 더 수익성이 있었다.

레너드는 조지아퍼시픽 노동자들이 임시변통을 시도하거나 기계를 대충 고쳐보려다가 사고로 사망했다는 이야기를 계속해서 들었다.[88] 엄밀히 말하자면 이 노동자들은 수칙을 위반한 것이었지만, 실제로는 단지 작업 속도에 맞추려 애쓰고 있었을 뿐이었다.

내가 레너드에게 초창기 산업 심리학자들이 사고 유발 경향성이 있는 노동자의 존재를 입증하려고 막대한 노력을 기울였다는 이야기를 했더니 그는 이렇게 말했다. "1900년대 초에도 그랬고 오늘날에도 그렇습니다."

2012년부터 조지아퍼시픽에서는 해마다 사고가 극적으로 증가했다.[89] 이 문제를 다루기 위해 경영진이 모였다. 레너드는 그 회의에서 경영진이 내린 결론이 기본적으로 이런 것이었다고 내게 말했다. "노동자들이 우리의 정책을 충분히 완전하게 받아들이지 않고 있다.

우리는 그들이 이것을 마음으로 받아들이게 해야 한다. 그들이 이 규칙들을 따르게 해야 한다."

즉 경영진들은 사고 증가가 규칙을 따르지 않는 노동자들이 야기한 인적 과실 문제라고 말하고 있었다. 그러나 조지아퍼시픽에서 실제로 벌어진 일은 노동조건의 변화였다.

레너드는 이렇게 설명했다. "그들은 사람들이 더 강도 높게 일하도록, 더 적은 사람이 더 많은 일을 하도록 밀어붙였습니다. 하지만 이 문제만큼은 다뤄질 수 없었습니다. 더 낮은 수익을 용인할 수 있다는 것, 생산 속도를 늦출 수 있다는 것, 시스템에 어느 정도 비효율을 용인할 수 있다는 것은 논의의 대상 자체가 될 수 없었습니다."

경영진이 해야 할 일이 오로지 이윤 극대화라면, 그에 맞서 노동자들의 안전을 지켜줄 길항 권력이 없을 경우에 사고는 반드시 일어나게 되어있다.[90] 안전과 생산 사이의 이런 긴장이 산업적 일터의 특징이며,[91] 돈을 벌어야 한다는 압력과 야망은 사고의 형태로 발현된다. 도축장이나 육가공 공장(이곳의 일은 날카로운 도구를 가지고 저가의 제품을 생산하는 위험한 일이다)은 이런 긴장을 잘 보여주는 곳이다.

레너드는 이렇게 지적했다. "오늘날에는 도축장이 훨씬 더 위생적이고 절단용 날이나 스핀 기계를 다루는 방법도 더 잘 알려져 있어서 1900년대 초에 많았던 끔찍한 사고나 부상은 잘 볼 수 없습니다. 하지만 도축장이 안전해진 것은 아닙니다. 여전히 도축장은 미국에서 가장 위험한 일터 중 하나입니다. 도축장 소유주에게는 시간당 가능한 한 많은 동물을 도축하려는 쪽으로 강한 유인이 작용합니다. 도축장을 짓고 기계를 들이고 노동자를 고용하는 데 많은 돈을 투자했기 때문입니다. 투자를 회수하는 방법은 되도록 많은 동물을 도축해서 되도록 많이 판매하는 것이지요."

레너드가 미주리주에 있는 타이슨 푸드 도축장의 한 경영자 사무실에 갔을 때, 그 경영자의 컴퓨터가 절전 모드에 들어갔다. 그러자 모니터에 이런 표어가 나타났다. "**뼈 제거를 전속력으로**".[92]

"그 표어는 뼈를 바르고 부위별로 해체하는 작업 라인을 전속력으로 돌리자는 뜻이었습니다. 이 작업 라인은 노동자들이 앉아서, 때로는 다닥다닥 붙어 앉아서, 믿을 수 없을 만큼 날카로운 칼을 가지고 도축된 닭을 뼈 없는 닭가슴살, 날개 등 부위별로 절단하는 작업이 이뤄지는 곳입니다. 이런 라인을 정말 빠르게 돌리면 단지 8시간의 고강도 근무에 지쳐 손을 베는 일 정도만 증가하는 게 아니에요. 손을 베이는 일 정도는 아주 흔하고, 거기에 더해 관절 통증, 손목터널증후군이나 건염처럼 시스템적인 만성적 부상이 생기게 됩니다. 매우 빠른 생산 속도에 맞춰야 한다는 압력은 정말로 노동자에게 해를 끼칩니다. 노동자들이 노조가 없어서 라인 속도를 늦추거나 더 안전한 조건을 요구하지 못한다면, 오늘날 우리가 보고 있는 것을 보게 되는 겁니다. 부상의 만연 말입니다."

당신이 닭고기 공장에서 일한다면 당신의 안전 매뉴얼은 사고를 피하면서 닭을 부위별로 해체하는 법을 설명하고 있을 것이다. 하지만 그런 규칙은 당신의 상사가 부위별 해체 라인을 전속력으로 돌리는지 아닌지에 따라 달라지지 않는다. 도축장을 운영하는 사람의 주된 인센티브가 가능한 한 많이 도축하는 것이라면, 도축장에서 일하는 노동자에게는 두 개의 상이한 인센티브가 있다. 다치지 않는 것, 그리고 해고되지 않는 것.

"당신이 사람들을 위험한 환경으로 보낼 때 조심하지 않으면 그들이 부상을 당하게 됩니다. 하지만 그들은 부상을 예상하지 않았고 부상을 계획하지도 않았지요. 따라서 당신은 늘 그 사고가 '의도치 않은 사건'이었다고 말할 수 있고, 매번의 사고 상황은 항상 그때의 고유한 상황이 됩니다." 레너드는 이렇게 설명했다. "'사고'라는 말은 이렇게 전적으로 예기치 못한 일이었다는 암시를 담고 있지만, 일터에서의 사고가 정말로 예기치 못한 일인 경우는 거의 없습니다. 위험한 일터 환경에서 관리자가 노동자들에 대한 압박은 높이고 기계 다루는 법에 대한 훈련은 줄인다면 노동자들은 반드시 다치게 될 것이기 때문입니다."

예측 가능하고 예방 가능한 사고도 그 사고가 일어난 다음에는 고유하고 예측 불가능한 사고로 여겨진다. 드물게 일어나는 사고가 아닌데도 말이다. 그리고 사고가 나면 인적 과실에 초점을 두는 이야기 속에서 그런 고유성 개념은 한층 더 강화된다. 규칙과 안전 매뉴얼은 사고의 공식적인 원인으로 인적 과실을 지목하는 것을 제도화한다. 또한 이런 이야기는 루머, 인종주의적 편견 등 덜 공식적인 원천을 통해서도 강화된다.

비천한 닭 도둑

1991년 9월 3일, 임페리얼푸드의 공장(노스캐롤라이나주 햄릿에 있는 닭고기 공장)에 불이 났다.[93] 유압액이 호스에서 누출되어 가스 구동식 튀김 기계에 불이 붙었다. 이 공장은 흑인들이 주로 사는 동네에 위치한 1층짜리 건물이었다. 환기가 거의 되지 않았고 스프링클러도 작동하지 않았으며 바닥은 발화성 있는 기름으로 미끄러웠다. 25명의 노동자(대부분 흑인 여성이었다)가 사망했다. 문이 잠겨

빠져나오지 못하고 질식사한 경우가 가장 많았고 화상으로 사망한 사람도 있었다.

그을린 건물이 찍힌 사진 하나가 미국에서 벌어지는 사고의 위험한 아이러니를 단적으로 보여준다. 공장 안의 문에는 "화재 비상구—막지 마시오"라고 쓰인 팻말이 걸려있었는데, 바로 그 문이 자물쇠로 잠겨있었다.[94] 인적 과실 가능성을 경고하는 안전 수칙과 도저히 피할 수 없는 위험한 조건이 한데 모여있었다. 나중에 보험사 조사원은 "이 공장에 화재 비상구 기준을 충족하는 문은 하나도 없었다"고 밝혔다. 이 공장은 미국 직업안전보건국에서 점검을 한 번도 나오지 않은 채로 11년이나 운영되었다. 당시에 직업안전보건국에는 노스캐롤라이나주 전체에 조사관이 60명도 되지 않았다. 화재 이후에 직업안전보건국은 이 1층짜리 건물 하나에서 150건의 안전 위반을 발견했다.

템플대학교 역사학 교수 브라이언트 사이먼은 이 화재와 그 이전의 공장 상태를 오랫동안 연구했다. 그의 저서 《햄릿 화재: 값싼 식품, 값싼 정부, 값싼 생명의 비극》*The Hamlet Fire*은 임페리얼푸드 닭고기 가공 공장의 역사를 추적하면서 소유주가 북부〔펜실베이니아주〕에서 직업안전보건국의 점검을 회피했고, 규제를 피하기 위해 공장을 남부로 옮겼으며, 위험한 노동조건에 저항할 힘이 더 적은 노동자들을 고용하기 위해 공장 위치를 흑인이 주로 거주하는 지역으로 정했다는 것을 밝혀냈다. 사이먼은 죽음의 진정한 원인을 알아내는 작업이라는 의미에서 자신의 연구를 사회적 부검이라고 불렀다.[95] 그는 햄릿 공장에서의 죽음이 무작위로 발생한 사고가 아니라 예측 가능한 일이었고, 노동자의 과실이 아니라 위험한 조건에서 비롯된 결과였으며, 소유주가 결정하는 일터의 물리적 조건만 위험했던 것이 아니라 소유주가 자신의 이익을 위해 활용했던 사회적 조건도 크게 영향을 끼쳤음을 알게 되었다. 이곳 노동자들이 누구였는지가 사고 후에 사람들이 사고를 묘사하는 방식에 어떻게 영향을 미쳤는지를 보면 이런 일면이 잘 드러난다.

사이먼은 처음으로 햄릿에 갔을 때를 내게 이야기해 주었다. 화재 발생 20년 뒤였고, 그는 사고 당시 이 사건을 보도했던 세 명의 현지 저널리스트를 만났다. 세 명 모두 나이가 있는 백인 남성이었다.

"그들 모두 그 화재가 사고였고, 공장 소유주에 의해 야기되었으며, 소유주가 탐욕스러웠다고 말했습니다. 소유주가 탐욕스럽지 않았다면 아무 일도 일어나지 않았을 거라고 했습니다." 하지만 사이먼은 그들의 단순한 설명에는 그곳의 노동자들을 그런 조건에서 일하게 만든 역사와 정치가 누락되어 있다고 지적했다. "그 노동자들은 우연히 그때 그 공장에서 일하게 된 것이 아니었습니다. 역사적 요인들이 특정한 종류의 사람들을 이 공장에 오게 한 것입니다. 그리고 아무도 그들에게 관심을 기울이지 않은 것도 그날 시작된 일이 아니었습니다."

사이먼은 "우리가 사고라고 부르는 것은, 어느 면에서, 만들어진 취약성"이라고 말했다.

사이먼이 노스캐롤라이나주에서 만난 저널리스트들이 소유주의 탐욕이 화재의 원인이었다고 했을 때, 이런 해석은 인종과 계급이 어떻게 피해자들을 취약하게 만들었는지를 지워내고 있었다.[96] 이 노동자들은 구할 수 있는 어떤 일자리라도 잡아야 할 만큼 취약했고, 직업안전보건국이 이들의 일터에 대한 점검을 쉽게 미루거나 방치할 수 있을 만큼 취약했으며, 지극히 위험한 조건에서 일해야 할 만큼 취약했다. 그리고 사고에 대해 그들의 탓이라고 비난을 받을 만큼 취약했다. 사고 원인에 대해 공식적인 설명 말고 비공식적으로 떠돌던 이야기는 화재의 피해자들에게 한층 더 부정적인 이미지를 씌웠다. 사이먼은 노동자들이 닭을 훔쳐 가는 일이 잦아서 임페리얼푸드 소유주가 문에 자물쇠를 채워두었던 것이라는 루머를 지역 관계자들에게서 반복적으로 들었다고 했다.[97] 이 이야기는 피해자들 본인이 자신의 죽음에 대해 책임이 있다고 암시하고 있었다.

이보다 80년 전에도 거의 똑같은 이야기가 있었다. 트라이앵글 셔트웨이스트 공장에서 화재가 났을 때였다.[98] 10층짜리 건물 안 여기저기에 잔뜩 놓여있던 넝마에 불이 붙었다. 건물은 환기가 거의 되지 않았고 스프링클러 시스템도 없었다. 비상구는 너무 적었고 불이 잘 붙는 헝겊이 도처에 쌓여있었다. 146명의 노동자가 사망했고 대부분 여성이었다. 일부는 잠긴 문 뒤에서 질식했고, 많은 이들이 건물에서 뛰어내리다 숨졌으며, 또 다른 이들은 화상으로 사망했다.

두 화재 모두 공식적인 이야기는 소유주의 탐욕을 지목했다. 하지만 두 경우 모두 사고 후에 또 다른 이야기가 루머로 떠돌았다. 노동자들이 도둑질을 많이 해서 소유주들이 문을 잠갔다고 말이다. 1911년에 뉴욕에서 떠돌던 이야기에서는 노동자들이 옷감을 자주 훔쳤다고 했다. 현장 감독관은 하루 일이 끝나면 노동자의 가방과 지갑을 수색했고 아무도 수색을 받지 않고는 공장에서 나가지 못하도록 문을 잠갔다. 햄릿에서는 문이 잠겨있어서 25명의 노동자가 숨졌는데 여기에서 떠돌던 이야기에서는 노동자들이 닭을 자꾸 훔쳤기 때문에 소유주가 문을 잠가둔 것이라고 했다.

햄릿에서 사이먼은 화재보험 조사관, 소방서장, 심지어 검사장에게서도 이 루머를 들었고, 생존한 노동자들도 AP 통신에 그렇게 이야기했다.[99] 이 이야기가 맞느냐 아니냐보다 더 중요한 것은 이 이야기가 무엇을 정당화하느냐다.

사이먼은 "기저에서 떠돌던 이야기, 즉 문이 잠겨있었던 것을 노동자들의 도둑질과 연결하는 내러티브는 사라지지 않고 지속되었다"고 말했다. 그는 사건이 발생한 지 20년이나 지나서도 자신이 그 이야기를 들었을 만큼 노동자의 도둑질이 중요한 정당화 요소였다면, 당시에는 이 루머의 무게가 어땠겠느냐고 반문했다.

하지만 한 가지 중요한 면에서 햄릿 화재는 80년 전의 트라이앵글 화재와 달랐다.[100] 트라이앵글 화재는 전국적으로 노동 개혁을 촉발했다. 노동자배상법이 만들어졌고, 화재 비상구와 화재 경고 벨, 스프링클러 설치를 의무화하고 문을 잠그지 못하게 규제하는 등 일터의 위험한 조건을 바꾼 변화들이 있었다. 이와 달리 햄릿 화재는 대중의 공분이나 개혁의 노력을 거의 촉발하지 못했다.

사이먼은 이렇게 설명했다. "햄릿 사고가 난 뒤에는 이데올로기적 전환이 없었습니다. 그저 비극이라고만 여겨졌고, 비극이라는 말은 사고라는 말과 어느 정도 비슷한 효과를 냅니다. 즉 무언가를 비극으로 여기면 세계에 대한 나의 기본적인 인식을 재고해 봐야 할 필요가 없어집니다."

사이먼은 햄릿 사고 이후에 이데올로기적 전환이 일어나지 않은 이유가 숨진 사람이 대체로 흑인 여성이었다는 점과 관련이 있으리라는 가설을 세웠다.[101] 사이먼은 임페리얼푸드 소유주 측 변호사가 그 소유주를 기소한, 즉 반대 측인 검사를 만났을 때 들었다는 이야기를 내게 전해주었다.[102] 검사는 닭을 훔치는 건 "원래 이 사람들이 하는 짓"이라며 피해자들은 "그저 비천한 흑인들일 뿐"이라고 말했다고 한다. 닭을 훔친 노동자의 죽음과 옷감을 훔친 노동자의 죽음에 대한 대응이 차이가 난 까닭은 닭을 훔친 노동자가 흑인이라는 데 있었다.

화재 참사 1주기가 되던 날 햄릿에서는 모두 백인인 당국자들이 주최한 추념식이 열렸다.[103] 이 도시의 다른 쪽에 위치한 흑인 교회에서는 흑인 공동체 지도자들이 주최한 또 다른 추념식이 열렸다. 백인들은 신에게 이 도시를 구원하고 비극이 지나가게 해달라고 기도했다. 사이먼은 이렇게 말했다. "그들은 냉담하지는 않았지만 이것으로 과거를 묻고 넘어가고 싶어 했습니다. 그렇게 할 수 있다는 암묵적인 개념이 있었고, 이는 그 사고가 일상적이지 않은 특이한 일이라는 것을 암시했습니다. 하지만 노란 경찰 저지선이 여전히 쳐져있는 공장 옆에서 살고 있는 사람들은 여기에서 벌어진 일이 훨씬 더 큰 무언가라는 것을, 그리고 그것이 이 장소에서 그들의 가치가 어떻게 인식되는가와 관련이 있다는 것을 알고 있었습니다."

흑인 교회에 모인 사람들은 이례적인 사건에 대해서가 아니라 자신들의 공동체가 입은 상처에 대해 기도했고, 그것을 과거에 두고 넘어가게 해달라는 것이 아니라 그것을 바꿀 수 있는 정치적 의지를 달라고 기도했다.[104] 그 자리에 있었던 민권운동가 제시 잭슨은 햄릿의 이야기를 일터의 안전이라는 어젠다를 되살리고 노동운동을 재활성화하며 사회 안전망을 강화하자고 촉구하는 계기로 삼았다.

이것은 그 사건이 비극적이고 예외적인 일이었다고 말하는 것과 비극적이고 일어날 수밖에 없는 일이었다고 말하는 것의 차이다. 단지 사고였고 숨진 사람들이 닭 도둑이었거나 공장 소유자가 탐욕스러웠던 것이기만 하다면, 소유주가 그 지역에 공장을 세우게 만든 사회적 조건을 간과하기가 더 쉬워지고, 그저 애도하고 다음으로 넘어가기도 더 쉬워진다.

햄릿 사고는 그것을 본 사람이 거의 없다는 점에서도 인적 과실로 몰고 가기가 더 쉬웠다. 임페리얼푸드 공장은 뉴욕에 위치한 여러 층짜리 건물이 아니라 당국이 점검도 나오지 않는 농촌의 작은 공장이었다. 사고에서 이것은 중요하다. 사고를 목격한 사람이 많을수록 사고 경위에서 사람들의 관심을 돌려놓기가 어려워진다. 모두가 그곳의 위험한 조건을 보았을 때는 그것을 감추기가 더 어렵다. 같은 이유로, 수백만 명이 자동차를 소유하게 되자 자동차 제조사들이 교통사고가 오로지 소수의 썩은 사과 때문에 생기는 일이라고 말하기가 더 어려워졌다. 그래도 자동차 회사들은 여전히 이 이야기를 했는데, 이번에는 보행자를 악인으로 만들기 위한 은밀한 캠페인을 진행한 것이 아니라 사고 예방을 위해 이윤을 희생하지 않겠다는 의지를 대놓고 드러냈다.

로버트 맥너마라의 큰 실수

사고 유발 경향성이 있는 노동자, 무단횡단자, 닭 도둑 등은 사람이라면 저지르게 마련인 평범한 실수를 영리하고 악의적으로 과장한 표현이다. 이런 화법은 과장된 표현으로 관심을 끌어서, 개선하려면 기업이 이윤을 희생해야 하는 위험한 조건으로부터 사람들의 관심을 돌려놓는다. 이런 화법의 등장인물 목록에 한 명을 더 추가해야 하는데, 바로 '운전석의 미치광이'다.

'운전석의 미치광이'는 엔지니어들이 자동차를 더 안전하게 하는 방법을 발견했지만 자동차 제조사들이 그런 안전장치를 도입하는 것이 싸지 않다는 것을 알게 되면서 등장했다. 오늘날에는 운전석의 미치광이라는 표현 자체는 자주 들을 수는 없지만, 수십 년 동안 이 말은 교통사고 문제에 대해 사실상의 공식 답변으로 이용되었다. 1930년에 출간된 클리블랜드의 자동차 딜러 잡지 《플레인 딜러》에는 다음과 같은 시가 나온다.[105]

사고를 일으키는
모든 자동차 부분 중에서
대부분의 사고에 대해 탓할 수 있는 것은
운전석의 미치광이인 것 같아

운전석의 미치광이를 비난하는 것은 전미산업안전협회가 즐겨 사용하는 계략이었다. 공장 벽과 광산의 수직갱도에 붙일 안전 포스터를 만들던 곳 말이다. 이곳은 자동차 사고로도 영역을 넓히면서 이름을 '전미안전협회'로 바꾸었다. 물론 여전히 활동의 초점은 사고에서 인적 과실을 강조하는 것이었다. 1938년에 이곳에서 제작한 포스터 중 하나에서는 중절모를 쓴 운전자가 이렇게 말하고 있다. "자동차 하나를 조립하는 데는 1500개의 너트가 필요한데 그것을 사방으로 산산조각 내는 데는 너트nut[미치광이라는 뜻도 있다] 하나면 된다."[106]

1950년대에 랠프 네이더는 이런 비유에 의구심이 생기기 시작했다.[107] 당시 대학생이었던 그는 동부 연안을 히치하이킹으로 자주 여행했는데, 사고는 도로변에서 일상적으로 볼 수 있는 풍경이었고 그는 사고의 종류를 불문하고 자동차가 충돌 시 우그러지는 방식 자체가 사람의 생존을 불가능하게 만든다는 것을 알게 되었다. 그런데도 여전히 비난은 운전석의 미치광이에게만 쏠렸다. 네이더는 운전자보다 자동차 자체에 더 오류가 있는 것이 아닐까 하는 의문을 품었다.

이 질문은 훗날 네이더의 독창적인 저서 《어떤 속도에서도 안전

하지 않다: 미국 자동차에 설계되어 있는 위험》*Unsafe at Any Speed*으로 이어졌다. 이 책에서 네이더는 자동차 제조사들이 사고가 나도 사람이 다치지 않게끔 자동차를 설계하는 방법을 알고 있으면서도 그 지식을 거의 적용하지 않고 있음을 조목조목 지적했다. 그리고 운전석의 미치광이 운운은 자동차 제조사들이 안전하지 않은 차량을 만든 자신들의 책임을 벗기 위한 술책이라고 주장했다.

> 수십 년 동안 자동차 산업 및 유관 산업의 지지 및 지원과 함께 교통안전 당국이 선호한 설명이자 법으로도 제도화한 설명은, 대부분의 사고와 손상은 무모한 운전자가 일으킨다고 말한다. '운전석의 미치광이' 운운하는 이야기를 매체에 반복적으로 흘리면서, 자동차 업계와 이 업계에 장악된 안전위원회는 사고의 원인은 나쁜 운전자이고 해법은 좋은 운전자라는 대중적인 인식을 만들어냈다. 이런 접근은 운전자의 속성에 대한 설명이 비과학적일 뿐 아니라, 충돌 가능성을 최소화하고 충돌이 발생할 경우 손상의 심각성을 줄일 수 있는 차량 및 도로 설계의 혁신이 이미 존재하거나 쉽게 실현할 수 있는데도, 이런 사실에서 사람들의 관심이 편리하게도 멀어지게 만든다.[108]

안전벨트, 완충재를 댄 계기판, 또 그 밖의 기술들을 사용하면 자동차가 더 안전해질 수 있다는 근거가 많았는데도 '운전석의 미치광이' 화법은 효과가 있었다. 네이더는 운전석의 미치광이라는 꼬리표 붙이기가 자동차를 더 안전하게 만들려는 자동차 업계 내부의 노력조차 덮어버렸다고 지적했다. 그는《어떤 속도에서도 안전하지 않다》의 초판 출간 10년 뒤에 나온 개정판에서 다음과 같은 사례를 소개했다.[109]

1955년에 포드 경영자 로버트 맥너마라는 새로운 광고를 승인했다.[110] 그는 포드 자동차가 매년 새로운 디자인을 출시하는 GM의 쉐보레와 경쟁할 수 없다는 것을 알고 있었다. 그래서 경쟁을 하기보다 아예 다른 상품을 시장에 내놓기로 했다. 처음으로 포드는 '안전'을 판매했다. 포드의 광고는 '생명을 살리는 패키지'를 선보였다. 포드 차를 구매하는 운전자는 추가로 돈을 내면 몇몇 안전장치를 차에 설치할 수 있었다.

포드의 '생명을 살리는 패키지'에는 안전벨트, 정면 충돌 사고 시 운전자를 찌를 가능성이 적은 오목한 운전대, 충돌 시 문이 열려 탑승자가 차 밖으로 튕겨나가는 것을 막아줄 문 잠금장치, 완충재를 댄 계기판, 햇빛 가리개 등이 포함되어 있었다. 맥너마라는 격월간으로 대리점들에 내보내는 브로셔에 포드와 쉐보레 차의 실제 사고 사진을 담았고, 언제나 포드가 덜 망가진다는 것을 보여주도록 사고 현장 사진을 매장 창문에 나란히 전시하게 했다. 메시지는 분명했다. '1956년식 포드를 타고 가다가 사고가 나면 1955년식 포드를 탈 때보다, 그리고 경쟁사의 어떤 자동차를 탈 때보다 훨씬 덜 다칠 것이다.' 즉 포드의 광고는 사고에서 인적 과실은 중요하지 않으며, 사고는 일어나고, 그때 포드 자동차가 당신을 더 안전하게 지켜줄 수 있다고 말하고 있었다.

1955년에도 자동차 시장은 오늘날과 그리 다르지 않았다. 안전은 빠른 가속이나 멋진 외양보다 덜 중요한 셀링 포인트였다. 포드가 새로운 광고를 내놓기 전까지는 사고가 났을 때 생존할 수 있느냐가 자동차 판촉에서 핵심 메시지로 언급되는 일이 거의 없었다.

네이더는 "GM은 자동차를 매력적인 남성의 필수품이라고 판촉한 반면 포드는 자동차에서 낭만을 제거하고 구매자의 고려 사항에

충돌, 사망 등 불쾌한 문제를 집어넣었다"라고 설명했다.[111]

이것은 GM에 진정한 위기였다. 맥너마라는 포드의 떠오르는 스타였고 진정으로 안전을 신경 쓰는 것 같아 보였다.[112] 그가 계속 밀고 나가게 둔다면 경쟁사들도 섹시한 자동차를 건전한 설계를 적용한 자동차로 바꿔야만 할 압력에 처할 수도 있었다. 그해가 절반 정도 지났을 때 GM의 경영진은 포드에 있는 친구 경영진(포드의 이사회 의장은 GM의 최고 재무 책임자 출신이었고 포드의 제조 책임자는 GM의 제조 책임자 출신이었다)에게 맥너마라의 광고를 중단하라고 요청했다.

네이더는 이렇게 설명했다. "GM이 멈추라고 했고, 포드는 문자 그대로 끼익 멈춰버렸다. 앞에서 말한 GM 출신 포드 경영자들은 맥너마라에게 안전 대신 스타일과 성능을 말하는 광고로 방향을 돌리라고 했다. 하필 맥너마라는 독감에 걸려 플로리다로 장기간 휴가를 갔다. 그의 커리어는 매우 위태로웠다."

맥너마라는 '생명을 살리는 패키지' 판촉을 1년을 못 채우고 중간쯤에 중지해야 했다. 포드는 상당한 돈을 지출해서 광고 대행사에 안전 메시지를 뺀 새 광고를 제작하게 했다. 플로리다에서 돌아온 맥너마라는 대세를 따랐고, 안전은 팔리지 않는다는 것이 GM과 포드 모두가 말하는 이야기가 되었다. GM의 슬로건인 "포드는 안전을 팔고 쉐보레는 자동차를 판다"가 그런 생각을 잘 보여준다.

하지만 이것은 사실이 아니다. 네이더는 그의 책 초판과 2판 사이 시기인 1956년에 나왔던 "거의 알려지지 않은 보도자료" 하나를 찾아냈다. '생명을 살리는 패키지'의 안전장치 중 두 개가 옵션이었기 때문에 수요를 측정할 수 있었는데, 포드가 제공한 다른 어떤 옵션보다 수요가 많았다. 포드가 1952년에 유리창 선팅을 옵션으로 내놓았을 때는 고객의 6퍼센트만 그것을 주문했다. 그러나 1956년에 내놓은 안전 완충장치는 포드 차 구매자의 43퍼센트가 주문했고, 구매자 7명 중 1명은 안전벨트를 주문했다. 그 전까지 포드에서 가장 인기 있었던 옵션은 1951년에 선보인 자동 기어 변속 장치였는데, 이것도 주문율은 23퍼센트에 불과했다. 안전벨트를 주문하는 사람이 너무 많아서 공급 업체가 물량을 대기 어려울 정도였다. 한 달에 50개의 안전벨트와 버클이 필요했던 것이 갑자기 하루에 1000개가 필요해졌다. 포드는 안전 광고가 없었다면 그해의 자동차 판매량이 20만 대는 줄었을 것이라고 추산했다. 안전 패키지 판매가 도중에 없어졌는데도 말이다. 안전이 상품으로 나오자 사람들은 그것을 구매했다.

하지만 이런 이야기는 모두 묻혀 사라졌다. 이는 안전은 팔리지 않으며 운전석의 미치광이가 있으면 자동차의 안전성은 중요하지 않다고 주장한 자동차 회사 경영진의 비겁함을 보여주는 증거다. 네이더는 이들이 용기가 있었다면 시장이 추동하는 힘에 의해 자동차 안전이 크게 발전했을 것이라고 언급했다. 하지만 그렇게 되지 않았고 10년이 그냥 지나갔다. 네이더는 놀라운 베스트셀러가 된 그 책에서 자동차 제조사가 사망과 손상을 줄일 방법을 알고 있었는데도 그것을 도입하지 않았다는 사실을 드러냈다. 예를 들어 비용 지출을 피하려고 안전벨트 도입을 지연하고, 더 맵시 나는 모양을 위해 치명적인 설계상의 특징들(날카롭고 뾰족하게 튀어나온 계기판과 충돌 시 안으로 들어가지 않는 운전대 축관 등)을 그대로 두었다. 1966년에 의회는 교통안전과 관련해 연방 정부가 어떤 역할을 해야 할지에 대한 청문회를 열고 네이더를 증인으로 불렀다.[113]

"문명화된 사회라면 운전자가 아무리 미치광이더라도 순간의 부주의함으로 그가 목숨을 잃지는 않도록 보호하고자 해야 마땅합니다. 그가 운전하는 차에 치인 결백한 사람은 말할 것도 없고 말입니다." 네이더는 청문회에서 이렇게 말했다. "이런 모토들, 또 이와 비슷한 편리한 모토들은 자동차 산업이 대중의 시선을 차량의 설계가 일으키는 영향으로부터 다른 쪽으로 돌리기 위해 맹렬히 개발하고 굳건하게 영속화한 교통안전 이데올로기입니다. 본인들의 잇속을 위한 이데올로기인 것입니다. 달리 말할 표현을 찾지 못하겠습니다."

네이더의 노력은 최초의 자동차 산업 규제를 이끌어냈다. 연방 교통부가 설립되었고 나중에 도로교통안전국이 되는 규제 당국도 신설되었다. 이곳이 훗날 모든 자동차에 안전벨트를 의무화하게 되며, 이어서 에어백과 브레이크 잠김 방지 장치도 의무화된다. 또한 위험한 조건을 관리할 책임을 자동차 제조사에 지우는 여타의 안전 의무사항들도 제도화된다.

하지만 자동차 회사들이 순순히 물러섰던 것은 아니다. 네이더의 책이 나온 시점이자 GM이 맥너마라의 좋은 아이디어를 뭉갠 지 10년 뒤에, 자동차 로비스트들은 차량안전법에서 형사처벌 조항을 삭제하는 데 성공했다. 안전하지 않은 차를 만드는 것에 대해 자동차 회사를 형사 기소할 수 없게 되었다. 또 연방 규제 당국이 1968년식 모델에 새 안전 기준을 적용하려 하자 헨리 포드 2세 본인이 회사를 닫아버리겠다고 협박했다.[114] 그는 새로운 안전법이 "불합리하고 자의적이고 기술적으로 실현 가능하지 않다"고 주장했는데, 이 안전법에 포함된 많은 것이 반년 동안이나마 포드가 '생명을 살리는 패키지'를 판매했을 때도 이미 옵션으로 다 구매할 수 있었던 것들이었다.

헨리 포드 2세는 기자들에게 "우리는 사업을 접어야만 한다"며 그렇게 되면 "이 나라에 진짜 문제"가 오게 될 것이라고 협박했다.

그러다가 자동차 제조사들이 마침내 안전장치를 도입하기로 물러섰을 때, 안전장치는 의무가 아니라 맥너마라의 '생명을 살리는 패키지'처럼 선택 사양으로 제공되었다. 안전벨트와 에어백이 의무화되는 데는 수십 년의 정치적인 싸움이 더 필요했고, 처음에는 고객이 추가로 돈을 내서 에어백과 안전벨트를 구매해야 했기 때문에 부자들만 안전해졌고 나머지 사람들은 사고로 목숨을 잃었다. 이 잔혹한 불합리를 이해하려면, 비행기가 바다에 불시착할 경우 사용할 수 있는 구명조끼가 퍼스트 클래스에만 비치되어 있고 이코노미석에서는 추가로 돈을 내고 사야 한다고 생각해 보기 바란다.

비슷한 일이 오늘날에도 없지 않다. 자율주행차 자체는 아직 갈 길이 멀지만, 랜드 연구소는 현재 이용 가능한 자동화 기술, 가령 긴급 브레이크, 적응식 정속 주행 시스템, 사각지대 감지, 알코올 감지 잠금장치, 차선 인식 등이 미국의 모든 차에 도입될 경우 오늘날 연간 1만 7000명이 교통사고로 인한 사망을 피할 수 있을 것이라고 추산했다.[115]

이런 기술들은 아직 자동차 회사가 의무적으로 도입하도록 규제되고 있지 않아서 비용을 내는 부유한 사람에게만 제공된다. 그만한 돈이 있어야만 자동차 내부의 위험한 조건들을 없애고 사고에서 생존할 수 있다. 그렇지 않으면 당신은 제때 브레이크를 밟지 못해서 죽을 수 있고, 그럴 경우 당신의 죽음은 당신이 그렇게 미치광이처럼 운전하지 말았어야 했다는 식으로 이야기될 것이다.

2

조건

THERE ARE NO ACCIDENTS

나는 일곱 살 때 사고로 죽을 뻔했다. 절벽 가장자리에서 '엄마, 그렇게 해도 돼요?' 놀이를 하다가 떨어진 것이다. 아주 멍청한 실화다. 엄마가 "발레리나 스텝으로 세 발짝 앞으로 오세요"라고 말했고, 나는 "엄마, 그렇게 해도 돼요?"라고 묻고서 머리 위로 손을 휘저으며 발레리나 스텝으로 앞으로 걸어갔다. 그리고 낮은 금속 가드레일을 넘어 아래로 떨어졌다.

나는 10~12피트[약 3~3.7미터] 정도를 수직 낙하해 젖은 자갈들이 깔린 땅에 부딪혔다. 떨어지는 동안 정신을 잃었고, 엄마가 비명을 지르며 아빠를 불렀던 것만 어렴풋이 생각난다. 그다음 기억은 우리 집 자동차인 낡은 혼다 뒷좌석에서 아빠가 손으로 내 뒤통수의 다친 곳을 꽉 누른 채 나를 무릎에 앉혀 감싸안고 있던 것이다. 내가 입고 있던 분홍색과 흰색 줄무늬 치마바지와 등허리에 리본이 달린 민소매 옷이 피범벅이었던 것도 생각난다. 병원에서 머리를 열네 바늘 꿰맸고, 의료용 고무장갑을 빵빵하게 부풀려 묶은 뒤 칠면조처럼 보이게 만든 장난감을 선물로 받았다.

부모님은 가슴이 철렁 내려앉는 이야기를 들으셨다고 한다. 내가 2피트[약 60센티미터]만 더 먼 곳에 떨어졌더라면 나무로 된 보도에 떨어질 수도 있었고, 거기에서 다시 2~3피트[약 60~90센티미터]만 더 먼 곳에 떨어졌더라면 얕은 물에 떨어질 수도 있었다는 것이다. 사정 봐주지 않는 이 두 표면 중 어디에 부딪혔더라도, 또는 내 몸무게가 5파운드〔약 2.3킬로미터〕만 더 무거웠더라도 뇌사, 아니 즉사했을 수도 있었다.

이 이야기를 들으면서 이런 의문이 들었을지 모르겠다. 아니 사람이 어떻게 이렇게 무모할 수가 있을까? 대체 엄마는 무슨 생각이었던 거지? 나는 왜 다른 데서 놀지 않고 절벽 옆에서 놀았지? 이것은 인적 과실과 개인의 책임에 대한 질문이다. 심리학자들은 이런 질문을 하고자 하는 충동, 특히 **다른 이가 당한** 사고에 대해 이런 질문을 하고자 하는 충동을 '근본적 귀인 오류'fundamental attribution error라고 부른다.[1] 많은 연구에서 드러났듯이 상당히 많은 사람들이 자신의 사고는 그때 처해있던 환경 때문이었다고 생각하고 다른 사람의 사고는 인적 과실과 개인의 잘못 탓이라고 생각하는 경향이 있다. 그렇지 않다는 증거가 있을 때도 말이다.[2]

나는 '엄마, 그렇게 해도 돼요?' 놀이를 바닷가 절벽 옆에서 했어야 했는가? 물론 아니다. 내가 발레리나 스텝에 더 능숙해야 했는가? 그럴지도 모른다. 당신은 물론 이런 과실을 지적할 수 있다. 하지만 과실을 지적하는 것이 위험한 조건을 변화시킬 수 있는가? 전혀 아니다.

나는 이 책에서 거의 전적으로 도로, 주택, 일터 같은 건조환경built environment〔인공적으로 지어진 구조물로 된 환경〕에만 초점을 맞추었다. 건조환경이 대부분의 사고가 발생하는 곳이자 사고가 가장 예방 가능한 곳이기도 하기 때문이다. 물론 사고는 자연환경에서도 일어난다. 암벽 등반을 하다가 발을 헛디디거나, 등산 중에 길을 잃었는데 탈수증이 오거나, 서핑을 하다가 자기 능력을 넘어서는 파도에 휩쓸리거나, 혹은 실력에 비해 너무 가파른 코스에서 스키를 타는 경우 등이 그렇다. 하지만 이 책에서는 자연환경에서 발생하는 사고는 대체로 다루지 않을 것이다. 상대적으로 발생 빈도가 적고, 자연 세계 자체가 우리의 통제 밖에 있는 위험한 조건인지라 사고를 예방하기가 훨씬 더 어렵기 때문이다. 가드레일이 듬성듬성 있었던 절벽에서 떨어진 내 경우는 건조환경과 자연환경의 중간쯤에서 발생했다. 증강된 자연환경, 내 경우에는 '허술하게 증강된 자연환경'에서 벌어진 사고였다고 말할 수 있겠다.

하지만 어떤 환경이었건 간에 우리는 늘 인적 과실을 찾을 수 있다. 가령 나는 절벽 옆에서 발레리나 스텝을 밟지 말았어야 했다. 대부분의 사고에서 나 같은 사람을 발견할 수 있다. 실수한 사람, 안 좋은 의사 결정을 한 사람, 과실을 저지른 사람 등등. 과실은 이 책의 모든 곳에 등장하며, 당신이 대부분의 사람과 같다면 그런 과실에 초점을 맞추려는 강한 충동을 느낄 것이다. 개인의 책임이 무엇이었는지 물으면서, 다른 이의 행동에서 찾아낼 수 있는 좋지 않은 판단을 지적하고 싶을 것이다. 하지만 여기에서 말해두는데, 이 책에서 나는 당신이 이런 류의 질문을 하는 데서 멀어지도록 계속 밀어붙일 것이다.

사고에 인간의 실수나 잘못된 판단이 없었다거나 개인이 더 책임 있게 행동했어도 목숨을 구할 수 없었을 것이라는 말이 아니다. 인적 과실을 탓하는 이런 방식의 질문이 사고 해결에서 중요하지 않고 대개는 효과적이지 않기도 하거니와, 최악의 경우에는 똑같은 사고가 또다시 일어나게 한다는 점을 지적하려는 것이다. 물론 나는 절벽 옆에서 놀지 말았어야 했다. 하지만 그것을 백날 지적해 봐야 또 다른 사람이 그 자리에서 떨어지는 것을 예방하는 데는 쓸모가 없다. 쓸모가 있는 것은 가드레일을 고치는 것이다.

살얼음이 얼어 미끄러운 길에서 자전거를 타는 것은 잘못된 판단일 수 있지만, 미국보다 훨씬 더 눈이 많이 오고 겨울이 긴 나라에서 연중 자전거를 타는 사람들의 사고사율도 미국보다 낮다. 사고를 예방할 수 있도록 건조환경을 조정했기 때문이다.[3] 등산객이 길을 잃거나 암벽 등반자가 추락하는 사고는 대체로 그들의 통제를 벗어난 환경에서 그들이 가지고 있던 제한적인 통제력마저 상실되었기 때문에 발생한다. 하지만 자연 세계가 아닌 곳에서는 사고를 유발하는 모든 것이 우리의 통제 범위 안에 있다. 등산이나 암벽 등반을 하지 않는 대부분의 시간에 우리는 건조환경 안에서 살아가며, 여기에서 사고는 개인의 책임 문제가 아니라 권력의 문제다.

산업혁명 이래로 힘을 가진 기업 세력들은 과실을 잘 저지르는 사람이 모든 사고의 원천이라고 지적했다. 이 장은 이 주장이 틀렸음을 입증한 사람들을 다룬다. 가드레일이 더 적합하게 설치되어 있었다면 내가 절벽에서 떨어지는 것을 전적으로 막아줄 수 있었을 것이다. 하지만 가드레일이 내 발레리나 스텝이 엉성한 것을 막아줄 수는 없다. 내가 입은 부상의 경중은 내가 저지른 실수의 경중이 아니라 내가 떨어졌을 때 무엇과 충돌했는지에 비례했다. 나는 천운으로 덜 뾰족뾰족하고 덜 딱딱한 곳에 떨어졌다. 우리가 무엇에 충돌하게 될지, 그리고 무엇이 우리와 충돌하게 될지를 통제함으로써 우리의 생사를 통제할 수 있다는 것은 이제 잘 알려져 있는 사실이다.

세심한 탈부착

철도는 미국에서 처음으로 노동자의 사고사에 대한 전국적인 데이터 수집이 이뤄진 영역 중 하나다.[4] 1887년에 세워진 연방주간통상위원회가 사상자를 집계하기 시작했고, 곧 한 가지 사실이 명백하게 드러났다. 철도 노동이 굉장히 위험하고 그중에서도 특히 열차 차량을 연결하는 일이 가장 위험하다는 사실이었다. 당시에는 노동자들이 두 개의 사슬고리와 핀을 가지고 차량들을 직접 연결했고, 탈부착을 하려면 철도 차량 기지에서 움직이는 차량들 사이에 서있어야 했다. 1870년대 말부터 1880년대 초까지의 10년간 철도 차량 기지에서 일어난 사고로 죽거나 다친 사람 중 40퍼센트가 차량 탈부착 일을 하다가 사고를 당했다.[5] 초창기 통계를 보면 1892년 한 해에만도 차량 탈부착 중에 1만 1000명의 노동자가 숨진 것으로 나온다.[6] 사고사 집계 자체가 새로운 일이었으므로 실제 숫자는 훨씬 더 컸을 것이다. 규모를 가늠하기 위해 비교를 해보자면, 2019년에 모든 직업을 통틀어 미국에서 발생한 산재 사망이 5000건가량이다.[7]

당시 철도 노동자 사고사 통계는 산업재해를 집계한 초창기 통계에 속한다.[8] 사망자 숫자가 신문에 나오기 시작하자 대중과 정치인들은 충격을 받았다. 철도 노조는 더 안전한 노동조건을 오랫동안 요구해 왔지만 공식적인 사망자 통계가 나오고서야 마침내 당국자들을 움직일 수 있었다. 철도 노동자 안전에 대한 청문회가 열렸고, 1893년에 의회는 안전장비법을 통과시켜 철도 회사가 차량 자동 연결기(이것을 설치하면 차량 탈부착 노동자가 차량 사이에 서있지 않아도 된다)와 공기제동기를 모든 열차에 의무적으로 설치하게 했다.

당시 미국에서 철도 회사들이 얼마나 막강한 권력을 가지고 있었는지를 생각할 때, 안전장비법이 통과되었다는 것 자체가 놀라워 보일 수 있을 것 같다.[9] 자동차 안전벨트 의무화 규정이 처음 발의되었을 때 헨리 포드 2세가 그랬듯이, 강력한 철도 회사 거물들이 저항해 안전장비법의 통과를 막을 수도 있었을 것이다. 혹은《하퍼스》

의 한 편집자가 언급했듯이 "제동장치의 비용이 철도 노동자에게 들어가는 비용보다 더 많은 한, 사람을 희생시키는 현재의 차량 탈부착 방식이 지속되리라고 예측할 수" 있었을지 모른다.[10]

하지만 그렇게 되지 않았고, 안전장비법은 기업의 이윤 추구와 테크놀로지 발달이 노동자의 안전을 위해 결합한 드문 사례가 되었다.[11] 철도 회사들이 동의한 것은 자동 연결기만 설치하는 것이 아니라 그것과 함께 그 시기에 나온 또 다른 새로운 발명품인 공기제동기까지 같이 설치하는 것이었다.

철도 회사는 열차에 더 많은 화물을 실을수록 한 번의 운행에서 더 많은 돈을 벌 수 있다. 공기제동기는 제동력이 훨씬 강해서 무거운 열차의 감속과 정지에 훨씬 더 용이했고, 이는 차량을 더 길게 연결하고 차량마다 더 많은 화물을 실을 수 있게 해주었다. 철도 회사들이 자동 연결기 설치 의무화를 받아들인 이유는 자동 연결기가 차량 사이 공간을 덜 잡아먹고, 차량 사이 공간이 줄어들면 공기제동기로 정지되는 더 길고 더 무거운 열차가 안정성이 더 높아지기 때문이었다.[12] 여러 혁신이 우연히 합류한 덕분에 더 안전한 기차가 수익성도 더 높은 기차가 되었다.

안전장비법이 통과되기 전에는 노동자들이 차량 탈부착 업무를 하다 사망했다면 그것은 조심성이 없거나 술에 취해있거나 멍청해서라고 보는 것이 표준적인 설명이었다. 하지만 노동조건을 바꾸었더니 그런 설명이 틀렸다는 것이 입증되었다. 자동 연결기를 의무화하자 철도 산재 사고가 급감했다. 1890년에서 1909년 사이에 차량 탈부착 관련 사고는 절반으로 줄었다.[13] 1902년에는 연간 사망자가 과거 1만 1000명에서 크게 줄어든 2000명이 되었다. 또 철도 사고의 4퍼센트만이 차량 탈부착 중에 발생했다. 이 역시 20년 전의 40퍼센

트에서 크게 줄어든 것이었다.[14]

그렇더라도 자동 연결기는 하나의 산업에서 한 종류의 사고와 관련해 한 종류의 노동자에 대해서만 인식을 바꾸었을 뿐이다. 그리고 이것은 이례적으로 규제가 이윤 추구와 맞아떨어진 덕분에 가능했다.

더 광범위하게 상황이 달라진 것은 저널리스트이자 사회학자인 크리스털 이스트먼이 모든 산업 분야에 사고가 얼마나 만연해 있는지, 모든 산업 분야의 사고들이 얼마나 비슷한지, 그리고 이 모두를 예방하기 위해 무엇을 해야 할지를 보여주고 나서였다. 크리스털의 이야기는 피츠버그의 광산 마을에서 시작한다.

크리스털 이스트먼의 사망자 집계

미국에서 산업재해가 처음 증가하기 시작했을 때, 그것이 일으키는 피해의 실증 근거는 주로 일화였다.[15] 그리고 수량화된 데이터가 없는 상태에서, 가장 두드러지게 눈에 띄는 일화만 기록되고 전해질 수 있었다. 감전으로 광부 한 명이 사망한 것이 아니라 많은 광부들이 있던 탄광 전체가 폭발해 300명이 한 번에 사망하는 종류의 어마어마한 재난 이야기 말이다.[16]

광산의 폭발이라든가 50량짜리 열차의 탈선은 언론에 크게 보도되었지만 일터에서 벌어지는 대다수의 사망은 거의 이야기되지 않았다.[17] 하지만 노동자 대부분은 한 번에 한 명씩 죽었다. 차량 탈부착 작업을 하다가, 혹은 함몰한 갱도에서 질식해서와 같이 말이다. 그리고 전부 합했을 때 정말 큰 숫자가 되는 것은 바로 이런 종류의 죽음이었다. 크리스털 이스트먼은 이를 데이터로 보여준 첫 번째 인물이다. 1906년에서 1907년 사이에 크리스털은 펜실베이니아주 피츠버그에서 1년 동안 벌어진 노동자 사망 사고를 집계했고,[18] 기업이 수십 년 동안 설파해 온 주장, 즉 부주의한 노동자가 재해를 유발한다는 주장을 실질적으로 논파했다. 이것은 미국 노동자의 사고사에 대한 최초의 사회학적 연구였다.[19]

스물다섯의 뉴요커이자 개신교 목사 부부의 딸인 이스트먼은 피츠버그의 시신 안치소에서 검시관과 기자의 대화를 우연히 듣게 되었다. 그들의 대화(혹은 그들의 대화 중 이스트먼이 들을 수 있었던 일부)는 노동자들이 어떻게 사고로 사망하는가에 대한 이스트먼의 연구와 관련이 있었고, 이스트먼은 들은 내용을 적어두었다.[20]

기 자 ——?

검시관 아뇨, 오늘은 드릴 게 없네요, 짐. 아, 잠깐만요, 톰스 런 탄광에서 점판암이 떨어져서 사망한 사람이 있어요. 그건 관심 없으시죠?

기 자 ——.

검시관 그러실 것 같았어요. 그러면 다른 건 없습니다. 다음에 또 뵙죠.

그날 기자는 시신 안치소에서 쓸 만한 기삿거리를 건지지 못했다. 사망자가 한 명인 사고만 또 하나 있었고 재난이나 폭발 같은 소식은 없었기 때문이다.

이스트먼은 검시관으로부터 1906년 7월 1일부터 1907년 6월 30일까지 앨러게니 카운티의 노동자 사망 신고 기록을 입수했다.[21] 그 1년간 앨러게니 카운티에서 25만 명의 임노동자 중 526명이 산업재해로 사망했다. 또한 이스트먼은 그해의 3개월간 사고로 부상을 입은 509명의 노동자에 대한 병원 기록도 확보했다. 이 중 76명은 장기적인 중대 손상(손·팔·다리 절단, 실명, 척추 손상 등)을 입은 경우였다(이스트먼은 기간을 1년으로 잡기에는 날마다 일어나는 사고로 인한 부상이 너무 많아서 3개월로 한정했다).

이스트먼은 사진가 루이스 하인과 이탈리아 연구자 한 명, '슬라브족' 연구자 한 명을 섭외해 팀을 꾸렸다. 루이스 하인은 팔다리가 잘리거나 실명한 사람들, 부모를 잃은 아이들의 모습을 사진으로 찍는 일을 맡았고, 이탈리아 연구자와 슬라브 연구자는 매년 미국에 100만 명의 이주 노동자가 들어오고 있어서 그들의 언어를 할 줄 아는 연구자가 필요했기 때문에 고용했다(슬라브족 연구자는 엔지니어이기도 해서 특히 도움이 되었다). 이들 네 사람은 526건의 사망과 509건의 부상의 기저에 있는 전체 이야기를 찾아내는 일에 착수했다. 이스트먼은 철강 공장, 철도 차량 기지, 광산 등을 돌아다니면서 산재로 다친 사람들을 수소문해 그들의 이야기를 기록했다. 또한 동료가 산재로 죽는 것을 본 사람들을 취재했고 남편이나 아버지를 잃은 가족들과도 함께 앉아 이야기를 나누었다.[22]

이스트먼은 이른바 피츠버그 '철강 지구'가 포함된 앨러게니 카운티가 일종의 소우주 역할을 할 수 있으리라고 보아서 이곳을 연구 지역으로 골랐다.[23] 앨러게니 카운티 하나를 면밀히 조사하면 전국적으로 왜 그렇게 많은 사람들이 일하다 사망하는지도 더 잘 이해할 수 있으리라고 생각했다. 이스트먼의 프로젝트는 산업재해 문제를 책임지고 다루는 사람이 없던 시절, 산업재해의 범위에 대해 감을 잡고 있는 사람조차 없던 시절에 시작되었다. 광산과 철도 업계는 어느 정도 정부의 감독을 받고 있었지만, 산업재해 문제를 전체적으로 다루거나 들여다보는 사람은 없었다. 이스트먼은 사람들이 어떻게 일터에서 죽는지, 유가족은 어떻게 되는지 알고 싶었다. 방대한 프로젝트였고, 이 프로젝트에서 발견된 내용은 오늘날까지도 산업재해를 논의하는 방식에 기본적인 틀을 제공하고 있다.

"이 상황에 밝은 면은 존재하지 않는다. 앨러게니 카운티는 산업재해로 매년 500명가량의 노동자를 잃고 있으며 이들 중 절반이 미국에서 태어난 사람들이다.* 사망자의 70퍼센트는 교육 훈련을 받은 숙련 노동자이고 60퍼센트는 아직 노동에서 전성기에 도달하지 않은 사람들이다. 우리는 젊음과 숙련과 힘, 한마디로 인간의 역량을 잃고 있는 것이다." 이스트먼은 《피츠버그 서베이》*The Pittsburgh Survey* 1장에서 이렇게 언급했다. "이런 상실이 낭비인가? 이것은 피츠버그 및 모든 산업 지구가 답해야 할 질문이다. 이것이 단순히 산업 과정에서 불가피하게 감수해야 할 상실이라면, 우리는 그저 슬퍼하고서 잊으면 될 것이다. 하지만 이것이 대체로, 혹은 절반이라도, 혹은 부분적으로라도 막을 수 있었던 불필요한 죽음이라면, 젊음과 숙련과 힘이 낭비된 것이라면, 우리는 이에 맞서 싸워야 하고 이것을 잊지 않기 위해 무언가를 해야 한다."[24]

이스트먼이 피츠버그를 떠나고 한두 달 뒤인 1907년 12월에 피츠

* 이스트먼은 "피츠버그 사람들은 산업재해로 사망하는 이렇게 많은 노동자들이 일반적으로 미국인이 아니라 외국인일 것이라고 생각하며" 그 때문에 이 문제는 신경 쓸 필요가 없는 것으로 여겨진다고 지적했다. 이스트먼은 독자에게 산업재해 문제의 심각성을 알리기 위해 미국인 노동자의 산재율을 강조한 것 외에는 반(反)이민자 정서에 대해 논의를 더 전개하지는 않았다. 일터의 위험한 조건을 만든 기업 경영자들도 일터에서 사망한 노동자들이 영어로 쓰여있는 안전 경고 문구를 못 읽어서 사망한 것이라며, 산재를 단순히 사고로 치부하기 위해 이들 대부분이 외국인이라는 주장을 사용했다.

버그에서 그리 멀지 않은 웨스트버지니아주에서 머낭가 광산이 폭발했다.[25] 그날 작업에 나간 것으로 기록된 367명 중에서 5명만 생존했다. 몇 주 동안 미국은 호기심과 경악 속에서 이 사고를 이야기했다. 이스트먼은 신문에 "소름 끼치는 세부 사항, 누구 잘못인가에 대한 온갖 사람들의 견해, 유가족에 대한 구호 대책" 등의 이야기가 쏟아졌다고 언급했다.[26] 이스트먼의 피츠버그 책이 출간되었을 무렵에도 이 사고는 여전히 널리 회자되는 뉴스였다. 이스트먼은 센세이셔널한 사건이 온통 관심을 사로잡는 것도 문제의 일부라고 생각했다.

"이런 재난은 그 규모 때문에 대중의 관심을 불러일으킨다. 하지만 광부 한 명이 갱도 깊은 곳에 있는 '방'에서 갑자기 떨어진 1톤 또는 2톤의 점판암에 깔려 죽는다면, 그것은 광산 업계에 대해 아무런 논의도 불러일으키지 않는다. 이런 이야기는 대중의 귀에 단조로운 반복음으로나 들릴 뿐이다. 이 같은 흔한 탄광 사고는 신문에 거의 나오지도 않는다."[27]

대규모 재난은 몇 주 동안 신문의 1면을 장식했지만 그것이 일으키는 센세이션은 문제의 진정한 본질로부터 사람들의 관심을 돌려놓았다. 문제의 본질은 일터에서 사망하는 노동자 대부분이 한꺼번에 100명을 죽이는 대규모 재난이 아니라 사고라고 간단히 치부되는 단조롭고 반복적인 상황으로 사망한다는 사실이었다. 피츠버그에서 1년간 집계한 산업재해 사망 통계는 이 점을 숫자로 다시 한번 확인해 주었다. 사람들은 날마다 한 번에 한두 명씩 죽었다. 이스트먼은 시대정신을 자극하기에는 규모가 크지 않은 이런 사고에 사람들이 관심을 기울이게 하고 싶었다. 왜 이 죽음들은 사라지는가? 이스트먼은 이렇게 질문했다.

"사회에서 의견이 중시되는 사람들 대부분은 사고 문제에 대해 고용주, 감독관, 사고 관리인 등에게서 들은 이야기를 바탕으로 이미 선입견을 가지고 있다. 즉 그들은 '사고의 95퍼센트는 인간의 부주의함에서 발생한다'고 이미 믿고 있다. 인간의 부주의함을 가리키는 강력하고 반복적인 주장은, 너무나 자주 되풀이돼서 기업인과 전문직 종사자들 사이에서 단단하고 꿈쩍 않는 의견 덩어리가 되었고 근거 없는 확신의 무더기가 되었다."[28]

이스트먼의 연구는 인적 과실이 사고의 원인이라는 주장이 전적으로 사실이 아님을 입증했다.[29] 노동자들은 스스로 죽음을 자초한 것이 아니라 위험한 환경에서 일하다 죽은 것이었다. 그들은 무모한 속도로 일하도록 강요받았고, 보호 장비, 안전망, 가드레일도 없이 안전한 정도보다 더 열심히, 더 빨리 일하는 것에 대해 보상을 받았다. 이스트먼이 집계한 모든 사고 중에서 가장 큰 비중을 차지하는 것은 "전적으로 고용주나 고용주를 대표하는 위치에 있는 사람들"에게 귀인할 수 있는 사고였다.[30] 따라서 사고를 예방하는 데는 "고용주의 의지가 무엇보다 중요"했다. 이스트먼은 자신이 수집한 사고 사례들을 원인별로 분류하고 분석해 "사고를 발생하게 한, 예방 가능했던 주요 조건들"도 밝혀냈다. 첫 번째는 안전한 일터를 만들지 못한 것이었고, 두 번째는 장시간 근무를 요구한 것이었으며, 세 번째는 너무 빠른 속도로 일하게 만든 것이었다. 이것은 노동자 개개인의 과실이 아니라 노동자들이 직면하는 조건이 산재의 원인임을 입증한 최초의 사례였다.

이스트먼의 통계는 빈틈없이 탄탄했다. 하지만 이스트먼의《피츠버그 서베이》가 남긴 진정한 유산은 숫자의 측면을 넘어선다. 노동자 배상법이 아직 존재하지 않던 시절에 이스트먼은 사고를 피해자 가족의 관점에서 이야기함으로써, 그리고 루이스 하인이 찍은 사진을 통해 사고의 비용이 구체적으로 무엇을 의미하는지를 보여줌으로써 미국 노동자를 위해 새로운 의제를 만들어냈다. 이스트먼은 목숨은 구했지만 장애를 입게 만든 사고가 가져오는 경제적 재앙도 드러냈다.[31] 일하다가 한쪽 눈을 사고로 잃은 노동자의 절반 이상은 50달러가 안 되는 돈을 배상받았다. 영구적 부상을 입은 노동자의 절반은 아무 배상도 받지 못했다. 손가락을 잃은 노동자(때로는 두세 개의 손가락을 잃은 노동자)나 팔을 잃은 노동자도 한 푼도 받지 못했다. 기혼 노동자가 사고로 사망한 경우의 절반 이상에서 고용주는 유가족에게 100달러 이하를 지급했고 그중 48퍼센트에게는 한 푼도 지급하지 않았다. 100달러를 받았다 해도 이것으로는 장례비만 겨우 댈 수 있었지 더 이상은 아니었다. 이스트먼은 사고의 부담을 가장 크게 떠맡게 되는 아내들 이야기에 대중의 관심을 환기했다.[32] 이들은 졸지에 가장을 잃고 소득을 올릴 길이 막막해진 채로 아이들과 함께 남겨졌다(자녀가 많은 경우도 많았다). 게다가 사고로 남편이 죽고 나면 회사에서 제공하는 주거지에서 살 수도 없었다. 가구라도 내다 팔아야 했고, 보수가 괜찮은 일자리에는 남성만 고용되던 시절에 굶어 죽지 않을 방법을 알아내느라 고전해야 했다. 남편이 죽지는 않았지만 일을 할 수 없을 정도로 심각한 장애를 갖게 된 경우도 마찬가지였다. 그리고 이 경우에는 평생에 걸쳐 의료비도 부담해야 했다.

이스트먼은 뉴욕 사람이었고, 미국의 산업 중심지인 뉴욕주 의회가 《피츠버그 서베이》에 관심을 가졌다.[33] 뉴욕주 의회는 이스트먼의 연구를 더 큰 규모에서 수행하기로 하고 개혁안을 마련하기 위한 위원회를 꾸린 뒤 이스트먼을 위원장으로 임명했다. 이 위원회는 더 많은 데이터와 굵직한 제안 하나를 가지고 돌아왔다.[34] 노동자들이 산업재해를 당한 뒤 금전적인 배상을 받기 위해 고용주를 상대로 소송전을 치러야 할 필요가 없게 만들자는 것이었다. 위원회는 상해의 규모와 잠재적 소득 손실에 기초해 배상을 보장하는 시스템을 제안했다. 산업재해가 발생하면 의료비, 피해자 가족의 생계비 등 그 이후의 폐허에 대한 부담은 고용주가 져야 한다는 것이었다. 사고가 나면 고용주에게 비용을 발생시킬 수 있는 방안이 드디어 나온 것이었다.

1910년에 뉴욕주에서 이 개혁법이 발효되었다. 하지만 이제 산업재해에 대해 노동자에게 배상을 해야 하게 된, 그리고 산업재해를 입은 노동자 한 명으로부터 배상 청구 소송에도 걸려있던 사우스버펄로 철도 회사가 노동자배상법이 뉴욕주 헌법에 위배된다며 항소했다.[35] 1911년 3월 24일에 뉴욕 항소법원은 위원회의 개혁을 뒤집고 회사 측의 손을 들어주었다. 바로 다음 날, 맨해튼에 있는 트라이앵글 셔트웨이스트 공장에서 화재가 났다. 미국에서 인구가 가장 많은 도시 한복판에서 여성 노동자들이 불길을 피해 뛰어내리다가 숨졌다. 며칠 동안 신원 미상의 불에 그을린 시신들이 사람들이 다 볼 수 있는 곳에 놓여있었다. 트라이앵글 화재는 단순히 규모만 큰 사건이 아니었다. 이것은 미국의 지배층이 실시간으로 목격한 대형 사고였고, 이후 한참 동안 미국의 모든 언론이 상세히 다룬 사고였다. 두 달 뒤 위스콘신주에서 미국 최초로 노동자배상법이 통과되었고 그해에 9개의 다른 주도 뒤를 따랐다.[36] 뉴욕주는 1913년에 노동자배상법을 다시 통과시키기 위해 주 헌법을 개정했다. 1920년이면 48개 주 중 42개 주에서 노동자배상법이 통과되어 있었다. 1925년까지 이 흐름에 저항한 5개 주는 모두 남부 주였다. 그리고 1948년에 미시시피주가 마지막으로 노동자배상법을 통과시켰다.

제1차 세계대전이 끝났을 무렵에는 미국 대부분의 주에서 노동자가 사고를 당할 경우 법적으로 고용주가 의료비와 노동력 손실에 대한 배상을 하게 되어있었다. 이는 고용주 입장에서 경제적인 계산이 대거 달라지게 만들었다. 전에는 산업재해가 노동자를 새로 채용하는 비용 정도만을 발생시켰다. 하지만 이제는 고용주가 비용을 줄이려면 사고를 줄이는 수밖에 없었다. 그리고 사고가 극적으로 감소했다.[37] 이후 20년 동안 노동시간당 사망자가 3분의 2나 줄었다. 철강회사 US스틸에서는 1900년대의 첫 10년 동안 매년 노동자 4명 중 1명이 중대한 부상을 입었는데, 1930년대 말에는 그 비율이 300명 중 1명이 되었다.

하지만 다른 곳에서는 사고 이야기가 그리 장밋빛이 아니었다. 도로에서 벌어지는 사고에 대해서는 크리스털 이스트먼이 일터에서 벌어지는 사고에 대해 한 것과 같은 작업을 한 사람이 아직 없었다. 부주의가 사고를 유발한다는 개념을 〔데이터로〕 논파하고, 위험한 조건을 만들고 지속시키는 사람들에게 비용을 부과하는 일 말이다. 노동자의 사고사와 부상은 1920년 이후에 대체로 감소했지만(1960년대는 예외였는데 이에 대해서는 이 장의 뒷부분에서 다시 설명할 것이다), 사고사 전체는 증가했다. 운전자, 보행자, 승객이 사망하는 경우가 크게 늘었기 때문이다. 자동차 사고가 거의 언제나 한 번에 한두 명이 사망하는 규모로 일어난다는 점도 도움이 되지 않았다. 정부가 조치를 취하도록 강제할 수 있는 압력이 생길 만한 큰 재난이 아닌 것이다. 대규모 교통사고가 나서 공분을 일으킨 경우에도 노동자배상법과 같은 법의 제정으로 이어지지는 않았다. 도로나 자동차에 대해서는 아무도 책임을 지고 있지 않았고, 따라서 피해자 이외의 누구에게도 사고가 비용이 되도록 만들 방법이 없었다.

이스트먼이 《피츠버그 서베이》를 펴내고 40년이 지난 뒤, 사고사와 사고 손상 통계를 수집한 또 다른 사람이 나타나면서 마침내 이것이 달라지기 시작했다.

휴 디헤이븐, 하늘에서 떨어지다

1917년 가을, 미국인 수십만 명이 제1차 세계대전에 참전하기 위해 배를 타고 해외로 이동하고 있었을 때, 브루클린 출신 미국인인 휴 디헤이븐은 캐나다왕립비행부대에 입대했다(미 육군은 그가 시력이 좋지 않아서 그의 입대를 거부했지만 캐나다는 이를 문제 삼지 않았다). 그는 텍사스로 이동해 비행 훈련을 받았다.[38]

훈련 도중 디헤이븐이 탄 비행기가 다른 비행기와 충돌했다. 두 비행기 모두 500피트[약 150미터]를 추락했다. 디헤이븐은 안전벨트 때문에 복부가 찢어졌고 간, 췌장, 쓸개가 파열되었다. 다른 비행기의 조종사는 사망했다. 디헤이븐은 파열된 장기를 치료하느라 6개월간 병원 신세를 졌다. 병문안을 온 사람들은 기적이라고 말했다. **500피트 상공에서 추락하고도 살아나다니!** 하지만 디헤이븐은 자신의 생존이 꼭 기적이었다고는 생각되지 않았다. 그는 머릿속에서 그날의 상황을 계속 반복 재생해 보았다. 그것은 사고였는가? 운명이었는가? 신의 행동이었는가? 어리석은 행운이었는가?

어쩌면 사고나 행운 같은 것은 없는지도 몰랐다. 퇴원 후에 디헤이븐은 잔해를 조사했다. 그는 안전벨트의 날카로운 걸쇠가 복부 손상의 원인이었음을 알게 되었다. 자신의 생존은 추락하는 내내 손상되지 않은 조종석에 몸이 안전벨트로 잘 묶여있던 덕분이었음도 알게 되었다. 다른 비행기는 조종석이 해체되었다. 디헤이븐의 생존은 인간의 신체가 제대로 감싸져 있으면 극단적인 추락도 견딜 수 있음을 보여주는 증거였다. 디헤이븐은 복무 기간의 나머지를 앰뷸런스 의무병으로 일하면서 자동차 사고와 비행기 사고의 사상자를 나르는 일을 했다. 그는 사상자들에게서 패턴을 발견했는데, 자신의 생존에 대해 발견한 것과 다르지 않았다. 충돌했을 때 안전한 공간 안에 잘 묶여있었던 사람들의 생존 가능성이 컸다.

전쟁 후에 디헤이븐은 취미가 두 개 생겼다. 그는 기적에 대한 신문 기사들을 스크랩했다. "10층에서 추락한 여아 생존" 같은 기사 말이다. 그리고 부엌 바닥에 달걀을 떨어뜨려 보았다. 고등학교 물리 시간에 해봤을 법한 달걀 떨어뜨리기와 기본적으로 동일한 실험이다. 디헤이븐은 달걀이 전국으로 운송된다는 데 착안했다. 이 연약한 물체 수백만 개가 기차와 트럭을 타고 옮겨져 상자에서 선반으로 갔다가 다시 쇼핑 카트로 이동하는데도 대체로 손상되지 않는다. 그는 갑에 든 달걀은 충돌해도 손상되지 않는데 인간의 머리는 왜 그렇지 않은지 알고 싶었고, 그래서 조리대에 올라가서 아침 식삿거리를 떨어뜨려 보기 시작했다.

먼저 달걀을 두꺼운 고무 패드 위에 떨어뜨렸고 점점 더 얇은 두께의 패드에 떨어뜨렸다. 그는 3인치〔약 7.5센티미터〕 두께의 패드가 완충을 해주면 달걀이 100피트〔약 30미터〕 높이에서 떨어져도 무사하리라는 것을 알게 되었다. 그의 집 부엌 조리대에서의 낙하 거리는 10피트〔약 3미터〕여서 완충재가 훨씬 얇아도 되었다. 달걀을 깨지게 하는 것은 추락이 아니라 바닥이었다. 이것은 인간의 과실이냐 위험한 조건이냐의 논쟁에 대한 간단한 답이었다. 달걀이 바닥에 부딪히는 방식을 통제한다면, 당신이 우발적으로 달걀을 떨어뜨리는 것은 중요하지 않다. 달걀을 잘 감싸기만 하면 되는 것이다. 자동차는 사람을 감싸는 포장 역할을 할 수 있다. 비행기도 그렇고 엘리베이터도 그렇고 광부의 헬멧도 그렇다. 두개골도 뇌를 감싸는 포장물이다.

디헤이븐은 스크랩한 신문 기사 내용에 대해서도 자신의 관찰을 뒷받침할 수 있게 계산을 해보았다. 그는 모든 기적적인 생존 이야기에서 그 기적을 논파할 수 있었다. 디헤이븐은 창문에서, 비행기에서, 열기구에서, 또 그 밖의 곳들에서 떨어지는 사람이 받게 될 힘을 낙하 거리, 그들이 충돌한 표면의 탄성, 그리고 그들의 몸무게를 고려해 계산했다. 그가 살펴본 기적의 주인공 중에 뉴저지주 이셀린에 사는 루이스 지토라는 사람이 있었다. 그는 스태튼섬에 있는 150피트[약 46미터] 높이의 굴뚝에서 발이 미끄러져 떨어졌는데, 이틀 뒤에 업무에 복귀할 수 있었다.[39] CBS 뉴스 진행자인 월터 크롱카이트는 15층 건물 높이의 굴뚝 그림자에 서있는 지토를 인터뷰했다. 디헤이븐이 코넬에 설립한 충돌 손상 연구소에 대한 보도의 일환이었다.[40] 짧은 재킷을 입고 단단한 턱에 잘 빗은 머리를 한 지토는 아무 사고도 당하지 않은 당대의 여느 젊은이처럼 보였다. 인터뷰 내용은 다음과 같았다.

크롱카이트 그 높이에서 떨어지는 느낌은 어떻습니까?

지토 글쎄요, 당시에는 내가 할 수 있는 일이 없다는 것을 깨달았습니다. 잡을 것도 없었어요. 그래서 죽나 보다 했죠. 눈을 감았습니다. 땅이 나를 향해 가까워져 오는 것을 보고 싶지 않았어요.

크롱카이트 이런 경험을 겪고 살아가는 것이 기적 같다고 생각하십니까? 아니라면 무엇이라고 표현하시겠습니까?

지토 단지 운이었다고 생각합니다.

물론 이것은 운이 아니었다. 디헤이븐은 지토가 시속 60마일〔약 96킬로미터〕 정도의 속력으로 충돌했다는 것을 알게 되었다. 그가 생존할 수 있었던 비밀은 단단한 콘크리트가 아니라 고무 바닥에 충돌한 덕분에 떨어질 때의 운동에너지가 분산되고 흡수되었다는 데 있었다(절벽에서 떨어진 내 이야기를 기억하는가? 같은 이치다. 사느냐 죽느냐는 우리가 부딪히게 되는 표면의 탄성에 달려있다).

디헤이븐이 찾아낸 이야기 중에는 6층 창문에서 떨어졌지만 식물이 촘촘하게 심어진 정원으로 떨어진 덕분에 다친 데 없이 살아난 여성의 이야기도 있었다. 팔꿈치로 땅을 짚고 혼자 멀쩡히 일어난 그 여성은 달려온 건물 관리인에게 "6층인데요, 안 다쳤어요"라고 말했다고 한다. 8층에서 추락했는데 울타리에 먼저 한 번 부딪히고(부딪힌 자리의 울타리가 약간 부서졌다) 그다음에 바닥으로 떨어진 여성의 이야기도 있었다. 이 여성은 혼자 일어나서 병원까지 걸어갔다. 또 다른 여성은 10층 창문에서 추락했는데 막 갈아엎은 흙바닥 위로 떨어졌다. 갈비뼈와 손목이 골절되었다. 일어서려고 했지만 사람들이 말렸다고 한다.

디헤이븐은 이런 결과를 학술지 《전쟁 의학》*War Medicine*에 게재했다. 또한 그는 비행기 사고 때 충돌의 영향이 2단계로 작동한다는 점을 밝혔다. 비행기가 충돌했을 때 그는 조종석에 계속 묶여있을 수 있었다. 하지만 다른 조종사는 이중으로 손상을 입었다. 비행기가 땅에 충돌했을 때 한 번, 그의 몸이 비행기에 충돌했을 또 한 번. 디헤이븐은 그 조종사를 정말로 죽게 만든 요인은 이 두 번째 영향이었다고 판단했다. 이 "2차 충돌"의 환경이 원인이나 속도보다 신체가 입을 손상에 더 결정적으로 중요했다. 그의 계산에 따르면 인간의 신체는 추락 시 〔잠깐 동안은〕 중력의 200배까지도 견딜 수 있었다. 비행기가 땅에 충돌한 것은 디헤이븐에게 손상을 입히지 않았다. 허리에 매는 안전벨트가 그를 자리에 단단히 묶여있게 해주었기 때문이다. 그의 내장이 벨트의 걸쇠 때문에 파열된 것은 2차 영향이었다.

디헤이븐은 자신이 엄청난 추락에서 살아남은 것은 안전벨트가 추락 때 파손되지 않은 물체에 그를 단단히 고정해 준 덕분임을 알게 되었다. 그가 수집한 '기적' 이야기의 다른 주인공들도 그들이 부딪힌 곳이 추락의 영향을 흡수해 주었기 때문에 생존할 수 있었다. 그는 추락하는 기계 안에 있는 사람도 적절하게 감싸져 있기만 하면 보호될 수 있다는 것을 입증했다. 디헤이븐이 발견한 연구 결과들 때문에 공군은 훌륭히 날기만 하는 것이 아니라 훌륭히 추락하기도 하는 비행기를 만들기 시작했다.

두 번의 세계대전이 지나고 디헤이븐은 끔찍한 자동차 사고 하나를 목격했다. 이것은 그가 연구를 한층 더 진전시키는 계기가 되었다. 그의 내장이 안전벨트의 걸쇠 때문에 파열되었듯이, 이 자동차 사고에서는 운전자가 계기판의 툭 튀어나온 부분에 머리가 찔리는 바람에 거의 죽을 뻔했다. 명백한 인과관계로 보이는 이 사실에 관심이 끌린 디헤이븐은 추락하는 비행기에서 발견한 내용들을 달리는 자동차에 적용해 보기 시작했다. 그리고 인디애나주 경찰에서 같은 생각을 가진 당국자들을 찾아냈다. 그는 인디애나주 경찰에 1년간 있으면서 인디애나주의 교통사고 사진과 검시관이 작성한 사망 기록을 공유받기로 했다. 예전에 크리스털 이스트먼이 했던 것처럼 말이다. 1953년 말에 디헤이븐은 자동차에서 가장 위험한 부분들의 목록을 만들 수 있었다. 사람을 죽게 만드는 것은 툭 튀어나온 부분, 완충 패딩이 없는 계기판, 충돌 시 안으로 움푹 들어가지 않는 운전대, 그리고 이 모든 것과 충돌하지 않게 막아주는 안전벨트의 부재 등이었다. 이 목록은 운전석에 어떤 미치광이가 앉아있든지 간에 차 사고가 충분히 우리의 통제 범위 안에 있음을 보여주는 증거였다. 중요한 것은 〔누가 운전을 하느냐가 아니라〕 자동차 제조사가 자동차를 어떻게 만드느냐였다.

디헤이븐은 삼각 모양의 안전벨트를 고안하고(허리와 어깨, 가슴 모두에서 운전자를 잡아주도록 되어있는 최초의 모델이었다) 특허를 받았다. 또한 그는 자동차 제조사들을 콘퍼런스에 초청해 그의 연구 결과를 발표하고 운전 패널에 뾰족하거나 날카로운 부분이 없도록 자동차를 만드는 방법, 충격이 있을 때 운전대가 안으로 움푹 들어가게 만드는 방법 등을 보여주었다.

디헤이븐의 콘퍼런스는 1953년에 열렸지만, 자동차 회사들이 충격 시 움푹 들어가는 운전대를 만든 것은 1967년이 되어서였다. 랠프 네이더가 주도한 대중의 압력이 있고 나서야 말이다. 그사이에 교통사고로 50만 명 이상이 목숨을 잃었다. 과학자들은 그 이후로 지금까지 움푹 들어가는 운전대 덕분에 살 수 있었던 사람이 적게 잡았을 때 8만 명은 될 것이라고 추산한다.[41] 14년의 틈새 동안 일어난 것은 사고가 아니었다. 디헤이븐이 콘퍼런스를 열어 이 사안을 알렸던 1953년 이후에, 그리고 제조사들이 드디어 이 문제에 대해 조치를 취할 수밖에 없게 된 1967년 이전에 당신이 운전대 때문에 사망했다면, 당신은 당신을 죽게 두는 것이 생존하게 돕는 것보다 쉽고 돈이 덜 들었기 때문에 죽은 것이다.

사고 유발 경향성이 있는 노동자는 신화이고 운전석의 미치광이는 사고로 인한 사망과 손상의 진정한 원인으로부터 주의를 돌리게 만드는 영리한 술책이다. 개인의 책임을 강조하는 이런 과장된 등장인물에게 관심을 둘 때, 우리는 사고를 막을 수 있을 많은 정보들을 놓치게 된다. 하지만 이스트먼과 디헤이븐은 본질과 관련 있는 정보에 관심을 두었고, 매우 다양한 유형의 사고에서 공통적인 원인을 찾아냈으며, 건조환경을 통제함으로써 사고를 막는 방법을 알아냈다. 그리고 1960년대에 산업재해가 다시 증가하면서 우리는 이런 개입이 없어질 때 어떤 일이 일어나는지를 더할 나위 없이 강력하게 확인하게 되었다. 사고를 겪는 사람들이 주변의 위험한 환경에 대한 통제력을 획득했다가 그것을 다시 잃게 되었을 때 말이다.

노동조합에는 힘이 있다

일터에서의 사고가 고용주에게 금전적인 비용이 되기 시작했을 때 처음에는 산업재해가 줄어들었다. 기업 입장에서 일터를 안전하게 만드는 것이 사고에 대해 배상을 하는 것보다 비용이 덜 들게 되었기 때문이다. 1920년대부터 오늘날까지 산재 보상 및 노동자 안전 관련 법률 덕분에, 그리고 이런 법들이 실제로 시행되도록 강제하는 데 도움이 되는 노동조합 결성이 확대되면서, 일하다 사고로 죽을 가능성은 낮아졌다. 하지만 일하다 사고로 다칠 가능성은 그 같은 하락세를 보이지 않았다. 노동자 부상 발생 규모는 제2차 세계대전부터 1950년대 말까지 떨어졌다가 다시 증가해 1970년에는 예전과 비슷한 수준이 되었다.[42] 산재 부상의 증가에 대응하기 위해 1970년에 직업안전보건법이 통과되었다. 이것은 일터에 안전한 노동조건을 의무화한 최초의 연방 규제다. 규제 당국은 무엇이 노동자에게 안전한 환경이고 무엇이 그렇지 않은지를 결정하고, 일터를 점검하고, 안전 기준을 따르지 않은 곳을 처벌할 권한을 갖게 되었다. 이런 규제가 도입되기 직전 시기에 미국의 일터에서 부상이 증가했던 것은 노동자들이 위험한 조건에 대한 통제력을 상실했기 때문이었다. 1950년대 이후에 노조의 권력이 변화를 겪으면서 그때까지 감소세이던 산재가 다시 증가한 것이다.

1920년대 이후에 일터에서 사고가 줄어들었던 것은 노동자배상법 때문만이 아니었다. 당시가 노동자들이 스스로를 보호하기 위해 때로는 경제를 멈추게 할 만큼 대규모 파업을 자주 벌인 시대였다는 점도 주효했다.[43] 노조 가입자 수는 1935년부터 1950년대까지 크게 증가했고, 이 시기에 노동자 사고율은 크게 감소했다.[44] 사고가 고용주에게 비용이 되었을 뿐 아니라 노동자들이 자신의 안전을 확보하기 위해 쓸 수 있는 수단을 가지고 있었기 때문에 가능한 결과였다.

이 중 후자의 작동 방식은 다음과 같았다. 1960년대 이전에는 사측을 대표하는 십장과 노조원인 노동자를 대표하는 노조 대표가 노동자의 안전 문제를 작업 현장에서 바로바로 협상할 수 있었다. 만약 당신이 일하는 구역이 안전하지 않은 것 같으면 당신은 노조 대표에게 말할 수 있었고, 노조 대표가 십장을 만나 당신의 작업 구역에 안전장치를 추가하거나 당신이 일하는 생산 라인의 속도를 늦추도록 구체적인 협상을 할 수 있었다. 노조의 뒷받침을 받는 노조 대표는 권력과 권한이 있었고, 조업 중단이나 태업이 발생할 가능성은 십장이 노조 대표와의 협상에 응할 동기를 제공했다. 이런 방식이 수십 년 동안 잘 굴러갔지만, 1950년대 말[1957~1958년]에 경기 침체가 오자 기업들은 구체적인 안전 이슈들을 현장에서 그때그때 소규모로 협상하는 방식을 중단해야 한다고 주장하기 시작했다.

전에는 노동자가 자신이 일하는 어셈블리라인의 작동을 관리할 수 있었지만, 이제는 공식적인 '생산성 제고'라든가 '낭비 절감' 규칙을 따라야 하게 되었다. 노동 강도만 높아진 것이 아니었다. 노동자들은 가장 좋은 작업 방식에 대해 충분히 목소리도 낼 수 없게 되었다. 고용주들은 생산 속도를 높이고 안전에 대한 지출을 줄이기 시작했고, 노동자들이 이런 결정에 이의를 제기할 수 있는 기회는 그때그때 있는 것이 아니라 1년에 한 번, 단체 협상이 이뤄질 때뿐이었다. 전에는 어떤 한 노동자의 안전에 어떤 위협이라도 포착하면 파업의 이유가 될 수 있었지만, 이제는 다음 해 계약 때 단체 협상에서 논의해야 하는 사안이 되었다.

이런 변화, 즉 작업 조건에 대한 통제력의 상실은 노동자의 재해 부상률 증가와 정확히 시기가 겹친다. 또한 이런 변화는 사고의 원인이 위험한 조건인지 노동자의 실수인지에 대한 논쟁이 목소리를 낼 권력과 통제력에 대한 싸움이 되게 했다. 개인이 느끼는 위해 요인에 대해 소통할 권한을 거부당한 노동자들은 이제 사고가 나기 전까지는 자신의 이야기를 할 수 없었고, 미래의 사고를 예방할 수 있는 시점에 문제 제기를 할 수 없었다. 이와 같은 통제력 상실의 맥락에서, 한두 명 단위의 사고가 증가했다. 크리스털 이스트먼이나 휴 디헤이븐 같은 사람들이 통계를 집계하기 전까지는 알아차리지 못한 종류의 소규모 죽음 말이다.

그러나 사고가 규모가 크고 재앙적일 때도 결과는 같다. 당신은 언제나 건조환경에서 위험을, 심지어 거대한 위험도 짚어낼 수 있지만, 아무도 당신의 이야기를 듣지 않는다면 예측 가능한 결과로 사고가 일어날 것이다.

비행기 충돌 리스크에 투자하다

1972년 6월 12일에 온타리오 상공 어딘가에서 아메리칸항공 DC-10 기종의 화물칸 문이 갑자기 열려버렸다.[45] 이 비행기는 최근에 들여온 점보 제트기였다. 디트로이트에서 그리 멀리 않은 지점이었어서 천만다행이었다. 기장 브라이스 매코믹이 조종 시뮬레이터로 새 기종 모는 법을 여러 시간 훈련받았던 것도 천만다행이었다. 그는 비행기를 바로잡았고 비행기는 급강하를 멈추었다. 이 비행기인 아메리칸항공 96편은 비상착륙을 했고 탑승자 전원이 생존했다. 이것은 여러 우연들의 승리였다. 기장 매코믹이 자발적으로 조종 시뮬레이터 훈련을 받았던 것도 그랬고, 기적적으로 디트로이트의 활주로가 선명하게 보였던 것도 그랬다.

하지만 항공기 엔지니어인 F.D. 애플게이트에 따르면, 그 비상착륙이 의미하는 것은 우연도 기적도 아니었다. 그것은 경고였다.

화물칸 문이 열린 비행기는 맥도널더글러스 제품이었지만, 문의 걸쇠는 하청업체인 제너럴다이내믹스가 제작했다. F.D. 애플게이트는 제너럴다이내믹스의 생산 엔지니어링 책임자였다. 기장 매코믹이 문제의 DC-10을 가까스로 착륙시키고 나서 보름 뒤, 애플게이트는 두 쪽 반짜리 메모를 작성해 상관 J.B.허트에게 보고했다. 허트는 제너럴다이내믹스와 맥도널더글러스 사이의 하청 계약 프로젝트를 담당하는 팀장이었다.

애플게이트는 메모에 이렇게 적었다. "머피의 법칙이 말하는 바가 맞다면, DC-10 기종을 사용하면 향후 20년 사이에 언젠가는 화물칸 문이 열릴 것입니다. 이는 일반적으로 항공기를 잃는 결과로 이어질 것이라 예상됩니다."[46]

애플게이트는 DC-10 기종 비행기를 모두 운항 중지하고, 맥도널더글러스와 제너럴다이내믹스의 엔지니어들이 설계를 수정해 해당 비행기를 모두 다시 제작해야 한다고 제안했다. 그는 자신이 경고하고자 하는 위험을 사람 측면과 비용 측면 모두에서 더없이 명백하게 언급했다.

"생산이 지속될수록 설계를 수정하는 데 들어갈 비용은 날마다 점점 더 높아집니다. 하지만 비행기 한 대에 탑승한 사람들이 전부 사망했을 때 발생할 비용보다는 적을 것입니다."[47]

허트는 애플게이트의 제안을 두 가지 이유를 들어 반려했다. 첫째, 비행기의 운항을 중지하면 문제의 원인이 자신들에게 있다고 인정하는 격이 된다. 즉 맥도널더글러스에 제너럴다이내믹스의 설계에 결함이 있었다고 시인하는 격이 되는 것이다. 둘째, 기능 이상에 대한 어떤 논의도 두 회사 사이에 진행 중이던 손해 책임 부담에 대한 협상을 망치게 될 것이다.

2년 뒤인 1974년에 파리에서 이륙한 터키항공 981편의 화물칸 문이 열렸다. 이 비행기도 DC-10 기종이었다. 탑승자 346명 전원이 사망했다. 그때까지 비행기 사고 역사상 가장 많은 사망자였다.

애플게이트는 이것을 정확하게 예견했다. 그는 그가 쓴 메모 제목을 "DC-10의 미래 사고에 대한 손해 책임 부담"이라고 짓기까지 했다.

자동차와 공장도 그랬듯이 점보 제트기(이전 항공기보다 크고 작동이 복잡하다)의 등장은 항공 업계에 사고의 위험과 수익 면에서 새로운 지평을 열었다. 비행기 한 대가 훨씬 더 많은 승객을 실을 수 있었고 매 운항마다 훨씬 더 많은 수익을 낼 수 있었다. 하지만 이 과정의 어느 단계에서라도 실수가 발생하면, 설계 드로잉 보드부터 제작

어셈블리라인까지, 또 조종석까지 어디에서든 단 하나의 실수만 있어도, 대규모 인명 손실을 가져올 수 있었다. 이런 요인들은 나란히 증가했다. 점보 제트기는 이전 세대의 항공기보다 작동이 더 복잡하고 제작도 더 복잡했다. 따라서 사고로 이어질 수 있는 위험한 조건도 몇 배나 많아졌다. 그리고 언젠가 불가피하게 머피의 법칙이 작동할 때 사망하게 될 사람도 몇 배로 많아졌다.

3

규모

THERE ARE NO ACCIDENTS

테크놀로지가 발달하면 규모가 더 크고 작동이 더 복잡한 건조환경을 만들 수 있다. 그에 따라 이런 환경에서 발생하는 사고도 규모가 커진다. 1911년에 당대 최악의 사고 중 하나였던 트라이앵글 셔트웨이스트 공장 화재는 건물 하나를 파괴하고 146명의 목숨을 앗아 갔다. 1907년 미국 역사상 최악의 탄광 사고라고 불린 머낭가 광산 폭발 사고에서는 300명 이상이 사망했다. 그런데 79년 뒤에 일어난 체르노빌 원자력발전소 노심용융 및 폭발 사고에서는 파괴의 규모가 거의 상상 불가의 수준으로 커져있었다. 방사능으로 오염된 지역이 유럽의 40퍼센트에 달했고 아시아, 아프리카, 북아메리카 일부도 오염되었다.[1] 연구자들은 2065년까지 4만 1000여 명이 체르노빌 사고와 관련된 암에 걸릴 것이라고 추산한다.[2] 그중 3분의 1 이상이 목숨을 잃을 것으로 보이는데, 이는 약 1만 6000명에 해당한다. 오늘날의 대규모 사고는 실로 대규모의 죽음과 파괴를 지칭한다. 비행기 추락 사고, 석유 유출 사고, 핵 사고처럼 생태계가 무너지고 수백, 수천 명이 일거에 목숨을 잃는 사고 말이다. 이것은 단순히 사고가 아니라 사고로 인한 재앙이다.

아널드 군더슨(보통 '아르니'라고 불린다)은 이 모든 것 중에서도 단연 규모가 큰 핵 사고 전문가다. 그는 수십 년간 70여 개의 미국 원자력발전소에서 원자로 운전원과 원자력공학자, 협업 프로젝트 관리자로 일했다. 그런데 1990년에 모든 것이 달라졌다.[3] 아르니는 원자력에너지서비스라는 회사의 선임 부회장이었는데, 회계 부서의 금고에 방사성 물질이 차폐되지 않은 상태로 방치되어 있는 것을 발견했다. 그는 방사능 노출 사고가 발생했을 가능성이 있다고 보고 이를 고위 경영진에 보고해 내부 고발자가 되었다. 3주 뒤에 회사는 그를 해고했다. 이때 업계를 떠난 군더슨은 아내인 핵 발전 관련 커뮤니케이션 전문가 매기 군더슨과 함께 핵 발전의 위험과 규모를 대중에게 알리는 일에 헌신하고 있다.

"핵만의 문제가 아닙니다. 딥워터호라이즌 사고도 그렇습니다. 우리가 당연히 여기는 어떤 하이테크 시스템이더라도 마찬가지입니다. 이런 것이 잘못되면 정말로 큰 문제가 됩니다." 군더슨은 내게 이렇게 말했다. "오작동을 막아주는 과실 방지foolproof 설계가 되어있겠지만, 어떤 시스템에서라도 늦든 빠르든 언젠가는 과실fool이 방지proof를 넘어서게 될 겁니다. 과실 방지 시스템을 더 많이 갖추더라도 그것을 피할 순 없어요. 재앙을 지연할 수는 있겠지만 궁극적으로 막을 수는 없습니다."

미국에서 벌어지는 사고는 규모와 발생 가능성 면에서 두 가지로 나뉜다. 대부분의 사고는 약물중독이나 교통사고처럼 '소규모로 자주' 일어난다. 그런데 어떤 사고는 석유 유출이나 비행기 추락처럼 '대규모로 드물게' 일어난다. 크리스털 이스트먼의 《피츠버그 서베이》는 센세이셔널하지 않아 무시되는 작은 사고들이 다 합하면 막대한 피해로 귀결된다는 것을 보여준 바 있다. 반면 규모가 크고 드물게 일어나는 사고는 잘 잊히지 않는다. 이스트먼의 시대에도 그랬고(트라이앵글 화재 같은 사고는 내리 몇 주 동안 신문을 장식했다) 지금도 그렇다. 가령 2020년에 소규모로 자주 일어나는 자동차 사고로 4만 2000명 이상이 숨진 것으로 추정되지만, 유명인이 음주운전을 한 경우나 브롱크스의 고가도로 램프 중간에서 길을 벗어나 다음 날까지 대롱대롱 매달려 있었던 버스처럼 드물게 화제성이 있는 경우[4]를 제외하면 거의 뉴스가 되지 않았다. 반면 2018년과 2019년에 보잉 737 맥스 항공기가 추락했을 때는(둘 다 드물게 일어나는 대규모 사고였다) 몇 개월간 뉴스를 장식했고, 일련의 청문회가 열렸으며, 오작동하는 비행기가 버젓이 운항될 수 있게 한 구멍 난 규제 시스템에 대해 여러 차례의 진상 조사가 이뤄졌다. 그런데 이 두 추락 사고로 사망한 사람은 한 해에 자동차 사고로 사망하는 사람의 0.8퍼센트에 불과했다.[5]

하지만 이스트먼의 시대 이래로 훨씬 더 복잡해진 테크놀로지의 세계에서, 대규모로 드물게 일어나는 사고의 규모가 막대하게 커졌다. 오늘날 원자력발전소 노심용융 사고나 석유 유출 사고는 너무나 거대해서 대중의 이목이 집중되는 상황에서도 파괴의 규모를 가늠하기 어렵고 따라서 조작되기도 쉽다.

펜실베이니아주 해리스버그가 날아갈 뻔한 이야기

내가 전화했을 때 매기와 아르니 군더슨 모두 전화에 연결되어 있었다. 내가 오늘날 핵 사고 가능성이 얼마나 되느냐고 묻자 매기가 말을 끊고 이렇게 용어를 고쳐 물었다.

"원자력발전소 노심용융이나 재난 또는 재앙을 말씀하시는 건가요?"

아르니는 아내가 '사고'라는 말을 싫어한다며 자신도 그 말을 안

쓰려 한다고 말했다. 그는 발표를 할 때도 청중에게 자신이 "사고"라고 말할 때마다 삐 하고 버저 소리를 내달라고 부탁한다. 하지만 그들이 떠나온 업계에서는 여전히 이 단어가 애용되고 있다.

"업계에서는, 그러니까 핵 업계만이 아니라 석유, 가스, 그리고 몇몇 화학 업계도 포함해서 말인데요, 모두 '사고'라는 말을 씁니다. 그래야 빠져나갈 구멍이 생기니까요. '그건 사고였다. 우리로서는 어쩔 수 없었다'라는 식으로요." 매기가 말했다.

그리고 그것은 명백히 도움이 된다. 아르니는 이렇게 설명했다. "후쿠시마 해안에 45피트 내지 50피트〔약 14미터 내지 15미터〕 규모의 쓰나미가 올 수 있다는 경고는 수십 년 전부터 있었습니다. 하지만 그들은 제방을 15피트〔약 5미터〕 높이로 만들었습니다. 더 높게 지으려면 건설비가 산더미만큼 더 들었을 테니까요. 딥워터호라이즌도 마찬가지였습니다. 그들은 유출 방지 밸브가 작동하지 않고 있다는 것을 알고 있었지만, 그것을 고치는 데 돈을 쓰고 싶지 않았어요. 대형 사고를 보면, 경영의 문제입니다. 경영진은 실패할 확률을 작게 잡고서 단기 이익에만 집중합니다."

오늘날 두 가지 요인이 핵 사고의 위험을 더욱 높이고 있다. 하나는 발전소가 노후화되어서 기능 장애가 더 잦아진 것이고, 다른 하나는 재생에너지와 천연가스 분야의 호황으로 핵 업계가 재정적 압박에 처하면서 노후화된 발전소를 제대로 유지 보수하기 위한 자금이 부족해진 것이다.[6] 아르니는 재앙의 가능성이 지난 20년 동안보다 오늘날 더 높다고 말했다. 그는 최악의 상황에 도달할 때까지 그 위험은 계속 증가할 것이라고 우려한다.

매기와 아르니는 수십 년째 이 위험을 경고하는 일에 매진하고 있지만, 두 사람이 처음 만났을 때는 둘 다 핵 업계에서 일하고 있었고 진심으로 원자력발전이 원자를 가장 안전하게 사용하는 길이라고 믿고 있었다. 그 믿음은 둘이 처음 데이트를 했던 해인 1978년에 흔들리기 시작했다. 스리마일섬 원자력발전소에서 부분적인 노심용융이 발생하기 1년 전이었다. 당시에 아르니는 다른 원자력발전소 회사에서 원자로 구매를 담당했고, 뱁콕앤드윌콕스라는 회사가 설계한 원자로를 검토했다. 이 원자로는 규제 기준을 모두 충족했지만, 아르니는 원자력공학자의 전문성으로 취약점도 있다는 것을 감지했고 이 원자로를 구매하지 않았다. 하지만 스리마일섬에서는 뱁콕앤드윌콕스의 원자로가 이미 돌아가고 있었다.

1년 뒤인 1979년 3월 28일 새벽 4시, 스리마일섬 원자력발전소가 가동을 멈추었다. 여기까지는 정상적이었다. 이것은 무언가가 잘못되었음을 알리기 위해 원래 설계되어 있는 안전 조치였다. 가동이 중단되면 핵이 더 이상 분열하지 않는다. 하지만 헤어드라이어나 가스레인지를 끄는 것과 달리, 핵 원자로는 그것을 꺼도 가동 중에 발생한 모든 열과 방사능이 단숨에 사라지지 않는다. 따라서 원자로는 계속 냉각되어야 한다.[7]

그다음에, 다른 일들이 잘못되기 시작했다. 대부분의 원자력발전소처럼 스리마일섬 발전소에도 원자로를 지속적으로 냉각하기 위해 냉각수를 보내는 보조 급수 시스템이 별도로 있었는데, 이 시스템이 고장 났다. 즉 어느 것도 원자로를 식혀주지 않고 있었다.

온도가 올라갔고, 압력이 올라갔고, 증기를 빼내기 위해 안전밸브가 열렸다. 압력솥 뚜껑의 고리가 돌아가며 약간 열렸을 때 김이 빠져나가는 것처럼 증기가 배출되었다. 단, 이 압력솥이 내뿜는 증기는 방사성 증기였다. 설상가상으로 안전밸브가 열린 채로 고정되어 버렸다. 그런데 밸브 상태를 제어실의 운전원들에게 알리는 메커니즘이 작동하지 않았고, 밸브가 열려있는지를 아무도 몰랐다.

방사성 증기가 몇 시간이나 배출되는 동안 어떻게 아무도 밸브가 열려있는 줄을 몰랐을까? 제어실의 밸브 상태 표시등은 빨간색과 초록색으로 밸브가 열렸는지 아닌지를 표시하게 되어있었다. 밸브는 거의 항상 닫혀있으므로 상식적으로는 초록색이 닫혀있는 상태, 즉 안전하고 정상적이고 모든 것이 잘 돌아가는 상태를 의미했어야 했다. 신호등 초록불이 건너도 좋다는 뜻이고 빨간불이 멈추라는 뜻이듯이 말이다. 하지만 이 원자로는 밸브가 열린 상태일 때 초록불이 켜지도록 설계되었다. 원자로의 압력이 너무 높아져 사방에서 경고음이 울리던 긴박한 상황에서 경황 중에 밸브 상태 표시등이 초록색인 것을 본 운전원들은 밸브가 잘 닫혀있고 올바르게 작동하고 있으니 밸브에는 신경 쓰지 않아도 된다고 생각했다.

이 시점에, 세 가지 문제가 있었고 세 문제는 서로를 강화했다. 원자로가 냉각되지 못했고, 안전밸브가 열려 발전소가 방사성 증기를 뿜어내고 있었으며, 운전원들은 밸브가 열린 것을 모르고 있었다. 방사선 누출은 새벽 4시부터 몇 시간 동안이나 계속되었고, 오전 7시 무렵이면 원자로를 에워싼 격납 건물 안의 방사능 수치가 치명적인 수준이 되었다. 그리고 노심용융이 진행되었다. 오전 9시가 되어서야 운전원들이 냉각수를 보내기 시작했다. 하지만 오후 1시에 원자로 내부에 들어찼던 수소가 폭발했다. 이 폭발로 원자로 격납 건물의 콘크리트 벽 일부에 금이 갔고 방대한 양의 방사능이 새어 나왔다. 이제 이 사건은 차원이 달라졌다. 소량의 방사능 누출과 대규모 방사능 피폭 가능성의 차이는 생과 사의 차이일 수 있다. 그런데도 발전소 소유주는 오후 2시에 펜실베이니아주 주지사에게 모든 것이 잘 통제되고 있고 걱정할 만한 일은 없다고 알렸다.

35년 뒤에 아르니는 그 주지사를 다시 만나게 되었다. 둘 다 펜실베이니아주립대학의 스리마일섬 사고 추모 콘퍼런스에서 기조연설을 할 예정이었다. 그날 아르니는 그 전직 주지사에게 사고 당시에 그 주지사가 보고받은 이야기는 거짓말이었다고 말했다. 주지사도 그때 자신이 들은 이야기가 거짓이었다고 인정했다. 이어서 아르니는 그에게 결정적인 질문을 던졌다. "해리스버그를 통째로 잃을 뻔한 상황에 얼마나 가까웠는지에 대해 지금 아시는 것을 그때 아셨더라면, 주민 대피 명령을 내리셨겠습니까?" 주지사의 반응은 30년이 지났어도 달라지지 않았다. 그는 자신은 그런 유형의 사람이 아니므로 대피령을 내리지 않았을 거라고 했다. 아르니는 내게 이렇게 말했다. "확률은 낮지만 위험성이 높은 상황에 대해 이야기할 때, 심지어 지금도 그는 최후의 방어선 하나에 의지하려 하고 있었습니다. 6개 중 5개가 실패하고 하나만 남았는데, 지금도 그는 여전히 대피령을 내리지 않았을 거라고 말하고 있었습니다."

내 생각에 주지사는 자신은 겁쟁이가 아니라고 말하고 싶었던 것 같다. 스리마일섬에서 일어난 일은 규모는 크지만 발생 가능성은 낮은 사고였다. 많은 개별적인 문제가 잘못되었고 그것들이 다 겹쳐져서 노심용융으로 이어졌다. 그리고 주지사에게는 **규모가 크다**는 것보다 **발생 가능성이 낮다**는 것이 더 중요했다. 그는 위험을 느끼지 않았고, 따라서 해리스버그가 위험에 처해있지 않다고 판단했다.

사고의 발생 가능성이 낮다는 데만 초점을 두는 것은 흔한 일이고, 사고로 발생할 파괴가 막대할 경우에는 더욱 그렇다. 스리마일섬 발전소 노심용융은 아주 많은 것이 잘못되어야만 일어날 수 있는 종류의 일이었고, 재앙적인 대규모 사고가 드물게만 일어난다는 사실은 기만적으로 안심을 시켜준다. 하지만 스리마일섬 발전소에서 노심용융이 일어났던 시기 즈음에 대형 사고들이 전례 없이 빈발하고 있었다. 이런 재난은 사회학과 조직심리학 분야의 몇몇 개척자들이 왜 대형 사고가 일어날 때 우리가 그것의 발생 가능성이 낮다는 점만 그토록 중요하게 여기는지에 대해 연구하는 계기가 되었다. 아르니는 최후의 방어선을 믿으려 한 그 주지사에 대해 내게 이야기하던 날, 그런 개척자 중 한 명의 이론을 알려주었다. 바로 스위스 치즈 모델Swiss cheese model이라고 불리는 개념적 틀을 통해 대규모 사고를 바라보는 새로운 방법을 정립한 심리학자 제임스 리즌이다.

치즈 구멍 사이로 총알 통과시키기

스위스 치즈 한 덩어리가 있다고 생각해 보자.[8] 치즈 안에는 구멍이 숭숭 나있다. 그런데 치즈를 얇게 자르면 각 조각의 단면마다 구멍이 다 다르므로 치즈 조각들을 켜켜이 쌓았을 때 구멍들이 한 줄로 연결되는 일은 거의 일어나지 않는다. 제임스 리즌은 치즈 조각들이 쌓여 있는 것에 비유해 복잡한 테크놀로지에서 대규모 사고가 어떤 방식으로 발생하는지를 보여주었다.[9] 예를 들어 원자력발전소에서 각각의 안전 시스템이 얇게 잘라놓은 각각의 치즈 조각들이라고 해보자. 알람 시스템도 하나의 치즈 조각이다. 냉각 시스템도 하나의 치즈 조각이다. 각각의 표시등도 치즈 조각이다. 숙련된 운전원도 하나의 치즈 조각이다. 운전원이 위험을 보고하면 그것을 듣는 상사도 치즈 조각이다. 상사가 위험 경고에 귀를 기울이게 만드는 노조도 치즈 조각이다. 이 모든 치즈 조각들을 쌓았을 때 각 조각에 있는 구멍들이 전부 일렬로 줄을 서는 경우는 드물다. 하지만 만약 그런 일이 벌어지면, 재앙이 발생한다.

하나의 조각에 있는 하나의 구멍이 집 전체를 무너뜨리지는 않는다. 이상적인 경우, 안전한 시스템에서는 한 조각에 있는 구멍을 다른 조각이 막아준다. 하나의 실패가 한 조각의 구멍을 통해 빠져나가도 그다음 조각에 막히게 되고, 그러면 재앙으로 진행되는 과정이 멈춰진다. 오늘날 우리의 건조환경에서 기술적으로 가장 복잡한 부분들은 대개 이런 방식으로 지어진다. 하위 시스템 중 하나가 실패해도 다른 모든 시스템들의 실패를 유발하지는 않게 하는 것이다. 밸브 상태 표시등에 오류가 있다고 해서 그것 자체가 노심용융을 일으키지는 않는다. 리즌의 모델에서 사고는 하필이면 모든 구멍이 한 줄로 늘어섰을 때 발생한다. 그럴 경우 각 조각의 실패가 폭포처럼 쏟아져 내려오고, 원전에서 노심용융이 발생할 수 있다. 각각의 부분에서 발생한 개별적인 안전 시스템의 실패가 예기치 못했던 놀라운 방식으로 서로 연결되는 것이다. 리즌은 이런 배열을 "사고의 기회로 가는 궤적"이라고 불렀다.[10]

스리마일섬에서 가장 명백하게 잘못되었던 것을 짚으라면 상태 표시등의 색이었겠지만, 노심용융은 그보다 훨씬 더 일찍 시작되었다. 뱁콕앤드윌콕스의 취약한 원자로를 구매했을 때부터(아르니는 더 이른 1978년에도 그 원자로의 취약점을 알 수 있었다), 아니면 그보다 더 먼저 당시의 원자로 구매 담당자가 교육 훈련을 받았을 때부터 말이다. 리즌의 모델로 보면, 스리마일섬의 노심용융은 두 가지 이유 때문에 일어났다. 첫째 여러 영역에서 문제가 발생했다. 둘째 그 여러 가지 문제들이 예기치 못한 방식으로 상호작용했다. 원자력 발전소 설계자들은 냉각 시스템, 안전밸브, 제어실의 표시등 등이 제대로 기능한다면 층층이 안전장치가 되어주리라고 생각했다. 그런데 스리마일섬에서 각 층의 안전장치는 다른 모든 층에 영향을 미치는 방식으로 실패했다.

스위스 치즈 모델은 모든 대규모 사고에 적용될 수 있다. 트라이앵글 셔트웨이스트 공장 화재처럼 원자력발전소보다 훨씬 덜 복잡한 사고도 마찬가지다. 트라이앵글 사고는 넝마 조각에 담뱃불이 붙으면서 시작되었다. 하지만 그것의 결과(100명 넘는 여성 노동자가 뛰어내리다가 숨진 것)는 바닥에 넝마가 널려있었던 것, 잠겨있던 문, 문을 잠글 수 없게 규제하는 제도의 부재 등 여러 층의 안전 실패로 거슬러 올라갈 수 있다. 화재가 나기 전에는 누구도 회사의 도둑질 방지 조치가 공장 바닥이 얼마나 깨끗한지와 관련 있으리라고 생각하지 못했다. 그리고 이것이 리즌이 제시한 이론의 핵심이다. 스위스 치즈 모델은 각각의 하위 시스템들이 실패한다는 것하고만 관련 있는 것이 아니라 이 시스템들이 서로 희한하게 연결되어 재앙을 일으킬 수 있다는 데 대한 것이기도 하다. 위험한 조건들이 예기치 못한 방식으로 상호작용할 수 있는 수많은 가능성에 대한 모델인 것이다.

리즌은 이 과정 전체에서 인적 과실의 역할은 "진작부터 재료가 끓고 있던 치명적인 스프에 마지막 고명을 얹은 것 정도에 불과하다"고 언급했다.[11] 트라이앵글 공장에서 담배를 떨어뜨린 노동자, 혹은 스리마일섬 제어실에서 초록색 표시등을 보고 순간적으로 잘못 판단한 원자력공학자는 사고가 일어날지 아닐지를 결정적으로 말해주는 지표가 아니다. 그 순간에 그들은 "잘못된 설계, 부정확한 설치, 오류가 있는 유지 보수, 경영진의 잘못된 의사 결정이 만든 시스템상의 결함들을 물려받은 상태"였을 뿐이다.

스위스 치즈 모델은 사고를 이해하는 방법이자 사고를 방지하는 방법이다. 사고가 난 뒤에 우리가 무엇을 하는지는 동일한 사고가 다시 일어날 것인가 아닌가를 결정한다. 타이타닉호의 침몰과 그 이후에 일어난 일이 이 점을 잘 보여준다.[12]

타이타닉호의 비극에 대한 가장 기본적인 이야기는 다음과 같다. 1912년에 타이타닉호가 침몰했을 때 구명정 개수가 충분하지 않아서 사람들이 죽었다(그리고 영화 〈타이타닉〉의 로즈는 자신이 올라타 있는 문짝을 잭과 공유할 수 없었다. 문짝이 두 사람의 무게를 감당할 수 없었기 때문이다). 이 사건을 계기로 1914년에 국제해상인명안전협약이 체결되어 이 가장 기본적인 이야기에 대응하는 간단한 해법을 제공했다. 대형 선박은 반드시 충분한 구명정을 두도록 한 것이다. 하지만 타이타닉호에서 사람들이 죽은 이유는 단순하지 않았고, 충분하지 않은 구명정, 너무 커서 불안정한 선체, 항해상의 실수, 그리고 로즈와 잭이 문짝에 같이 올라가지 못한 것 등등이 층층이 겹쳐있었다. 그리고 각각의 실패는 구멍 하나를 통과하고 이어서 또 하나를 통과했으며 예기치 못한 놀라운 방식으로 상호작용했다.

복잡한 사고에 간단한 해법을 적용하는 것의 문제를 보여주는 사건이 타이타닉 침몰 3년 뒤에 발생했다. 유람선 이스트랜드호가 시카고강에서 출항 준비를 하고 있었다. 승객 2500명이 승선했고 구명정은 아주 많았다. 출항 당일 아침에 승객 대부분은 강변에 있는 사람들에게 손을 흔들기 위해(그때는 다들 그랬다) 배의 한쪽에 서있었다. 그런데 하필이면 그쪽은 선박 설계자들이 추가적인 구명정들을 모두 놓아둔 쪽이었다. 그 결과 배의 한쪽에 지나치게 많은 무게가 실렸고, 이스트랜드호는 항구에서 기울어져 침몰했다. 약 840명이 숨졌다. 사망자 대부분은 무거운 옷을 입었고 수영을 할 수 없었던 이민자들이었고, 이들은 차가운 물속에서 쇼크사로 숨졌다.

타이타닉호의 침몰을 한 가지 실패(치즈 한 조각의 하나의 구멍)

에서 나온 결과라고 본 것이 더 치명적인 사고를 야기했다. 원자로처럼 대형 선박도 복잡한 시스템이다. 복잡한 시스템이 왜 실패하는지를 알려면, 사람들을 안전하게 해줬어야 했을 시스템들(구명정, 튼튼한 선체, 항해 방식과 절차, 그리고 바다에 빠졌을 때 떠다니는 문짝에 함께 올라갈 수 있는 것 등)을 되짚어 가면서 재앙으로 가기까지 각각의 실패가 어떻게 상호작용을 했는지 살펴보아야 한다.

리즌은 층층이 쌓여있는 스위스 치즈 조각들에 비유해 복잡한 시스템에서 발생하는 사고를 설명했다. 그보다 먼저 스리마일섬의 먼지가 가라앉는 동안, 찰스 페로라는 사회학자가 사고는 불운한 우연이 아니라 시스템적인 불가피성이라는 개념을 처음으로 이론화했다. 페로는 제임스 리즌이 스위스 치즈 모델을 내놓기 10년 전에 스리마일섬에서 노심용융으로까지 이어졌던 시스템 차원의 문제들을 조사했다. 카터 행정부가 구성한 진상조사위원회는 이 사고가 "운전원 과실"에 의한 것이었다고 결론 내렸지만, 페로는 인적 과실 하나가 대규모 사고를 일으킬 수 있다는 개념을 거부함으로써 대규모 사고를 이해하는 새로운 관점을 탄생시켰다.[13]

사고는 일어난다

1970년대는 대규모 사고가 특히 빈발하던 시기였다. 그 이전이나 이후의 어느 10년과 비교해도 1970년대에 대규모 석유 유출 사고가 많이 일어났다.[14] 1972년에는 치명적인 항공기 사고가 20년 중 최고를 기록했고[15] 1977년에는 두 대의 747기가 활주로에서 충돌했다. 역사상 최악의 항공기 사고였다.[16] 찰스 페로가 스리마일섬 사고에 대해 연구하기 전까지, 이런 사고는 모두 사람이 저지른 과실이나 불가항력, 아니면 순전히 무작위적인 사건으로 이야기되었다. 각각의 사고는 레버를 잘못 당긴 조종사, 표시등을 잘못 읽은 원전 운전원 등 마지막에 무언가를 한 사람의 잘못으로 귀인되었고 그것으로 이야기는 끝이었다.[17]

페로는 스리마일섬을 분석할 때 이 같은 과도한 단순화를 피하고 싶었다.[18] 그는 스리마일섬 원전에서 잘못되었던 것은 인적 과실이 아니라 위험한 조건과 취약한 안전 시스템의 복잡한 상호작용이었다고 결론 내렸다. 스리마일섬에 대한 분석을 토대로 페로는 대규모 사고를 이해하는 새로운 프레임을 개발했다. 이것이 정상 사고 이론Normal Accident Theory이다. 간단히 말해서, 특정한 종류의 복잡성을 가진 시스템에서는 불가피하게 사고가 발생한다는 것이다.

페로는 이런 종류의 복잡성을 연결의 개념으로 설명했다.[19] "촘촘하게 연결된"tightly-coupled 시스템에서는 하나의 실패를 그다음 실패와 분리하기가 어렵다. 반면 "느슨하게 연결된"loosely-coupled 시스템에서는 그러기가 쉽다. 가령 공장은 느슨하게 연결된 시스템이다. 넝마에 불이 붙으면 그것을 끄면 된다. 이것으로 재앙을 막을 수 있다. 원자력발전소 원자로는 촘촘하게 연결된 시스템이다. 이 시스템의 작동은 너무나 깊이 감춰져 있고 복잡해서 하나의 실수가 예기치 못한 또 하나의 실수를 촉발하기 쉽다. 더 복잡하고 더 촘촘하게 연결된 시스템일수록 하나의 문제가 다른 문제와 뜻밖의 방식으로 연결되어 재앙으로 이어질 가능성이 높아진다.

스리마일섬을 연구하고 나서 페로는 석유화학 공장, 수력발전소, 석유 수송선 등에서 발생한 대규모 사고도 조사했다. 그는 패턴을 발견했고, 이 모두를 《정상 사고: 고위험 테크놀로지와 살아가기》*Normal*

Accidents〔한국어판 제목은《무엇이 재앙을 만드는가》〕라는 책에 담았다. 스리마일섬 사고를 분석해서 도출한 이론을 대규모 사고 전체에 적용한 것이었다. 정상 사고 이론은 모든 경우에 성립했다. 화학 공장, 댐, 대형 선박, 비행기 사이에 공통점이 있었고, 그 공통점은 사고를 불가피한 것으로, 혹은 그의 표현을 빌리면 "정상적인" 것으로 만드는 "상호작용의 복잡성"이었다. 대규모 사고에서는 어느 하나의 과실만 탓할 수 없었다. 우리는 제품, 운송, 테크놀로지, 에너지에 대해 점점 증가하는 수요를 충족하기 위해 너무나 복잡해서 사고가 날 수밖에 없는 시스템을 구축했다. 이 사고들은 모두 시스템적 조건에서 태어났다. 크리스털 이스트먼이 피츠버그에서 연구를 수행한 이래로 미국에서 매우 상이한 종류의 수많은 사고들이 사실은 서로 비슷하다는 것을 페로만큼 종합적으로 보여준 사람은 없었다.

페로의 책이 출간된 1984년에 유니언카바이드(현재는 다우케미칼의 자회사다)가 인도의 도시 보팔에서 운영하던 농약 공장에서 유독 가스가 누출되는 사고가 발생했다. 50만 명이 독성 물질에 노출되었다. 2년 뒤인 1986년에는 체르노빌 원자력발전소에서 노심용융이 일어났고, 우주왕복선 챌린저호가 폭발했다. 5년 뒤인 1989년에는 엑손발데즈 유조선이 프린스윌리엄사운드에서 좌초했다. 이 사고들은 세계가 전에 보았던 어느 것보다도 어마어마하게 규모가 컸고 피해가 막심했다. 하지만 여전히 비교적 드물게 일어났다. 재앙적 사고가 빈발했던 1970년대에도 최악의 사고는 1년에 한두 번 정도였다.

상대적으로 빈도가 낮다는 사실은 대규모 사고의 심각성에 대한 우리의 인식을 희석할 수 있다. 실제로 이런 사고가 일으키는 피해가 매우 매우 심각할 때도 말이다.

대규모라는 말의 의미

원자력발전소의 노심용융은 드물게 발생한다. 하지만 피해는 말도 못 하게 규모가 크고 온 지구를 뒤흔든다. 이런 사고 하나면 광범위한 파괴와 죽음을 가져오기에 충분하다. 하지만 그런 결과는 수백 킬로미터에 걸쳐, 또 수십 년에 걸쳐 퍼져나가기 때문에 피해의 규모를 인식하기가 어렵다.

스리마일섬 사례를 보자. 이것은 노심이 '부분적으로' 용융된 사건이었다. 엔지니어들은 최종적으로 용융을 멈출 수 있었다. 피해도 문제도 없었다. 안 그런가? 사고 이후 18년 뒤에 나온 공식적인 내러티브는 사망자가 없었다는 것이었다.

아르니 군더슨은 이것이 신화라고 말했다. 스리마일섬 노심용융이 있고서 6년 뒤에 서스쿼해나 리버 밸리의 암 발병률이 2배가 되었다.[20] 그리고 이 정도 규모의 사고는 사망과 부상만 야기하는 것이 아니다. 1979년에 시작된 스리마일섬 정화 작업은 1993년에도 마무리되지 못했다.[21] 재산 피해액은 24억 달러로 추산되었다.[22]

아르니는 노심용융이 있었던 날에 대해 설명해 주었다. 조용하고 바람이 불지 않는 오후였다. 온화한 날씨 때문에 모든 방사능이 골짜기 지형인 이 일대에 갇혔다. 수 시간 동안 배출된 방사능 물질과 원자로 격납 건물에 금이 갔을 때 한꺼번에 배출된 방사능 물질 모두 말이다. 그날 즉각적으로 숨진 사람은 없었지만, 많은 사람이 숨지게 될 터였다. 군더슨은 고故 스티브 윙의 연구를 예로 들어주었다. 1997년에 노스캐롤라이나대학의 역학자였던 윙은 스리마일섬 인근의 암 발병에 대한 기존의 연구들을 일별했다.[23] 그리고 사고 지점과 가까운 곳의 방사선량이 암, 특히 백혈병 발병률 증가와 유의한 관련이 있음을 발견했다. 20년 뒤에 이뤄진 또 다른 연구는 당시 발전소 근처에 있었던 사람들 사이에서 방사능 노출의 직접적인 결과로 갑상선암 중 한 종류의 발병률이 유의하게 더 높다는 것을 발견했다.[24] 원자력 업계는 이런 연구 결과를 부인한다.

2019년에 원자력규제위원회 대변인인 닐 시핸은 펜실베이니아주의 갑상선암 발병률이 미국에서 가장 높다는 몇몇 새로운 연구 결과가 나오자 이를 반박하면서 이렇게 말했다. "사고 당시에 방사능 유출이 없었다는 말이 아닙니다. 다만, 건강에 어떤 종류든 안 좋은 영향을 미치기에는 그 수치가 너무 낮았다고 말씀드리는 겁니다."[25]

물론 스리마일섬 원전 사고가 세계 최초의 대규모 노심용융 사건이었으므로 우리 모두 제한적인 지식밖에 가지고 있지 못하다. 하지만 2011년에 후쿠시마의 다이치 원전이 용융되었을 때는 과학자들이 이런 사고의 결과를 추적하는 일에 준비가 더 잘 되어있었다. 후쿠시마에서 일어난 일은 스리마일섬에서 무슨 일이 벌어졌을지에 대해, 또한 미국 전역에 있는 원자로에서 용융 사고가 또 난다면 어떻게 될지에 대해 많은 것을 알려줄 수 있다.

아르니는 후쿠시마 노심용융 1년 뒤 도쿄에 가서 보도블록이 깨진 틈에서 무작위로 흙을 채취해 다섯 개의 샘플을 수집했다. 미국으로 돌아와 방사능을 측정해 보니, 채취한 모든 샘플이 미국 기준으로 방사성 폐기물로 분류될 만했다. 게다가 이 샘플은 사고 장소에서 150마일〔약 240킬로미터〕 떨어진 도쿄에서 채취한 것이었다. 스리마일섬과 워싱턴 D.C. 사이의 거리보다 거의 50마일〔약 80킬로미터〕이나 더 먼 곳에서 말이다.

아르니에게 만약 스리마일섬 원전의 노심용융을 중지시키지 못해서 후쿠시마에서처럼 완전히 용융이 되었더라면 어떻게 되었을지 물어보았더니 그는 이렇게 답했다. “방사능 낙진이 비를 타고 워싱턴 D.C.에 쌓여서 재난 지역 선포가 필요한 상황이 되었을 겁니다.”

아르니는 윙이 스리마일섬에 대해 했던 계산을 후쿠시마에 적용해 보았다. 그 결과 첫 세대에서 10만 건의 치명적인 암이 발병할 것으로 추산되었다. 암이 발병했으나 회복된 경우는 포함하지 않은 것이고, 이후 세대들에서 발생할 유전자 변이, 그리고 암이 아닌 심장 질환이나 폐 질환 등도 제외한 것인데도 그 정도였다. 미국에서도 일어날 수 있었던 일이다. 하지만 질병으로 인한 사망은 종종 사고의 피해로 잡히지 않는다. 아르니는 원자력 업계가 이런 역학상의 복잡성과 모호성을 믿는 구석으로 삼고 있다고 말했다. 죽음이 인구 전체에 걸쳐 수십 년 동안 발생하므로 추적이 어렵다는 점에 의존하는 것이다.

이런 영향은 굉장히 대규모일 수 있지만, 종합적으로 파악하기가 매우 어렵다. 도시 전체를 뒤흔들고 막대한 죽음을 유발하지만, 그와 동시에 10년 또는 20년에 걸쳐 조용하게 스며드는 질병에 의한 죽음도 유발하기 때문이다. 석유 유출 사고의 피해도 좀처럼 파악하기 어렵게 매우 대규모로 오랜 기간에 걸쳐 발생한다. 엑손발데즈가 1989년에 알래스카만에서 좌초해 1100만 갤런[약 4200만 리터]의 원유가 유출되었는데, 연구자들은 적어도 해달 2800마리, 물개 300마리, 대머리독수리 250마리, 범고래 22마리, 바닷새 25만 마리가 죽었고 수십억 개의 연어 알과 대구 알도 사라졌다고 추정했다.[26] 하지만 이 사고의 여파는 이보다도 훨씬 더 길었고 훨씬 더 광범위했다. 일례로 해달 개체 수는 25년이 지난 2014년에서야 회복되었다.[27]

엑손발데즈 사고는 기록된 것 중 가장 규모가 큰 석유 유출 사고였다. 21년이 더 지나기 전까지는 말이다. 2010년 딥워터호라이즌 시추 시설이 폭발했고 적어도 1억 3400만 갤런〔약 5억 700만 리터〕의 원유가 멕시코만에 유출되었다. 연구자들은 적어도 102개 종의 30만~200만 마리 새가 죽었고 2만 6000마리 가까운 바다 포유류가 죽었다고 추산했고, 물고기와 갑각류는 세는 것이 불가능한 정도로 많은 개체가 사라졌다.[28] 또한 바다거북 32만 마리 이상이 원유가 유출된 곳을 지나간 것으로 추정되었다.[29] 텍사스주에서부터 플로리다주까지 기름 묻은 새를 보았다는 목격담이 나왔다. 4년 뒤에도 돌고래와 거북이가 여전히 기록적인 수준으로 죽고 있었다.[30] 9년이 지난 2019년에는 돌고래들이 피부병에 걸린 채로 해변으로 밀려오기 시작했다. 또 한 차례의 폐사였다.[31] 연구자들은 이 최근의 돌고래 집단 폐사가 사실은 같은 돌고래 폐사의 연장선이 아닐지 우려하고 있는데, 그럴 경우 기록이 다시 깨지게 된다.

아르니는 이렇게 지적했다. "우리는 빈도를 줄였지만 결과를 키웠습니다. 우주왕복선과 석유 시추선 등 고위험 활동에서 이런 일이 일어나는 것 같습니다. 더 띄엄띄엄 일어나지만 결과는 훨씬 더 심각합니다."

우리는 더 나은 교육 훈련, 더 나은 제어실 설계처럼 우리의 가장 복잡한 테크놀로지를 구성하는 안전 시스템을 켜켜이 쌓고 개선해 가면서 문제를 해결하려 한다. 하지만 이 모든 안전의 층이 쌓이는 속도는 우리의 에너지 수요가 증가하는 속도를 따라갈 만큼 빠르지 않다. 우리는 극단적으로 발생 가능성이 낮은 사고에 대해 개인 생존 메커니즘(비행기 좌석 아래의 구명조끼 등)을 발명하지만, 조금만 노출되어도 생존이 불가능할 수 있는 집단 차원의 거대한 위험은 용인하고 있다. 막대하면서도 불가피한 사고를 우리가 용인하는 이유 중 하나는 감정과 기분이 인식을 왜곡해 '발생 가능성'이 정말로 의미하는 바를 우리가 제대로 이해하지 못하는 것이다.

사고의 발생 가능성

거대한 사고의 규모와 발생 가능성을 알고 있을 때도 우리는 그것을 무시할지 모른다. 감정이 의사 결정에 어떻게 영향을 미치는지를 연구하는 노스이스턴대학 심리학 교수 데이비드 디스테노는 대규모 사고가 유발하는 충격과 공포의 규모 자체가 그것에 대한 생각을 무의식적으로 억누르게 만든다고 설명했다.[32] 이것을 '공감 피로'라고 부른다.

"한 사건이 일으키는 비극의 규모는 커지는 반면 사람들이 느낄 수 있는 공감의 수준은 그것을 따라가지 못합니다." 디스테노는 이렇게 설명했다. "비극의 크기에 압도된다고 느끼기 시작하면서 사람들은 그것을 외면하고 싶어 합니다. 없는 셈 치고 싶은 거지요."

하지만 우리가 규모의 압박을 어찌어찌 감당하고 대규모 비극의 압도적인 속성을 외면하지 않고 잘 직면한다 해도 사고의 발생 가능성 자체를 인식하는 데서 고전할 수 있다.

디스테노에 따르면, 복잡한 사고를 설명해 주는 정보가 부족할 때 우리의 뇌는 우리가 아는 것에 기초해 어림짐작을 한다. 그리고 명백한 기억이나 사실관계에 관한 정보가 없는 상황에서 우리는 감정에 의존한다. 이것은 진화 과정이라고 볼 수 있다. 호랑이를 보면 무서워해야 한다는 것을 학습하면 호랑이에 물려 죽을 확률이 적어질 것이다. 감정은 생존에 더 유리한 쪽으로 우리가 유도되기를 기대하면서 이후에 무엇이 발생할지에 대한 우리의 예측에 영향을 미친다. 하지만 대규모 사고가 드물다는 사실은 우리가 참고할 만한 기억이 없다는 뜻이고, 따라서 우리의 예측이 현실에서 멀어진다는 뜻이다.

1983년에 카네기멜론대학과 스탠퍼드대학의 두 심리학자가 발생 가능성에 대한 우리의 예측이 어떻게 잘못될 수 있는지를 알아보기 위한 연구를 시작했다.[33] 이들은 실험을 통해 사고의 발생 가능성을 정확하게 예측하는 데 감정이 어떻게 영향을 미치는지 알아보았다. 557명의 실험 대상자에게 여러 사고를 보도한 신문 기사를 보여주었다. 그리고 나중에 다른 사고들을 언급하며 이것이 자신에게 일어날 가능성이 어느 정도일지, 그리고 세상에는 그런 일이 얼마나 자주 일어날지 추정해 보도록 했다. 치명적인 사고에 대한 기사를 읽은 응답자들은 그런 사고가 자신에게 일어날 확률과 세상에 일어날 확률 모두를 더 높게 생각했다. 또한 치명적인 사망 사고에 대한 기사를 하나 읽고 나면 연구자가 제시하는 다른 종류의 사고들에 대해서도 자신에게 일어날 확률을 더 높게 생각하는 것으로 나타났다. 그런데 그 반대도 참이었고, 이 점은 매우 중요하다. 별 피해가 생기지 않았던 사고에 대한 기사를 읽은 사람은 모든 종류의 사고에 대해 발생 가능성을 더 낮게 잡았다. 연구자들은 하나의 사건에서 발생한 결과를 사용해서 다른 사건의 발생 가능성에 대한 사람들의 주관적인 인식에 영향을 미칠 수 있었다. 우리의 감정을 조작하면 사고의 발생 가능성에 대한 우리의 판단에 영향을 미칠 수 있다. 디스테노는 우리가 슬플 때는 다음에 벌어질 일이 나쁠 거라고 생각하는 경향이 있다고 설명했다. 그리고 반대도 참이다.

이런 연구들에 따르면, 대규모 사고는 너무 끔찍해서 그것을 한 번 겪으면 우리는 그다음부터 매번 하늘이 무너질 거라고 확신하게 될 테지만, 정치인들과 그런 사고가 잘 나는 업계의 경영자들은 우리의 감정을 어떻게 조작할지 알고 있다. 스리마일섬 인근의 암 발병률에 원자력 업계가 대응해 온 방식에서 볼 수 있듯이 말이다. 노심용융 이야기는 지극히 끔찍한 환경 재앙의 이야기로 시작될지 모르지만, 이야기의 중간과 끝이 아직 쓰이지 않았을 때 우리는 조작과 암시에 취약해진다.

원자력 업계에서 일하던 시절에 아르니 군더슨도 핵 사고에 대한 사람들의 감정을 조작하는 일을 했다.[34] 그는 스리마일섬 사고 며칠 뒤 TV에 출연해서 펜실베이니아주의 모든 사람들에게 밖에 나가도 안전하다고 말했다.[35] 석유 유출 사고에서도 이런 내러티브 전략을 볼 수 있다. 먼저 정치인과 업계 경영진이 사고가 그리 나쁘지는 않았다고 말한다. 그다음에는 자원봉사자들이 엉망이 된 곳을 '정화' 하러 온다. 유출된 기름을 제거하는 활동이 사실은 복구에 그리 도움이 되지 않는데도 말이다.[36] 하지만 이런 활동이 전시되는 것을 보면서 우리가 석유 유출을 덜 암울하게 느끼게 된다면 석유 유출이 발생할 가능성을 더 낮게 잡게 될 것이다.

때로는 정치인과 기업 경영진이 사고 이후에 우리의 감정을 조작하기 위해 사실관계를 낙관의 극단까지 왜곡한다. 딥워터호라이즌 폭발 후 한 달도 안 되어서 BP의 최고경영자 토니 헤이워드는 이 사고를 이렇게 묘사했다. "멕시코만은 매우 광대한 해양입니다. 우리가 그곳에 넣은 석유와 분산제의 양은 전체 바닷물의 양에 비하면 미미합니다."[37]

또한 정치인과 기업인들은 우리의 인식을 바꾸기 위해 명백한 거짓말도 한다.[38] BP의 부회장 데이비드 레이니는 의회의 소위원회에 출석해서 BP의 엔지니어들이 그에게 보고한 추정치인 하루 14만 6000배럴[약 2300만 리터]을 무시하고 유출 속도가 하루 5000배럴

〔약 79만 리터〕이라고 말했다. BP가 유출을 막고 난 뒤에 당국자들은 총 319만 배럴이 유출되었다고 추산했는데, 하루로 계산하면 레이니가 말한 것보다 7배 이상 많은 것이었다. 유출 한 달 반 뒤에 미시시피주 주지사 헤일리 바버는 미시시피주에서는 우유 주전자 하나를 채울 만큼의 기름도 보지 못했다고 주장했다. "지난 48일 중 언제라도 멕시코만의 미시시피주 쪽 해안에 가본 사람은 기름을 전혀 보지 못했을 것입니다. 타르 덩어리가 약간 있긴 하지만, 멕시코만에서는 자연적으로 매년 타르 덩어리가 생깁니다."[39]

소규모 사고에서 경영자들이 으레 사고 유발 경향성이 있는 노동자 타령을 하듯이 대규모 사고가 나면 정치인과 기업인은 으레 **별일 아니라는** 후렴구를 읊는다. 대중을 동요시키지 않기 위해 꼭 필요하다고 볼 수도 있겠지만, 우리의 공포를 흩어 없애는 것은 우리가 재난에 관심을 덜 갖게 만들기도 한다.[40] 우리의 공감 피로가 관문이라면, 권력자들은 바로 그 문을 유유히 통과한다. 정치인과 기업인이 재앙적 사고가 사실은 별일 아니라고 말하는 것을 들을 때, 또 정화작업에 발 벗고 나선 자원봉사자들을 볼 때, 우리는 재난에 대해 불안하고 분노한 마음을 덜게 된다. 그 결과 사고가 왜, 어떻게 시작되었는지에 대해서는 관심이 줄어든다.

오염 지역 정화에 나선 자원봉사자, 정치인과 기업인의 거짓말과 과장 모두가 사고 유발 경향성이 있는 노동자나 운전석의 미치광이와 마찬가지의 역할을 한다. 하지만 대규모 사고는 너무나 크고 너무나 공개적으로 드러나므로 사고의 원인을 한 사람이 저지른 한 가지 실수 탓으로 돌리기가 어렵다. 그렇더라도 원자력발전소나 심해 시추의 위험한 조건으로부터 사람들의 관심을 돌려야 할 필요는 여전히 존재하므로 권력자들은 이런 문제에 대한 당신의 인식을 조작하려 한다.

기름 유출 사고가 일어나면 늘 이뤄지는 정화 작업에서 희석된 공포의 문제를 말해주는 작은 사례를 볼 수 있다.[41] 복구 활동에 대한 모든 뉴스에는 고무장갑을 낀 자원봉사자, 유출 기름의 확산을 막기 위해 수 킬로미터 범위의 바다에 설치해 놓은 방지막 등이 등장하지만, 연구자들은 엑손의 정화 노력으로 복구된 것은 발데즈 유출 피해의 14퍼센트에 불과하다고 보고 있다. BP는 25퍼센트를 복구했다고 발표했지만, 자기들이 직접 밝힌 결과라 이 작은 숫자조차 곧이곧대로 믿기는 어렵다.[42]

일반적으로, 기름 유출 사고 후에 기름을 닦아낸 새들은 평균보다 높은 사망률을 보인다.[43] 살아남는 비중이 1퍼센트도 안 된다. 과학자들은 새의 몸에서 기름을 씻어내는 것이 기름 자체만큼이나 해로울 수 있다고 말한다. 갈색 펠리컨 중 기름을 제거하고 다시 놓아준 개체 다수가 다시는 짝짓기를 하지 못하고 죽었다. 2002년 스페인에서 기름이 유출되었을 때 과학자들과 자원봉사자들이 새 수천 마리의 기름을 제거했는데, 대부분은 1주일 안에 죽었다. 캐나다에서는 보퍼트해에 유정 굴착을 허가하는 것이 좋을지를 판단하는 데 정보를 주기 위해 진행된 한 끔찍한 실험에서 연구자들이 의도적으로 보퍼트해에 석유를 유출했다. 그 결과 그 지역의 북극곰들이 신장 기능이 망가져 죽었고 새들도 폐사했다. 연구자들은 기름의 확산을 막지 못했다. 이 연구는 정화 작업이 대체로 효과가 없다고 결론 내렸는데, 그런데도 캐나다는 보퍼트해에서 시추를 허용했다.

어쨌거나 이 모든 것은 한 가지 목적을 달성한다. 이것은 석유 유출에 대한 대응이 펼쳐지는 극장이고, 이 극장에서 내보내는 메시지는 **정화될 수 있기 때문에** 이런 사고는 괜찮다는 것이다. 석유 유출이 정화될 수 있다는 듯이 이야기하는 것은 석유 회사가 석유 유출의 위험성이 덜 끔찍하게 느껴지도록 만드는 한 가지 방법이다.

하지만 석유 유출의 위험에는 전문가조차 모르는 미지의 것도 포함되어 있을 수 있다. 거대한 사고는 알려지지 않은 수많은 작은 사고를 동반한다. 큰 사고 안의 '작은' 사고들을 보기 위해, 이 책에서 가장 근사한 직업을 가진 사람을 만나보기로 하자. 그는 물고기 학예사인 프로산타 차크라바르티다.

큰 사고에서의 작은 죽음들

석유 유출 사고가 발생하면 루이지애나주립대학 생물학과의 물고기 학예사인 프로산타 차크라바르티가 "카리스마 있는 대형 해양 동물"이라고 부르는 것에 관심이 집중된다.[44] 매력적인 고래, 영리한 수달, 유혹적인 펠리컨처럼 눈길을 끄는 바다 생물을 말한다. 하지만 이들은 그의 연구 대상이 아니다. 차크라바르티는 물고기를 대변하는 어류학자다.

딥워터호라이즌 사고 2년 전인 2008년에 그는 처음으로 멕시코만에 현장 연구를 나갔다. 거기에서 그는 팬케이크 부치라고 불리는, 아귀목 부치과에 속하는 작은 해저 서식종 두 가지를 새로 발견했다.

차크라바르티는 루이지애나주에 가기 전에도 팬케이크 부치를 연구했는데, 미국 자연사박물관에 표본으로 전시되어 있는 것들에서 흥미로운 점을 발견했다. 박물관에는 멕시코만에 서식하는 팬케이크 부치종이 하나만 언급되어 있었는데, 그 종이라고 전시되어 있는 표본들이 서로 조금씩 달라 보였던 것이다. 그는 어쩌면 각각이

다른 종일지 모른다고 생각했다. 그러나 그 물고기 표본들은 오래전에 보존 처리되어 색도 바랜 상태였기 때문에 이상한 점을 일단 짚어만 두고 넘어갔다. 그러고서 2008년에 멕시코만에 가볼 기회가 생겼고, 이 현장 연구를 통해 자연사박물관에서 팬케이크 부치에 대해 들었던 의문이 증명되었다. 그는 새로운 팬케이크 부치 두 종을 발견했다. 즉 멕시코만 전역에 널리 서식한다고 알려져 있던 팬케이크 부치가 한 종이 아니라 실제로는 세 종이었던 것이다.

그가 발견한 내용이 발표되었을 때는 최악의 사고가 벌어진 뒤였다. 딥워터호라이즌이 폭발했고 갑자기 기자들이 차크라바르티에게 전화를 하기 시작했다. 팬케이크 부치가 CNN 메인 뉴스에 등장했다.[45] 멕시코만에는 기름이 가득했고 기자들은 새로 발견된 어종이 어떻게 될지 알고 싶어 했다.

차크라바르티는 GPS 데이터를 활용해 얼마나 많은 물고기가 영향을 받았는지 추정할 수 있었다. 그는 부치만이 아니라 멕시코만에 산다고 알려진 124종의 생물을 모두 조사했는데, 그중 77종이 이 지역에만 서식하는 토착종이었다. 그런데 이 생물들이 사는 서식지의 64퍼센트가 기름 유출 지역과 겹쳤다.[46] 토착종의 절반 이상이 이제 원유 유출 지역 안에 살고 있었다. 그뿐 아니라 5년 뒤에 차크라바르티는 유출 사고 이후 토착종 절반 이상을 아무도 다시 보지 못했다는 것을 알게 되었다. 하지만 손바닥보다 작은 물고기가 거대한 대양에서 잡히지 않았다는 것 자체가 그 물고기가 더 이상 존재하지 않는다는 말은 아니다. 그래서 차크라바르티는 석유 유출이 새로운 팬케이크 부치종에 어떤 영향을 미쳤는지를 분명하게 말할 수는 없다고 했다. 석유 유출 전에도 이 물고기는 이제 막 발견된 종이라 알려진 것이 많지 않았기 때문이다. 우연히 새로운 어종을 발견하게 된 그는 멕시코만에 대해 우리가 아는 게 얼마나 적은지 새삼 깨달았다. 재앙적인 사고에 대해 알고 있는 것이 너무 적다는 것은 몇몇 생명체는 우리가 발견하기도 전에 통째로 잃을 수도 있다는 의미다.

2020년에 연구자들은 석유 유출의 영향을 받은 개체군이 전에 예상했던 것보다 훨씬 광범위하다는 것을 발견했다.[47] 위성사진으로 볼 수 있는 기름띠의 표면적은 5만 7000평방마일〔약 14만 7600평방킬로미터〕이었지만, 수면 아래 기름의 농도를 추적한 결과 영향 범위가 표면에 보이는 것보다 30퍼센트 더 넓은 것으로 나타났다. 연구자들은 이 영향이 "그 구역에서 방대한 양의 해양 플랑크톤을 절멸시킬 수도 있다"라고 표현했다.[48]

해양 플랑크톤의 죽음은 석유 유출이 일으킬 수 있는 가장 작은 죽음일 것이다. 석유 유출이 발생한 지 10년이 지나서 이 미생물들의 대대적인 절멸 가능성을 발견한 것은 찰스 페로와 제임스 리즌이 옳았음을 보여준다. 사고는 층층이 겹쳐있고, 무언가가 잘못되면 실패는 복잡하고 놀랍고 예기치 못한 방식으로 교차한다. 이것은 노심용융이나 석유 유출 같은 대규모 사고에 대한 이론이지만, 언뜻 보기에는 층층이 겹쳐있지도 않고 복잡하지도 않고 대규모로 보이지도 않는 사고에서도 성립한다.

모든 사고는 '정상적인' 사고다

이 장에서 언급한 시스템적 사고 중 많은 것이 선박이나 시추선의 내부, 공장의 내부, 원자로 격납 건물의 내부에서 시작되었다. 정상 사고 이론, 스위스 치즈 모델 등은 이처럼 규모는 크지만 물리적으로 닫힌 공간에 존재하는 시스템을 염두에 두고 개발되었다.

그러나 사고 이야기를 더 많이 읽을수록, 모든 사고가 시스템적이고 정상적이라는 확신이 들었다. 복잡한 환경에서 설계, 운영, 조직상의 평범한 실패가 발생해 야기되는 사고인 것이다. 그리고 여기에서 말하는 시스템에는 하나의 공장이나 원자로보다 훨씬 덜 물리적이고 덜 가시적인 것도 포함될 수 있을 것 같았다. 도로망도 시스템일 수 있고 대양도 시스템일 수 있고 에너지 시장도 시스템일 수 있다. 나는 사고에 대해 정말로 이해하려면 페로와 리즌의 이론을 물리적이고 한정된 공간을 넘어 사회 시스템, 경제 시스템, 또는 건조 환경 전체에도 적용해야 한다는 것을 깨달았다.

스리마일섬 사고의 경우, 취약점이 있는 원자로를 구매하기로 한 결정은 일상적인 가동 정지와 연결되었고, 이것이 냉각 시스템의 미작동과 연결되었으며, 다시 이것이 열린 밸브가 닫힌 것처럼 보이게 설계된 제어판의 밸브 상태 표시등과 연결되었다. 이것은 촘촘하게 연결된 복잡한 시스템이었다. 그런데 에너지 생산 전체도 그렇지 않은가? 물론 폭발 방지 장치는 스위스 치즈 한 조각이다. 하지만 멕시코만에서 심해 시추를 하기로 한 의사 결정도 그렇고, 사후적으로 그렇게 나쁜 사고는 아니었다고 말하는 정치인도 그렇다. 팬케이크 부치가 사느냐 죽느냐는 물론 딥워터호라이즌에서 사고를 예방할 수 있느냐에도 달려있지만, 우리 사회가 사고가 일어나는 게 정상이고 그 경우 막대한 피해를 초래할 수 있는 종류의 테크놀로지를 통해 에너지를 얻기로 한 결정에도 달려있다.

벽에 신문 기사들을 오려 붙여놓고 빨간 선으로 이어가며 음모론에 빠져있는 사람이라고 내게 혀를 끌끌 차기 전에, 퍼미언 분지에 대해 생각해 보기 바란다. 이것은 공장도 발전소도 기업도 아니고,

수압파쇄 테크놀로지에서 태어나 번성하고 있는 새로운 에너지 시장이 있는 곳이다.[49] 이 에너지 시장을 하나의 시스템이라고 본다면, 그리고 그 안에 스위스 치즈 조각이 층층이 쌓여있다면, 작은 사고를 유발할 수 있는 온갖 복잡한 방식을 생각해 볼 수 있다. 일례로 퍼미언 분지에서 수압파쇄를 통한 석유 생산이 증가하면서 석유 및 가스 업계 노동자의 산재 사망률이 증가해 2010년에는 다른 모든 산업을 합한 것의 7배에 달했다.[50] 여기까지는 예견된 일이었다고 말할 수도 있겠다. 새롭고 위험한 일에는 산재가 뒤따르게 마련이니 말이다.

그런데 이게 다가 아니었다. 이 새로운 에너지 시장이 생기고 나서 또 다른 사고들도 뒤따랐고, 이 사고들은 예기치 못한 상호 연결을 보여주었다. 퍼미안 분지의 한 카운티에서는 교통사고가 70퍼센트 이상 증가했다.[51] 오피오이드 중독이 확산되고 경찰이 압수한 메스암페타민의 양이 늘어난 것도 석유 생산 증가와 직접적으로 상관관계가 있었다.[52] 약물중독은 노동자들이 위험한 일을 하는 대가로 보수를 더 받으면서 지역에 더 많은 돈이 유입된 현상의 부산물이었다. 또 의료보험이 없어 고된 노동으로 상한 몸을 자가 치료로 돌봐야 하는 계약직 노동자가 많아진 것도 한 요인이었다.

이것들은 에너지 시장, 약물 시장, 대규모 인구 유입에 준비되어 있지 않은 농촌의 도로망 등 복잡하고 예기치 못한 방식으로 상호작용하는 대규모 시스템들에서 발생한 정상적인 사고다. 이런 시스템들은 공장의 네 벽 안에 들어있는 것이 아니라 사회 시스템이고 경제 시스템이고 조직 시스템이다. 모든 사고는 시스템적이지만, 어떤 시스템들은 그것을 우리가 이해하려면 석유 굴착 장치에서 추락하는 사람 한 명, 두둑한 현금으로 약물을 과용하는 사람 한 명에게서 한 발 물러서서 시야를 넓혀야 한다. 인종주의도 하나의 시스템이고 낙인찍기도 시스템이며 연방 인프라 예산도 시스템이다. 사고 자체의 규모는 이 장에서 본 것보다 더 커지지 않을지라도 사고를 일으킬 수 있는 시스템은 더 많은 것을 포괄하게 될 것이고, 위험은 더 통제하기 어려워질 것이다.

4

위험

THERE ARE NO ACCIDENTS

사고로 사람이 죽거나 다칠 위험이 어느 정도인지를 측정하는 한 가지 방법은 충돌 내구성crashworthiness을 추정하는 것이다. 충돌 내구성이란 자동차, 배, 비행기 등 사람이 그 안에 들어가게 되어있는 물체가 사람에게 손상을 발생시키는 요인에 대해 얼마나 저항성을 갖고 있는지를 의미한다. 충돌 내구성은 에어백이나 완충 등받이 같은 보호장치가 존재해도 높아지고, 뾰족한 손잡이나 충격을 받으면 해체되는 조종석 같은 위험한 조건이 존재하지 않아도 높아진다. 휴 디헤이븐은 1950년대에 코넬대학교에서 진행된 자동차 충돌 손상 연구 프로젝트의 일환으로 충돌 내구성 테스트 방식을 정교화했다. 충돌 테스트용 인형을 차량 안에 두고 그 차량을 충돌시킨 뒤 인형이 어떻게 되었는지를 보면, 당신이나 내가 비슷한 차량 안에 있다가 비슷한 충돌을 당했을 때 어떻게 될지 가늠할 수 있다. 단순 명쾌하게 들릴지 모르지만, 사실 그렇지 않다.

거의 모든 충돌 테스트 인형이 몸무게 171파운드〔약 78킬로그램〕에 키 5피트 9인치〔약 175센티미터〕인 '남성' 신체를 모델로 만들어져 있다.[1] 미국에서 판매되는 자동차의 위험성을 테스트하고 규제하는 미국 도로교통안전국에서 사용하는 유일한 '여성' 인형은 전혀 여성 신체를 본뜨지 않았으며, 키 4피트 11인치〔약 150센티미터〕에 몸무게 108파운드〔약 49킬로그램〕로 남성 인형을 작게 만든 것에 불과하다.[2] 이 인형은 너무 작아서 여성 인구의 5퍼센트만이 이 체격에 해당한다. 어떤 충돌 테스트 인형도 가슴, 어깨, 엉덩이 등에서 남성과 여성 신체의 생리학적 차이를 반영하고 있지 않으며, 유방의 존재나 다수 여성의 체격도 반영하고 있지 않다.[3] 차량 충돌 시 여성 신체가 겪는 위험은 붙박이처럼 **내장되어 있다**. 단지 측정이 되지 않았다는 이유에서 말이다. 그러니 전면이 부딪힌 차량 사고에서 여성이 사망할 확률이 많게는 28퍼센트, 부상당할 확률이 많게는 73퍼센트나 남성보다 높은 것은 놀랄 일이 아닌지도 모른다.[4] 충돌 내구성 테스트 전문가조차 인구 중 절반 이상이 직면하는 위험에 대해서는 아는 바가 거의 혹은 전혀 없으니 말이다.

위험성에 대한 정보에 깜깜한 상황은 사고의 전체 스펙트럼에 걸쳐 나타난다. 전문가들은 실제 전문성은 없는 채로 편견에 기반해 위험에 대한 의사 결정, 즉 우리의 건조환경을 구성하는 의사 결정을 내린다. 그 결과 충돌 내구성 테스트 같은 위험 측정에 사용되는 시스템이 성차별주의 같은 또 다른 시스템과 예기치 못한 방식으로 상호작용한다. 여성은 여성 신체에 맞는 충돌 테스트용 인형이 없기 때문에 교통사고로 더 많이 죽는다. 그리고 여성 인형이 없는 것은 성차별주의가 시스템에 내재되어 있기 때문이다. 이 모든 요인이 여성 운전자 개인이 통제할 수 있는 범위를 벗어나 있다. 사고가 난 다음에는 운전석의 미친 여자가 사고를 냈다고 비난받겠지만 말이다.

"사람들은 필요한 정보나 도구가 없는 상황에 갇혀있기 때문에 최적의 일을 하지 못합니다. 그런데 그러고 나면 정말로 그들의 통제 밖에 있던 일에 대해 책임을 지도록 강요받습니다." 1976년에 폴 슬로빅, 고故 세라 리히텐슈타인과 함께 위험 인식risk perception 분야 연구를 개척한 의사결정연구소를 설립한 바루크 피쇼프는 이렇게 설명했다. "반면, 더 현실적이고 쉽게 접할 수 있는 형태로 더 나은 정보를 제공해서 사람들이 자신의 삶을 더 잘 꾸려갈 수 있게 해야 할 사람들은 책임의 부담에서 벗어납니다."[5]

피쇼프나 슬로빅 같은 위험 인식 전문가들은 우리가 개인적으로는 위험을 인식하고 피하는 것을 꽤 잘한다고 말할 것이다. 하지만 사고가 벌어질 때는 너무 자주 위험이 우리가 통제할 수 있는 범위를 벗어나 있다. 어느 항공기 엔지니어가 결함을 발견하고 내부 고발을 해서 그 기종의 운항을 전면 중지하려고 했다는 사실을 모르는 채로 DC-10 비행기에 탔던 승객을 생각해 보라. 직업안전보건국의 점검을 받은 적이 없고 문은 다 걸어 잠가둔 공장에서 일하는 게 설령 내키지 않았어도 다른 일자리를 찾을 수 없었던 닭고기 공장 노동자를 생각해 보라. 1956년에 포드를 살 돈은 있었지만, 사고가 나면 운전자를 다치게 할 것이 틀림없는 운전대를 가진 차 외에는 시중에 다른 선택지가 없었던 소비자를 생각해 보라. 이런 경우들을 보면, 단지 위험이 사람들의 통제 범위를 벗어나 있기만 했던 것이 아니다. 사람들은 자신이 노출된 위험 자체를 알지 못했거나 위험을 피하는 데 필요한 것이 무엇인지 알지 못했다.

우리가 실제로 직면한 위험과 그 위험을 어떻게 이해하는지를 각각 '실제 위험'과 '위험 인식'이라고 불러보자. 이 두 요인이 상호작용하는 방식은 매우 중요하다. 위험 인식 전문가들의 연구에 따르면, 우리가 어떤 상황을 통제하고 있다고 느낄 경우에는 실제 위험도와 무관하게 상황이 덜 위험하다고 느낀다. DC-10 항공기의 승객이나 육가공 공장의 노동자나 포드 자동차의 운전자가 자신이 직면한 위험을 알지 못했기 때문에, 위험은 존재하는 동시에 인식될 수 없었다. 따라서 이중으로 피할 수 없고 통제할 수 없었다.

통제력을 가지고 있다는 느낌이 주는 이득

지난 45년간 우리가 위험을 인식하는 방식을 연구해 온 전문가들은 우리가 어떤 행동을 위험하다고 느끼는지 그렇지 않다고 느끼는지에 영향을 미치는 몇 가지 내재적인 편향을 알아냈는데, 안전하다고 느끼게 해주는 요인 중에서 상위에 있는 것 중 하나가 '통제력이 나에게 있다'는 감각이었다. 예를 들어 운전대를 잡고 있는 사람은 자신이 통제하고 있다고 생각하기 때문에 위험을 과소평가하는 경향이 있다.[6] 대부분의 사람이 남이 운전하는 차를 탔을 때보다 자신이 직접 운전할 때 더 안전하다고 느끼는 이유도 여기에 있다. 총기를 소유한 사람이 소유하지 않은 사람보다 총의 위험성을 덜 느끼는 것도 마찬가지다.

폴 슬로빅은 이렇게 말했다. "총을 소유하면 자신의 안전을 스스로 통제할 수 있다고 느끼게 됩니다. 실제로는 자신의 통제 범위 바깥에 있는 요소가 아주 많지만, 통제력이 있다는 감각은 위험에 대한 인식을 낮추고 위험을 더 잘 수용하게 만드는 매우 강력한 요인입니다."

또한 이득이 있으면 위험을 더 잘 용인하는 경향이 있다. 이는 자동차 사고의 위험성을 우리가 과소평가하는 또 하나의 이유다. 또 다른 예로, 농약과 의약품이라는 두 가지 화학물질에 대해 우리가 뚜렷하게 보이는 상반된 반응도 생각해 볼 수 있다.[7] 슬로빅과 피쇼프가 진행한 설문 조사에 따르면, 대부분의 사람들이 농약은 이득이 별로 없고 위험은 크다고 여겼고, 반대로 의약품은 위험이 작고 이득은 크다고 생각했다. 실제로는 둘 다 화학물질이고, 둘 다 이득이 있으며, 둘 다 위험하다. 사실 얼마나 많이 죽느냐로 보면 통계적으로 농약이 의약품보다 덜 위험하다고도 말할 수 있다. 미국에서 농약이 직접 원인이 되어 발생하는 사망은 1년에 평균 23건인데, 의약품의 경우에는 처방 오피오이드 하나만 보더라도 매일 평균 38명의 목숨을 앗아간다.[8] 그런데도 농약에 대해서는 언제 노출될지를 통제할 수 없다는 인식을 포함해 우리의 느낌이 부정적이고 농약의 이득은 (농민이 아니라면) 직접적으로 관찰할 수 없기 때문에, 우리는 농약을 더 위험하다고 인식한다. 반면 의약품은 몸이 나아지는 이득을 직접적으로 체감할 수 있고 언제 복용할지를 전적으로 통제할 수 있기 때문에 위험이 덜하다고 인식한다.[9] 안전의 감각을 제공하는 총의 위험과 편리함의 이득을 제공하는 운전의 위험을 대부분이 과소평가하는 이유를 여기에서 찾을 수 있다.

슬로빅과 피쇼프는 위험에 대한 인식을 왜곡하는 또 다른 요인들도 알아냈다. 우리는 끔찍하게 무서운 것을 더 위험하다고 느낀다(비행기 추락에 대한 공포와 운전해서 가게에 가는 일의 공포를 비교해 보라). 그리고 우리는 인간이 만든 것이 자연적인 것보다 더 위험하다고 느낀다(원자력발전소 노심용융과 지진을 비교해 보라). 또 어떤 사안에 대해 선택의 여지가 없거나 다른 누군가를 믿어야 하는 경우, 아이들이 관여된 경우, 새롭고 흔하지 않은 경우, 언론에 많이 나오는 경우에 더 위험하다고 느낀다. 그리고 어떤 위험이 나를 위협할 때 동일한 위험이 다른 사람을 위협할 때보다 더 위험하다고 느낀다. 이런 조건들이 겹치면(2018년과 2019년의 보잉 737 맥스 항공기 추락처럼 끔찍하고, 인간이 만들었고, 우리의 통제 밖에 있고, 새롭고, 언론에 많이 보도된 것이라면) 우리의 위험 인식은 한층 더 높아진다.

물론 이것은 **인식**일 뿐이다. 총기를 구매하거나 알약을 먹을 때 우리는 더 통제력이 있다고 **느끼고** 위험을 덜 **느끼지만**, **실제로** 통제력을 더 많이 가지고 있거나 위험에 덜 노출되어 있는 것은 아니다.[10] **실제** 위험을 결정하는 사람들은 도로를 설계하는 사람이나 총을 제조하는 사람, 약품 용기를 개발하는 사람 등이다. 그러나 이 사람들도 위험을 인식하는 데서 우리와 동일한 문제를 겪는다.

시스템적 사고에 대해 우리가 알고 있는 바를 생각해 보면, 전문가들에게도 실제 위험과 위험 인식 사이에 괴리가 있다는 것은 정말 두려운 일이다. 엔지니어가 도로를 설계할 때나 무기 회사가 총을 설계할 때처럼 시스템 전체에 적용될 경우, 위험을 잘못 인식한 결과는 인구 전체에 영향을 미칠 만큼 크게 증폭된다. 만약 개인 운전자가 운전을 할 때 통제력을 가지고 있다는 느낌에서, 그리고 속도가 주는 이득을 누리기 위해서 과속을 하면, 그가 위험이 작으리라고 잘못 인식한 것이 그 자신과 몇몇 주변 사람을 위험에 처하게 할 수 있을 것이다. 하지만 도로를 설계하는 교통공학자의 위험 인식은 훨씬 더 많은 사람에게 영향을 미칠 수 있고, 수십 년에 걸친 도로의 사용 연한 동안 셀 수 없이 많은 사고를 유발할 수도 있다. 권력과 권한을 가진 사람의 위험 인식은 우리 모두에게 영향을 미칠 위험한 조건을 만들어낼 수 있다.

제한속도는 감에서 나온다

조건이 달라지기 전까지는 비슷한 장소에서 비슷한 방식으로 교통사고가 되풀이된다는 사실을 보여주는 증거는 아주 많다. 그러다 교통공학자가 도로 설계를 바꾸면(가령 운전자가 쉽게 속도를 올릴 수 있게 해주는 설계에서 속도를 늦추지 않으면 위험하다고 느끼게 하는 설계로) 그 도로에서 발생하는 사고사와 사고 상해가 극적으로 줄어든다.[11] 교통공학자가 사고를 막을 수 있다는 의미다. 그런데도 교통사고로 사망할 위험은 여전히 매우 높다. 2020년에 사고사 중 두 번째로 흔한 원인이 교통사고였고, 총기나 화재, 또 그 밖에 다른 어떤 위험한 장비보다 교통사고로 인해 숨진 사람이 많았다.

플로리다애틀랜틱대학에서 도시 및 지역계획을 가르치는 토목공학자이자 도로안전을 위한 협업과학센터 부소장인 에릭 덤보는 이런 불일치가 위험에 대해 잘못된 정보를 가지고 있기 때문에 나타나는 것이라고 설명했다.[12] 교통공학자들이 도로를 설계할 때 따르는 기준과 지침의 상당수가 너무 오래되었거나, 잘못 적용되고 있거나, 틀린 정보에 기반해 있다는 것이다.

문제는 미국의 도로 설계 기준과 지침 대부분이 미국 정부가 1956년의 연방지원고속도로법에 의거해 4만 1000마일〔약 6만 6000킬로미터〕 길이의 주간州間 고속도로를 건설했던 1950년대와 1960년대에 마련되었다는 데 있다. 1950년대와 1960년대는 랠프 네이더가 자동차 제조사에 맞서 싸움을 벌이던 시기이기도 하다. 이때 자동차 제조사들이 소비자의 압력을 다른 데로 돌리기 위해 사용한 전술 하나가 앞에서 본 운전석의 미치광이를 탓하는 것이었고, 다른 하나는 내재적으로 위험한 것은 자동차가 아니라 도로 설계라고 주장하는 것이었다.[13] 자동차 제조사들은 자동차 설계보다 교통공학을 중요성의 순위에서 더 높은 자리에 올려놓았다. 하지만 미국의 초창기 도로 설계 기준을 작성한 공학자들은 자신이 짓는 도로의 위험성을 측정할 수 있는 역량이 별로 없었다. 오늘날 도로 설계에 적용되는 지침은 세 가지 상황의 접점에서 만들어졌다. 위험을 측정하는 역량이 충분치 않았고, 도로 설계가 교통안전의 핵심 비결로 격상되었으며, 넉넉한 자금으로 지어지던 주간 고속도로에만 협소하게 초점이 쏠려있었다.

당시에는 교통안전을 담당하는 연방 기관이 없었고 주마다 알아서 내던 교통사고 통계는 정확하지 않았다. 따라서 사고 위험에 대한 데이터가 불충분했다.[14] 하지만 초창기 교통공학자들이 잘 알고 있는 게 하나 있었으니, 자신들이 짓고 있는 주간 고속도로가 다른 형태의 도로보다 사고율과 부상률이 낮다는 점이었다.[15] 신문에도 주간 고속도로와는 전혀 다른 형태의 도로에서 일어나는 극적이고 뇌리에 확 남는 유형의 사고가 주로 보도되었다. 운전자가 통제력을 잃고 차가 도로를 벗어나 가로수나 전봇대를 들이받는 사고 말이다. 통제력의 상실이라는 요소가 이런 사고를 특히 더 위험하게 느껴지게 만들었을 것이고, 충돌 현장의 끔찍한 사진과 함께 언론에 자주 보도된 것 역시 같은 효과를 냈을 것이다. 도로변의 나무나 전봇대를 들이받은 눈에 띄는 사고들, 그리고 주간 고속도로에서는 충돌 사고 발생률이 낮다는 사실, 이 두 가지 요인에서 '도로변의 위험 요소 제거'forgiving roadside라는 개념이 나왔다. 운전자가 실수를 하더라도 '용서하는'forgive 도로 설계라는 의미다.[16]

이론상으로, 도로변 위험 요소 제거는 위험을 줄이는 것처럼 보였다. 현실에서, 이것은 공학자들이 다른 도로도 주간 고속도로처럼 짓기 시작했다는 것을 의미했다. 주간 고속도로는 여타 도로에 비해 더 곧고 넓었으며 도로변에 아무것도 없는 빈 공간이 넉넉하게 있었다. 도로변에는 나무도 전봇대도 가게와 진입로도 없었다. 나무가 없다면 자동차를 나무에 들이박을 수도 없지 않겠는가? 데이터가 많지 않은 상황에서, 운전자가 통제력을 잃어서 도로를 벗어나지 않도록 도로는 이와 같이 곧고 넓어야 하고 도로변에는 아무것도 없어야 한다는 것이 곧 규칙이 되었다.[17] 공학자들은 도로변에 있는 것을 '도로변의 위험 요소'로 여겼고 초기의 교통공학 규칙은 바로 이런 위험 요소에 대한 위험 인식에 토대를 두고 있었다. 차차 에어백, 안전벨트, 충격 흡수식 운전대 등이 의무화되어 교통사고 발생 시 사망과 상해의 위험을 줄여주었지만, 그럼에도 이 규칙은 지속되었다. 오늘날에도 교통공학자들은 구불구불하고 길가에 나무가 있는 농촌의 도로나 구불구불하고 길가에 가게와 벤치가 있는 도시의 도로가 위험하다고 생각한다.[18]

덤보는 이런 지침이 의아했다. 그는 도로변에 가게나 벤치가 늘어서 있는 도시의 도로들을 충분히 오래 보았는데, 그런 것들이 위험 요소로 보이지는 않았다. 원칙과 현실의 이런 불일치는 그의 박사 논문 주제가 되었다.[19] 연구 결과, '도로변 위험 요소 제거'에 대한 이론이 정확하지 않거나 적어도 너무 과도하게 적용되고 있다는 것을 알게 되었다. 덤보는 도시의 도로 중 주간 고속도로처럼 생긴 도로가 오히려 사고를 증가시키고 동네의 일부로 통합되어 있는 도로에서는 사고가 감소한다는 것을 발견했다.[20] 그리고 가로수가 늘어서 있는 대표적인 구역인 교외 지역의 주요 도로들도 조사했는데, 이런 도로에서는 사고가 전혀 발생하지 않았다. 그가 공학 학위 과정에서 배운, 그리고 지금도 공과대학들이 학생들에게 가르치고 있는 내용과 달리 이 도로들은 덤보에게 안전해 보였고 실제로도 안전했다.

덤보는 이렇게 말했다. "도시의 도로변에서 발생하는 충돌의 대부분은 무작위적인 과실의 결과가 아니라 도로 설계에 시스템적으로 코드화되어 있는 문제입니다."

덤보가 발견한 바에 따르면, 도시의 도로에서 벌어지는 사고 대부분은 차들이 너무 빠르게 달리다가 진출입로나 옆길에 들어가기 위해 회전할 때도 여전히 속력을 내기 때문에 발생했다. 교통공학자들이 주간 고속도로를 본떠 도로를 곧고 넓게 짓자 운전자들은 주간 고속도로에서 달릴 때만큼의 속도로 달려도 된다고 느꼈다. 교통공학자들이 길에서 제거한 구불구불한 커브, 가로수, 벤치 등은 사실 운전자가 그 위험 요소들의 위험성을 피하기 위해 속도를 늦추게 해주는 요인들이었다. 그런데 그 모든 것이 없어지니 운전자는 위험을 덜 느꼈고 차를 더 빠르게 몰면서도 자신이 더 잘 통제한다고 느꼈다. 그래서 차를 빨리 몰았고, 사고로 죽었다. 도로 설계가 사람의 과실을 유도한 것이다.

덤보는 박사 학위를 받은 뒤에도 이 주제에 대한 연구를 이어갔다. 2020년에 그는 노스캐롤라이나주 샬럿 근처에서 3년간 발생한 교통사고 5만 건에 대해 비슷한 접근 방법을 적용해 보았다.[21] 동료 교통공학자들은 이런 사고의 원인을 운전자의 과실 탓으로 돌렸겠지만, 덤보는 사고 유발 경향성이 큰 사람보다 도로의 특성이 훨씬 더 모두를 위험에 빠뜨리고 있다는 것을 알게 되었다. 사망이나 중대 손상을 일으킨 심각한 사고는 4차선 이상의 도로, 제한속도가 시속 35마일〔약 56킬로미터〕 이상인 도로, 상업 시설로의 진입로가 많은 도로, 그리고 버스 정류장이 있어서 보행자와 운전자가 엉키게 되는 도로에서 발생했다. 다양한 상호작용으로 가득한 도로에 주간 고속도로의 규칙을 적용한 것은 치명적이었다.

대부분의 경우 교통공학자가 두 장소를 연결하는 새 도로를 설계하는 시점에는 그 사이에 아무것도 존재하지 않는다. 적어도 처음에는 그렇다. 교통공학자는 얼마나 넓어야 할지, 얼마나 곧아야 할지, 얼마나 빨리 달릴 수 있어야 할지와 같은 도로 설계상의 큰 의사 결정을 모두 예언이나 다를 바 없는 것에 기반해 내린다.[22] 그들은 향후 30년까지의 통행량과 토지 개발을 예측하고서 새로운 개발 지역과 나머지 지역을 연결하는, 고속으로 달릴 수 있는 도로를 설계한다. 도로가 거의 비어있을 때는 어느 도로든 완벽하게 안전하지만, 개발이 진행되어 가게, 주택, 학교 등이 도로 사이의 공간을 채우면서 비어있던 도로는 번잡해지고 위험해진다. 덤보는 도로변의 위험 요소가 위험하다고 배웠지만 실제 위험 요소는 도로의 모양과 그것이 부추기는 속도였다. 교통공학자들이 새로운 도로에 지어 넣은 위험은 시간이 가면서 계속 증가한다. 개발이 이뤄지면서 도로 주변 지역에 무언가가 계속 들어서기 때문이다.

교통공학자들은 빨리 달릴 수 있는 도로를 설계해 놓고서 그다음에 제한속도를 설정한다.[23] 덤보에 따르면 제한속도 설정 방식도 구닥다리 원칙을 따르고 있다. 이 원칙은 안전이나 사고 예방을 기준으로 제한속도를 정하는 게 아니라 다른 요인들도 동등한 비중으로 고려해 균형을 찾으라고 권장한다. 한 도로공학 규정집은 "설계 속도를 정할 때는 환경의 질, 경제성, 심미성, 사회적·정치적 영향이라는 제약 조건 안에서 안전, 이동성, 효율성이 바람직한 조합을 이루도록 모든 노력을 기울여야 한다"고 언급한다.[24] 다른 말로, 교통공학자는 사람들이 교통 체증 없이 월마트에 갈 수 있는지를 사람들이 도로에서 죽지 않을 수 있는지와 **같은 비중으로** 고려해야 한다.

새로운 도로의 주변이 개발되면 교통 체증이 생기고 도로는 느려진다. 교통공학자가 배우는 규칙 중에 단연 중요한 것은 교통 혼잡은 문제이고 느린 것은 비효율적이라는 것이다. 그래서 교통공학자들은 주변 개발이 이뤄진 후에 제한속도를 재설정한다. 새로운 제한속도를 정하기 위해 모든 운전자가 그 도로에서 얼마나 빠르게 운전하는지를 조사하고, 그런 다음 이 속도들을 빈도별로 도표화한다. 이런 연구에서는 거의 언제나 대부분의 사람이 비슷한 속도로 달리지만 약 15퍼센트는 다른 사람보다 훨씬 빠르게 달리는 것으로 나타난다. 교통공학자들은 후자를 기준으로 삼아 가장 빠른 15퍼센트가 운전하는 속도의 하한값을 제한속도로 정한다. 이는 나머지 85퍼센트가 운전하는 속도의 상한값과 같은데, 이들은 이것을 '85분위 속도'라고 부른다. 이것이 공학자가 미국 전역의 주요 도로에서 제한속도를 설정하는 방법이다.[25]

덤보는 이렇게 설명했다. "우리는 차들이 얼마나 빨리 달리는지를 보고서 그 속도가 도로에서의 안전한 속도라고 가정합니다. 주목할 점은, 여기에는 안전과 관련해 아무런 근거가 없다는 사실입니다. 그저 대부분의 사람은 자신의 차량이 충돌하는 것을 원하지 않을 테니 안전한 속도로 달리고 있을 것이라고 가정하는 것이지요."

대부분의 제한속도는 물리학이나 충돌 테스트에서 나온 전문 지식에 기초하고 있지 않으며, 전문가가 아닌 대부분의 평범한 운전자들이 안전하다고 **느끼는** 속도 중 높은 값으로 정해진다. 제한속도는 운전자들이 도로에서 안전하다고 **인식하는** 속도이지 그 도로에서 해당 속도로 달릴 때의 실제 위험이 반영된 결과가 아니다. 전문가들, 공학자들, 통제력을 가지고 있는 사람들은 도로의 위험을 제한하기 위해 제한속도를 설정하거나 속도를 제한하기 위해 도로를 설계하는 것이 아니다. 이들은 폭이 넓고 곧은 도로를 설계해 운전자들이 속도를 내도록 부추겨 놓고서는, 그 상태에서 도로 안전의 비전문가인 운전자가 달리는 속도에 근거해 제한속도를 설정한다. 우리가 이 문제를 잘 모르는 한 가지 이유는 이것이 문제로 분류되지 않아서다. 예를 들어 2018년에 교통사고사 중 도로교통안전국이 과속 때문이라고 밝힌 것은 9000건이었다.[26] 그해에 3만 6000명 이상이 숨졌는데 만약 이 중에 **제한속도 자체가 너무 높아서** 숨진 경우가 있다면, 그것은 위에서 말한 과속 사고사에 포함되지 않았을 것이다. 어쨌거나 운전자는 정해진 속도를 지키고 있었으니 말이다.

운전자의 잘못된 위험 인식이나 주간 고속도로 시스템에서 얻은 잘못된 교훈을 바탕으로 도로를 설계하는 교통공학자들은 수십 년 전에 작성된 지침을 따르고 있는 것이다.[27] 이를테면 《표준교통통제시설편람》*Manual on Uniform Traffic Control Devices for Streets and Highways*이나 《기하학적 도로 설계 정책》*Policy on Geometric Design of Highways and Streets* 같은 규정집은 사고 위험이 극단적으로 높지 않으면 교차로에 횡단보도나 보행자 신호등 설치를 독려하지 않을 정도로 안전과는 동떨어진 규칙을 담고 있다. 2009년판 《표준교통통제시설편람》에 따르면, 횡단보도나 신호등처럼 저위험으로 길을 건너게 해주는 시설은 4시간 동안 시간당 100명의 사람이 그 도로를 건너는 경우에만 설치가 정당화된다.[28] 99명이 차가 달리는 도로를 뛰어서 건너는 것은 충분한 위험 축에 못 드는 셈이다.[29]

미국 전역의 공과대학은 아직도 이런 규칙을 가르치고 있으며, 공과대학 졸업자는 이런 규칙을 따르면 운전자의 위험이 줄어들 것이라고 여전히 믿고 있다.[30] 하지만 이런 지침은 공학자를 보호하는 기능도 한다. 얼마나 낡았고 얼마나 논파된 내용이건 간에 교통공학 규칙을 따르면 공학자들은 소송에서 자신을 보호할 수 있다. 공학자들은 모두를 사고의 위험에 빠뜨리는 도로를 짓고서 그들 자신을 법적인 위험으로부터 보호한다. 안전하지 않은 도로에서 누군가가 교통사고로 사망하면 교통공학자는 자신은 기준을 따랐을 뿐이라는, 맞긴 하지만 위험한 주장을 펼 수 있다.

덤보는 이렇게 단언했다. "좋은 대학에서 토목 및 환경공학으로 박사 학위를 받은 사람으로서 드리는 말씀입니다. 교통공학은 사기 학문입니다. 도로 안전에 대해 실제로는 가지고 있지 않은 지식을 가정하고서 여러 세대에 걸쳐 학생들에게 부정확한 정보를 전달해 오고 있습니다. 이 학생들은 교통공학 학위를 받고 졸업해 이 분야의 전문가가 되는데, 사실 이 분야의 실질적인 지식은 가지고 있지 않습니다. 미국에 있는 교통공학 전공 과정 대부분은 도로 안전을 다루는 과목을 하나도 개설하고 있지 않습니다. 도로 안전을 가르친다고 해도 기껏해야 한 번의 강의 정도일 뿐입니다. 높은 속도로 달릴 수 있는 도로를 만드는 법을 가르치는 교통공학 과목의 일부로 말이지요."

연구 결과도 그의 말을 뒷받침한다. 미국의 117개 교통공학 전공 과정을 조사한 한 연구에 따르면, 안전에 대한 수업을 제공한다고 밝힌 곳이 25퍼센트 미만이었고, 연구자들이 살펴본 결과 그런 수업의 3분의 1은 실제로 안전이 아니라 동일한 옛 규칙을 가르치는 교통공학이나 고속도로 설계 수업이었다.[31]

교통공학자들은 위험한 조건을 통제하기보다 여전히 인적 과실설에 기대어 사고에 대해 변명한다. 예를 들어 한 교통공학자는 주간 고속도로(아무 도로가 아니라 그가 설계를 도운 주간 고속도로)에서의 사고 원인에 대해 내게 이렇게 말했다. "여전히 사고는 있습니다. 어떤 사람들은 그저 미치광이거든요. 왜 그런지는 모르겠지만 그 사람들은 그래요. 그들은 제한속도를 훨씬 초과해서 달립니다."

사고 직전의 순간만 본다면 거의 언제나 운전석의 미치광이를 비난할 수 있다. 위험하게 달리는 운전자 말이다. 하지만 한 발 떨어져서 보면 개별 운전자의 통제 범위를 훨씬 벗어나 있는 시스템의 모든 수준에서 위험 요인들이 발견된다.

위험은 우리의 도로에 깊이 뿌리박혀 있다. 도로의 설계와 사용에 내재된 편견과 잘못된 인식 때문이다. 하지만 위험의 뿌리가 훨씬 더 깊게 내린 곳이 있다. 그 뿌리는 무려 '건국의 아버지'들이 미국 헌법에 심어놓았다.

무작위로 발사되는, 완벽하게 합법적인 총

국방색 위장복을 입고 안전 고글을 쓰고 회색 티셔츠 위로 방탄조끼를 입은 남자들이 동영상에 나타난다.[32] 그들은 뒤뜰이나 차고 같은 곳에서 카메라를 보면서 자신이 떨어뜨릴 총에 대해 이야기한다. 그리고 3피트〔약 90센티미터〕 높이에서, 4피트〔약 120센티미터〕 높이에서, 5피트〔약 150센티미터〕 높이에서 총을 떨어뜨린다. 총이 땅에 부딪히고 총알이 발사된다. 유튜브에서 이와 같은 총기 낙하 실험 영상을 아주 많이 볼 수 있다. 아마추어가 찍은 것도 있고 제대로 제작된 프로그램도 있다. 나는 100개까지 세다 말았다. 망치로 총을 때려 보거나 카펫, 나무 바닥, 흙바닥에 떨어뜨려 보는 영상도 있다. 아무도 방아쇠를 당기지 않는데, 계속해서 총알이 발사된다.

이 총은 시그사우어가 제작한 P320이다. P320이 유튜브에서 인기 실험 대상이 된 이유는 무작위로 발사되는 일이 많아서이기도 하지만 널리 소유된 총이어서이기도 하다. 적어도 얼마 전까지는 그랬다. 시그사우어는 P320을 미 육군에 개인 소지용 총기로 공급하기로 한 5억 달러 규모의 계약을 체결했고, 이어서 전국의 여러 경찰서도 P320을 도입했다.[33] 총기 애호가들도 뒤를 따랐다. 문제는, 군이 이 총기를 구매하기 전에 엄정한 테스트를 한 결과 총을 땅에 떨어뜨렸을 때 후부 조준기(권총의 L 자 바깥쪽 모서리)가 건드려지면 방아쇠를 당기지 않아도 총알이 발사될 수 있다는 사실이 발견된 것이었다.

군은 시그사우어가 주문 물량을 배송하기 전에 이 결함에 대해 문제 제기했고,[34] 시그사우어는 군으로 납품될 총의 문제점은 수정했다. 하지만 군으로 가지 않은 다른 P320 총들은 문제가 고쳐지지 않은 채로 유통되었다. 시그사우어는 결함 있는 총 50만 정 이상을 전국 곳곳의 경찰서에, 그리고 미 육군이 보증하는 총을 소유하고 싶어 하는 총기 애호가들에게 판매했다. 그리고 곧 사고가 발생하기 시작했다.

코네티컷주 스탬퍼드에서는 한 경찰관이 총집에 넣은 P320을 자동차 트렁크 밖으로 떨어뜨렸다가 무릎을 관통하는 총상을 입었다.[35] 올랜도에서도 한 경찰이 총집에 든 P320을 잘못 떨어뜨렸는데 총이 다리에 발사되었다.[36] 버지니아주의 한 부보안관은 심지어 총을 떨어뜨리지도 않았고 총집을 풀기만 했는데도 총알이 발사되어 대퇴골이 날아갔다.[37] 그는 보조 장비 없이는 다시 걷지 못할지도 모른다.

소송이 증가하자 시그사우어는 자발적인 P320 업그레이드 프로그램을 실시했다. 회사 웹사이트의 '자주 묻는 질문' 코너는 다음과 같은 가장 중요한 질문으로 시작된다.[38]

질문 제 P320을 현재 상태로 사용해도 안전한가요?

답 네. P320은 미국의 안전 기준 모두를 기준치 이상으로 충족합니다. 하지만 기계적 안전은 사용자 각자가 총기를 안전하게 다루는 것을 대신하는 게 아니라 도와주는 것입니다. 어떤 총기라도 부주의하고 부적절하게 다루면 의도치 않은 발사를 일으킬 수 있습니다.

'운전석의 미치광이'보다는 약간 덜 한심해하는 뉘앙스이지만 '부주의하고 부적절하게 총기를 다루는 사람'도 무단횡단자, 사고 유발 경향성이 있는 노동자와 더불어 사고 후에 인적 과실을 탓하는 방법의 목록에 올리기에 손색이 없다.

2019년에 변호사 제프 백넬이 버지니아주 로둔 카운티의 7년 차 부보안관 마시 배드네스를 대리해 시그사우어를 상대로 소송을 제기하자, 회사 측은 인적 과실설을 내세워 회사를 방어하려 했다.[39] 2018년 2월에 배드네스의 총집에 있던 총이 발사되어 그의 다리를 관통했고, 부상이 너무 심해서 그는 경찰 업무를 계속할 수 없었다. 시그사우어는 재판 이틀째에 배드네스와 합의했다.[40] 하지만 배드네스에 대해서도, 다른 누구에 대해서도 그들의 반응이 달라지지는 않았다.

"기본적으로 그들은 피해자 모두가 어찌어찌해서 부주의하게 방아쇠를 당겼다고 말합니다. 이것은 법 집행을 하는 경찰관이나 보안관에게뿐만 아니라 무기 사용에 대해 어떤 훈련이라도 받은 모든 사람에게 엄청난 모욕입니다." 백넬은 이렇게 말했다. 오늘날 백넬은 전국 각지의 경찰을 포함해 P320을 소유했다가 부상을 입은 수많은 사람들의 소송을 대리하고 있다.

반자동 권총은 발사 메커니즘에 따라 종류가 나뉜다. 외부에 해머가 있는 종류와 달리 P320 같은 스트라이커 방식은 스프링의 압력으로 발사된다.[41] 백넬은 스트라이커식 총기는 일단 장전되면 시위가 당겨진 활처럼 매우 위험한 상태가 되며, 기계적 결함이나 설계상의 결함이 무엇이라도 있을 경우에는 사고가 대기 중인 것이나 마찬가지라고 말했다. 이 대목을 말할 때 그는 잠시 주춤했다. 사고라는 말을 쓰고 싶지 않았기 때문이다.

"이런 일이 이 정도로 많이 발생할 때는 그 말을 쓰고 싶지 않습니다. '사고'라는 말은 설계와 제조상의 무책임을 가리기 위한 총기 업계의 용어입니다. 경찰이나 보안관, 마시 배드네스, 또 어떤 민간인의 무책임이 아니라 제조사와 기업의 무책임 말입니다. 이 총기는 벌써 몇 년 전에 리콜되었어야 할 만큼 이런 일이 너무 많이 일어났습니다."

타이레놀부터 치리오까지 기업이 제품을 리콜하는 일은 늘 존재한다. 정부의 리콜 명령에 의해서 강제로 리콜을 하기도 하고 그것을 예상하고 알아서 리콜하기도 한다. 하지만 총기는 결코 리콜되지 않는데, 어떤 정부 기관도 총기의 안전을 감독하지 않기 때문이다.[42] 총기 설계에 대해서는 연방 기준이 없다. 1972년에 전국총기협회와 총기 제조사들은 의회를 설득해 소비자제품안전위원회(상업용 제품의 안전 기준을 만들고 위험한 제품에는 판매 금지나 리콜을 명령할 수 있다)의 관할 범위에서 총기 안전을 제외시켰다. 말하자면, 총은 사고로 잘못 발사되어도 괜찮다고 허용된 격이다. 이것은 총기 소유자들의 위험 인식을 완전히 뒤집는 것이다.[43] 훈련을 잘 받은 총기 소유자는 자신이 총을 얼마나 잘 다루는지의 능력 문제로 위험을 이해하지만, 배드네스 부보안관 같은 전문가에게도 총기 훈련은 차이를 가져오지 못했다. 시그사우어는 위험이 배드네스의 통제 범위를 벗어나게 만들었다. 배드네스가 총을 다루고 있지도 않았을 때 총이 발사되었으니 말이다.

"변호사로서 지금 제 임무는 이 총을 소유·소지하고 있는 모든 사람에게 당장 그것을 안전한 곳에 넣어두고 절대로 다시는 손대지 말라고 알리는 것입니다. 방아쇠를 당기지 않아도 발사될 수 있기 때문이죠. 당연히 이런 일은 있어서는 안 됩니다. 단지 잘못 부딪히거나 사용자가 벽에 몸을 기대거나 잘못된 방향으로 몸을 돌린다고 해서 발사될 수 있는 반자동 권총을 만든다는 것은 있어서는 안 되는 일입니다." 백넬은 이렇게 설명했다. 그런데 P320은 바로 그렇게 발사되게 만들어졌다. "이런 재앙이 언제 발생할지는 기본적으로 사람들의 통제 범위에 있지 않습니다."

슬로빅과 피쇼프가 밝혀낸 위험 인식과 통제감 사이의 관계를 기억하는가? 총을 소유하거나 차를 운전할 때 우리는 통제력이 우리에게 있다고 느낀다. 운전대는 10시 방향과 2시 방향으로 **우리 두 손** 안에 있다. 언제 차를 끌고 도로에 나갈지는 **우리가 결정한다**. **우리가** 총알을 산다. **우리가** 방아쇠를 당긴다. 총이 있으면 이런 느낌은 해당 총기를 통제하는 물리적 측면을 훨씬 넘어서까지 확대된다. 총을 소유하면 '나의 안전' 같은 더 무형적인 것들도 통제할 수 있다고 느끼게 된다. 실제로 대부분의 총기 소유자는 총기 소유의 주요 이유로 '보호'를 들었다. 그리고 이런 경향은 범죄율이 점점 줄어들고 있는 동안 반대로 점점 증가해 왔다. 사회가 안전해질수록 〔아이러니하게도〕 안전을 위해 사람들이 총기를 더 많이 사려 하는 것이다.[44]

사람들이 총을 사는 이유를 연구한 심리학자들은 두 개의 공통된 감정을 발견했다. 구체적으로 자신이 공격당할 가능성에 대한 '인식된 위험'과 전반적으로 위험한 세계에 대한 '인식된 위험'이었다.[45] 둘 다 실제 위험이 아니라 위험에 대한 '인식'이다. 시민들의 소요가 널리 보도되면 총기 소유가 늘어나는 이유가 여기에 있다.[46] 2020년 여름 상당 기간 동안 '흑인의 생명도 소중하다'Black Lives Matter 시위가 이어졌을 때 총기 판매량을 가늠할 수 있는 주요 지표인 신원 조회 건수가 전례 없이 급증했다. 하지만 그들이 통제력이 있다는 느낌을 갖고자 총을 살지는 몰라도 실제로는 총기를 소유하면 오발 사고로 누군가를 죽게 하거나 자신이 총에 맞을 위험이 더 높아진다. 매사추세츠주의 두 연구자에 따르면, 샌디훅초등학교 총기 난사 사건이 일어나고 5개월간 신원 조회(즉 총기 구매)가 급증했고 동시에 오발 사고도 급증했다. 전년도 같은 기간 대비 총은 300만 정이 더 팔렸고 오발 사고로 숨진 사람은 일반적인 수준보다 60명이 더 많았다. 그리고 그중 약 20명은 아동이었다.[47]

사람들은 인식된 위험과 통제력의 느낌을 갖고 싶다는 욕구를 바탕으로 총기를 구매하지만, 사실 더 위험해진다. 총기 규제가 더 엄격한 주에서는 사람들이 통제력이 있다는 감각을 덜 느낄지도 모른다. 총기 소유 권한을 정부가 제약한다는 의미에서 말이다. 하지만 오발 사고는 이런 주에서 가장 적다.[48] 인식된 위험 속에서 그 위험을 통제하기 위해 총을 사면서, 우리는 실제 위험을 증가시킨다.

머릿속에서 위험을 가늠할 때 우리가 가장 크게 가늠하는 것은 우리가 **인식하는** 통제력이다. 하지만 우리의 위험 인식은 때때로 틀릴 뿐 아니라, 실제로는 우리에게 통제력이 전혀 없을 수도 있다. 시그사우어 P320의 위험은 그 총을 소유한 사람이 통제할 수 없었다. 총기 로비스트들이 모든 총기를 미국의 규제 시스템에서 성공적으로 제외시켰기 때문이다. 이와 달리 의약품에 대해서는 종합적인 규제가 있어서 사람들은 집에 약을 두어도 대체로 안전하다고 느낀다. 하지만 알려져 있는 위험을 규제 당국이 간과할 경우에는 규제가 약을 안전하게 만들어주지 못한다.

잘 쏟아지는 약병

미국에서 사고 위험을 가장 신경 쓰고 걱정하는 집단을 꼽으라면 단연 부모들일 것이다. 부모들은 기저귀를 떼고 배변 훈련을 하는 시기에 아이를 데리고 외출했다가 '사고'가 나는 사소한 위험부터 아이가 담요에서 자다가 사고로 질식하는 치명적인 위험까지 온갖 위험을 걱정한다. 부모의 위험 인식은 인류의 진화 과정에서 나온 산물이다. 인간 아기는 거북이 등껍질 같은 단단한 외피나 뛰어난 사냥 본능 같은 것을 가지고 태어나지 않는다. 인간이란 태어나고 처음 몇 년 동안은 황야에 버려지면 곧바로 죽게 될 종이다. 바로 그 시기에 위험을 관리해 주는 존재가 부모다.

또한 우리는 사회 안에서 살아가며, 사회라는 제도에는 사회 전체에 영향을 미치는 위험을 다룰 권한을 가진 사람들이 적어도 알려져 있는 위험 요소로부터는 우리를 보호해 주리라는 신뢰가 포함되어 있다. 즉 우리는 어떤 위험에 대해 우리를 보호할 수 있는 방법이 존재한다면 정부 당국자와 기업 경영진이 그것을 마땅히 도입해 주리라고 기대한다. 그런데 메이지 길런에게는 그렇게 되지 않았다.

메이지의 부모인 애덤 길런과 메리베스 길런은 생후 9개월 된 아기 메이지가 사고로 알약을 삼켜 사망했을 때까지 어떤 위험도 적극적으로 수용하지 않았다.[49] 메이지를 죽게 한 위험은 〔부모가 무모해서 불러온 것이 아니라〕 여러 면에서 그들의 통제 범위를 벗어나 있었다.

이웃집에서 저녁을 먹는 동안 애덤과 메리베스는 메이지가 몇 분간 바닥을 기어다니게 두었다. 길런 부부와 이웃들 모두 저녁 시간 내내 아기를 잘 지켜보았다. 하지만 진통제로 메타돈을 복용 중이던 그 집의 연로한 모친이 며칠 전 언젠가 실수로 바닥에 떨어뜨린 메타돈 알약을 아기가 삼키고 말았다. 메이지의 부모는 메이지가 기어다니던 동안 작은 알약이 손에 붙은 것을 아무도 보지 못했고, 아기들이 다 그러듯 메이지가 손을 입에 넣었을 것이라고 추측했다. 메이지는 그날 밤에 잠이 들었다가 다시 깨어나지 못했다.

전화로 나와 이야기를 나눌 때 애덤과 메리베스는 둘 다 육아 휴직 중이었다. 최근에 이들은 아이를 출산했다. 메이지를 잃은 후에 다시 집에 갓 태어난 아기가 있는 상황이라 위험이 다르게 느껴진다고 했다. 전에도 조심성 있는 부모였지만, 이제 이들은 외상후스트레스장애를 겪는 상태였다. 애덤은 어쩌다가 아이를 카시트에 깜빡 두고 내린 부모 이야기 같은 것이 뇌리를 떠나지 않는다고 했다.

"장을 보러 10분 정도 걸리는 곳에 차를 몰고 가다가 신호등에 걸렸을 때, 아이가 움직이는지 확인하려고 찔러봐요. 그런 식입니다." 애덤이 말했다. 첫째 아이에게 닥칠지 모를 위험에 대해 생각하는 방식도 달라졌다. "아이가 거실에서 TV를 보고 있고 저는 부엌에 있는데 아이가 사과 같은 걸 먹다 기침하는 소리라도 들리면 기겁해서 아이에게 달려갑니다. 저희에게 벌어진 일이 드문 일이었는지는 모르지만, 저에게는 매우 현실적인 일입니다."

아기 메이지에게 일어난 일이 드문 일이기는 했지만 섭리나 우연은 아니었다. 부모는 어떤 위험도 불러오지 않았지만, 알약을 떨어뜨리고서 줍지 못한 이웃집 할머니, 그 집을 소유한 이웃 등 다른 사람들이 위험을 불러왔다. 그러나 이 위험은 메타돈 같은 고위험 약물이 포장되고 유통되는 방식에서 시스템에 내재되어 있는 것이기도 했다.

메이지의 경우에, 그리고 매년 약물 사고로 응급실에 실려 오는 6만 명 이상의 5세 미만 아동의 경우에,[50] 위험은 교통공학 사례에서처럼 오랜 관행에 숨어있지도 않고, 시그사우어 사례에서처럼 로비스트들이 보호하고 있지도 않다. 이 경우에는 정부와 제약 회사 모두가 고위험 약으로부터 사람들을 보호하기 위한 조치를 취하지 않아서 위험이 지속되었다. '자기 아이에게 무엇이 제일 좋은지는 부모가 제일 잘 안다'는 말이 아이가 다쳤을 때 누구 책임인지를 말하기 위해 종종 쓰이지만, 오피오이드가 합법적인 처방약으로 모든 미국인에게 적극적으로 판촉되는 시대에 아이들은 부모의 통제 범위를 훨씬 벗어난 위험 때문에 사고로 죽는다.

나는 응급독성학 및 부상예방 전문 소아과 의사인 밀턴 테넨바인에게 길런 가족 이야기를 하면서 그들이 '사고'라는 말을 쓰기 싫어하더라고 말했다. 테넨바인도 이 단어를 쓰기 싫어했다.

"'사고'라는 말은 부상예방을 전공하는 의사에게는 욕이나 마찬가지입니다. 우리가 회의를 하거나 정책을 도출하거나 정책 개선을 주장할 때, 그 단어는 우리의 문서, 정책, 연설 어디에도 나오지 않습니다."[51]

테넨바인은 40년 동안 메이지가 메타돈 알약을 우발적으로 삼키는 일이 생기도록 허용한 상황을 막기 위해 정책 개선 활동을 벌여왔다. 그는 메이지가 태어나기 거의 50년 전인 1970년에 통과된 중독예방포장법에 대해 이야기해 주었다. 이 법에 의거해 의약품이 소비자제품안전위원회의 규제를 받게 되었다. 또한 이 법에 따라 이 위원회는 사고로 중독되는 위험을 줄이기 위해 해로운 제품에 아이들의 손이 닿지 않도록 할 안전 용기와 마개를 개발해야 했다.

전에는 아이가 어쩌다 약을 삼키면 제약 회사가 부모의 부주의를 탓할 수 있었다. 이 또한 인적 과실 이야기다.[52] 하지만 중독예방포장법은 알약 용기를 개발하고 테스트하는 제도를 만들었다. 약병 디자이너들이 다양한 디자인의 약병을 아이와 성인이 각각 쉽게 열 수 있는지 확인했다. 아이는 열 수 없고 성인은 열 수 있어야 통과될 수 있었다. 이런 테스트를 통해 알약 용기 기준이 마련되었고, 소비자제품안전위원회는 새로운 약병 디자인이 나올 때마다 이 기준으로 그것을 심사했다.

이 법률의 제정은 대성공이었고, 이는 사고가 부모의 과실 문제가 아니라는 증거였다.[53] 첫 20년 동안 아동이 사고로 약을 삼켜 중독된 경우가 반으로 줄었고, 사망에 이른 경우는 75퍼센트나 줄었다. 연구자들은 이 법의 제정 후 첫 10년간 사고성 중독으로 인한 아동의 사망을 20만 건가량 막았을 것으로 추산했다. 하지만 1980년대부터 오늘날까지는 이 법이 사고를 크게 줄이지 못했다.[54] 법이 효과적이지 않아져서가 아니라 고위험 약품이 더 흔해져서다. 그리고 메이지를 죽게 한 오피오이드계 메타돈 같은 고위험 약품이 시중에 나와 있을 경우, 아이를 죽이는 데는 그런 약 딱 한 알이면 충분하다.

중독예방포장법은 아이들이 열 수 없는 용기를 탄생시켰다. 메이지가 삼킨 오피오이드도 그런 용기에 담겨있었을 것이다. 하지만 메이지는 약병을 열지 않았다. 약을 처방받은 이웃집 할머니가 약을 떨어뜨렸거나 약병을 쏟았다. 아이들이 열 수 없는 약병이 있어도 누군가가 알약을 흘리고 줍지 않는다면 소용이 없다. 테넨바인은 우리에게 필요한 것은 메타돈 같은 고위험 약물에 대한 새로운 전략이라고 했다. 5세 미만의 아동 600명 이상이 지난 20년 동안 이런 방식으로 어쩌다 오피오이드를 삼켜 목숨을 잃었다.[55]

2005년에 테넨바인은 새 접근법을 찾는 일에 착수했다. 그리고 철분제에서 힌트를 얻었다. 1990년대에 어린아이들의 철분 중독사가 증가하자 식품의약국은 철분제에 블리스터 포장을 의무화했다. 알약이 한 칸에 하나씩 들어있어서 하나씩 뒤로 톡 뜯어서 꺼내게 되어있는 포장을 말한다. 테넨바인은 이것이 에어백처럼 사용자가 아무것도 하지 않아도 작동하는 수동적인 안전 형태라는 데 주목했다.

스스로 버클을 잠가야만 기능하는 안전벨트와 달리, 에어백이나 블리스터 포장으로 더 안전해지기 위해 사용자가 해야 할 일은 딱히 없다. 물론 무엇이 정말 메이지를 구할 수 있었을지는 알 수 없지만, 위험하다고 알려진 약이 한 번에 한 알씩만 나온다면 잘못 놓인 알약이 일으키는 위험이 상당히 줄어들 것이라고는 확실히 말할 수 있을 것이다. 이런 포장에 직접적인 위해 저감 효과가 있음을 보여주는 연구도 있다.[56] 테넨바인은 블리스터 포장이 도입된 뒤 아이들의 철분 중독사가 극적으로 감소한 것을 발견했다. 아이가 실수로 철분제를 삼켰다고 신고된 건수가 3분의 1이나 줄었고, 도입 이후 몇 년이 지나자 연간 철분 중독사가 29건에서 1건으로 줄었다.

메이지의 죽음 이후 상원의원 척 슈머가 로체스터에 있는 애덤과 메리베스의 집에 찾아와 이들을 만났다. 이들 부부와 척 슈머 상원의원은 함께 식품의약국에 오피오이드 등 고위험 약품에 대한 블리스터 포장을 의무화하라고 촉구했다.[57] 슈머는 1년 전에 통과된 법 덕분에 식품의약국이 이 규제를 실행할 수 있을 것이라고 했다. 그 법은 '환자와 지역사회를 위한 오피오이드 중독 회복 및 치료를 촉진하는 물질사용장애 예방법'SUPPORT으로, 식품의약국에 오피오이드 약 포장을 규제할 수 있는 권한을 부여했다. 테넨바인은 이 규제가 열쇠가 되리라고 기대했다. 그는 정부에 의해 업계 전체에 변화가 강제되지 않는 한 제약 회사가 자발적으로는 어떤 변화도 시도하지 않을 것이라고 말했다. 어떤 회사도 다른 회사가 그렇게 하지 않는데 사고를 막겠다고, 혹은 생명을 구하겠다고 시장점유율을 잃는 데 돈을 쓰는 위험을 감수하지는 않을 것이니 말이다.

정부가 빠른 시일 내에 제약 회사들이 어린아이가 오피오이드 알약을 사고로 삼키게 되는 위험을 줄이도록 강제한다고 해도, 약물과 관련된 사고는 이것만이 아니라는 점도 생각해야 한다. 정부가 예방에 이보다 훨씬 덜 적극적인 약물 사고도 있다. 여기에서 타임라인을 한번 짚어보자. 상원의원 슈머가 메이지에게 벌어진 일이 다시는 일어나지 않게 할 계획을 가지고 길런 부부의 집을 찾은 것은 메이지가 죽고 1년이 채 안 되었을 때였다.[58] 반면 오피오이드의 경우에는 20년 동안이나 오피오이드 과용 및 중독 현상이 확산된 뒤인 2018년이 되어서야 의회가 SUPPORT 법을 통과시켰다. 미국 정부가 오피오이드 대확산을 공중 보건상의 비상사태로 선포한 것은 그보다 겨우 1년 전인 2017년이었고,[59] 의회가 처음으로 오피오이드 위기와 관련해 전국 단위의 입법을 한 것은 1999년 이후 17년간 50만 명에 가까운 사람들이 사망하고 약물중독이 사고사 원인 3위에서 1위가 된 2016년이 되어서였다.[60]

사람들을 사고에서 보호하는 일에 대한 정부의 관심은 그 사고가 누구에게 일어나느냐에 따라 달라진다. 아무 잘못이 없는 아기가 우발적으로 약을 삼키는 위험에는 대응할 가치가 있다고 여기지만, 성인이 마약성 약물을 사용하다가 약물 과용으로 사망한 경우라면 이야기가 달라진다. 이렇게 해서, 위험 노출은 도덕적 가치판단의 대상이 된다. 한 번의 사고에 신속한 대응이 이뤄지기도 하고, 매년 수만 명의 사망자를 낳는 사고에 대응이 이뤄지기까지 17년의 기다림이 필요하기도 한데, 이 차이는 그 사고를 겪는 사람에 대한 우리의 감정 및 태도와 관련이 있다. 우리는 어떤 종류의 사람들에게는 사고가 일어나게 내버려두려 한다.

5

낙인

THERE ARE NO ACCIDENTS

메이지가 세상을 떠난 뒤 애덤과 메리베스 부부는 딸에게 일어난 일이 다시는 일어나지 않게 하고자 카운티, 주, 연방 단위에서 여러 법안을 통과시키기 위해 활동하고 있다(오피오이드 알약에 대해 블리스터 포장을 전국적으로 의무화하려는 노력도 그중 하나다).[1] 그들은 정말 자신들이 맡고 싶은 역할이 아니지만 이제는 이것이 부모로서 메이지를 돌보는 방식이라고 생각한다고 했다. 그리고 2021년에 그들의 노력 중 한 가지가 결실을 맺었다. 그들이 살고 있는 뉴욕주 먼로 카운티에서 '메이지법'이라고 불리는 조례가 통과된 것이다. 이 조례에 의거해 이제 이곳 약사들은 오피오이드 처방전을 가지고 오는 모든 고객에게 오피오이드 해독제인 날록손을 제안해야 한다.

그런데 이 조례의 초안은 내용이 약간 달랐다. 원래의 조례안은 약사들이 모든 오피오이드 처방에 대해 1회분의 날록손을 함께 **배부하도록** 되어있었다. 이것은 최악의 상황을 대비해 약 한 알 한 알마다 낙하산을 제공한다는 아이디어였다. 하지만 카운티 의원들은 조례가 최종적으로 통과되기 전에 내용을 여러 차례 수정했다.[2] 카운티장이 메이지법에 서명을 했을 때는 약사가 오피오이드 처방전을 가지고 오는 모든 환자에게 날록손에 대해 **이야기하고** 날록손도 함께 구매할 수 있는 선택지를 제안해야 한다는 내용으로 바뀌어 있었다.

바뀐 내용으로도 틀림없이 생명을 구하기는 할 테지만, 조례안이 수정된 이유는 우리 사회가 특정한 종류의 사고를 어떻게 이해하는지에 대해 시사하는 바가 있다. 카운티 의원들은 날록손(이 약은 아이에게 안전하고 오피오이드 중독을 해독할 수 있다)을 의무적으로 배부하게 하면 약국에 부담이 되고 미사용 날록손이 여기저기 돌아다닐 우려가 있어서 원안을 수정했다고 설명했다.[3]

이들이 미사용 날록손이 돌아다니는 것을 문제라고 여긴 이유는 날록손이 해로워서가 아니었다. 오피오이드와 달리 날록손은 실수로 삼켜도 무해하므로 위험성이 없다. 카운티 의원들이 날록손을 제한적으로만 분배하기로 한 것은 날록손이 많이 유통되면 약물 사용을 독려하는 격이 될지 모른다고 생각해서였다.[4] 10대에게 콘돔을 주면 성관계를 독려하는 격이 된다는 논리와 비슷한데, 이 논리는 진작에 논파되었다. 이 두 주장의 공통점은 낙인이다. 정부가 10대와 약물 사용자는 욕구를 자제할 줄 모르고 의지력이 부족하다고 낙인을 찍은 것이다. 적어도 약물에 대해서라면 미국인 대부분이 똑같이 생각한다. 날록손에 쉽게 접근할 수 있게 하면 약물 사용을 부추기는 격이 되리라고 말이다.[5] 이런 믿음에는 사고성 과용 중 일부는 사실 우발적으로 벌어진 게 아니라 사용자가 의도한 것일 수 있다는 가정이 깔려있다.[6]

누군가가 의도치 않게 차를 들이박았다면 우리는 그것을 사고라고 부를 수 있을 것이다. 하지만 누군가가 약물을 과용했다면 이것도 사고인가? 사고성 과용이 아이에게 일어나는 것과 어른에게 일어나는 것은 다른가? 약물 사용을 위해 주삿바늘을 공유했다가 자신도 모르게 질병이 전파되었다면 어떤가? 이것도 사고인가? 이에 대해 답하는 것보다 더 중요한 것은 우리가 이런 사고들을 동일한 기준으로 판단하지 않는다는 사실을 인지하는 것이다. 그리고 위의 경우들이 서로 다르게 보이는 이유는 바로 낙인이다. 낙인이란 어떤 사람을 사회의 나머지 사람들과 구별되게 만드는 특징 때문에 그들에 대해 편견을 갖는 것을 말한다.[7]

낙인은 이제까지 살펴본 인적 과실과는 약간 다르다. 앞 장들에서 자동차 제조사와 공장 소유주가 사고에 대해 인적 과실을 탓했을 때, 이것은 사고 때의 해당 업무나 작업에 대한 것이었다. 운전석의 미치광이는 운전할 때만 미치광이다. 사고 유발 경향성이 있는 노동자라는 말은 일터에서만 모욕적이다. 하지만 낙인은 이보다 덜 조건적이다. 낙인은 당신이 어느 상황에 있든 달라지지 않는, 즉 한 사람의 정체성과 관련된 내재적인 결함을 지목한다. 흔히 낙인이 찍히는 것이 인종, 계급, 성별이고, 약물 사용도 마찬가지다. '약물중독자'라는 낙인은 사고 유발 경향성이 있는 노동자나 운전석의 미치광이와 달리 그가 약물을 사용하지 않을 때도 따라다닐 수 있다. 바로 이것이 우리가 차량 충돌은 사고이고 약물 과용은 사고가 아니라고 느끼는 이유다.

앞에서 우리는 사고가 어떻게 발생하는지 살펴보았다. 낙인은 왜 우리가 사고가 나도록 내버려두고 있는지를 설명하는 한 가지 요인이다.

만약 당신이 약물 과용 사고와 자동차 사고는 종류가 다르다고 생각한다면, 많은 면에서 당신의 생각은 틀렸다. 약물 과용 사고도 위험한 조건들이 쌓였을 때 일어난다. 제약 회사들이 중독성 있는 약물을 중독성이 없다고 말하면서 적극적으로 판촉한 것, 의료 접근성이 부족한 것, 중독을 벗어나기 위해 도움을 청했다가는 범죄로 잡혀갈지도 모르는 것 등이 그런 위험한 조건이다. 이 장에서 우리는 낙인이 어떻게 약물 사용자에게 위험한 조건들이 켜켜이 쌓이게 만드는지 살펴볼 것이다.

의사들은 낙인이 의료 불평등의 "근본적인 원인"이라고 말한다.[8] 낙인을 빼놓고는 왜 어떤 사람은 사고로 죽고 어떤 사람은 그렇지 않은지를 말할 수 없다. 약물 사고는 여러 방식으로 일어날 수 있고 여러 결과를 낳을 수 있다. 사고성 약물 과용accidental overdose도 있고 약물 사용 시에 장비를 공유하다가 발생하는 사고성 질병 전파accidental disease transmission도 있다. '사고성 중독'accidental addiction도 있는데, 이것은 낙인찍히지 않은 부류의 사람들이 약물을 사용하게 되었을 때 (가령 백인이 처방전을 받아 오피오이드를 복용하다가 중독이 시작된 경우) 약물 사용자에게 찍히는 낙인을 이들에게는 면제해 주기 위해 만들어진 말이다.[9] '사고성 중독'은 약물 사용에 대한 우리 사회의 낙인이 얼마나 강력한지를 보여준다. 오죽 강력하면 특정한 사람들에게 그것을 면제해 주기 위해 새로운 범주와 새로운 용어가 생겨야 했겠는가?

우리는 좋아하지 않는 사람의 고통은 보지 않는다

어빙 고프먼은 '낙인'이라는 용어의 현대적인 이해를 창시한 사회학자다.[10] 그는 낙인을 '손상된 정체성'spoiled identity이라고 규정했다. 사회는 그 사람을 통째로 뭉뚱그려 설명해 버리는 한 가지 특성을 바탕으로 그 낙인이 찍힌 사람을 배척한다. 하나의 특성이 그 사람 전체에 대한 판단을 규정하는 것이다. 그리고 중요하게, 무언가가 잘못되면 낙인찍힌 사람들 탓이라고 치부된다. 그들이 가진 결함 있는 특성 때문이라고 말이다.

또한 고프먼은 우리가 낙인찍힌 사람과 상호작용하는 두 가지 유형에 대해서도 설명했다. 하나는 일반적인 방식이고, 다른 하나는 현명한 방식이다.[11] '현명한' 방식은 낙인찍힌 사람의 현실을 제대로 보고 이해하는 것이다. 현명한 사람은 낙인찍힌 사람의 고통에 공감한다. 반면 '일반적인' 방식은 낙인찍힌 사람을 말 그대로 낙인을 가지고 본다. 오염되고 결함 있는 사람으로 보는 것이다. 고프먼은 대부분의 사람은 일반적인 방식으로 반응한다고 보았는데, 이후의 실증 연구들도 그가 옳았음을 보여준다.

시카고대학 인지신경 과학자들이 진행한 한 연구는 고통스러워하는 사람에게 모종의 낙인을 찍을 경우 우리가 그 사람의 고통에 덜 공감하게 된다는 것을 발견했다.[12] 연구자들은 실험 참가자들에게 고통스러워하는 사람이 나오는 동영상을 보여주면서 fMRI 영상으로 뇌에서 고통과 우울을 처리하는 곳을 관찰했다. 또한 참가자들에게 동영상에 나오는 사람이 드러내는 고통이 어느 정도일 것 같은지, 그리고 그것을 보면서 자신이 얼마나 침울한 기분이었는지를 점수 척도로 표시하도록 했다. 동영상 속의 인물은 AIDS에 걸리지 않은 사람, 수혈을 받다가 AIDS에 걸린 사람, 주사로 약물을 사용하다가 AIDS에 걸린 사람 중 하나였고, 이 차이를 제외하면 다른 조건은 동일했다. 그리고 세 명 모두 비슷한 표정으로 고통을 드러냈다. 실험 결과, 참가자들은 약물을 사용하다가 AIDS에 걸린 사람의 고통을 가장 약하게 가늠했고 공감하는 정도도 이 경우가 가장 낮았다. 뇌 영상에서도 그렇게 나타났다. AIDS에 걸린 두 사람의 감염 경로는 모두 사고였지만, 실험 참가자들은 주사기로 약물을 하다가 AIDS에 걸린 사람의 표정을 보면서 고통을 덜 느꼈고 그의 고통을 보는 것을 덜 침울해했다. 이후 이뤄진 설문 조사에서 참가자들은 약물을 사용하다가 AIDS에 걸린 환자가 스스로의 상태에 가장 책임이 크다고 생각했다. 그리고 AIDS 환자인 당사자를 더 많이 탓할수록, 그의 표정에서 고통의 정도를 더 작게 읽어내는 것으로 나타났다.

고프먼이 이야기했듯이 이것이 낙인에 대한 '일반적인' 반응이다. 오피오이드 유행이 발생한 지 20년이 지난 지금 미국인 10명 중 1명 이상이 지인 중에 오피오이드로 죽은 사람이 있는데도[13] 이런 낙인은 흔하다.[14] 미국인 중 절반을 겨우 넘는 정도만 약물중독을 질병으로 본다. 약물중독자를 동료로 받아들일 의향이 있는 사람은 25퍼센트도 안 된다. 처방받은 약물에 중독된 친구나 이웃과 관계를 유지할 의향이 있는 사람은 5명 중 1명도 안 된다. 상당수가 약물에 중독된 사람은 동등한 고용 기회를 누릴 권리가 없다고 생각한다. 10명 중 4명은 중독자에게 동등한 건강보험 보장 범위가 적용되어서는 안 된다고 생각한다. 3명 중 1명은 오피오이드 중독이 성격적 결함이나 어린 시절에 잘못된 양육을 받은 결과라고 생각한다. 5명 중 2명은 중독이 단지 의지력 부족 때문이라고 생각한다.

이런 통계는 많은 미국인이 낙인찍힌 사람들이 겪는 어려움이 그들에게 마땅한 운명이라고 생각한다는 사실을 보여준다. 하지만 낙인찍힌 사람들과 대화해 보면 매우 다른 이야기를 듣게 된다. 나는 이와 관련해 어맨다 리 앨런에게 이야기를 청했다. 마약을 사용도 하고 판매도 해서 이중으로 낙인찍힌 사람이기 때문이다.

범죄성 중독

어맨다 리 앨런의 이야기는 빌리 레이 불러버의 이야기와 떼놓을 수 없다.[15] 현재 앨런은 감옥에 있고, 불러버는 사망했다. 2017년 봄에 노스캐롤라이나주의 헌터스빌에서 한 가족이 바비큐를 먹고 나서 젊은 아버지인 불러버가 앨런에게 연락해 오피오이드 20달러어치를 구매했다. 그리고 자신이 살고 있는 부모 집으로 돌아왔다. 그는 방에 불을 켜고 사 온 오피오이드를 사용했다.

새벽 2시에 아들 방의 불이 아직도 켜져있는 것을 보고 의아해진 어머니가 방에 올라왔다. 그리고 아들이 손에 전화기를 쥔 채 침대에 엎드려있는 것을 발견했다. 안색은 창백했고 아무 반응을 하지 않았다. 펜타닐 과용 사고였다. 이는 오피오이드 유통 체계의 망가진 한 부분을 보여준다. 펜타닐은 약물 사용자들이 보통 알고 있는 종류의 오피오이드보다 100배나 강력한데, 판매하고 사용하는 사람들이 펜타닐이 섞인 줄을 모르는 경우가 많다.

불러버의 전화기에는 앨런이 남긴 메시지가 녹음되어 있었다. "저기요, 빌리. 제가 그건 안 드렸어야 했는데 그러지 못했어요. 조심하세요. 너무 많이 하지 마세요. 거기에 펜타닐이 든 것 같아요. 꼭 조심하세요."

불러버는 거기에 펜타닐이 든 줄 몰랐다. 약물 사용자로서 그의 위험 인식은 실제 위험과 부합하지 않았다. 하지만 앨런은 알고 있었다. 앨런의 이야기는 다른 이의 약물 과용을 막기 위해 스스로의 범죄 혐의를 밝히고 죄를 청했다는 점에서 평범하지 않은 사례다. 앨런은 추가적인 사고를 방지하기 위해 자신이 약물 딜러라는 사실을 스스로 밝혔다. 이 행동은 약물 사용자이고 약물 딜러라는 낙인을 충분히 없애줄 수 있을 만큼 강력한 선함과 구원의 징표로 보인다. 하지만 아니었다. 판사는 앨런에게 과실치사와 약물 판매로 징역 10년을 선고했다.

노스캐롤라이나주의 여성 교정 시설에서 앨런은 약물에 중독된다는 것이 어떤 것인지를 내게 설명하기 위해 애썼다. "보통 사람들은 중독자의 복잡하고 혼란스러운 삶을 이해하지 못합니다." 내게 보낸 편지에서 앨런은 이렇게 말했다. "어떤 약물중독자도 약을 사면서 '젠장, 이번 걸로 죽으면 어떡하지?'라고 생각하지 않아요. 하지만 이성적인 마음 깊은 곳에서는 이게 나를 죽일 수도 있다는 것을 알고 있습니다."

앨런은 중독을 말할 때 "약쟁이 논리"라고도 표현하고 "질병"이라고도 표현했다. 앨런은 이 논리가 자신에게는 사고가 일어나지 않을 것이라는 믿음을 강화하며, 소량의 약으로 기분이 좋아진다면 더 많은 용량은 기분을 더욱 좋게 만들 것이라고 생각하게 한다고 말했다. 앨런은 본인이 쓸 약물을 지속적으로 확보하기 위해 약물 거래에 발을 들이게 되었다고 했다. 그리고 그 결과로 자신에게 찍힌 낙인을 잘 알고 있었다.

"인간이 다른 사람을 탓하고 다른 사람을 박해하는 것은 인간 존재의 핵심에 있는 어떤 기본적인 욕구인 것 같습니다. 이것은 우리가 문제에 대처하는 방식입니다. 다른 이들과 관계를 맺고, 우월감을 느끼고, 스스로를 용서하고, 자신의 믿음을 지키고, 자신의 상황을 받아들이는 방식인 것입니다."

또한 앨런은 이런 낙인찍기에서 낙인찍힌 쪽으로 살아가는 것도, 오피오이드 확산에서 오피오이드에 중독된 쪽으로 살아가는 것도 쉬운 일은 아니라고 말했다. 감옥에서 보낸 편지에서 앨런은 불러버가 자신의 친구였으며, 날마다 자신이 아는 사람 중 누군가가 죽음 직전까지 갔다는 이야기를 들었고, 체포된 이후로 매달 자신이 알던 사람 두세 명이 죽었다고 했다. 앨런을 감옥에 가둔 것은 상황을 개선하지 못했다. 오히려 상황은 악화되었다.

앨런의 기소는 오피오이드 확산이 심화되면서 함께 심화되고 있는 또 다른 경향을 보여준다. 검사들은 사고성 약물 과용을 살인급으로 간주하고, 약을 판매하거나 함께 나눠 사용한 친구, 파트너, 딜러를 그에 준해 기소한다. 우리가 앨런에게 낙인을 찍는다는 단순한 사실, 앨런의 고통을 이해하거나 앨런에게 공감하지 않을 가능성이 더 크다는 단순한 사실 역시 앨런을 감옥에 보내는 데 일조한다.

이것은 우연이 아니다. 약물 사용과 약물 판매를 범죄화하는 것은 중독성 있는 약을 파는 회사들에 직접적으로 이득이 된다. 옥시콘틴 과용이 증가해 제조사인 퍼듀파마의 수익에 위협이 되었을 때, 옥시콘틴이 중독성 있는 약임을 알고 있었던 퍼듀파마의 경영진조차 약물 사용자를 탓했다.[16] 2001년 무렵이면 오피오이드의 '입문' 약물인 옥시콘틴이 중독성이 강하고 많은 양이 불법 약물 시장으로 흘러들어 가고 있다는 것, 그리고 과용 사고가 증가하고 있다는 것이 잘 알려져 있었다.[17] 퍼듀파마 회장이던 리처드 새클러는 회사가 이 문제를 어떻게 다룰 것인지에 대해 이메일로 다음과 같이 선포했다.[18] "우리는 가능한 모든 방법으로 중독자를 두들겨 패야 합니다. 그들이 범인이고 문제입니다. 그들이 무모한 범죄자들입니다."[19]

퍼듀파마는 그 후로도 몇 년 동안이나 옥시콘틴이 습관성 사용을 일으키는 약이 아니라고 계속해서 광고했다[20](이런 광고는 연방 정부에 의해 허위 광고로 기소되고서야 중단되었다). 리처드 새클러는 약물 사용자들에 대한 사회적 낙인이 너무나 강해서 〔비난이 그들에게 쏠릴 것이므로〕 회사는 중독성 있는 약물로 계속 수익을 낼 수 있다는 것을 알고 있었다. 그가 운운한 "범죄성 중독자"는 무단횡단자나 사고 유발 경향성이 있는 노동자, 운전석의 미치광이와 크게 다르지 않다. 이 모두가 사고를 야기한 위험한 조건으로부터 관심을 돌려놓고 인적 과실을 탓하는 방법이다.

그러는 와중에 약물 사용자는 엄청나게 위험한 조건에 직면하게 된다. 옥시콘틴처럼 알려져 있는 중독성 약물이 중독성이 없다고 판촉되고 판매되면서 사고성 중독이 일어나기가 더 쉬워진다.[21] 불법적으로 유통되는 대체재는 불러버를 죽게 만든 펜타닐처럼 알려지지 않은 더 강력한 독성이나 알려지지 않은 성분을 가지고 있을 가능성이 있는데, 이는 사고성 과용이 더 쉽게 발생하게 만든다.[22] 깨끗한 주사기 등 약물을 안전하게 사용하는 데 필요한 도구는 소유하는 것이 종종 불법이어서 사고성 질병 전파가 더 일어나기 쉬워진다.[23] 날록손처럼 약물 과용을 멈추게 해주는 약은 종종 구매할 수가 없다.[24] 그리고 약물 사용이 불법화되었기 때문에 사람들은 도움을 청하는 것이 〔잡혀갈 수 있어서〕 안전하지 않다고 생각하게 되고, 따라서 약물 과용이 생명을 위협할 정도로까지 악화되기가 더 쉬워진다.[25] 게다가 중독을 조절하는 데 도움이 되는 메타돈 같은 약은 취급할 수 있는 사람과 구할 수 있는 장소 및 시간이 지극히 제한적이다. 그래서 가령 도움을 받기 위해 날마다 차로 2시간을 달려야 한다면 중독된 사람에게는 그저 약물 사용을 계속하는 것이 더 택할 법한 선택지다.[26]

감옥에서 보낸 편지에서 앨런은 불러버에게 벌어진 일이 사고라고 생각한다고 말했다. 그리고 약물 사용자로서 자신은 모든 약물 과용이 사고라고 생각한다고 말했다. 실제로 내가 만난 모든 전문가가 약물 과용이 사고라는 데 동의했다. 연구자들은 치명적인 약물 과용 중 의도적인 경우는 불과 4퍼센트 정도라고 본다.[27] 또 연구자들은 '사고'라는 말이 애도를 표할 때 선의의 의미로 쓰일 수 있다는 것을 발견했다.[28] 한 비교 설문 연구에서 약물 과용으로 자녀를 잃은 부모들이 다른 사고로 자녀를 잃은 부모들에 비해 더 비통해하고 정신 건강도 더 나쁜 것으로 나타났다. 연구자들은 약물로 자녀를 잃은 부모가 겪는 외상후스트레스장애가 약물 사고에 찍히는 낙인의 직접적인 결과라고 결론 내렸다.

내가 사고란 없다고 말할 때, 이는 우리가 사고라고 부르는 모든 것이 사실은 예측 가능하고 예방 가능하다는 의미에서다. 한편 약물 사용자가 약물 과용을 사고라고 말할 때, 그것은 벌어진 일이 의도적이지 않았고 그에 대해 후회한다는 의미에서이며 아무도 누군가가 죽기를 원하지 않았다는 의미에서다. "그건 사고였어요"라고 말하는 것이 허용되어야 할 사람이 있다면, 약물을 사용하는 사람들과 그들을 사랑하는 사람들일 것이다. 그것이 자그마한 위안이라도 준다면 말이다.

'사고'라는 말을 쓰지 말자고 주장할 때는 누가 해를 입었는지, 그리고 누가 이야기를 하고 있는지를 보아야 한다. 이 책에는 계속 돈을 벌려고, 잘못을 인정하지 않으려고, 또 자신이 죽게 하고 다치게 한 사람들에 대한 책무성을 가지지 않으려고 '그것은 사고였다'고 말하는 권력자들의 이야기가 가득하다. 너무나 많은 경우에 '그것은 사고였다'는 말은 권력자들이 만든 위험한 조건에 대해 그들의 책임을 면제해 준다. 그리고 그들은 사고가 계속해서 나고 또 나게 만든다.

하지만 권력이 없는 사람이 '그것은 사고였다'고 말할 때는 의미가 다르다. 이것은 약물 과용이 의도한 것이 아니었고 결과가 후회스럽다는 의미일 수 있다. 다시 말해 **그럴 뜻은 정말 없었다고** 말하는 방식일 수 있다. '사고'라는 말이 그 사람에게 약간의 친절함과 용서를 전해줄 수 있다면, 그가 말하는 '사고' 이야기에 우리 모두 귀를 기울여야 한다.

하지만 시스템 측면에서 보면 여기에 예측 불가능하거나 예방 불가능한 것은 없다.

제약 회사가 중독성이 있다고 알려진 약을 중독성이 없다고 광고할 때 중독은 사고가 아니다. 해독제와 완화제가 존재하는데도 그것을 구하기가 의도적으로 어렵게 되어있을 때 약물 과용은 사고가 아니다. 감염을 방지하기 위한 깨끗한 장비가 불법일 때 질병이 전파된 것은 사고가 아니다. 약물을 사용하는 사람들은 극복이 어려울 만큼 위험한 조건에 직면하며, 이런 조건은 그들의 잘못이 아니다. '사고'라는 말을 쓰는 것이 그들에게, 그리고 그들이 사랑하는 사람들에게 심리적으로 도움이 된다면, 이 단어는 적어도 우리가 그들에게 해줄 수 있는 무언가일 것이다.

중요한 것은 우리가 중독과 약물 사용에 대해 말할 때 누구의 이야기를 듣느냐다. 제약 회사, 경찰, 검사, 정부 당국자 등이 우리에게 말하고 싶어 하는 바를 듣는가? 아니면 약물을 사용하는 사람들이 말하고자 하는 바를 듣는가? 오늘날 오피오이드 위기가 이렇게까지 악화된 한 가지 이유는 무엇이 잘못되었는지에 대해 우리가 너무 오랫동안 약물을 사용하는 사람들의 이야기는 듣지 않고 권력을 가진 사람들의 이야기를 들어왔다는 데 있다. 그리고 그런 권력자들은 이것이 사고가 증가한 위기가 아니라 나쁜 사람들이 증가한 위기라고 말한다.

나쁜 사람들이 증가한 위기

데이비드 허츠버그는 이 책에서 두 번째로 근사한 직업을 가지고 있다. 바로 마약 역사학자다. 그는 버펄로대학 역사학과 교수이고 《백인 시장용 마약: 거대 제약 회사와 미국의 중독에 대한 숨겨진 역사》*White Market Drugs*의 저자다.[29] 허츠버그는 오늘날 오피오이드 확산이 미국에서 전반적인 기대 수명을 끌어내렸을 만큼 심각해진 원인으로 퍼듀파마가 중독성이 없다고 거짓 주장을 하면서 공격적으로 옥시콘틴을 판촉한 것을 꼽았다.[30]

리처드 새클러가 "약물 사용자들을 두들겨 팰" 필요가 있다고 했을 때, 핵심은 이 거짓말을 계속 유지하는 것이었다. 그리고 오랫동안 낙인찍기 전략은 여기에서 효과를 발휘했다. 퍼듀파마는 오피오이드 유행에 대해 인적 과실을 탓하면서, 중독성 있는 약을 중독성이 없다고 판매하면서 만들어낸 위험한 조건에서 사람들의 관심을 돌려놓았다. 그러는 내내 사고성 과용과 중독은 계속 늘어났다. 1995년부터 2001년 사이에 메인주에서 오피오이드 과용으로 치료받은 사람이 460퍼센트나 늘었다. 웨스트버지니아주는 2000년에 첫 메타돈 치료 프로그램을 열었는데 이후 3년간 6개를 더 열어야 했다. 2002년에 옥시콘틴 처방 건수는 〔1997년 67만 건에서〕 600만 건 이상으로 증가했다. 버지니아주의 한 지역에서는 1997년부터 2003년 사이에 오피오이드 처방약 과용으로 인한 사망이 830퍼센트나 늘었다.[31] 마약단속국은 2005년까지도 통증 클리닉과 약물 유통업자를 엄격하게 단속하지 않았다.[32] 그 무렵이면 중독된 사람들에게는 이미 너무 늦은 시점이었다. 2021년에도 사고성 과용 사망의 대다수는 여전히 오피오이드 때문이었다. 1999년에서 2020년 사이에 적어도

84만 명이 오피오이드 과용으로 죽었다.[33] 사망자 수가 너무나 급격하게 증가해서 이 문제를 더 이상은 간과할 수 없게 되자 제약 회사들은 이제 다음과 같은 개념을 밀기 시작했다. **사고성 과용이라는 것은 없다. 무모한 범죄적 중독자만 있을 뿐이다.**

허츠버그는 이렇게 설명했다.[34] "중독 문제가 부인할 수 없게 명백해지자 제약 회사들의 첫 번째 방어선이자 믿을 수 없이 성공적인 것으로 판명난 방어선은 이렇게 말하는 것이었습니다. '자, 우리 제품은 좋다. 의사들도 좋다. 환자들도 좋다. 하지만 이 악한 남용자들이 있다. 그런 사람들이 중독되는 것이고 우리 약에 오명을 입히는 것이다. 따라서 우리는 이것을 사고가 증가한 위기가 아니라 나쁜 사람들이 증가한 위기로 여기고 대응해야 한다.'"

이 논리에서 좋은 사람과 나쁜 사람을 나누는 기준은 정당성인데, 이것은 합법성, 인종, 경제적 계층 등을 둘러싼 낙인에 의해 결정된다. 어떤 경우였다면 검사가 앨런을 불러버에 대한 살인 혐의로 기소하지 않았을지 생각해 보자. 앨런이 의사이고 불러버가 앨런에게 오피오이드를 처방받아 약국에서 샀다가 과용으로 사망했다면 앨런은 기소되지 않았을 것이다. 크게 보면 동일한 행동을 해도 어떤 사람에게는 그것이 사고가 되고 어떤 사람에게는 범죄가 되는데, 이를 가르는 것은 낙인이다. 이런 식으로 낙인은 인적 과실설을 무기화한 것처럼 기능한다. 범죄라고 낙인찍는 것은 문제의 원인이 인적 과실이라고 말하는 익숙한 이야기와 구조가 동일하지만, 여기에서는 범죄라는 낙인 때문에 피해자가 져야 하는 부담과 괴로움이 증폭된다. 이제 피해자는 단지 중독자인 것이 아니라 범죄적 중독자가 된 것이다.

제약 회사들은 더 많은 사람을 불법 약물 사용을 이유로 체포하기 위해 이 메시지를 이용하면서, 하나같이 인적 과실을 문제로 가리키는 기사와 사설을 게재하고 싱크탱크에 자금을 대고 중독 방지 웹사이트를 운영해서 이 메시지를 퍼뜨렸다.[35] 《뉴욕 타임스》에 실린 한 칼럼은 "진통제에 중독된 누군가를 더 자세히 알아보면 대개는 마약, 술, 헤로인, 코카인 등을 해본 적이 있는 골수 중독자라는 것을 알게 될 것"이라고 언급했다.[36] 퍼듀파마가 자금을 댄 싱크탱크에서 일하는 의사가 쓴 이 글은 퍼듀파마가 자금을 댄 연구 결과를 인용했고 퍼듀파마에 고용된 의사들의 말을 실었다.[37] 범죄적 중독자에 대한 메시지가 널리 퍼져있는 한 오피오이드 유행은 나쁜 사람들이 증가한 위기였고, 인적 과실을 탓할 문제였으며, 위험한 조건은 달라지지 않았다.

하지만 오피오이드 확산이 더욱 심해지자 '나쁜 사람' 이야기는 더 이상 말이 되지 않게 되었다.[38] 아니 그보다, 백인 사커맘이나 교외에 사는 반듯한 10대 중에서도 오피오이드에 중독되는 사람들이 늘면서 '나쁜 사람' 이야기는 사람들에게 더 이상 잘 먹히지 않게 되었다. 이 문제에 직면한 제약 회사들은 또 하나의 구분선을 가져왔다. 바로 사고성 중독이라는 개념이다. 어쩌다 '사고로' 중독된, 비난받을 수 없는 사람들을 위해 별도의 새로운 범주를 만든 것이다. 이제 제약 회사들은 범죄성 중독자와 사고성 중독자가 따로 있다는 새로운 내러티브를 대대적으로 밀기 시작했다.

허츠버그는 이렇게 지적했다. "어떤 일을 사고라고 부를 때, 이는 문제를 겪고 있는 사람이 결백하냐 죄가 있느냐에 관한 판단을 내리는 것과 같습니다. 우리는 어떤 사람은 비난받을 일이 없고 어떤 사람은 죄가 있다고 생각합니다. 그리고 우리가 이런 구분을 적용하는 방식에는 매우 뚜렷한 패턴이 있습니다."

이게 바로 낙인이다. 다른 용어로 규정된, 똑같은 인적 과실설이다. 하나는 범죄이고 다른 하나는 사고인데, 무엇이 무엇인지는 인종이나 소득 등 낙인이 쉽게 결부되는 다른 특성에 의해 정해진다. 이런 특성 중에는 다소 생소할 수 있는 **병원 방문 가능 계층**doctor visiting class이냐 아니냐도 있다.

약물 사용을 범죄로 낙인찍는 것은 약이 대량생산되기 시작한 때만큼이나 오랜 역사를 거슬러 올라갈 수 있다. 그리고 이 이야기는 크리스털 이스트먼이 피츠버그에서 시신 안치소, 공장, 광산을 돌아다니며 연구하던 것과 같은 시기에 흥미로운 전개를 보인다.

나쁜 사람들의 역사

미국 최초의 오피오이드 위기는 산업혁명과 함께 도래했다.[39] 우리는 더 많은 석탄을 캐고 더 많은 공장을 짓고 더 많은 산재를 당하면서, 약물도 더 많이 사용하게 되었다. 탄광과 공장이 확산되면서 증가한 산업재해에 대해서는 모든 노동자에게 안전을 보장하고 피해를 배상하는 종합적인 법체계가 마련되었다. 하지만 그 시기에 함께 나타난 약물중독 위기에 대해서는 약물 사용자를 두 계급으로 나누는 방식의 대응이 이뤄졌다. 어떤 약물 과용은 사고로 여겨졌고 어떤 약물 과용은 범죄로 여겨졌다. 이 둘 사이에 교집합은 없었고 당신의 중독이 어느 쪽이 될지는 인종, 돈, 권력이 결정했다.[40]

중독성 있는 약물을 사용하는 사람들 중 더 다수를 차지하는 집단은 '환자'라고 불렸다. 병원에 가서 의사를 만날 수 있는 사람들 말이다. 이들은 주로 미국에서 태어난 백인 중산층이었다. 허츠버그는 이들을 '병원 방문 가능 계층'이라고 일컫는다.[41] 의사와 정치인들은 이 집단의 경우 중독에 대한 치료를 받을 자격이 있다고 보았고 이들의 중독이 질병이나 부상에서 회복하려 노력하던 동안에 생긴 부작용이라고 보았다. 이런 약물 과용은 비극적인 사고로 간주되었다. 이것이 '사고성 중독'에 대한 최초의 정식화였다. 이런 유형의 사고에 대한 해법은 의사와 약사를 더 잘 교육하고 공급망을 더 엄격하게 통제하는 것이었다.

약물 위기의 나머지 부분은 돈이나 인종 때문에 병원에 가서 의사를 만날 수 없는 사람들의 문제였다. 서부 연안에 사는 중국계 이민자, 북동부 도시들에 사는 남유럽과 동유럽 출신 이민자, 남부의 흑인처럼 말이다. 이들도 19세기 말에 더 싸고 더 강력한 약을 접할 수 있게 된 것은 마찬가지였지만, 이들은 범죄의 의도를 가지고 스스로 일탈한 사람들로 여겨졌다. 의사와 정치인들은 치료받을 자격이 있는 사고성 중독자들과 달리 이들 두 번째 집단은 본인들 스스로가 건강보다 쾌락을 추구하는 사람들이라고 간주했다.[42]

"아편이 불법화되기 한참 전에 '황화'yellow peril를 이야기하고 아편의 노예가 된 중국인들이 미국을 위협하고 있다고 주장하는 글이 흘러넘쳤습니다. 이 모든 센세이셔널한 이야기들은 그들이 노란 악마에게 육신과 영혼을 팔고 있다는 것이었습니다." 허츠버그는 이렇게 설명했다. "1874년, 같은 해 같은 날에 《뉴욕 타임스》에는 아편굴에 가는 끔찍한 사람들을 맹비난한 기사와 의사의 말을 충실히 따랐다가 중독된 불운하고 결백한 사람들의 비극에 대한 심금을 울리는 기사가 함께 실렸습니다."

《뉴욕 타임스》에 그 기사들이 실리고 40년도 지나지 않아서 정부는 이 구분을 법으로 만들었다.[43] 당대의 오피오이드 위기에 대응하기 위해 정부는 새로운 법들을 통과시켰는데, 낙인찍힌 약물 사용과 낙인찍히지 않은 약물 사용에 대해 각기 다른 법이 적용되었다. 이 법들은 정확히 인적 과실 대 위험한 조건의 구분을 따르고 있었다. 어떤 경우에는 위험한 조건을 고쳐서 사고를 막고자 했고, 어떤 경우에는 인적 과실을 탓하면서 동일한 위험한 조건을 간과하거나 악화시켜 되레 사고가 늘어나게 만들었다.

약품과 관련된 최초의 법인 1906년의 순수식품의약품법은 병원 방문 가능 계층을 보호했고, 무언가를 소지하는 것은 불법으로 간주하지 않았다.[44] 이 법은 그저 의사가 처방하거나 약사가 판매하는 약의 용기에 정직하게 쓰인 라벨을 붙여서 내용물을 상세하게 드러낼 것만을 요구했다. 약품과 관련된 두 번째 법은 1914년에 통과된 해리슨마약류조세법인데, 이것은 의사에게 가는 것이 불가능하거나 허락되지 않는 사람들을 염두에 둔 법이었다. 이 법은 의사의 처방 없이 약물을 소지하는 것을 불법화했다. 하나의 법은 취지가 소비자 보호였고, 다른 하나는 취지가 범죄자 처벌이었다. 전자는 병원에 갈 수 있는 사람들을 약물 위험으로부터 보호했고, 후자는 병원에 못 가는 사람들의 약물 사용이 더 위험해지게 만들었다. 정부는 낙인찍힌 약물 사용자는 범죄자로 취급했고, 낙인찍히지 않은 약물 사용자는 더 안전해지고 약물 과용의 가능성도 줄어들도록 도왔다. 이렇게 해서, 당신의 약물 사용이 낙인화되느냐 않느냐에 따라 법은 당신을 보호하는 스위스 치즈 조각이 될 수도 있었고 사고의 위험이 차단되지 않는 구멍이 될 수도 있었다.

이런 법률에 따라, 병원에 갈 **수 있는** 사람은 합법적으로 오피오이드(가령 모르핀)를 처방받아 합법적으로 중독될 수 있었다.[45] 이들의 경우 정부는 중독과 과용 둘 다를 사고라고 간주했고, 이제 약병에 정확한 라벨이 붙고 환자가 의사의 관찰하에 있게 되었으니 두 사고 모두 덜 일어날 것이라고 여겼다. 약이 얼마나 강력한지를 사람들은 잘 모르고 약의 사용이 감독되지 않을 때 중독과 과용이 늘어난다는 것을 모두 잘 알고 있지 않은가? 하지만 이 동전의 다른 면은 병원에 갈 **수 없는** 사람이 동일한 약을 소지하면 감옥에 갈 수 있다는 점이었다.

"마약과의 전쟁"이라는 말 자체는 리처드 닉슨 행정부가 만들었을지 모르지만, 이 전쟁은 훨씬 더 일찍 시작되었다.[46] 정부가 약물 사용을 처음으로 범죄화한 지 불과 14년 뒤인 1928년에 미국 연방 수감자의 3분의 1이 약물 관련 법 위반으로 수감되었다. 하지만 1950년대 내내 마약과의 전쟁이 강화되는 와중에도 의사들은 모르핀에 중독된 사람들에게 계속 모르핀을 처방했다. 이것은 '사고성 중독'이었고, 따라서 이들은 결백하고 치료받을 자격이 있었기 때문이다.[47] 이 논리에 따르면 이 중독은 그들의 잘못이 아니므로 그들은 계속 모르핀을 사용할 수 있어야 했다.

이런 구분은 사고로 누가 죽고 누가 죽지 않느냐를 규정하는 데 다양한 방식으로 중요한 영향을 미친다. 낙인은 사고냐 범죄냐만을 가르는 것이 아니다. 낙인은 사느냐 죽느냐를 가르기도 한다.

낙인은 어떻게 사고를 유발하는가

킴벌리 수는 약물 사용에 낙인이 찍히면 수많은 방식으로 과용의 위험이 증가한다고 설명했다.[48] 수는 위해저감연대의 의료 책임자이고 라이커스섬 교정 시설의 의사이며 《난파하다: 여성, 수감, 미국의 오피오이드 위기》*Getting Wrecked*의 저자다.

어떤 사람이 오피오이드 중독 치료 중에 중독이 재발했다고 생각해 보자.[49] 낙인을 예상해서, 그리고 스스로도 내면화한 낙인 때문에 이 사람은 사랑하는 이들에게 재발 사실을 알리지 않고, 고립된 채 혼자 약물을 사용하고, 약물 사용을 숨기면서, 약물을 더 위험한 방식으로 사용하게 될지 모른다. 이런 방식으로 낙인은 안전망의 층들에 구멍을 낸다. 이 사람은 약물 과용으로 죽을 위험이 매우 높아질 것이다. 날록손을 구할 수도 없을 것이고, 도움을 줄 사람도, 재활의 의지를 북돋워 줄 사람도, 들여다봐 줄 사람도 없을 것이기 때문이다.

하지만 고립되어 있지 않고 약물을 다른 이들과 함께 사용하더라도 법과 정책에 각인되어 있는 낙인 때문에 사고사 위험이 높아질 수 있다.[50] 당신은 누군가의 사고성 과용을 알더라도 경찰이 당신을 약물로 인한 과실치사로 체포할까 봐 긴급 신고를 하지 않을지도 모른다. 주사기 같은 약물 장비 소지를 금지하는 법도 질병 전파의 위험 없이 약물을 사용하는 것을 불법이 되게 할 수 있다.

게다가 의사들로서는 중독을 치료하는 약보다 중독을 일으키는 약을 처방하는 것이 훨씬 더 쉽다.[51] 옥시콘틴 처방에는 의사 자격만 있으면 별도의 훈련이나 인증이 필요하지 않다. 하지만 부프레놀핀(오피오이드 중독자가 약을 서서히 끊도록 돕는 오피오이드 대체 치료제로, 자택에서 프라이버시를 지키며 안전하게 회복할 수 있게 해준다)을 처방하려면 한 무더기의 서류를 작성해야 하고, 마약단속국으로부터 특별 면제를 받아야 하며, 8시간의 교육을 이수해야 한다. 이 모든 걸 다 하고도 제한된 숫자의 환자에게만 처방할 수 있다.

수는 이렇게 말했다. "매우 효과적인 부프레놀핀을 대부분의 의사는 처방할 수 없습니다. 제가 법제화된 낙인이라고 부르는 것의 한 사례죠. 의사가 별도의 교육을 받아야 처방할 수 있는 약은 이것뿐입니다."

중독을 완화하는 약을 구할 수 없으면 유일한 선택지는 약을 딱 끊는 것이다.[52] 하지만 이 방법은 신체에 충격을 주기 때문에 매우 위험하며, 금단 후에 재발하면 내성이 현저히 떨어져 있기 때문에 다시 사고성 과용의 요인이 되기도 한다. 그런데도 많은 경우에 중독자들에게 허용된 치료법은 사실상 이것뿐이다. 수가 설명했듯이 부프레놀핀은 제한적으로 유통된다. 오피오이드 중독자들이 사용할 수 있는 또 다른 안전한 대체재인 메타돈은 병원에서만 살 수 있고, 병원에 날마다 가야 하며, 한 지역 안에 메타돈 취급 병원이 몇 개까지 있을 수 있는지와 하루 몇 시간 영업할 수 있는지에 규제가 있다.[53]

낙인은 약물 과용 가능성을 높일 수 있을 뿐 아니라 생존 가능성을 낮추기도 한다.[54] 예를 들어 해독제인 날록손은 종종 접근이 불가능하다.[55] 테네시주의 약국을 대상으로 진행한 한 연구에 따르면, 날록손 1회 복용량의 평균 가격이 무려 132.49달러였다.[56] 캘리포니아주의 약국들에 대한 연구에서는 처방 없이 날록손을 제공할 의향이 있는 약사가 4명 중 1명도 되지 않았다. 캘리포니아주에서는 처방 없이 날록손을 판매하는 것이 완전히 합법인데도 말이다.[57] 텍사스주의 한 연구에서는 31퍼센트의 약국이 날록손을 구비하지 않았고, 약사의 절반이 날록손 청구서를 보험사에 보내는 것을 거부했다.[58] 뉴욕주가 처방전 없이 날록손을 살 수 있게 합법화하고 3년이 지난 뒤에도 뉴욕시의 약국 중에서 날록손을 갖춰두었고 판매할 의사도 있는 곳은 38퍼센트가 채 되지 않았다.[59] 그리고 이런 구조적 낙인이 개개인에게 찍힌 낙인과 겹치기 때문에, 미국인의 절반 이상은 약물중독을 멈추게 해주는 약에 대한 접근을 엄격하게 제한해야 한다고 생각한다.[60]

정부 당국이 약물 사용에 낙인을 찍는 방식은 또 다른 사고를 유발하기도 한다. 2015년에 인디애나주에서 HIV 감염이 급증한 경우가 그런 사례다.[61] 2015년에는 미국 어디에서도 HIV 감염이 딱히 증가할 이유가 없었다. HIV 감염의 원인도 알고 있고 예방법도 알고 있으니 말이다. 문제는 인디애나주에서 주사기 소지가 불법이었다는 데 있었다. 그 결과 주사기 공급이 부족했고, 약물 사용자들은 주사기를 여러 번 다시 쓰거나 다른 사람과 함께 써야 했으며, 이것이 HIV 전파로 이어졌다.

수의 설명에 따르면, 처음에는 이 위기에 대한 대응이 잘 이뤄지는 것 같았다.[62] 주 정부가 인적 과실을 탓하기보다 약물 사용자에게 주사기를 제공하는 몇몇 프로그램을 합법화함으로써 위험한 조건을 바꾼 것이다. 하지만 결국에는 범죄적 중독자에 대한 낙인이 승리했다.

"공중 보건 위기가 선포되었습니다. 주사기 교환이 '합법화'되었습니다. 하지만 온갖 제약이 있었고 뛰어넘어야 할 많은 장애물이 있었습니다. 주사기 소지를 허가하는 카드를 발급받은 사람들도 주사기를 소지하고 있다는 이유로 여전히 체포되었습니다." 수는 이렇게 지적했다. 이 법은 문서상으로는 구조적 낙인을 일부 제거했지만, 법을 집행하는 사람들의 실무에서는 그러지 못했다.

게다가 약물 사용자에게 제공된 이마저의 도움조차 지속되지 못했다. HIV 집단 감염이 시작된 인디애나주의 농촌 지역 카운티에서는 2021년에 주사기 교환 프로그램이 중단되었다.[63] 이런 이야기는 너무나 흔하다. 웨스트버지니아주는 2021년에 주사기 교환을 주 정부가 발급한 신분증이 있는 사람에게만 허용하는 법을 통과시켰고, 교환할 낡은 주사기를 가져오지 않으면 새 주사기로 교환해 주지 않았다.[64] 뉴저지주는 2021년에 가장 큰 규모의 주사기 교환 프로그램을 중단했다. 당국자들이 이 프로그램 이용자가 너무 많다고 판단했기 때문이다.[65]

약물중독자를 이렇게 아주 약간만 용서해 주는 관행에는 또 다른 낙인이 작동하고 있다. 그것은 약물을 사용하는 사람의 의지력은 부족하고 욕구는 무한하다는 편견이다.[66] 이 낙인 역시 약물 사고를 유발한다. 한 가지 사례는 주 정부가 약물 사용자에게 사고를 피하기 위해 필요한 장비 중 주사기 같은 일부만 합법화하고 쿠커 같은 다른 장비는 합법화하지 않는 데서 볼 수 있다. 그러면 약물 사용자는 깨끗한 주사기가 있더라도 여전히 오염된 장비를 공유해야 하고, 질병 전파 위험도 그대로 남는다.

또한 우리는 약물중독으로 고통받는 사람에 대한 연구와 치료보다 약물 법 집행과 위반자 기소에 수십 억 달러를 더 투입하는 연방 예산 편성에서도 낙인을 발견할 수 있다.[67] 연구자들은 이런 정책적 결정이 사고사 발생률을 높이는 경향을 발견했다. 약물 법 집행에 쓰이는 돈이 많을수록 약물 과용으로 죽는 사람 수가 증가한다.[68]

다른 연구들도 약물 사용과 관련된 낙인이 합법적·불법적 약물 사용에서의 모든 측면에 영향을 미친다는 것을 보여주었다.[69] 오피오이드에 대한 낙인은 만성 통증을 겪는 사람이 통증 치료를 받기 어렵게 만들고, 그와 동시에 중독을 치료하고자 하는 사람들이 치료를 중단하기 쉽게 만든다. 이런 낙인은 의사에게도 영향을 미친다. 의사들이 환자들에게 엄격한 규칙을 강제하려는 경향이 커지고(가령 담배를 못 피우게 하는 등) 중독자에게 징벌적으로(가령 담배 피우지 말라는 말을 따르지 않았다는 이유로) 치료를 중단할지 모른다. 약물 사용자들은 자신이 도움을 얻지 못하는 주된 이유로 낙인을 꼽는

다.[70]

약물 과용과 질병 전파를 방지할 수 있는 방법에 접근하기가 종종 불가능한 것은 우연이 아니다. 이것은 공감의 부재와 중독자를 처벌하고 싶다는 열망이 빚어내는 직접적인 결과다. 알려진 예방법을 접근 불가능하게 만든 결과 수십 년 동안 사고성 약물 과용 위기가 확산될 수 있었다. 그리고 중독에 찍히는 낙인이 특히 치명적이긴 하지만, 위험은 이것만이 아니다. 너무 많은 사람들에게 낙인은 켜켜이 쌓인다.

범죄화가 당신을 범죄자로 만든다

당신이 오피오이드에 중독되었다고 해보자.[71] 중독이 되었다는 말은 평생에 걸쳐 몇 시간마다 한 번씩 그 약물이 필요해질 수 있다는 의미다.

당신이 사용하는 오피오이드가 합법적이라 해도 중독은 여전히 번거롭고 비용이 많이 드는 것일 수 있으며, 당신의 삶 일부는 행복하지 않을 수 있다. 그렇더라도 상황을 다뤄나갈 수는 있을 것이고, 많은 사람들이 그렇게 하고 있다. 그리고 당신이 처방전을 받을 수 있다면 필요할 때 안정적으로 약을 공급받을 수 있을 것이다.

하지만 처방전이 없다면 안정적으로 약을 구할 가능성이 훨씬 낮아질 것이다.[72] 그리고 당신이 필요로 하는 오피오이드가 불법이라면, 혹은 당신이 불법적으로만 구할 수 있다면, 중독과 사회적 낙인은 당신을 약물 사용과 직접적으로 관련이 없는 다른 낙인까지 찍히게 될 상황으로 몰아넣을 것이다. 예컨대 당신이 불법적인 물건이 많이 거래되는 곳 근처에 살아야 한다면, 그곳은 안전한 주거지가 아닐 것이다. 당신이 약물을 구하느라 많은 시간을 써야 한다면, 일자리를 유지하기 힘들지 모른다. 당신이 불법적인 일을 하는 사람들과 계속 교류하게 된다면 당신도 불법적인 일에 발을 들이기 쉬울 것이다. 약을 사러 가야 한다고 해서 당신을 해고하지는 않을 종류의 일 말이다. 삶의 한 부분에 낙인이 찍히면 다른 낙인들도 빠르게 쌓일 수 있다.

허츠버그가 설명한 '황화'가 대표적인 사례다. 이것은 오피오이드 사용자에 대한 낙인이자 중국계 이민자에 대한 낙인이었다. 황화는 단순히 오피오이드를 사용하는 사람이 아니라 오피오이드를 사용하는 가난한 아시아계 이민자에 관한 말이었다. 마찬가지로 마약 관련 법은 마약만을 다루기 위해 만들어진 것이 아니었다. 마약만을 다루기 위한 법이었다면 모두에게 동일하게 적용되었을 것이다. 하지만 정부는 약물 사용자에 대해 두 개의 계급을 만들려는 목적에서 법을 만들고 집행했다.[73]

"이미 사회적으로 주변화된 사람들이었고, 이미 당국이 여러 다른 방법으로 경찰력을 동원해 통제하려 했으며 통제하고 있었던 동네들이었습니다. 마약 법은 새로운 도구, 경찰력을 늘리는 데 필요한 돈, 그리고 이런 동네들과 거기에 사는 사람들을 통제하기 위한 새로운 수단을 보탠 것일 뿐이었습니다."

1970~1990년대에 미국 정부는 약물 범죄화의 범위를 확대하고, 형량의 하한선을 설정하고, 경찰력 및 수감 시설 확대를 위해 예산을 증액하는 새로운 법들과 함께 소위 마약과의 전쟁에 불을 지폈다.[74] 지난 40년간 미국 전체적으로 수감자 수가 500퍼센트나 증가했다. 현재는 200만 명이 넘는데, 세계 어느 나라보다도 많은 숫자다.[75] 연방 수감자 중 약물 법 위반으로 수감된 사람이 총기, 성범죄, 강도

등 다른 어떤 범죄로 수감된 사람보다도 현저히 많다.[76]

1980년에는 4만 1000명이 채 안 되는 사람이 약물 법 위반으로 수감되어 있었는데 오늘날에는 그 숫자가 43만 명을 넘었다.[77] 하지만 미국 정부는 그 전에도 오랫동안 마약과의 전쟁에 속도를 내고 있었다. 1925년에서 1954년 사이에 입법자, 경찰, 검사, 판사는 미국의 수감자 수를 2배로 늘렸고 1954년에서 1982년 사이에 다시 2배로 늘렸다. 이후에는 더욱 가속화되어서 1992년에 수감 인원이 다시 2배로 늘었고 2008년에 다시 2배가 되었다. 오늘날 미국 정부는 1980년에 수감된 사람들을 전부 합친 것보다 더 많은 사람을 마약 문제로 감옥에 보낸다. 1980년에서 2011년 사이에 연방 법원과 검찰은 약물 범죄에 대한 형량을 36퍼센트나 늘렸다.[78] 1988년에서 2012년 사이에 약물 범죄로 연방 교도소에 투옥된 사람의 평균 수감 기간은 153퍼센트가 증가했다. 그리고 약물 관련으로 감옥에 간 사람은 흑인이 백인보다 유의하게 많다.[79] 허츠버그는 이렇게 지적했다. "약물의 시대와 〔약물 사용자를 두 계급으로 나누는 법제를 반영한〕 제약 분야 개혁의 시대가 종종 나란히 가는 것은 우연이 아닙니다. 또한 이것이 민권의 역사와 관련이 깊다는 것도 우연이 아닙니다."

경찰이 약물 법 위반으로 체포하는 사람 4명 중 1명 이상이 흑인이다.[80] 판사가 약물 범죄로 감옥에 보내는 사람 3명 중 1명 이상이 흑인이다. 하지만 미국 인구 8명 중 1명만 흑인이고, 인구 대비 불법 약물 사용자의 비중은 흑인과 백인 모두 비슷하다. 의사들은 백인 여성과 아기보다 흑인 여성과 아기에게 임신 또는 출산 중에 약물 복용 검사를 훨씬 더 많이 실시하는 경향을 보이는데, 이 검사들의 결과를 보면, 검사를 실시하기로 하는 것이 인종주의적 낙인임을 알 수 있다.[81] 흑인 여성이 임신 중에 약물 검사에서 양성이 나올 확률은 백인 여성보다 더 높지 않다. 그저 검사를 받게 될 가능성이 더 높을 뿐이다. 의사인 킴벌리 수는 이를 인종주의적 낙인이 약물 사용에 대한 낙인을 강화한 사례로 꼽는다.

"우리는 적어도 의료 분야에, 그리고 더 폭넓게는 사회복지 서비스와 법률 시스템에 인종주의가 만연해 있다는 것을 알고 있습니다. 우리의 시스템 모두에 제도적·구조적 인종주의가 존재하고, 인종주의는 의사, 경찰, 사회복지사 등 일선 인력들이 미시적인 상호작용 속에서 내리는 의사 결정 과정에서 이렇게 작동합니다."

일반적으로 약물 사용은 어느 인종과 민족이든 비슷한 정도로 퍼져있다.[82] 하지만 현대의 오피오이드 유행이 있기 전까지 수십 년 동안 미국에서 사고성 약물 과용은 압도적으로 흑인들이 많은 영향을 받았다.[83] 이는 약물 사용에 대한 지표가 아니라 낙인에 대한 지표다. 흑인의 약물 사용은 범죄로 간주되는 경우가 더 많았고 의사의 처방이 있을 가능성이 더 낮았기 때문에, 더 큰 위험을 수반했다. 이에 대한 실증 근거는 미국에서 가장 인기 있는 오피오이드가 처방 약으로 등장해 백인에게 기록적으로 많이 처방되었을 때 나타났다.[84] 1979년부터 2000년까지 적어도 20년 동안은 흑인이 사고성 오피오이드 과용으로 사망하는 비율이 백인보다 높았다.[85] 그런데 퍼듀파마가 옥시콘틴을 출시하고 의사들에게 중독성이 없는 진통제라며 공격적으로 판촉하자 백인들 사이에서 사고성 오피오이드 과용 비율이 급증했다.[86] 옥시콘틴이 '병원 방문 가능 계층'을 위해 생산되고 판매되었기 때문에 흑인은 옥시콘틴 과용에서 어느 정도 보호될 수 있었던 셈이다.[87]

다른 낙인들도 흑인을 옥시콘틴 과용에서 보호하는 데 도움이 되었다. 예를 들어 옥시콘틴이 진통제였다는 사실도 그렇다.[88] 몇몇 연구에 따르면, 일부 의사와 의대생은 흑인의 피부가 더 두껍고 신경이 더 무디고 의사의 지시를 따르지 않을 가능성이 더 크고 통증을 덜 느낀다는 흑인 환자에 대한 인종주의적 신화를 꽤 믿고 있다.[89] 그 결과 의사와 의대생은 흑인 환자의 통증을 다른 인종 환자의 통증보다 2배 더 자주 무시하고, 그것을 치료하지 않는 경향이 더 크다. 연구자들은 1999년에서 2017년 사이에 흑인과 백인에 대한 오피오이드 처방율이 비슷했다면, 오늘날 1만 4000명 이상의 흑인이 사고성 오피오이드 과용으로 목숨을 잃었을 것이라고 추산한다.[90]

2010년에 백인은 사고성 약물 과용으로 사망하는 비율이 흑인보다 거의 2배 더 높았는데, 여전히 약물 과용 사고의 대부분이 처방약인 옥시콘틴에 의한 것이었기 때문이다.[91] 백인들 사이에서 오피오이드 과용 사망이 기록적으로 늘면서, 미국 사고사의 역사가 바뀌었다.[92] 2002년에 미국 역사상 처음으로 전체 사고사를 통틀어서 백인의 사고사율이 흑인보다 높아진 것이다. 오피오이드 유행을 대중이 심각한 문제로 인식하게 된 것은 단지 사망자의 증가 때문이 아니라 급증한 사망자가 백인이기 때문이었다.

오늘날에는 이 격차가 줄고 있다.[93] 백인의 오피오이드 과용은 증가세가 줄어들고 있는 반면 흑인의 과용은 급격하게 늘고 있다.[94] 2019년에 약물 과용 사고사 통계는 예전의 패턴으로 돌아갔다. 흑인의 사망률이 증가하면서 2002년 이래 처음으로 흑인과 백인의 사망률이 비슷해졌다. 옥시콘틴이 마침내 규제되면서 이제 대부분의 사고성 과용이 처방 약물이 아니라 불법 약물에 의해 발생하고 있기 때문이다.[95] 하지만 낙인이 사고의 판관 역할을 하는 것은 달라지지 않았다. 의사들은 약물 충동을 관리함으로써 사고성 과용의 위험과 비율을 줄여주는 부프레놀핀을 거의 전적으로 백인에게만 처방한다.[96] 연구자들은 2012년에서 2015년 사이에 발생한 약 1300만 건의 내원을 조사했는데, 의사들이 백인에게 부프레놀핀을 처방한 건수는 급증했지만 흑인에게 처방한 건수는 변화가 없음을 발견했다. 흑인의 약물 과용이 백인보다 더 빠르게 증가하고 있는데도 의사들이 백인에게 부프레놀핀을 처방할 가능성이 35배 더 높았다.

부프레놀핀은 그것을 구하기 위해 매일 진료소에 가지 않아도 된다는 점에서 메타돈보다 낫다. 하지만 당신이 의사의 처방전을 받을 수 있는 백인이어야만 적용되는 이야기다. 처방전이 없는 흑인은 사고성 과용의 위험을 감수하고 살거나, 아니면 메타돈 취급 진료소에 매일 가는 부담을 져야 한다. 그 결과, 백인의 오피오이드 사용은 확산세가 잡히기 시작한 반면 흑인이 맞닥뜨린 위험은 평균보다 훨씬 빠른 속도로 높아지고 있다.

사고에서 낙인은 켜켜이 쌓이며, 그중 으뜸은 인종적 낙인이다.

6

인종주의

THERE
ARE
NO ACCIDENTS

우리가 '인적 과실'을 이야기할 때, 즉 무단횡단자, 사고 유발 경향성을 가진 노동자, 운전석의 미치광이, 범죄적 중독자에 대해 이야기할 때, 우리는 사고를 예방할 수 있는 방법에서 정신을 돌리도록 속아 넘어가고 있는 것이다. 그리고 이는 동일한 사고가 다시 발생하게 만든다.

사람에게서 과실을 찾아내면 왠지 정의가 실현된 것 같고 사건이 종결된 것처럼 느껴진다. 그러니 우리가 열심히 누군가의 과실을 찾으려 하는 것도 이해는 간다. 하지만 예방 가능한 결과를 예방하지 못하면 방대하고 치명적인 불공정이 야기된다. 사람들의 사고사율이 인종주의 때문에 매우 불균등해진다는 것이 이를 단적으로 보여준다.

인적 과실과 위험한 조건에 관한 논쟁을 '썩은 사과 이론'과 '새로운 견해'를 대비해 설명한 조종사이자 안전 전문가 시드니 데커는 저서 《참사는 이제 그만: 인적오류 조사를 위한 실무 지침서》*The Field Guide to Understanding 'Human Error'*에서 정책, 관행, 건조환경이 어떻게 사고를 유발하는지 알려면 사고 당사자의 관점에서 상황을 보아야 한다고 촉구했다.[1] 그는 터널을 비유로 들어 이를 설명했다.

터널을 밖에서 본 광경을 상상해 보자.[2] 한쪽 끝은 어떤 사람이 사고를 당하기 직전이다. 다른 쪽 끝은 사고 직후다. 당신이 보는 관점에서는 사고의 시작점에 있는 사람과 아마도 그가 저질렀을 과실,

그리고 사고의 결과 외에는 사고의 모든 것이 터널 내부에 숨겨져 있다. 이것이 사고에 대한 진상 조사를 할 때 일반적으로 취해지는 관점이다. 먼 곳에서, 혹은 아주 높은 곳에서 사고의 시작과 끝만 보고 중간은 보지 않는 것이다. 이런 관점은 수많은 경로로 잘못된 결론을 향해 가게 만든다.

우선, 아마도 우리는 나쁜 결과가 발생했다면 틀림없이 나쁜 행동에서 시작되었으리라고 가정할 것이다. **무언가가** 잘못되었다면 틀림없이 **누군가가** 잘못했을 것이라고 말이다. 이렇게 결론을 내리고 나면, 사고를 개선하는 길은 (1장에서 언급한 조지아퍼시픽 제지 공장 경영진이 한 것처럼) 터널 밖에서 안전 매뉴얼을 높이 치켜들고서 마치 시간을 되돌릴 수 있다는 듯이 이미 벌어진 일에 규칙과 절차를 강제하는 것이 된다.[3]

혹은, 당사자가 사고를 피할 수 있었을 모든 방법을 나열해 보려 할지도 모른다. 그 각각이 사실인 듯이 말이다. 예를 들어 어윈 우서가 사망한 원인에 대해 그가 다른 곳에서 놀 **수도 있었을 텐데라거나** 그의 부모가 더 신경 써서 아이를 챙길 **수도 있었을 텐데라고** 말하는 것이다.[4] 우리는 왜 그가 '아' 해야 했을 때 '어' 했는지를 지금 시점에서 되짚어 물으려 한다. 하지만 이런 접근법은 일어났더라면 좋았을 일에만 집중하느라 실제로 일어났던 일에 대해서는 아무것도 알게 되지 못한다는 점에서 문제다.

데커는 "되돌아보는 외부자의 시점을 취하는 것의 문제는, 그렇게 해서는 어떤 것도 설명할 수 없다는 점"이라고 언급했다. 그는 "그런 시점에서 할 수 있는 거라곤 (결과를 알고 있는 상태로) 지금 보기에 매우 중요한 것을 당시에 알지 못했던 사람들을 재단하는 것뿐"이라고 말했다.[5]

이 중 어느 것도 사고 자체를 이해하는 데는 도움이 되지 않는다.

데커는 그러지 말고 터널 안에 들어가서 그 안에 있는 사람 입장에서 사고를 보라고 독려한다.[6] 외부에서의 시점이나 되돌아보는 시점에서가 아니라 터널 안에서 사고가 어떻게 전개되었는지를 볼 수 있다면, 누군가의 의사 결정이 왜 당시에 그에게 합리적이었는지를 더 잘 이해할 수 있다.

분명히 해둘 것이 있다. 오류를 저지르는 것은 지극히 인간적인 것이다. 인간은 실수를 한다. 하지만 이 책에서 우리는 이 사실에 초점을 두지 않았다. 사고를 막는 데 도움이 되지 않고 오히려 데커가 터널 비유를 통해 말한 잘못된 결론을 향해 가게 하기 때문이다. 또한 많은 사고 전문가들이 인적 과실이란 실은 존재하지 않는다고 보고 있기 때문이기도 하다. 건조환경 안에서 인간의 모든 행동은 환경의 산물이다. 위험한 조건이 실수를 **유발한다**. 따라서 **만약** 조건이 위험하지 않다면 실수도 없을 것이고, 적어도 죽음이나 중대 손상을 가져오는 실수는 없을 것이다.

이를 염두에 두면서 우리 사회에서 **누가** 사고를 당하는지, 그리고 그 사고를 당사자들은 어떻게 여기는지 살펴보기로 하자. 미국에서 사고사는 균등하게 일어나지 않는다. 예를 들어 인종주의와 낙인은 발생한 사고를 설명하는 핑계이기도 하지만 이후의 사고를 유발하는 원인이 되기도 한다. 따라서 나는 데커의 아이디어를 한 걸음 더 밀고 나가보려 한다. 우리는 사고를 당사자의 관점에서 보아야 하고, 특히 피해 당사자의 관점에서 보아야 한다. 이를 통해 우리는 건조환경의 문제(취약한 원자로나 밸브 표시등의 잘못된 색깔 등) 너머로 시야를 확대해 사고를 야기한 무형의 시스템까지 살펴볼 수 있다. 인종주의는 누가 사고의 위험을 느끼고 누가 실제로 위험에 처해있는지,

우리가 누구를 비난하고 누구를 처벌하는지, 누가 살고 누가 죽는지, 그리고 누가 가장 위험한 시스템에 처하게 되는지를 결정한다.

인적 과실설을 논파하는 논리는 인종주의에도 적용되며, 이 사실을 기억하는 것은 중요하다. 사고 유발 경향성이라는 것이 불변의 타고난 특질이 아니듯이 인종도 유전적인 것이 아니다.[7] 특정한 인종에서 특정한 사고로 죽는 사람이 더 많다면, 사고에 대해 인적 과실을 탓하는 것이 곧 인종주의다.

예컨대 흑인이 차에 치일 확률이 더 높다는 사실을 알고 있다면, 우리는 흑인이 길을 걸을 때 과실을 더 많이 범한다고 생각할 수도 있다. 인종주의에 토대를 둔 인적 과실설을 제시하는 것이다. 그리고 이 결론에 따라 길을 제대로 건너지 않는 흑인을 무단횡단으로 처벌하려 할 것이다(앞으로 보겠지만 실제로 일어나는 일이다). 하지만 흑인이 차에 치일 가능성이 더 큰 진짜 원인에는 많은 요인이 중층으로 교차해 있다. 찰나의 순간에 인종주의적인 의사 결정을 하는 운전자, 흑인 거주지의 도로를 더 위험한 상태로 둔 인종주의적 도시계획 정책(1장에서 본 윌리엄 번지의 디트로이트 아동 사망 지도에서 볼 수 있듯이 말이다) 등이 한데 맞물려서 빚어진 결과인 것이다.

인종주의적인 사람과 인종주의적인 시스템은 사고를 유발하는 유해한 조건을 만들어놓고서 사고가 나면 피해자를 비난한다. 그리고 어쩌면 우리도 인종주의적이기 때문에 인적 과실설의 이런 결론을 잘 받아들이고 있는지도 모른다. 이런 식으로 사고사는 인종에 따라 불평등하게 일어나고, 사고 이후에 벌어지는 일 역시 마찬가지다. 백인은 실수를 '사고'였다고 면책받기 쉽고 흑인은 동일한 실수를 해도 비난을 (그리고 종종 형사처벌을) 받기 쉽다. 인종주의는 어떤 결과가 어떤 사람에게 배분되는지를 결정짓는다. 이런 악순환은 낙인을 만들고 인종적 차이가 실재한다는 착각을 불러일으킨다. 사회학자이자 역사학자인 캐런 필즈와 바버라 필즈는 이것을 '인종 크래프트'racecraft라고 부른다. 인종주의가 인종을 사회적 구성물이 아니라 실재하는 실체처럼 보이게 만든다는 것이다.[8]

사고의 맥락에서 인종 크래프트는 우리가 불평등한 결과를 설명하기 위해 인종적·민족적 차이를 운운할 때 작동할 수 있다. 이것이 작동하는 한 가지 방식을 다음의 사례를 통해 생각해 보자. 미국 전체에서 라티노는 백인보다 자전거 사고로 죽을 확률이 더 높다.[9] 그리고 뉴욕에서 라티노는 자전거를 인도에서 타다가 교통 규칙 위반으로 딱지를 떼일 확률이 더 높다.[10] 이 사실을 기반으로 우리는 인종주의적 낙인을 발달시키게 된다. 뉴욕의 라티노들은 자전거를 더 위험하게 몰고 법을 더 잘 어기면서 몬다고 말이다.[11] 이런 낙인을 가지고 있으면 우리는 라티노가 자전거 사고로 사망했을 때 공감을 덜하게 될 것이다. 그 결과, 경찰은 라티노가 주로 거주하는 동네에서 더 엄격하게 법을 집행할 것이다. 그리고 일반적으로 납세자들은 이런 동네에 자전거용 인프라를 구축하는 일을 지지하지 않게 될 것이다. 라티노들은 법을 잘 안 지키고 자전거를 위험하게 모는데, 그런 사람들에게 좋은 일을 우리가 왜 해줘야 하는가? 실제로 2017년 뉴욕시의 한 커뮤니티 위원회〔community board, 뉴욕시의 지역 자치 기구〕에서 어느 인종주의적인 위원이 이와 비슷한 주장을 폈다. 그는 라티노 이민자가 다수인 퀸즈의 코로나에 자전거도로 짓는 일을 중단해야 한다며 이렇게 말했다. "트럼프가 코로나에서 모든 불법행위자들을 다 없애고 나면, 이곳의 자전거도로에서 자전거를 탈 사람이 없을 것입니다."[12]

이것이 어떻게 악순환을 낳는지 알기는 어렵지 않다. 사고사는 위험한 조건 때문에 더 잘 일어나는데 위험한 조건은 인종주의적인 방식으로 사회에 분포한다. 그리고 사고사의 원인이 인종주의적으로 해석되면서, 위험한 조건을 계속 방치해 두는 것이 정당화된다. 백인이 자전거 사고로 죽으면 인종 크래프트가 작동하지 않아 더 공감을 얻을 것이고, 인적 과실보다 위험한 조건에 초점이 더 맞춰질 것이고, 그러면 문제에 대한 실질적인 해결로 이어질 것이다.

사고와 관련된 낙인이 모두 그렇듯 이런 논리는 죽거나 다친 사람들을 타자화하는 것과 관련이 있다. '우리'와 '그들' 사이에 지워지지 않는 차이를 새겨 넣는 것이다. 이것을 극복하려면 피해자의 입장에서 생각해야 한다. 그렇게 하면, 터널의 시작점에 있는 사람이 백인이 아닌 경우 사고의 위험이 다르고 또 **다르게 느껴진다는** 것을 알 수 있다. 여기에서 우리는 자신이 위험에 처해있음을 아주 잘 인지하고 있는 사람들을 발견하게 된다.

백인 남성 효과

1980년대 말에 이런 종류로는 처음 시도된 지리적 분포 연구(이 장의 뒷부분에서 다시 설명할 것이다)에서 유색인종은 그들이 사는 지역 때문에 화학물질 노출 사고의 위험에 더 많이 처하게 된다는 사실이 드러났다.[13] 4장에서 소개한 위험 인식 전문가 폴 슬로빅은 이 연구에서 힌트를 얻어, **실제** 위험이 높아질 때 이것이 위험에 대한 **느낌**에서는 어떻게 드러나는지 알아보기로 했다.[14] 유해 화학물질에의 노출이 불평등하게 존재한다는 것은 사실이다. 그렇다면 이 불평등이 사람들의 위험 인식에서도 드러나고 있을까?

슬로빅은 전국에서 남성과 여성, 백인과 '비非백인' 참가자를 모집해 대체로 우발적인 25가지의 위험 요인에 대해 일련의 질문을 던졌다. 핵 재난, 오염, 테크놀로지 발달의 가속화 같은 커다란 위험도 있었고 자동차 사고, 주택 화재 등 더 일상적인 위험도 있었다. 슬로빅은 참가자에게 각각의 위험 요인을 "건강에 거의 위험이 되지 않는다"부터 "건강에 높은 위험이 된다"까지의 척도로 평가하게 했고, 응답을 인종과 성별에 따라 분석했다.[15]

분석 결과 비백인이 백인보다 위험을 느끼는 빈도도 더 높았고 느끼는 위험의 정도도 더 컸다. 백인 여성은 백인 남성보다 위험을 더 많이 느꼈다. 하지만 비백인의 경우에는 성별에 따른 위험 인식에 차이가 없었다. 핵 폐기물부터 선탠, 또 비행기 사고까지 모든 요인에 대해 위험을 가장 덜 느끼는 집단은 백인 남성이었다.[16]

이런 결과의 기저에 있는 '이유'를 알기 위해 슬로빅은 다른 인구통계학적 정보를 추가로 적용해 보았고, 더 부유하고 교육 수준이 더 높고 정치적으로 더 보수적인 백인 남성 사이에서 명백한 패턴을 발견했다. 이들은 목록에 제시된 위험 요인들에서 위험을 가장 덜 느꼈다. 또한 이들은 "사회가 동의를 구하지 않고 사람들에게 작은 위험을 부과하는 것이 허용되어야 한다고 생각하십니까?"라든가 "미국이 동등한 권리를 너무 강하게 밀어붙인다고 생각하십니까?" 같은 질문에 "예"라고 답하는 경우가 더 많았다. 한편 "지역 주민이 그들이 생각하기에 잘못 운영되고 있는 원자력발전소를 닫을 수 있는 권한을 가져야 한다고 생각하십니까?" 같은 질문에는 "아니오"라고 대답하는 경향을 보였다. 이 질문은 위험한 조건을 바꿀 수 있는 권한이 위험을 느끼는 당사자에게 주어져야 한다고 보는가를 묻는 질문이었다.[17]

2000년에 슬로빅은 이 연구를 다시 한번 진행했고, 이번에도 비슷한 결과가 나왔다.[18]

2004년에 또 다른 연구자도 비슷한 결과를 발견했다. 루이지애나주의 배턴루지부터 뉴올리언스까지 미시시피강을 따라 위치한 지역에 살고 있는 사람들을 대상으로 한 연구였는데,[19] 이 지역들은 화학물질 사고가 많아서 '암의 거리'라고 불리는 곳이다. 암의 거리 자체는 인종적으로 다양한 지역인데도 화학물질 사고에 노출된 사람은 압도적으로 흑인이 많다.[20] 이 연구에서도 흑인 여성이 위험을 가장 많이 느꼈고, 흑인 남성이 바로 뒤를 이었으며, 그 바로 뒤를 백인 여성이 이었다. 백인 남성은 뚝 떨어져서 그다음이었다.[21]

위험 인식 연구자들은 이런 결과가 너무나 많이 발견되어서 여기에 '백인 남성 효과'라는 이름을 붙였다.[22] 백인 남성은 다른 집단에 비해 위험에 대해 현저히 안일하거나 자신의 위험 노출도가 비교적 작다는 것을 잘 알고 있다. 이들은 단순히 위험을 감수할 의향이 더 큰 것이 아니라 **자신들만이** 실제로 위험에 덜 처해있다는 것을 정확하게 알고 있다. 1997년에 슬로빅도 다음과 같이 이를 언급했다.[23]

> 아마도 백인 남성은 자신들이 주요 테크놀로지와 활동을 만들고 관리하고 통제하고 거기에서 이득을 얻기 때문에 세상의 위험을 덜 읽게 되는 것 같다. 아마도 여성과 비백인 남성은 많은 면에서 그들이 더 취약하기 때문에, 많은 테크놀로지와 제도에서 이득을 덜 보기 때문에, 그리고 공동체와 삶에서 벌어지는 일에 대한 통제력과 권력이 더 작기 때문에, 세상의 위험을 더 많이 읽게 되는 것 같다.

이런 연구에서 흑인들은 사고로 이어지는 위험한 조건에 대한 자신들의 통제력이 부족하다는 사실을 정확하게 인식하고 있었다. 하지만 똑같은 무력감이 사고 이후에도 존재한다. 비백인이 위험을 더 크게 느끼는 또 다른 이유는 사고 후에 원인으로 지목되어 비난받을 가능성이 더 커서일 것이다(그리고 낙인에 대해 우리가 아는 바에 따르면 이런 비난은 향후 사고 발생 가능성을 높일 수 있다). 어떤 사고는 실수라고 보고 어떤 사고는 범죄라고 보는 인종주의적 판단이 존재한다는 증거는 심지어 삶의 맨 첫 순간에서도 어렵지 않게 찾아볼 수 있다.

아기들에 대한 인종주의

아기가 자다가 숨지면 의사들은 영아 돌연사(예기치 못하게 알 수 없는 이유로 아기가 갑자기 사망하는 경우)라는 범주 아래 다시 두 가지 중 하나로 사망 원인을 진단한다.[24] 하나는 의료적 질병 상황으로, 누구의 잘못도 없이 갑작스럽게 발생한 아기의 죽음이라는 의미에서 영아돌연사증후군sudden infant death syndrome이라고 불리며 약어로는 SIDS라고 표기한다. 알 수 없고 설명되지 않는 이유로 아기가 숨지는 것이다. 다른 하나는 질병통제예방센터의 분류에서 '비의도적 손상 사망'에 속하는 사고 상황으로, 이부자리에서의 숨 막힘이나 목 졸림에 의한 우발적질식사accidental suffocation and strangulation in bed라고 불리며 약어로는 ASSB라고 표기한다. 1세 미만 영아가 우발적질식사를 할 확률은 원주민이 백인보다 36퍼센트, 흑인이 백인보다 132퍼센트 더 높다.[25] 하지만 연구들에 따르면, 이런 불균등은 사망 원인에 대한 부정확하고 인종주의적인 진단의 결과일 수 있다.

2019년에 사우스다코다주의 샌퍼드의과대학 연구자들은 영아 돌연사 수치가 인종적으로 불균형하다는 사실, 그리고 최근 SIDS에서 ASSB로 진단이 이동하는 경향을 보이는 것에 대해 더 알아보기 시작했고, 우려할 만한 점을 발견했다.[26]

의사들이 부모에게 아기를 담요 같은 것이 없는 딱딱한 이부자리에 등을 대고 똑바로 눕혀 재워야 한다고 알려주기 시작한 1990년대 초 이래로 SIDS 사고사율은 줄어드는 추세를 보여왔다. 반면 같은 기간에 ASSB는 알 수 없는 이유로 증가했다. 의사들이 무엇이 SIDS이고 무엇이 아닌지를 더 잘 알게 되어서 ASSB 진단이 늘었을 수도 있지만, 다른 요인이 있었을 수도 있다. 그런데 SIDS의 감소와 ASSB의 증가 모두 전체 인구 집단에 걸쳐 균등하게 나타나지 않았다. SIDS 진단은 백인보다 유색인종 사이에서 훨씬 빠르게 줄고 있고 ASSB 진단은 백인보다 유색인종 사이에서 더 빠르게 늘고 있다. ASSB 진단은 모든 인종에서 증가하고 있지만 비백인 사이에서 더 빠르게 증가하고 있다.

샌퍼드의과대학 연구팀의 팀장은 영아 돌연사 발생 시 사망 원인을 진단하는 의사가 백인이 아닌 아기의 죽음은 SIDS라고 부르기를 꺼리고 백인인 아기의 죽음은 ABBS라고 부르기를 꺼리는 것이 이유일지 모른다는 가설을 세웠다. SIDS가 인적 과실을 탓하지 않고 부모의 결백을 더 강하게 암시하는 진단이기 때문에, 의사들은 비백인 아기의 사망에 대해서는 이 진단을 덜 내리려 하는 것 같아 보인다. 또한 ASSB는 부모에게 더 낙인을 찍는 진단이며(아기를 방임한 것 같은 뉘앙스까지 띤다) 명백하게 인적 과실을 암시하므로, 의사들은 백인 아기의 죽음에 대해서는 이렇게 설명하기를 더 꺼리는 것 같아 보인다.

이런 불균등의 한 이유는 의료진이 백인 부모에게는 어찌해도 막을 수 없었을 병으로 아기가 죽었다고 설명하려는 경향이 크고, 비백인 아기의 죽음은 부모가 무언가를 잘못해서 아이가 질식했다는 뉘앙스로 설명하려는 경향이 커서일 수 있다. 이 가설이 맞다면, 아기가 돌연사했을 때 의료진이 백인 부모에게는 사고사에 대해 면책을 해주기 때문에 비백인 아기가 사고로 더 많이 죽는 것으로 보이게 된다.

응보의 맛

사고가 발생했을 때 용서받느냐 비난받느냐가 인종에 따라 나뉘는 경향은 무단횡단 같은 일상적인 상황에서도 발견된다. 무단횡단은 인종에 따라 선택적으로 처벌된다.

미국에서 보행자가 운전자에 의해 사망할 확률이 가장 높은 10개 도시 중 하나인 플로리다주 잭슨빌에서는 경찰이 흑인에게 무단횡단 딱지를 훨씬 더 많이 뗀다.[27] 프로퍼블리카ProPublica의 기자들이 알아본 결과 2016년까지의 5년 사이에 잭슨빌 경찰이 뗀 무단횡단 딱지 중 흑인에게 발부된 것이 55퍼센트였는데, 잭슨빌 인구 중 흑인은 29퍼센트에 불과하다. 흑인은 무단으로 길을 건넜을 때 딱지를 떼일 확률이 백인보다 3배 높았다. 뉴욕처럼 보행자에게 더 안전한 도시에서 진행된 다른 연구에서도 무단횡단에 대한 처벌이 인종주의적으로 이뤄진다는 실증 근거를 찾을 수 있다.[28] 2019년에 경찰은 뉴욕 인구의 절반 정도를 차지하는 흑인과 라티노 보행자에게 무단횡단 딱지의 거의 90퍼센트를 발부했다. 2020년의 첫 3개월 동안에는 뉴욕시 경찰이 무단횡단 딱지의 99퍼센트를 흑인과 라티노에게 발부했다.

인종주의는 차량에 의한 중과실치사vehicular homicide 선고에도 만연해 있다.[29] 이는 당신이 무단횡단을 한 흑인일 때는 딱지를 떼이고 벌금을 낼 가능성이 더 높다는 의미이다. 그러나 당신이 길을 건너다가 차에 치여 죽은 흑인일 때는 당신을 죽게 만든 운전자가 백인을 죽게 했을 때보다 사회에 치를 대가가 줄어든다는 것을 의미한다. 연구자들은 차량에 의한 중과실치사(고의성 없이 부주의로 인해 차량으로 사람을 사망에 이르게 하는 것을 의미한다)의 피해자가 흑인이면 가해자의 형량이 더 짧다는 것을 발견했다.

2000년에 다트머스와 하버드의 연구자들은 미국범죄사법통계국 데이터를 통해 차량에 의한 중과실치사(대체로 음주운전 사고였다)를 선고받은 피의자의 형량을 피해자의 특성에 따라 분석했다.[30] 미국 전역의 법정에서 나온 방대한 선고 데이터를 분석한 결과, 피해자가 흑인이면 가해자의 형량이 53퍼센트 더 짧아졌다.

가해자를 감옥에 가게 하는 것이 피해자의 생명의 가치를 말해주는 하나의 척도라면, 흑인의 생명은 백인의 생명보다 가치가 낮다는 말이 된다. 이 연구를 수행한 연구자들은 형량의 길이에는 단순히 사법 정의의 실현 여부보다 더 해로운 무언가가 있다고 결론지었는데, 이를 "응보의 맛"이라고 불렀다.

"어이쿠, 못 봤어요"

흑인이나 라티노가 횡단보도가 아닌 데서 길을 건너면 교통 규칙 위반으로 벌을 받을 가능성이 더 높다. 그런데 흑인이 길을 건너다가 차에 치여 사망하면 횡단보도 위에서였든 아니든 그를 친 사람의 범죄는 무게가 더 가벼워진다. 사고 이전의 행동과 사고 이후의 결과 모두 인종주의의 영향을 받는 것이다. 그리고 그 중간에 벌어지는 일도 그렇다.

2019년에 미국에서는 하루 평균 21명의 보행자가 차에 치여 사망했고, 인구 대비 흑인, 라티노, 원주민이 백인보다 많이 사망했다.[31] 보행자 사고 사망률은 백인보다 라티노가 87퍼센트, 흑인이 93퍼센트, 원주민이 171퍼센트 더 높다. 흑인은 길을 건너다 딱지를 떼일 가능성이 더 높고, 길에서 사망할 경우 가해자가 처벌될 가능성이 더 낮으며, 길에서 사망할 가능성도 더 높다.

횡단보도에 진입한 후 아직 차에 치여 사망하기 전까지 횡단보도에서 일어나는 일도 인종주의의 영향을 받는다.[32] 포틀랜드주립대학 연구자들은 운전자가 흑인 보행자에게 길을 양보하는 빈도가 현저히 낮다는 사실을 발견했다.

이 연구를 이끈 타라 고다드는 의사 결정에서 작동하는 편견에 관한 이전 연구들을 토대로 연구 모델을 세웠다. 대부분은 교통에 대한 연구가 아니었지만 교통에 대한 것이 하나 있었는데, 지팡이와 우산을 가지고 한 실험 연구였다. 이 연구는 길을 건너려고 기다리는 사람이 우산과 지팡이 중 무엇을 들었는지가 운전자가 양보 여부를 결정하는 데 영향을 미치는지 살펴보았다. 운전자는 장애를 암시하는 물건, 지팡이를 든 보행자에게 더 많이 양보했는데, 이는 사람들이 운전 중에 편향된 결정을 내린다는 증거였다. 고다드는 인종주의도 그런 의사 결정 편향을 일으킬 수 있는지, 그리고 그것이 흑인 보행자가 사망할 가능성이 더 높은(사회적·경제적 지위, 음주, 흑인이 보행자가 더 많은 지역에 거주한다는 사실 등을 통제하고 나서도 흑인 보행자가 사망할 확률이 더 높다) 이유일지 알아보고자 했다.[33]

2015년에 오레곤주 포틀랜드 시내에서 고다드의 연구팀은 6명의 남성을 섭외해 실험을 했다. 이들은 나이와 체구(키, 몸무게 등)가 같았고, 고다드는 이들이 같은 옷을 입게 했다. 이 중 3명은 흑인, 3명은 백인이었다. 이들은 각각 혼자서 차량 통행이 많은 2차선의, 횡단보도는 있지만 신호등은 없는 일방통행 도로에서 연구자가 지켜보는 가운데 길 건너기를 시도했다. 이렇게 생긴 도로에서는 보행자가 안전하게 길을 건너려면 운전자가 양보를 해야 한다.

"이런 것을 준실험이라고 부릅니다. 실험실 상황이 아니니까 모든 것을 통제할 수는 없지만, 우리는 변수들을 최대한 줄이려고 했습니다. 다른 모든 것이 동일할 때, 운전자가 길을 건너려는 사람이 흑인이거나 백인인지에 따라 다르게 양보하는지 알아보려고 한 것입니다."

고다드는 현장에서 실험을 지휘했다. 보행자 역할을 맡은 사람에게 어느 타이밍에 횡단보도로 나올지 신호를 주었다. 모든 운전자에게 양보할지 말지 결정할 시간을 동일하게 주기 위해서였다. 그리고 보행자들이 휴대전화를 보지 않도록 했고, 횡단보도로 내디딜 때 다가오는 차를 마주 보도록 했다. 운전자와 눈을 맞추려 하면서 길을 건너려 한다는 신호를 운전자에게 주는 것이다. 고다드는 첫 번째 자동차가 멈춰 양보하는지뿐 아니라 첫 번째 차가 멈추지 않았다면 그다음에 몇 대의 차가 지나가는지, 그리고 보행자가 길을 건널 수 있기까지의 시간이 얼마나 걸리는지도 확인했다.

많은 운전자가 흑인과 백인 보행자 모두에게 양보하지 않고 지나갔다. 하지만 양보를 하는 경우에는 길을 건너려 하는 사람이 흑인인지 백인인지가 영향을 미쳤다. 총 88회의 횡단 시도에서 평균적으로 흑인 보행자가 서있을 때 그냥 지나가는 차가 백인 보행자가 서있을 때보다 2배 많았다. 첫 번째 운전자가 흑인 보행자에게 양보하지 않는 경우, 보행자가 백인일 때보다 5배나 더 많은 차가 그다음에도 멈추지 않고 지나갔다. 운전자들은 백인 보행자에게 24퍼센트 더 빨리 양보했다[양보할 때 몇 초가 걸리는지 기준]. 흑인 보행자는 평균적으로 길을 건너기 위해 백인 보행자보다 32퍼센트 더 오래 기다려야 했다. 명시적 편견이든 암묵적 편견이든, 양보에 대한 운전자의 의사 결정은 명백히 인종주의적이었다. 그리고 이것은 사고로 이어질 수 있다.

"만약 운전자가 당신에게 양보하지 않을 거라고 예상한다면, 당신은 보통 때 같으면 감수하지 않을 위험을 감수하면서 달려오는 자동차 사이로 무리하게 뛰어들며 길을 건너려고 할지 모릅니다. 아무도 양보해 주지 않을 테니까요." 고다드는 내게 이렇게 말했다. 이런 인종주의는 걸어 다니는 것이 건강에 좋다는 간단한 사실과 관련해서도 영향을 미칠 수 있다. "어떤 사람들은 그저 밖에 나가지 않기로 하거나 이동할 때 도보로 다니지 않기로 할지 모릅니다. 차들이 내 앞에서는 서주지 않으리라는 것을 아니까요."

양보해 주기를 너무 오래 기다리다가 일터에 지각할 수도 있다. 너무 기다리다 지치면 안전하지 않은 줄 알면서도 냅다 뛰어서 건너려고 할지도 모른다. 어떻든 간에, 이 모든 상황의 한 가지 결과는 운전자가 흑인 보행자를, 백인 보행자보다 2배 더 많이 죽게 만든다는 것이다.[34]

양보하지 않는 것은 본질적으로 '비非행위'다. 무언가를 하는 것이 아니라 기존의 진행을 그냥 유지하기로 하는 찰나의 의사 결정인 것이다. 그런 점에서는 이는 인종주의의 덜 해로운 형태로 보인다. 하지만 사실은 더 은밀한 형태의 차별일 뿐이다. 이것은 "어이쿠, 못 봤어요"라고 말하는 것에 숨겨진, 흑인의 생명에 대한 경시다.

"못 봤어요"는 보행자를 친 차 사고에서 고전적으로 등장하는, 하지만 잘못된 설명이다. 여러 상이한 맥락에서 누가 보이고 누가 안 보이는지를 살펴보면 인종주의가 원인이라는 사실을 (통계 자료가 입증하는 것에 더해) 다시 한번 확인할 수 있다. 자동차 운전자에게 흑인 보행자는 보이지 않는다. 반면 총을 든 사람에게는 흑인 보행자가 아주 잘 보인다. 그래서 흑인은 총에 더 많이 맞는다. 그 흑인이 누구이고 무엇을 하고 있었는지와는 상관없이 말이다.

공개적 총기 (혹은 고양이) 휴대 허가

연간 수만 건에 이르는 교통사고에 비하면[35] 연간 수백 건이 발생하는 총기 오발 사고는 발생 빈도가 낮다고 말할 수 있다(하지만 서문에서 언급했듯이 총기 사고 통계는 과소 집계되었을 것이다). 이런 흔치 않은 사고에서, 흑인은 길을 건너려고 서있을 때처럼 안 보이지 않는다. 오히려 흑인은 실험실 연구에서도 현실에서도 표적처럼 잘 보인다. 총기 사고로 인한 사망률은 다른 유형의 사고 사망률에 비해 상대적으로 낮긴 하지만,[36] 흑인의 경우 백인에 비해 29퍼센트, 원주민의 경우 19퍼센트가 더 높다. 여기에서도 이런 사고사 숫자가 인종주의의 산물임을 말해주는 많은 연구 결과가 있다.

2003년에 워싱턴대학 연구자들은 약 100명의 실험 참가자에게 두 개의 커다란 쓰레기통이 있는 한 골목을 컴퓨터 화면으로 보게 했다.[37] 연구자들은 참가자에게 경찰 역할을 하게 하고서 쓰레기통 뒤에서 나오는 사람에게 어떻게 반응하는지 관찰했다. 쓰레기통 뒤에서 나오는 사람은 셋 중 하나일 것이었다. 민간인, 범죄자, 경찰. 이들은 모두 똑같은 옷을 입고 있을 것이고, 민간인은 고양이, 카메라, 맥주, 손전등 같은 무해한 것을, 범죄자와 경찰은 총을 들고 있을 것이었다. 연구자들은 다른 면에서는 거의 똑같아 보이는 범죄자와 경찰을 인종으로 구별하도록 알려주었는데, 한번은 총을 든 백인이 범죄자, 총을 든 흑인이 경찰이라고 말했고, 또 한번은 반대로 총을 든 백인이 경찰, 총을 든 흑인이 범죄자라고 말했다. 두 경우 모두에서 참가자의 행동을 살펴보기 위해 실험을 두 번 진행했다. 경찰 역할을 맡은 참가자들은 쓰레기통 뒤에서 나오는 사람이 범죄자면 총을 겨눠 발사하고(마우스로 커서를 갖다 대고 왼쪽 클릭), 경찰이면 동료 경찰에게 안전하다는 신호를 주고(스페이스바), 민간인이면 아무것도 하지 않고 지나가게 해야 했다.

실험 결과, 연구자가 참가자에게 쓰레기통 뒤에서 나온 흑인이 민간인, 범죄자, 경찰 중 누구라고 말했는지는 중요하지 않았다.[38] 총을 쏠지를 결정할 때 중요한 것은 흑인이라는 피부색이었다. 실험 참가자들은 쓰레기통 뒤에서 나타난 사람이 흑인이면 그가 들고 있는 것이 총이 아니라 고양이라는 것을 잘 구별하지 못했고, 그래서 고양이를 든 흑인 민간인에게 총을 더 쏘았다. 또 흑인이 들고 있는 것이 총이라는 사실을 알았을 경우에는, 그 사람이 경찰이어도 총을 더 쏘았다.

두 명의 사회심리학자가 지난 10년간 이뤄진 42건의 이 같은 '쏠 것이냐 말 것이냐' 연구를 일별해 메타 분석을 진행했다. 그 결과, 전반적으로 흑인이 더 빨리 더 자주 총에 맞은 것으로 나타났다. 그가 총을 소지하지 않았을 때도 그랬다. 총기 규제가 더 적은, 따라서 총이 더 많은 주들에서는 흑인들이 심지어 더 많이 총에 맞았고 더 이유 없이 총에 맞았다.[39]

흑인에게 무턱대고 총을 쏘는 것은 현실에서도 일어나는 일이다. 흑인, 라티노, 원주민은 백인보다 경찰에 의해 죽임을 당할 가능성이 크다.[40] 경찰이 총을 쏜 데는 경찰관이 위협을 느꼈다든지 하는 이유가 있었을 수도 있지만, 한 연구에 따르면 경찰 총기 사고의 약 6퍼센트는 해당 경찰 본인이 우발적인 사고였다고 진술한 경우였다.[41] 여기에서도 총에 맞은 사람은 흑인이 압도적으로 많았다.[42] 2020년 켄터키주에서 브리오나 테일러가 경찰에 의해 숨진 데 대해, 경찰은 "계산 착오"였다고 설명했다. 2021년 미네소타주에서 돈트 라이트가 경찰이 쏜 총에 숨졌을 때 경찰은 우발적으로 테이저가 아니라 총을 꺼냈다고 설명했다.[43] 2011년 매사추세츠주에서 68세의 노인 유리 스탬프스는 다른 사람을 잡으려고 불시진입영장no-knock warrant(노크 등으로 고지하지 않고 들어갈 수 있다)을 가지고 들이닥친 경찰에 의해 숨졌다. 무기도 소지하지 않은 그를 경찰이 제압해 바닥에 쓰러뜨렸다.[44] 2010년 미시건주에서 사망한 7세 아동 아이야나 모네이 스탠리존스는 경찰이 불시진입영장을 가지고 아파트의 엉뚱한 집에 들어가서 총을 쏘는 바람에 숨졌다.[45] 2010년 뉴욕에서 이얀나 데이비스는 밤에 문이 열리는 소리에 놀라 벽장에 숨었다가 경찰의 총에 맞았다. 돌격 소총을 소지한 경찰이 발을 헛디디면서 총이 발사되었다고 해명했다. 이번에도 불시진입영장을 가지고 아파트의 엉뚱한 집에 들이닥쳐 생긴 일이었다.[46] 2003년 뉴욕에서 엉뚱한 주소에 불시진입영장을 가지고 진입을 시도한 경찰이 터트린 충격탄에 57세 노동자 앨버타 스프루일이 심장마비로 사망한 사례도 있다.[47]

미국에서 인종주의는 거의 모든 방식으로 사고사에 영향을 미치며, 아주 오랫동안 그래왔다. 흑인들은 미국에서 사고사가 처음 집계되기 시작한 1900년부터 처방 오피오이드 약물 과용이 사고사의 인종별 패턴을 바꾼 2002년까지[48] 매년 예외 없이 사고사율이 백인보다 높았다.

오늘날 흑인과 라티노는 백인보다 자전거 사고로 죽을 확률이 높다.[49] 흑인, 라티노, 아시아인, 원주민은 백인보다 높은 비율로 길을 건너다가 차에 치여 사망한다. 흑인과 라티노 보행자는 교통사고로 죽을 확률이 백인의 거의 2배이고 원주민 보행자의 경우 거의 3배이다. 사실 흑인과 원주민은 모든 종류의 교통사고에서 평균보다 사망률이 훨씬 높으며, 흑인의 경우 백인과의 불평등이 점점 더 커지고 있다. 2005년 이래로 백인의 교통사고 사망은 줄고 있는데 흑인의 교통사고 사망은 2010년 이래로 증가하고 있다.[50] 교통사고만이 아니라 모든 사고에서 이런 문제가 나타난다. 흑인은 0세부터 14세까지, 그리고 45세부터 75세까지, 모든 사고 유형에서 백인보다 사망할 확률이 높다.[51] 흑인 아기는 사고사율이 백인 아기보다 2배 이상 높다.[52] 흑인과 원주민은 백인보다 사고로 익사하거나 총기 사고로 사망할 확률이 높다. 총기 사고사는 경찰에 의한 것만이 아니라 전반적으로 그렇다. 흑인과 원주민은 동사하거나 화상으로 사망할 가능성이 백인보다 2배 이상 높다.[53] 흑인과 원주민은 "의도하지 않은 자연적·환경적 원인"으로 죽을 가능성도 백인보다 높다. 이 광범위한 범주에는 쥐에 물리는 것부터 아사까지 다양한 사고가 포함된다.

미국에서 사고로 사망할 확률이 가장 높은 사람은 원주민이다.[54] 질병통제예방센터의 온라인 데이터베이스인 웹 기반 손상통계조회 및 보고시스템이 분류한 '비의도적 손상'의 모든 원인 중 두 가지를 빼고 나머지 전부가 그렇다. 그 두 가지 중 하나는 연기, 화재, 화염에 의한 사망인데, 이 범주에서는 흑인의 사고사율이 원주민을 약간 앞선다. 다른 하나는 주로 노인에게 치명적인 낙상인데, 원주민은 낙상 사고로 죽을 만큼 오래 살 확률이 더 낮다.

인종주의가 사망을 불평등하게 야기하는 방식을 역학자들은 '건강의 사회적 결정 요인'이라고 부른다.[55] 그런 요인에는 사회구조, 건조환경, 차등적인 경제 시스템 등 유무형의 것이 모두 포함된다. 이런 요인들은 각자가 어떤 위험에 처하든 가지고 가게 되는 개인적인 스위스 치즈 조각들이라고 볼 수 있다. 약병이 어떻게 생겼는지, 총이 어떻게 설계되었는지 등에 따라 누구나 자신의 치즈 구멍들이 일렬로 늘어서는 상황에 처할 수 있지만, 내가 누구이고 사회에서 어떻게 인식되는지에 따라 치즈 구멍들이 특히 더 일렬로 잘 설 수 있다.

인종주의는 특정한 사람들에게 위험한 조건을 더 많이 쌓는 경향이 있고 그들의 치즈 구멍들이 한 줄로 더 잘 서게 하는 경향이 있기에, 개인이 무언가를 다르게 했더라면 결과가 달라졌을까를 묻는 질문은 무의미하다. 그들에게 사고는 불가피하며, 어떤 종류의 사고가 가장 극명하게 인종에 따라 다른 빈도로 발생하는지를 보면 이 불가피성이 훨씬 더 분명하게 드러난다. 가장 흔하고 예방 가능한 사고, 건조환경의 안전에 구멍이 났을 때 발생하는 사고에서 사망률의 인종 간 격차가 가장 두드러진다.

예를 들어 음식을 먹다가 질식할 확률은 인종별로 꽤 균등하다.[56] 하지만 사고로 익사할 확률은 원주민이 백인보다 50퍼센트 더 높다. 그리고 자신이 사는 곳 가까이에 물놀이를 할 만한 곳이 호수나 강인 사람들이, 안전요원이 있는 수영장 근처에 사는 사람들보다 익사할 확률이 높다.[57] 사고로 음식물이 목에 걸려 죽는 것과 사고로 물에 빠져 죽는 것의 차이는, 후자의 경우 건조환경이 생사에 중대하게 영향을 미친다는 점이다. 그리고 바로 이런 종류의 사고가 인종에 따라 가장 극명하게 차이를 보인다.

화재에서도 동일한 패턴을 볼 수 있다. 흑인은 백인보다 화상 사고로 사망할 확률이 2배 이상 높고, 주택 화재 사고로 사망하는 비율도 2배 이상이다.[58] 하지만 화재 사고가 인종에 따라 차이가 난다고 말할 때는 주택을 소유하지 않았을 경우, 집에 화재 안전장치가 설치되어 있지 않을 경우, 더 안전하고 비싼 자재가 아니라 값싼 합성 목재로 지어진 집에 살 경우에 주택 화재로 죽을 확률이 더 높다는 사실도 함께 이야기해야 한다.[59]

사고로 죽느냐 사느냐를 가르는 안전의 층에는 안전벨트나 구명조끼처럼 명백한 것도 있지만, 수영장이냐 호수냐, 벽돌집이냐 판잣집이냐 같은 덜 직관적인 것도 있다. 우리가 사고라고 부르는 것은 지리나 자원 배분의 문제일 수도 있으며, 이것 또한 인종주의에 영향을 받는다.

지리와 자원 배분이 어떻게 사고사에 영향을 미치는지, 그리고 누가 생존할지를 어떻게 인종주의가 결정하는지 더 잘 이해하기 위해 산업재해를 살펴보기로 하자. 사느냐 죽느냐는 당신이 어떤 종류의 직업을 가지고 있느냐뿐 아니라 당신이 누구이고 그 일을 어디에서 하느냐에도 달려있다.

생계유지의 기막힌 방법

일터의 위험과 인종 사이의 관계에는 실로 유구한 역사가 있다. 유색인종은 대체로 가장 위험한 일자리밖에 구할 수 없었다. 100년 전에 흑인 노동자는 백인 노동자보다 일터에서 죽을 가능성이 너무나 커서 가장 위험한 일은 '니그로 일'Negro work이라고 불렸다.[60] 오늘날에도 그렇다. 지난 10년간 일터에서 사망한 흑인 노동자 수는 51퍼센트나 증가했다.[61] 그리고 일터에서 사고로 부상을 입는 비율은 라티노 노동자, 특히 라티노 이민자 노동자가 가장 높다.

이런 통계가 뻔해 보일지도 모른다. 흑인과 라티노는 일자리를 구하기가 더 어려워서 위험한 일이라도 잡아야 하는 경우가 더 많을 테니 말이다. 하지만 흥미로운 점은, 비교가 가능해지도록 다른 조건을 동일하게 통제해도, 즉 사과와 사과를 비교하고 광부와 광부를 비교해도 마찬가지라는 점이다. 전체적으로 재해 위험이 인종에 따라 불균등하게 분포되어 있는 것은 물론이고, 인종주의가 건조환경의 차이를 너무나 압도적으로 결정짓고 있어서, 같은 직종 안에서도 서로 다른 일터의 사고 확률을 예측하는 데 인종을 사용할 수 있을 정도다.

흑인 남성은 1980년대와 1990년대 초(이후로는 라티노가 미국에서 가장 위험하고 아무도 원치 않는 일을 하게 된다)에 산재로 사망할 확률이 백인 남성보다 12퍼센트 이상 높았다[62](몇몇 주에서는 차이가 더 컸다. 가령 햄릿 화재가 있었던 노스캐롤라이나주는 흑인 남성이 일하다 사망할 확률이 백인 남성보다 32퍼센트 높았다[63]). 부분적으로는 흑인 남성이 더 위험한 일을 하기 때문이었지만, 같은 일을 해도 흑인 남성이 더 많이 죽었다. 결정적인 차이는 흑인과 백인이 각각 처하는 일터의 여건에 있었다. 탄광은 위험하지만 모든 탄광이 동일하게 위험하지는 않았고, 어느 탄광이 더 위험한지는 그곳에서 흑인 노동자가 얼마나 많이 일하는지로 가늠할 수 있었다.

그로부터 10년 뒤, 이제는 라티노 노동자들이 미국에서 최악의 일자리를 담당하기 시작했다. 1990년에는 라티노 노동자의 산재 사망률이 흑인과 백인 사이의 중간 어디쯤에 있었지만, 1996년에는 라티노 노동자의 산재 사망률이 흑인을 앞질렀다. 이 역시 직종간 위험의 차이를 통제한 뒤에도 그랬다. 한 세대 전 흑인 노동자들이 그랬듯이, 같은 직종 안에서도 어느 작업장이 더 위험한지를 그곳에서 일하는 라티노 노동자의 수로 가늠할 수 있었다.

이는 어떤 사람들에게는 두 가지의 나쁜 선택지밖에 없는, 위험과 위험한 조건의 경악할 만한 그림이다. 내가 통제할 수 없는 건조환경에서 일하면서 식비와 가스비와 전기비를 내되 일터에서 산재로 사망할 위험을 감수하거나, 아니면 일을 할 수 없어서 식비와 공과금을 제대로 내지 못하고 주택의 건조환경을 통제할 금전적 여유가 없어서 집에서 사고로 사망할 위험을 감수하거나. 후자의 경우 당신은 비의도적 기아의 위험에 처하거나, 화재, 동사, 극단적 고온, 쥐 물림 등 사고사를 일으킬 수 있는 온갖 위험한 조건들에 처하게 될 것이다. 이것들은 단지 돈이 없어서 갖게 되는 조건들이다. 이런 사고는 산재는 아니지만 일터에서의 위험을 피하기 위해 감수한 위험에서 발생한 사고라고 부를 수 있을 것이다. 어느 경우든 결과는 같다. 인종주의가 당신의 일터나 집의 건조환경을 결정하고, 그럼으로써 사고 위험을 결정한다. 그리고 집의 위험한 조건 중 하나는 집이 위치한 지리적 장소와 관련이 있다.

내 고장은 얼마나 유독한가

미국에는 약 1만 3500개의 화학 시설이 있다.[64] 기업들이 석유 화학물질, 비료 등을 저장하거나 플라스틱 수지, 합성고무, 가정용 세제, 농약 등을 만드는 곳이다. 이런 곳들은 전체적으로 매년 수억 킬로그램의 독성 물질과 유해 폐기물을 배출한다.[65] 이러 시설에서 나는 사고는 무작위가 아니고 예측 불가능한 것도 아니다. 그리고 불가피하게 사고가 발생할 때 누가 고통을 겪는지도 그렇다.

화학 사고는 어떤 실패나 실수도 발생하기 한참 전, 그 시설이 지어졌을 때나 누군가가 그 근처의 집으로 이사 왔을 때 시작된다. 당연하게도 화학 시설 근처에 사는 사람은 사고로 화학물질에 노출되어 다치거나 사망할 가능성이 더 높다. 또한 그 사람이 누구일지도 예측 가능하다. 전미유색인종지위향상협회가 진행한 한 연구에 따르면, 흑인은 미국인 평균에 비해 유독성 폐기물 시설 근처에 살 확률이 75퍼센트 더 높다.[66] 시설의 위해성이 클수록 근처에 더 많은 흑인이 산다는 사실도 발견되었다.[67] 유색인종은 가장 위험한 화학 시설 근처에 살 확률이 백인의 거의 2배였다. 그리고 위험한 화학 시설은 백인이 많은 동네에서보다 흑인이 많은 동네에서 사고가 날 가능성이 2배 높았다.[68]

이런 문제를 처음으로 드러낸 연구는 1987년 연합그리스도교회 인종정의위원회가 펴낸 〈미국의 독성 폐기물과 인종〉이었다[69](앞서 언급한 폴 슬로빅의 위험 인식 연구에 영감을 준 것이 바로 이 연구다). 미국의 화학물질이 제조되고 혼합되고 저장되고 판매되는 곳과 유색인종이 사는 곳이 겹친다는 사실을 보여준 최초의 전국 규모 조사였다.

이 연구는 마틴 루서 킹의 사망 이래 미국 남부에서 벌어진 가장 중요한 시민 불복종 시위에서 영감을 받았다. 1982년에 노스캐롤라이나주 워런 카운티의 농촌에 있는 한 흑인 동네에 폴리염화비페닐 매립지를 건설하는 계획에 반대해 550명이 시위를 벌이다 체포됐다.[70] 시위대는 6주 동안 도로에서 독성으로 오염된 토양을 실은 트

력이 들어오는 것을 몸으로 막았다. 오늘날 '환경정의 운동'이라고 알려진 것의 시작이었다.[71]

지도를 보면 연합그리스도교회의 연구 결과가 시각적으로 뚜렷이 드러난다.[72] 전국적으로 독성 산업이 자리한 곳과 유색인종이 많이 사는 지역이 겹치는 것이다. 또한 이곳의 연구는 빈곤도 중요한 요인임을 보여주었다. 사고 위험과 인종이 교차하는 곳은 매우 가난한 곳이기도 했다. 다수의 유해 폐기물 시설이 위치한 지역에는 그런 시설이 없는 지역에 비해 유색인종이 3배나 많았다. 이런 패턴은 도시화 정도와 지역별 경제적 격차를 통제한 뒤에도 마찬가지였다. 당시 미국의 흑인과 라티노 5명 중 3명은 유독성 폐기물 시설이 있는 동네에 살고 있었고, 미국에 사는 아시아인과 원주민의 절반도 그랬다.

이후 수십 건의 연구가 이어졌는데 결과는 같았다. 제련소, 소각장, 화학 공장, 발전소, 쓰레기 매립장 같은 환경 위험원 중 균등하게 분포해 있는 것은 하나도 없었다.[73] 모든 연구에서 대부분의 위험한 시설이 유색인종과 가까이 있다는 결과가 나왔다.

2007년에 연구자들은 20년 전의 〈미국의 독성 폐기물과 인종〉 연구를 되풀이해 보았다.[74] 20년이 지나는 동안 데이터는 더 광범위하게 구할 수 있었고 데이터를 해석하는 방법도 개선되었다. 하지만 결과는 달라지지 않았다. 되레 20년 동안 문제는 악화되어 있었다. 끔찍한 방식으로 누출이나 폭발이 일어날 가능성이 높은 유해 시설 가까이에 저소득층과 유색인종이 살 확률은 심지어 전보다 더 높았다.

하지만 사고가 늘 갑작스럽게 발생하는 것은 아니다. 슈퍼펀드 지역은 독성 화학물질이 광범위하게 유출되어 막대한 자금을 들여 정화 작업을 해야 하는 곳을 말한다[환경보호청이 종합환경대응배상책임법에 의거해 지정한다]. 일반적으로 슈퍼펀드 지역은 수개월이나 수년에 걸쳐 화학물질이 우발적으로 또는 고의적으로 계속 유출되어 형성된 경우가 많다. 예를 들어 어느 폴리염화비페닐 변압기 제조 회사는 제대로 처리하는 데 드는 비용을 아끼려고 노스캐롤라이나주 고속도로 가장자리에 1년 내내 밤마다 유독성 기름을 불법으로 투기했다(애초에 노스캐롤라이나주 워런 카운티에 폴리염화비페닐 매립장이 건설되고 있었던 이유가 이것이었다).

약 1700개의 슈퍼펀드 지역을 조사한 한 연구는 그 인근에 거주하는 흑인과 라티노 비율이 인구 대비 높으며 그들이 암에 걸릴 확률도 더 높다는 것을 발견했다.[75] 1800개 이상의 슈퍼펀드 지역을 살펴본 또 다른 연구에서는 슈퍼펀드에서 반경 3마일〔약 5킬로미터〕 안에 살고 있는 라티노, 흑인, 아시아인이 인구 대비 높은 비중을 차지하는 것으로 나타났다.[76] 슈퍼펀드 지역들을 전국적으로 보든 도시 단위나 주 단위로 보든 결과는 마찬가지였다.[77]

당신이 슈퍼펀드 지역 근처에 살고 있다면 암에 걸릴 가능성이 더 높을 것이다. 이제 암은 사고가 아니고 슈퍼펀드 지역 근처에 누가 사는지도 우연이 아니다. 하지만 그 땅을 독성으로 오염시키는 것은 종종 사고다. 이런 식으로, 수많은 작은 사고가 반복적으로 누적되어 생기는 슈퍼펀드 지역은 우리가 수년 또는 수십 년 동안 알아채지 못할지도 모를 위험한 조건들을 만들어낸다.

인종주의는 치즈 구멍이다

모든 사고가 유색인종을 더 많이 죽이는 것은 아니다. 환경 조건이 정말로 중요한 사고에서만 유색인종이 더 많이 죽는다. 주택 화재로 인한 사망률은 원주민이 백인보다 43퍼센트 높고, 흑인이 백인보다 112퍼센트 높다.[78] 사고로 익사할 확률은 흑인이 백인보다 22퍼센트, 원주민이 백인보다 51퍼센트 높다. 자전거 사고 사망률은 흑인이 백인보다 11퍼센트, 라티노가 백인보다 30퍼센트 높다. 이것들은 사느냐 죽느냐를 건조환경의 속성과 질이 가르게 되는 사고다.

미국에서는 인종주의적 의사 결정이 공공 정책, 예산 배정, 정부 자원의 배분에 직접적으로 영향을 미친다. 사람 간의 일대일 상호작용만으로는 사고가 유발되지 않지만, 규칙과 정책은 어떤 사람들을 다른 사람들보다 더 위험한 조건에 노출시킬 수 있다.

그리고 이런 의사 결정 중에는 먼 과거로부터 지금까지 영향을 미치는 것도 있다. 1930년대와 1940년대의 레드라이닝redlining[금융기관이 특정 지역에 대출 등의 금융 서비스를 거부하는 행위]은 흑인의 주택 소유를 가로막았고 (인종주의적인) 건설업자들이 미국의 초창기 고속도로를 흑인 동네를 관통해 지을 수 있게 했다.[79] 그다음에는 다시 그 고속도로가 인종에 따른 주거지 분리의 기제가 되었다. 오늘날에도 흑인들은 자가 주택을 소유할 가능성이 더 낮고 고속도로 근처에 살 가능성이 더 높다.[80] 이런 과거의 정책들이 오늘날 사고를 유발한다. 주택을 소유하지 않은 사람들은 화재 사고로 죽을 확률이 더 높다.[81] 극단적인 고온은 레드라이닝이 있었던 동네에서 더 심하다. 고속도로에서 발생하는 오염 때문인데, 그 때문에 고속도로 근처에 사는 사람은 극단적인 고온으로 사망할 가능성이 더 크다.[82] 또한 고속도로 근처에서는 더 많은 운전자가 주택가에서도 고속도로에서의 속도로 달리게 되고, 그래서 고속도로 근처에 사는 사람은 자동차 사고로 사망할 가능성이 더 크다.[83]

그뿐 아니라 어떤 도시나 교외 지역에 철도 건설안이 나왔을 때 그 철도를 주로 이용하게 될 사람이 백인이면 진행될 가능성이 크고 흑인이면 취소될 가능성이 큰 것으로 나타났다.[84] 철도는 단위 거리당 사고 가능성이 자동차보다 20배 이상 낮다.[85] 철도를 짓거나 혹은 짓지 않기로 결정이 이뤄지고 나서 수십 년이 지나면, 유색인종은 안전하지 않은 길이나 그 근처에서 운전하거나 걷거나 자전거를 타는 것 외에는 대안적 교통수단이 없을 가능성이 더 크고, 따라서 사고를 당할 가능성도 더 크다.

이런 식으로 한 세대의 경제적·인종적 분리 정책은 다음 세대의 사고사와 부상으로 이어진다.

우리를 사고에서 보호해 주는 안전의 층들, 그리고 반대로 사고가 안전의 여러 층을 빠져나가 계속 진행하게 하는 치즈 구멍들은 안전벨트나 헛갈리는 색의 벨브 표시등보다 훨씬 구체적이지 않을 수도 있다. 인프라 자금 조달의 역사, 도로 설계나 자동차 설계의 역사, 운전하는 사람의 인종, 걸어 다니는 사람의 인종, 운전자와 보행자가 마주치는 동네, 이 모든 것이 사고가 발생하느냐 아니냐에 영향을 미치고 누가 살고 누가 죽는지에 영향을 미친다. 제임스 리즌이 스위스 치즈 모델을 고안했을 때, 그는 치즈에 난 구멍들이 의도치 않은 간극과 실패라고 생각했고, "사고의 기회로 가는 궤적"으로 향하게 되는 것은 무작위적으로 우연들이 수렴했을 때의 문제라고 생각했다.[86] 하지만 사고는 당신이 특정한 시간, 특정한 장소에 특정한 사람으로 존재한다는 것과 관련된 문제이기도 하다. 가령 당신이 백인이면 당신은 더 잘 보호된다. 그리고 당신의 '사고 경향성'을 바꿀 수 있는 것 중 하나는 돈이다.

7

돈

THERE ARE NO ACCIDENTS

1999년에 미국국립군의관의과대학의 역학자 데버라 지라섹은 공중 보건 종사자들이 '사고'라는 단어를 피하려 애쓰다가 이 단어가 평범한 사람들에게 의미하는 바를 알아보는 것까지도 하지 않았다는 사실을 깨달았다.[1] 그는 943명의 성인을 대상으로 전화 설문을 진행해 몇 가지 답을 발견했다. 대부분은 사고가 예방할 **수는 있지만** 예측할 수는 없다고 생각했고, 이 불일치를 불편하게 여기는 경우는 거의 없었다. 그러나 뭐니 뭐니 해도 가장 많은 사람이 동의하는 것이자 이 책의 주제와 가장 관련이 깊은 답을 꼽으라면, 사고란 의도되지 않은 것이라는 생각이었다. 응답자의 94퍼센트 이상이 사고는 "고의로 벌어진 일이 아니다"라는 언명에 동의했다.

지라섹은 왜 응답자들이 사고라는 말에서 곧바로 의도성 여부를 떠올렸을지에 대해 추측해 보았다. 자신과 같은 공중 보건 전문가들은 사고를 인구 집단 단위로 살펴보면서 나이, 성별, 인종, 소득 같은 인구통계학적 특성에 따라 해당 집단의 사고율을 계산한다. 하지만 대중은 그렇게 큰 숫자들을 다루지 않는다. 평범한 사람들이 사고에 대해 이야기할 때는 대개 어떤 하나의 비극적인 사건을 이해해 보려는 맥락에서인 경우가 많다. 그리고 한 번에 하나의 사건만 볼 때는 의도에 집중하게 되기 쉽다.[2]

사람들이 의도에 초점을 둔다는 사실은 사고에 대한 설명으로 인적 과실이 그토록 두드러진 자리를 차지하는 이유에 대해서도 추가적인 실마리를 준다. 당신이 '사고'라는 말을 들었을 때 '그들이 그러려고 했던 건 아니야'라고 생각한다면, 사고에 대한 해법은 그들이 의도와 행동을 더 잘 부합시킬 수 있도록 돕는 것이 될 것이다.

그런데 의미심장하게도 모두가 다 비슷하게 의도에 초점을 두는 것은 아니었다.[3] 지라섹이 설문 조사 응답자를 인종과 소득별로 분류했더니, 사고란 **의도되지 않은** 일이라는 개념을 믿는 사람들은 주로 부유한 백인이라는 사실이 드러났다. '사고'를 '의도적이지 않음'과 연결 짓는 사람들은 백인이고 연 소득이 2만 5000달러(오늘날 기준으로는 약 4만 달러) 이상일 가능성이 컸다. 흑인은 사고가 사실은 **의도된** 것이라고 생각할 가능성이 백인보다 2배 컸고 저소득층 응답자는 고소득층 응답자보다 2.5배 가까이 컸다. 그리고 이런 수치는 인종 및 계층별 사고사율과 나란히 간다. 흑인과 저소득층은 대부분의 사고에서 죽을 가능성이 더 높다.[4] 요컨대 사고사의 위험에 가장 크게 노출된 사람들에게 사고는 전혀 의도되지 않은 일로 보이지 않았다.

아마도 이것은 사고가 사실은 의도된 일이라고 보는 사람들이 한 번에 하나의 사고에 초점을 맞추기보다 자신이 속한 집단이 지금 명백하게 처해있는 위험에 집중하기 때문일 것이다. 그렇게 본다면, 인종과 계급이 사고를 당할 확률을 결정하는 현실에서 이들로서는 사고가 의도되지 않은 일이라고 여길 방법이 없다. 사고를 예방하려면, '누가 그것을 했는가'(인적 과실)나 '그러려고 했던 것이었는가'(당사자의 고의성)가 아니라 이런 관점이 중요하다. 왜 발생했는지, 어떻게 멈출 수 있을지 등 우리가 사고에 대해 알아야 할 모든 것은 사고의 피해를 부담하게 되는 사람들의 관점에서 보아야만 제대로 파악할 수 있다.

인종주의처럼 경제적 불평등도 미국을 등급으로 나누고 사람들을 그에 복속시키는 데 사용된다. 이보다는 덜 노골적이지만 사고도 이와 비슷한 기능을 하는 도구다. 사고는 미국의 사회질서에 뿌리박힌 백인성과 경제적 부에 대한 이데올로기의 발현이고, 집과 일터와 도로에서 사람들이 안전망의 층 중에 어디에 접하게 될지도 인종과 계급에 의해 결정되기 때문이다. 이런 식으로, 사고는 의도되지 않은 것처럼 보이지만 계급 시스템을 영속화하며, 수백 년 전에 부채, 자본, 노예제, 원주민 학살 같은 제도들에서 시작된 것을 더욱 진전시킨다. 부유층과 백인이 선호하는 변명, 내 의도가 아니었다는 핑계로 위장하고서 말이다.

인종이냐 계급이냐

의사 척우디 온와치손더스는 질병통제예방센터에서 일하던 1991년에 제10차 연례 미국역학회 학술대회에서 사회학자 다넬 F. 호킨스와 공저한 논문 〈손상의 흑인-백인 차이: 인종인가 사회적 계급인가?〉를 발표했다.[5] 온와치손더스는 당시 정부 직원으로서 정부의 승인 절차들을 거치기가 쉽지 않은 논문이었다고 회상했다. 아무도 인종주의를 이야기하고 싶어 하지 않았던 것이 하나의 이유였고, 이 논문이 사고에 대해 정부가 으레 내놓는 표준적인 해법이 효과가 없음을 보여주었다는 것이 또 하나의 이유였다.

온와치손더스에 따르면 당시에 사고사에서 인종에 기반한 차이를 다루는 정부의 주요 전략은 이런 격차를 인적 과실의 문제로 간주하면서 교육과 법 집행 강화를 해법으로 제시하는 것이었다. 흑인이 백인보다 주택 화재로 더 많이 죽는다면 정부는 흑인들에게 이부자리에서 담배를 피우지 말도록 촉구했고 화재가 나서 그들의 아이가 죽으면 그들을 과실치사로 기소했다.

온와치손더스에게 명백히 이 접근은 방향도 틀렸을뿐더러 효과도 없어 보였다. 인종에 기반한 차이는 줄지 않고 여전했다. 온와치손더스는 흑인이 백인보다 사고로 더 많이 사망하게 된 모든 방식을 살펴보았는데, 당시에는 세 가지 사고 유형만 조사하면 인종 간 차이의 상당 부분을 짚어낼 수 있었다. 그 세 가지는 물에 빠지는 사고, 주택 화재, 그리고 자동차에 치이는 사고였다.[6] 온와치손더스는 이런 사고에서 사망률이 명백하게 인종에 따라 차이를 보이지만, 해법은 사람의 행동을 규율하는 것이 아니라 돈을 지출하는 데 있다는 사실을 발견했다. 어떤 사람들은 안전 시스템이 작동하지 않아서 사고를 당하는 게 아니라 애초에 안전 시스템이 존재하게 하는 데 필요한 돈을 아무도 지불하지 않았기 때문에 사고를 당하고 있었다.

온와치손더스가 알아본 바에 따르면, 주택 화재의 경우에는 불이 잘 붙는 '기준 미달 주거'에 살거나, 화재 감지기가 없는 집에 살거나, 소방관과 현대적인 소방 장비가 부족한 농촌의 가난한 지역에 사는 것이 사망 위험을 높이는 요인이었다. 익사의 경우, 수영을 배우지 않고 헤엄을 치거나, 안전하지 않은 환경(강이나 호수 같은 자연환경이나 안전요원이 없는 곳)에서 헤엄을 치는 것이 사망 위험을 높이는 요인이었다. 자동차에 치이는 사고의 경우에도 사망 위험을 높이는 요인은 경제 및 접근성과 관련이 있었다. 아이들이 안전하게 놀 공간이 없거나 위험한 길에 신호등이 없거나 거리에 가로등이 없는 경우처럼 말이다.

온와치손더스는 이렇게 말했다. "우리가 발견한 것은 인종이 사회적·경제적 계층을 말해주는 대용지표가 된다는 것입니다. 많은 사람들이 인종주의 때문에 낮은 사회적·경제적 계층에 처합니다."[7]

아무리 안전 캠페인을 늘리고 법 집행을 강화해도 건조환경의 이런 간극을 메울 수는 없을 터였다. 온와치손더스는 그가 파악한 모든 사고 원인의 목록에서 동일한 결론을 발견했다. **그렇다, 이것은 흑인이 사고로 죽는 방식이다. 하지만 이것은 가난한 사람이 사고로 죽는 방식이기도 하다.** 그 논문에서 온와치손더스는 사고사의 인종적인 격차를 줄이려면 경제적인 조치가 필요하다고 주장했다. 기준 미달 주거를 고치고, 화재 감지기를 설치하고, 가난한 농촌 지역에서도 현대적인 소방 장비를 구입해 사용할 수 있게 하고, 안전한 물놀이 장소를 만들고, 보행자가 많이 다니는 도로를 안전하게 고쳐야 한다고 말이다.

"낙후된 주거지나 슬럼에서 화재 감지기나 연기 감지기, 심지어 일산화탄소 감지기도 없는 집에 사는 사람들의 죽음은 사고사가 아닙니다. '주택 화재'라는 범주에 속한다 할지라도 그건 사고가 아닙니다." 온와치손더스는 이렇게 지적했다. "이 특정한 죽음을 유발한 데는 더 큰 사회적 문제들이 있기 때문입니다."

온와치손더스가 1991년에 발견한 것은 아직도 달라지지 않았다. 오늘날에도 흑인과 빈곤층은 여전히 인구 대비 사망률이 높다.[8] 그 정확한 원인 또한 30년 전에 그가 밝혀낸 그대로다.

불황이 생명을 구하다

온와치손더스는 인종주의, 돈, 사고사 사이에서 직접적인 관련성을 발견했지만, 경제는 사고의 발생에 훨씬 더 광범위한 방식으로도 영향을 미친다. 대공황과 대침체 모두에서 사고사가 줄었다.[9] 역사 내내 경제가 호황이면 사고사도 늘었다.[10] 또 국가 전체적으로 소득 불평등이 클수록 사고사가 많았다.

범위를 좁혀서 봐도 패턴은 같다. 연구자들은 전통적으로 실업률이 1퍼센트 증가하면 교통사고 사망률이 2.9퍼센트 떨어진다는 것을 발견했다.[11] 불황기에는 물건을 덜 나르므로 길에 트럭 운전사의 수가 줄고 실업자가 많으면 사람들이 이동을 덜 하기 때문에 교통사고가 감소한다. 불황기에 통행량이 줄어들면서 출퇴근하는 운전자들의 스위스 치즈 구멍 하나가 닫히는 것이다.

(코로나 팬데믹 시기는 이야기가 조금 복잡하다.[12] 불황기에 도로에 차량이 줄면 일반적으로는 사고도 줄지만, 2020년에는 전국적인 셧다운으로 교통량이 너무나 많이 줄어서 사고가 되레 증가했다. 이례적으로 텅텅 빈 도로에서 운전자들이 속도를 냈고, 그러다 사고가 난 것이다. 미국의 도로들은 속도를 내게끔 지어져 있다는 에릭 덤보의 설명을 상기하기 바란다. 이 시기에 교통사고 사망률이 8퍼센트 증가했는데,[13] 1924년 이래 전년 대비 증가율로는 가장 높은 것이었다. 주목할 만한 점은, 이 증가도 인종적으로 균등하지 않았고 이것도 경제와 관련이 있었다는 점이다. 2019년에서 2020년 사이에 흑인은 교통사고 사망률이 백인보다 19퍼센트포인트 더 많이 늘었다. 전문가들은 셧다운이 되었을 때도 흑인은 여전히 집에서 나와 일을 하러 가야만 했음을 보여주는 증거라고 말한다.[14])

이것은 노동과 사고사와의 일대일 관계로만 그치지 않는다. 만약 소형 전자기기 공장에서 사람들이 재해로 많이 죽는데 불황기에 소형 전자기기 공장이 문을 닫았다면 그 기간 중에 여기에 종사하는 노동자들은 물론 덜 죽을 것이다. 그런데 이뿐만이 아니라 공장까지 차를 몰고 출퇴근하는 과정에서의 사망도 줄고 높은 데서 떨어져서 발생하는 사망도 줄 것이다(가령 소형 전자기기 공장 일이 너무나 우울한 일이어서 뛰어내리거나, 고된 일을 마치고 술을 마셨다가 취해서 떨어지는 일도 줄어든다). 노동은 위험에 얼마나 노출되어 있는지를 말해주는 한 가지 지표다. 일을 덜 하면 모든 곳에서 위험이 줄어든다.

또한 호황인 경제에서는 시간이 더 중요해진다. 이 말은 이 위험을 받아들일 것이냐 피할 것이냐를 정할 때 기준이 되는 비용이 더 높아진다는 의미다. 당신의 시간이 더 많은 돈을 의미한다면 속도를 내 달리는 것의 위험을 감수할 의향이 커질 것이다. 더 위험한 종류의 직업을 감수할 의향도 마찬가지다. 이런 식으로, 단순히 미국의 도로만이 아니라 미국의 자본주의 자체가 위험한 조건이 된다.

이런 경제적 교차점은 밖으로 파장을 일으킨다. 일하러 가려고 빠른 속도로 달리는 것은 개인의 경제적 의사 결정일 수 있지만 그것의 비용(병원에 가는 것, 차량이 충돌해 부서진 가드레일을 고치는 것, 메디케이드 비용 등)은 모두 사회적이다. 도로교통안전국은 교통사고가 사회에 야기하는 즉각적인 비용(파손된 차량과 자산, 사망하거나 부상한 사람 등)을 연간 2770억 달러로 추산했다. 여기에 더해 장기적인 비용(사랑하는 사람을 잃고 살아야 하는 것, 다리를 잃고 살아야 하는 것 등)이 추가로 연간 5940억 달러에 달한다.[15] 자동차 사고만 계산한 것인데도 이 정도다.

우리가 사고로 죽느냐 아니냐는 경제 정책상의 의사 결정과 관련이 있다. 경제 정책상의 의사 결정은 어느 쪽으로든 비용을 발생시키지만 현재 어디에 돈이 쓰이는지에 따라 미래의 사고가 예방될 수도 있다. 인근에 수영장을 짓거나 안전요원을 고용하는 데 돈을 지출하는 것은 강이나 호수에서 발생하는 익사 사고를 막을 수 있는 금전적인 의사 결정이다. 수영장을 짓지 않기로 하거나 안전요원을 두지 않기로 하는 것이 궁극적으로는 비용이 더 든다. 구급요원, 병원비, 소송비, 그리고 비공식적인 물놀이 장소에서 아동이 익사한 뒤에 경고 팻말과 철책을 세우고 순찰을 늘리는 데 들어가는 비용처럼 말이다. 우리는 사고를 막기 위해서 비용을 지불할 수도 있고 사고 후에 그 결과를 처리하느라 더 큰 비용을 지불할 수도 있다. 하지만 우리는 이런 사고가 우발적이라고 생각하는 경향이 있어서 이 비용을 잘 계산해 보지 않는다.

사고의 비용은 사고 장소에서만이 아니라 사회 전체에서 발생한다. 그리고 이런 비용은 우리의 경제 시스템에 어느 정도 반영되어 있다.[16] 대개 우리는 그 비용을 잘 따져보지 않는데, 그것을 지불하는 데 익숙해져 있기 때문이다. 가령 **매년 이러저러한 숫자의 사고가 날 것이기 때문에** 도시 당국이나 주 당국은 일정 숫자 이상의 구급대원을 두고 있을 것이고, 예산의 일정 부분을 가드레일 수리에 할당하고 있을 것이다.

그리고 이 비용을 지불하지 못하면 더 많은 사고사를 일으키게 된다. 의료 지출은 미국에서 빈곤을 일으키는 주요 원인이다.[17] 그리고 문을 닫는 병원이 (특히 농촌 지역에서) 점점 더 많아지고 있는데, 이는 환자들이 가난하기 때문이다.[18] 민간 병원을 계속 유지하는 비용은 사회도 일부 부담하지만 대부분은 이윤을 추구하는 기업의 비용이다. 이윤이 사라지면 병원도 사라지고, 사고 지점에서 의료 시설까지 가는 가장 효율적인 이동 경로도 사라진다.[19] 이런 경우, 사고로 다친 사람은 병원으로 가는 길에 죽을 수 있다.

가는 길에 죽다

2019년에 웨스트버지니아주 브리지포트의 유나이티드 병원 의사 카일 허스트는 이 주에서 두 번째로 공인을 받은 응급의학 전문의가 되었다.[20] 응급의학 의사로서 그는 서두르는 것이 중요할 때가 언제인지를 아주 잘 안다. 그리고 웨스트버지니아주에서는 병원으로 서둘러 달리는 것이 돈, 지리적 공간, 그리고 사고사 취약성과 관련이 있다.

브리지포트는 인구가 9000명에 불과한 작은 도시지만,[21] 그가 일하는 유나이티드 병원은 관할 구역이 넓다. 이곳은 주변의 모든 카운티에서 환자들이 오는 병원이다. 웨스트버지니아주의 많은 병원이 그렇다. 그리고 이런 병원들은 아주 많은 환자들을 본다. 웨스트버지니아주의 병원들은 연간 퇴원 환자 수와 환자들의 재원 일수가 인구가 2배인 유타주와 비슷하다.[22] 웨스트버지니아주가 인구는 적지만 주 자체의 크기는 작지 않다는 게 문제다.[23] 웨스트버지니아주는 미국에서 세 번째로 농촌이 많은 주이고 가장 가난한 주에 속한다. 병원들은 종종 적자이고, 사고 현장에서 가장 가까운 병원도 꽤 멀어서 한참을 차로 달려야 도착할 수 있는 경우가 많다. 그리고 병원까지 가는 길은 점점 더 멀어지고 있다.

웨스트버지니아주의 농촌 병원들 중 절반이 문을 닫을 위기다.[24] 그런데 위기 상태인 병원 중 80퍼센트가 '필수적'이라고 분류된 병원들이다. 이것은 관할 지역의 사고와 손상 빈도, 환자 중 취약자 수, 가장 가까운 다음 병원과의 거리, 병원이 문을 닫을 경우 해당 병원에 고용된 사람들이 다른 곳에서 일자리를 구할 수 있는 가능성 등을 고려해 산정하는 지표다.[25] 필수 병원이 문을 닫으면, 이제 사고 지점부터 그다음 가까운 병원으로 이동해야 하는데 그 시간은 아주 오래 걸릴 수 있다. 이것은 병원 하나가 문을 닫을 때 뒤를 받쳐줄 그다음 층의 스위스 치즈 조각이 없다는 말이다.

브리지포트에 있는 유나이티드 병원은 매년 브리지포트 인구의 7배가 넘는 약 6만 명의 환자를 본다.[26] 이 환자들은 복통, 기침, 독감, 그리고 물론 사고 손상으로 병원에 온다. 응급실에서 허스트와 동료들은 가볍게 넘어졌거나 베인 사고도 다루고, 낙상으로 고관절이 골절되어 응급실에 왔다가 결국 사망으로 이어지는 것 같은 큰 부상도 다룬다. 후자의 경우는 고령 환자일 때가 많은데, 웨스트버지니아주는 고령 인구가 늘고 있다. 총상으로 오는 환자도 있는데, 폭력 범죄 때문인 경우보다는 사냥 사고이거나 총기 세척 중에 나는 사고, 아니면 고무줄 바지의 허리춤을 권총집처럼 사용하다가 나는 사고다. 또한 허스트는 전에는 광산 갱도의 천장이 무너져서 점토판에 깔리거나 광산 기계 때문에 다쳐서 오는 환자도 많았는데 이제는 셰일가스 추출 시설이 폭발해 화상으로 오는 환자가 더 많다고 말했다.

하지만 허스트가 응급실에서 가장 많이 보는 사고는 약물, 자동차, 사륜 오토바이 사고다.[27] 이런 사고들은 지리적 공간과 관련이 있다. 대도시에서는 차에 치이는 경우가 사람과 차가 너무 가까워서 발생하지만 웨스트버지니아주에서는 농촌의 광대한 공간 때문에 차 사고가 발생한다. 차를 더 빨리 몰게 되어서 부상이 커지는 데다 사고 지점에서부터 병원까지의 거리도 더 멀다.

허스트는 이렇게 설명했다. "저희가 가진 문제는 대도시에서 발생하는 문제와 완전히 다릅니다. 특히 병원까지 이동하는 것이 그렇습니다. 1시간 반이나 2시간 걸려서 오는 환자들이 어느 날이든 꼭 있습니다. 여기에서는 병원까지 오는 데 일반적으로 걸리는 시간도 많게는 1시간가량 될 겁니다."

이동 시간은 약물 과용과 약물 과용으로 인한 사망을 가를 수 있다. 그리고 이 위험은 점점 커지고 있다.[28] 허스트는 오피오이드 과용의 주요인이 처방 약에서 헤로인으로, 그리고 펜타닐 섞인 헤로인으로 바뀌는 것을 보았다. 그리고 이 마지막의 경우에 사람들은 자신이 사용하는 약에 펜타닐이 든 줄을 종종 알지 못했다. 일반적인 약물 과용에서도 치료를 받기까지 1~2시간이 걸리는 것은 위험하게 긴 시간인데, 그보다 훨씬 강력한 펜타닐은 1~2시간이 치명적으로 긴 시간이다. 웨스트버지니아주는 이런 사고가 발생하면 항공의료 시스템에 의존한다. 허스트는 웨스트버지니아주에 항공의료가 특히 잘 발달되어 있다고 말했다. 훈련된 항공 의무요원과 의료 헬기가 웨스트버지니아주 곳곳에 배치되어 있다.

"저희 병원과 먼 곳에서 심각한 사고가 발생하면 보통 헬기가 떠서 환자를 실어옵니다. 물론 구름이 짙게 끼거나 그 밖에 헬기가 안전하게 떠서 환자를 데려올 수 없는 경우도 있습니다." 웨스트버지니아주에서는 의료 서비스가 너무나 듬성듬성해서, 사고에서 생존할 수 있느냐가 날씨에도 좌우된다.

허스트가 치료하는 사고 환자 중에는 화재로 오는 사람도 많다.[29] 화재는 웨스트버지니아주의 사고사 원인 중 여섯 번째이고[30] 웨스트버지니아주는 전국에서 화재 사고사율이 열 번째로 높은 주다. 화재 사고가 많은 것은 농촌이라는 특성과 빈곤의 문제다. 소방관이 농촌의 주택에 도착하는 데 걸리는 시간, 화상을 입은 사람을 병원으로 옮기는 시간, 값싼 자재로 지어진 집이 불에 타는 속도 등의 문제인 것이다. 또한 가난한 사람들은 장작이나 프로판가스로 난방을 하는 경우가 많은데 이런 것들은 일산화탄소 중독을 일으킬 가능성이 높다.[31] 이런 집에는 연기 감지기나 일산화탄소 감지기가 설치되어 있지 않을 텐데, 이 역시 지불되었더라면 죽음을 막을 수 있었을 비용이다. 허스트는 이런 환자들을 많이 보았다. 두통이 합병증이 되고, 그것이 일산화탄소 중독이 되고, 그 시점이면 적어도 웨스트버지니아주에서는 손 쓰기에 너무 늦어진 뒤다.

일산화탄소 중독은 이론상으로는 일산화탄소 감지기를 발명함으로써 우리 사회가 이미 종식시킨 사고다. 또한 그렇기 때문에 일산화탄소 중독은 사고를 막으려면 사람들이 감지기를 구입하는 비용을 지불해야 하는 종류의 사고이고, 막지 못했을 때는 공동체가 응급 사고 대응을 위해 비용을 지불하는 사고다. 그리고 공동체가 돈이 부족해지면 당신의 생명을 구하기에 충분히 가까운 거리 안에 병원이 없을지도 모른다. 사고에서는 부상이냐 사망이냐가 몇 분 상관으로도 갈릴 수 있기 때문에 이것은 질병보다 사고에서 더 큰 문제다.

농촌에서 의료 접근성이 떨어지고 있는 것은 웨스트버지니아주만의 문제가 아니다. 2005년 이래로 미국 전역에서 180개의 농촌 병원이 문을 닫았다.[32] 게다가 병원이 문을 닫는 속도가 빨라지고 있는 것으로 보인다. 문 닫은 180개 병원 중 136곳이 2010년 이후에 문을 닫았고 2020년에는 문을 닫은 병원이 기록적으로 많았다. 또 2020년의 불황 전에도 전국적으로 농촌 병원의 절반이 적자였다.[33] 농촌 병원 4곳 중 1곳은 문을 닫을 위기다.[34] 그리고 다친 사람들을 병원으로 옮겨주는 자원봉사 긴급의료 서비스도 농촌 지역에서 활동을 중단하고 있다. 일할 사람이 충분히 확보되지 않거나 그들을 훈련시킬 돈이 부족해서다.[35] 2021년 현재 농촌의 구급 서비스 제공업체 중 3분의 1이 문을 닫을 위기다.[36] 이는 병원이 1~2시간 가야 되는 거리에 있다면 이동 중에 응급처치를 전혀 받지 못할 수 있다는 말이고, 개인적으로 차량을 확보할 수 없다면 병원에 갈 수 있는 길이 아예 없을 수도 있다는 말이다.

의료 시설이 문을 닫는 것은 경제적 불황의 결과이고, 이는 다시 경제적 불황을 일으킨다. 2006년의 한 연구에 따르면, 지역 병원 하나가 문을 닫을 때 실업률 증가로 1인당 소득이 많게는 〔장기에 걸쳐〕 700달러〔1990년 달러 기준〕까지도 떨어질 수 있는 것으로 나타났다.[37]

이 계산은 복잡하지 않다. 허스트가 치료하는 환자들은 미국인 대부분보다 나이가 많고 소득이 적다. 메디케어 보장 범위부터 푸드 스탬프까지 정부의 돌봄이 모든 곳에서 삭감되면 병원 예산에 한층 더 부담이 될 수 있다. 사회복지 서비스를 축소한 주와 확대한 주를 비교한 연구에서도 이를 확인할 수 있다.[38] 건강보험개혁법은 주 정부가 메디케이드를 거의 모든 저소득층 인구(연방 빈곤선의 138퍼센트보다 아래에 있는 사람 모두)에게 확대할 경우 그 주에 연방 자금을 지원했다. 하지만 12개 주는 이 법안의 통과에 저항하면서 참여를 거부했다. 그래서 이들 주에서는 메디케이드가 예전처럼 저소득층 인구 중 일부(빈곤선의 41퍼센트 이하)에게만 제공되었다. 이는 3인 가족 기준으로 연소득 8905달러(2020년 달러)에 해당한다. 이 12개 주에서는 당신의 가구 소득이 8905달러보다 많으면 의료비 보조를 받을 수 없다. 연구자들은 주 정부가 이런 결정을 내리고서 2019년까지 농촌 병원들을 추적했는데, 메디케이드를 확대한 주에서 병원이 문 닫을 확률이 62퍼센트 적었다.[39] 또한 폐업 취약성이 가장 높은 216개 농촌 병원 4곳 중 3곳이 메디케이드 확대를 거부한 주에 있었다. 또한 2010년 이래로 농촌 병원 폐업이 가장 많은 9개 주는 모두 건강보험개혁법 통과에 반대해 메디케이드 확대를 거부한 곳이었다. 텍사스주와 테네시주가 각각 21개와 26개로 농촌 병원 폐업이 가장 많았는데,[40] 둘 다 메디케이드 확대를 거부한 주다.

웨스트버지니아주는 그 12개 주 목록에 없다. 웨스트버지니아주는 2014년에 건강보험개혁법의 주요 지원 조항이 발효되었을 때 메디케이드를 확대했다. 하지만 이를 통한 연방 정부의 지원에도 불구하고 2020년 현재 웨스트버지니아주의 농촌 병원 40~60곳이 수익을 내지 못하고 있다.[41] 2019년에 웨스트버지니아주 밍고 카운티(브리지포트 남쪽)의 유일한 병원이 문을 닫았다.[42] 그해에 웨스트버지니아주 윌링에 있는 오하이오밸리 의료센터(브리지포트 북쪽)도 문을 닫았다.[43] 웨스트버지니아주 페어몬트에 있는 유일한 병원(브리지포트에서 20마일〔약 30킬로미터〕 거리)은 2020년에 문을 닫았다. 이 중 하나는 코로나 팬데믹 기간 중에 22개 병상의 응급 시설로 임시로 다시 문을 열었지만 다른 두 곳은 그렇지 못했다.[44] 이웃 병원들, 가령 유나이티드 병원 같은 곳이 이제 문 닫은 병원이 맡던 사고까지 감당해야 하고, 이 같은 의료의 빈곤 상황에서는 모든 사고가 더 위험해진다.

미국에서 사고가 가장 잘 나는 곳

내가 허스트를 찾아간 데는 이유가 있었다. 웨스트버지니아주는 2010년에 뉴멕시코를 앞지른 이래로 내내 미국에서 인구 대비 사고사율이 가장 높았다. 웨스트버지니아주의 사고사율은 인접 주인 버지니아주보다 70퍼센트나 높다.[45]

1999년부터 주별 사고사율을 보면 대침체 기간도 포함해 지난 20

년간 변화가 별로 없다. 매년 캘리포니아주, 뉴욕주, 하와이주 순으로 사고사율이 낮다. 이 주들은 1인당 정부 지출이 가장 높은 15개 주에 속하고 조세수입이 가장 많은 10개 주에 속한다.[46] 사고로 죽을 가능성이 가장 높은 주는 웨스트버지니아주, 켄터키주, 뉴멕시코주인데, 미국에서 빈곤율이 가장 높은 5개 주에 속한다.[47]

이런 숫자들은 미국에서 경제적 부가 전례 없이 양극화되고 있어서 나타나는 결과다.[48] 전통적으로 경제학자들은 고용, 조세수입 등의 지표가 전국적으로 **수렴하는** 정도를 보고 전체적인 경제 상태를 가늠해 왔다. 그런데 최근 '공간적 불평등'을 측정하는 경우가 많아지고 있다. 호황인 다른 지역들에 의해 상쇄되어 전체 통계에서는 잘 드러나지 않지만, 경제 불황과 경제 정체가 특정한 지역에 집중되어 있는 것을 말한다. 전국적으로 보면 모든 것이 좋아 보이지만 주별로, 카운티별로 나누어서 보면 몇몇 지역은 전례 없이 경제가 가라앉고 있다. 예를 들어, 오늘날 부유한 곳과 가난한 곳의 기대수명 격차는 그 어느 때보다도 커서 많게는 약 20년에 달하고, 이는 계속 더 벌어지고 있다.[49]

기대수명 격차가 20년이라고 하면 우리는 흔히 어느 주에 사는 사람은 60세에 죽고 어느 주에 사는 사람은 80세에 죽는다는 의미라고 생각하지만, 기대수명은 평균이고 기대수명이 낮은 곳들에서는 사람들이 사고로 너무 일찍 죽어서 평균을 끌어내린다. 가난한 곳의 기대수명이 그렇게 낮은 한 가지 이유는 너무 많은 사람이 60세에 죽어서가 아니라 18세나 20세에 죽어서다.

사고사와 지역 경제 사이에 상관관계가 있다는 것은 적어도 몇몇 장소에서는 돈으로 예방을 살 수 있다는 의미다. 예를 들어 한 연구에 따르면 산재 사망과 주 정부의 정부 부채 사이에 역의 상관관계가 나타났는데, 인프라 지출이나 복지 지출 등 정부 지출을 더 많이 하는 주는 사고로 죽을 가능성이 낮아질 수 있다는 의미다.[50] 또 다른 연구는 소득 불평등이 큰 도시일수록 사고사가 많아진다는 것을 발견했는데, 그 조건이 동일하더라도 도로에 지출을 더 많이 하는 도시는 사고사율이 14퍼센트 더 낮아지는 것으로 나타났다.[51]

그 반대도 참이다. 예방 가능한 사고는 사고를 예방할 수 있는 인프라에 돈을 지출하지 않아서 일어난다. 미국에서 보행자 사망 사고가 가장 많은 60개 도로를 연구한 결과 4곳 중 3곳이 미국 평균 소득보다 소득이 낮은 동네에 있었다.[52] 더 좁은 범위에서도 마찬가지다. 사망 사고가 가장 많은 60개 도로 10곳 중 9곳이 미국 전체의 평균 소득뿐 아니라 해당 지역의 평균 소득보다도 소득이 낮은 동네에 있었다.

미국의 인프라 저하를 가장 잘 보여주는 곳을 꼽으라면 단연 웨스트버지니아주일 것이다. 2017년에 웨스트버지니아주는 공공 사업 지출이 5년 연속 감소했다.[53] 또한 웨스트버지니아주는 2020년 예산 보고서에서 자금이 부족해 고속도로들이 상당히 훼손된 상태이고, 60년 이상 된 다리를 교체하는 데 30억 달러가 필요하며, 도로 포장을 다시 하는 데 4억 달러가 필요하고, 바위와 산사태가 도로 파손과 인명 피해를 일으킬 가능성이 있는 곳들을 정비하는 데도 수천만 달러가 필요하다는 점을 장기적 이슈로 언급했다.[54] 교통 분야 인프라만 이야기한 것인데도 이 정도다.

'웨스트버지니아주는 가난하다'고 말할 수도 있겠지만, '웨스트버지니아주의 건조환경이 사고가 나기 쉽게 지어져 있고 사고는 주와 카운티와 주민들에게 비용을 지우기 때문에 많은 웨스트버지아주 사람들이 빈곤하다'고도 말할 수 있다. 한 연구에 따르면, 치명적인 오피오이드 과용으로 발생하는 1인당 비용이 웨스트버지니아주가 가장 높고 하와이주가 가장 낮은데, 웨스트버지니아주에서는 약물 과용으로 인한 사망이 확산되고 있고 하와이주는 인구 대비 약물 과용 사고사율이 가장 낮다. 이 비용은 의료, 약물 치료, 범죄 기소 등의 비용과 노동 상실, 고통, 충격 등의 덜 가시적인 비용을 모두 포함한 것인데, 주별로 차이가 굉장히 커서 웨스트버지니아주(5298달러)가 하와이주(429달러)보다 1134퍼센트나 많았다.[55] 사고가 사고를 낳으며, 사고 대응에 들어가야 할 자원이 다른 사고에 들어가면서 사고의 비용이 더 커진다. 가령 긴급 의료 대원이 다 너무 바쁘다면 더 많은 긴급 의료 대원을 교육해야 하고, 살 수도 있었을 사람들이 그 사이에 사고로 계속 죽을 것이다.

여기에서 당신은 진퇴양난의 상황에 봉착한다. 당신이 사는 곳의 지역 경제가 쇠락하면 일자리를 찾으러 더 멀리 차를 몰고 가야 하고, 그러면 사고 위험이 높아진다. 동시에, 당신이 사는 곳은 도로를 포장할 돈이 부족하고, 당신은 너무 절박해서 위험한 일이라도 하게 될 가능성이 높다. 그러다 사고가 나면 의료 빚에 시달릴 것이고, 이는 당신이 주 세금을 낼 수 있는 능력에 직접적으로 타격을 줄 것이다. 세수가 줄면 주 정부는 도로를 포장할 수 없다. 이 외에도 안전하지 않은 낡은 자동차, 더 장시간 통근해야 하고 가난하게 살아야 하는 데서 오는 피로와 스트레스, 의료 시설까지의 먼 거리, 그리고 낡은 자동차조차 탈 형편이 못 될 만큼 소득이 낮아서 위험한 거리를 도보나 자전거로 이동해야 할 가능성 등 위험이 증폭될 수 있는 요인은 아주 많다. 사고를 당하면 빈곤으로 떨어질 가능성이 높아지고, 빈곤하면 사고로 죽을 가능성이 높아지며, 가난한 곳들은 사고를 예방하는 데 쓸 돈이 없다.

더 작은 지역 단위에서도 마찬가지다. 센서스지구별로 살펴보면,

주민들이 사고로 죽을 가능성이 가장 높은 곳은 알래스카주의 농촌 지역인 레이크앤드퍼닌설라버로인데, 이곳은 인구의 76퍼센트가 원주민이다.[56] 가장 최근 자료인 1999~2016년 질병예방통제센터의 카운티 단위 사망률 데이터를 보면 인구 규모가 어느 정도 되는 곳 중 그 뒤를 잇는 곳은 사우스다코다주의 오글라라라코타 카운티다. 인구가 약 1만 4000명인 오글라라라코타 카운티는 카운티 전체가 파인리지 원주민보호구역 안에 있다. 이곳은 미국에서 가장 크고 가장 가난한 원주민보호구역이며 여러 지표에서 꼴찌를 달린다. 기대수명이 가장 낮고, 1인당 소득도 가장 낮으며, 미국에서 가장 가난한 동네 두 곳이 여기에 있다.[57]

오글라라라코타 카운티에는 위험한 조건이 켜켜이 쌓여있다.[58] 대부분의 집에 수도, 전기, 단열, 하수 설비가 없다. 대개의 경우 가장 가까운 도시까지 일하러 가는 데 적어도 1시간을 차로 달려야 한다. 기후도 극단적이어서 여름에는 화씨 110도〔섭씨 약 43도〕까지 올라가고 겨울에는 화씨 영하 50도〔섭씨 약 영하 45도〕까지 내려가는데, 이것은 '비의도적인 자연적·환경적 원인'으로 사고사가 일어나기 쉬운 조건이다. 하지만 오글라라라코타 카운티의 여건은 더 일반적인 종류의 사고사가 일어나기 쉬운 조건이기도 하다. 예를 들어 원주민사무국(미국 내 원주민 인구를 보호하는 곳으로, 의료부터 도로 포장까지 원주민 구역에서 발생하는 사고의 원인을 관리하고 예방하는 일을 맡는다) 관할하에 있는 도로 및 교량의 관리와 유지 보수를 위해 오글라라라코타 원주민 지역이 받는 단위 거리당 자금은 전국 평균보다 95퍼센트나 적고 사우스다코다주의 다른 지역보다는 82퍼센트 이상 적다.[59] 2019년에 도로 유지 보수에 아직 지출되지 못하고 있는 비용은 6000만 달러에 달했고 교량 유지 보수는 긴급 상태까지 이른 것들만 이뤄질 수 있었다. 그리고 원주민 부족들은 자금 부족분을 메우기 위해 휘발유세 같은 세금을 자체적으로 부과할 수 없다(반면 주 정부는 비용과 연방 정부의 자금 사이에 부족분을 메우기 위해 종종 휘발유세에 의존한다).

미국에서 사고율이 가장 높은 카운티 10개 중 9개가 원주민이 인구의 다수인 곳이다.[60] 이 지역들의 1인당 소득은 미국 평균의 절반이고 빈곤율은 3배다.[61] 의회의 회계감사국은 원주민사무국이 "부패, 낭비, 남용, 관리 부실" 등에서 "고위험" 상태라고 진단했다. 2015년에 원주민교육국은 관할하의 학교 중 3분의 1에 대해 안전 점검을 하지 않았다. 미점검 학교가 2012년 이래 거의 50퍼센트나 늘어난 것이었다.[62] 한 학교에서는 천연가스가 누출되었고 일산화탄소 농도가 높아서 검사를 통과하지 못한 보일러도 기숙사에서 4대나 발견되었다. 일산화탄소 농도가 높으면 폭발 사고의 위험이 있고, 폭발이 아니더라도 중독의 위험이 상시적으로 존재한다. 8개월 동안이나 그 상태로 방치되었는데, 학생들이 갈 수 있는 다른 곳이 없었기 때문이다. 2008년에 원주민건강서비스는 환자당 지출(3779달러)이 전국 평균(9409달러)보다 3분의 2나 적었다.[63] 원주민보호구역도로국 관할 도로 중 80퍼센트는 포장이 되어있지 않고, 교량 4개 중 1개 이상이 중대한 구조적 보수가 필요한 상태다.[64]

연방재난관리청은 미국의 다른 사람들에 비해 원주민에게 재난 대비용 자금 지원도 더 적게 승인하고 재난 이후에 복구비 지원도 더 적게 승인한다.[65] 이것은 홍수, 태풍, 산불, 폭염 등에 수반되는 익사, 화재, 동사, 고온 등으로 소규모 사고를 유발할 수도 있지만, 댐, 제방, 터널, 교량 등의 붕괴, 폭발이나 생물학적 사고 및 화학적 사고, 기타 독성 물질 사고처럼 연방재난관리청이 관할하는 대규모 재난으로도 이어질 수 있다. 그런데 대규모 사고 이전과 이후 모두에서 원주민 지역은 스스로를 보호하는 데, 그리고 사고로 이어진 문제들을 해결하는 데 필요한 자금을 덜 지원받는다. 원주민들이 여타 미국인들에 비해 압도적으로 높은 확률로 목숨을 잃는 것은 그들이 사는 지역에 위험한 조건들이 켜켜이 쌓여있기 때문이다. 원주민은 자동차 사고, 화재, 익사 등으로 사망할 확률이 다른 미국인들의 2배이고, 길을 건너다 사망할 확률은 3배이다.[66]

원주민 구역이 특히 더 심각하긴 하지만 인프라 문제는 모든 곳에서 심각하다. 미국에서 인프라 지출은 지난 수십 년간 감소 추세다.[67] 2018년에는 공공 건설 지출이 25년 이래 최저였다.[68] 미국의 다리 5개 중 2개는 50년이 넘었고 8개 중 1개는 80년이 넘었다.[69] 수도 본관(무려 19세기 것도 있다)은 점점 더 빠른 속도로 마모되어 부서지고 있다. 미국의 제방은 평균적으로 50년이 되었고 상수도관과 하수도관의 평균 나이는 그보다 5년 더 젊을 뿐이다. 미국의 댐 중 2300개 이상이 중대한 구조적 문제를 가지고 있는데, 그 상태로 (허술하게나마) 호수와 강을 막고 있다. 그런데 이 모든 곳이 제방이 붕괴할 경우 인명 피해를 피할 수 없는 곳에 위치해 있다. 또한 2018년 이래로 미시시피주에서만도 계속 사용할 경우 붕괴 위험이 있는 교량 400개 이상이 폐쇄되었다.[70] 웨스트버지니아주와 사우스다코다주의 사고 다발 지역에 있는 다리들은 5개 중 1개가 구조적으로 위태롭다.[71] 농촌의 도로는 상태가 너무 나빠서 단위 거리당 사망률이 다른 곳의 도로보다 2배 이상 높다.[72] 미국의 송유관과 가스관의 절반은 적어도 50년이 되었고, 2000마일〔약 3200킬로미터〕 넘는 길이의 파이프라인이 100년이 넘었다.[73]

이것은 우리 일상의 안전 시스템에 뚫려있는 많고 많은 구멍 중 일부일 뿐이다. 이 구멍들은 알려져 있는 구멍들이다. 하지만 정부는 그것을 막는 데 돈을 지출하지 않기로 선택하고 있다. 미국의 도로와 수자원 인프라에 들어간 연방 지출은 지난 수십 년간 GDP 대비 비중으로 가장 낮은 수준까지 떨어졌다.[74] 인플레를 조정했을 때 2017년의 정부 인프라 지출은 10년 전보다 적었다. 그리고 인프라의 질이 저하되는 동안 이 돈은 근본적인 조치에는 점점 덜 들어가고 급하게 때우는 데로 점점 더 많이 들어가고 있다. 구멍을 제대로 막으려는 주도 없지는 않다. 이를테면, 2007년에 I-35W 다리가 무너지고 나서 미네소타주는 주의 교량 수리를 위한 자금 25억 달러를 조달하기 위해 휘발유세를 올렸다.[75] 하지만 다른 주들, 특히 가난한 주들은 여전히 사고가 나기 쉬운 상태다.

(이 책의 인쇄를 앞두고 있는 현재, 의회는 위험한 조건으로 가득한 인프라를 고치기 시작할 수 있는 대규모 인프라 자금 지원 법안에 대해 표결을 준비하고 있다.[76] 지난 10여 년 사이 연방 인프라 자금 중 가장 큰 규모다. 독자 여러분이 이 책을 읽고 있을 시점에 이 법이 통과되어 있다면, 가드레일 없는 절벽에서 추락하는 경우에서 한 발짝 멀어질 수 있을 것이다. 하지만 그렇더라도 여전히 한 발짝 너머에 가드레일 없는 절벽이 있다. 그리고 새로운 인프라 자금 지원이 새로운 문제를 야기할 수도 있다. 예를 들어 아직 지출이 되지 못하고 밀려있는 유지 보수 비용이 4350억 달러나 있는데도, 이 법안은 주 정부들이 이 자금으로 기존 도로를 넓히는 데 지출하기 전에, 혹은 새 도로를 짓는 데 사용하기 전에 먼저 낡은 도로를 고치거나 더 안전하게 만들도록 요구하지 않았다. 기존 도로를 그대로 확장하면 위험한 조건이 증가하게 되고 새 도로를 더 지으면 더 많은 사람들이 운전을 하게 되어서 그 자체로 위험한 조건이 된다. 그리고 이 법안

은 '안전 목표의 퇴행'을 막지 않고 있다. 그래서 주 정부들은 새로운 도로들이 사고 위험을 높일 것으로 예상되는 경우에도 그 도로를 짓는 데 자금을 지원받을 수 있다.)

2012년에 브라운대학 연구자들은 14년간에 걸친 미국의 사고사를 조사했다.[77] 피해자 160만 명에 대한 방대한 연구였다. 어느 한 해도 예외 없이 개인의 빈곤과 장소의 빈곤 모두 높은 사고율과 관련이 있었다. 더 빈곤한 곳은 더 많은 사람들이 사고로 죽는 곳이었다. 더 안 좋게도 부유한 곳과 가난한 곳 사이의 사고 취약성 격차가 벌어지고 있었다.

가난한 것, 그리고 가난한 장소에 사는 것 둘 다 위험한 조건이다. 그리고 이 둘은 사고 위험을 더욱 높이는 방향으로 상호작용한다. 도로 인프라를 예로 들어보자. 미국토목공학회는 5킬로미터당 1킬로미터의 도로가 포장이 "좋지 않은 상태"라고 보고 있다.[78] 미국 교통부는 교통사고로 사망의 3분의 1 이상이 도로가 수리나 재설계, 혹은 교체가 필요한 상태였기 때문이라고 추산한다.[79] 전국적으로 보행자 사망은 가난한 사람들 사이에서 더 많다.[80]

이런 사고가 지리적으로 어디를 찾아가는지 보려면 '자동차 사망 지대'라고 불리는 지역을 보면 된다.[81] 남부와 대평원, 이 두 개의 가로로 긴 지대를 의미한다. 이곳은 미국 전체에서 가장 높은 도로 사고 사율을 보인다. 자동차 사망 지대는 그 주의 빈곤, GDP, 소득, 심지어 대졸자 비중과도 일관된 패턴을 보인다. 자동차 사망 지대를 따라 존재하는 위험한 조건을 바꿀 수 있도록 인프라 자금을 확보하는 한 가지 방법은 연방 휘발유세를 올리는 것이다. 이것은 도로 인프라에 자금을 대는 주요 연방 자금원인데, 1993년 이래 오르지 않았다. 그리고 20년 넘는 동안 물가 상승에서 휘발유값이 나 홀로 예외로 낮게 유지되면서 사람들은 위험이 더 적은 다른 교통수단보다 차를 이용했다. 그 결과 전국의 도로는 투자 부족으로 더 위험해지는데 더 많은 사람들이 도로에 차를 몰고 들어왔고 사고 위험도 높아졌다.

개인의 빈곤과 제도적 빈곤이 결합해 만들어진 위험한 조건은 교통사고뿐 아니라 다른 사고에서도 볼 수 있다. 추락사, 익사, 중독사 모두 가난한 장소들에서 가장 빠르게 증가하고 있다.[82] 자동차 제조사들이 공장들을 닫는 카운티에서는 사고성 오피오이드 과용 사망률이 전국 평균보다 85퍼센트나 높다.[83]

이런 죽음에 대해 우리가 듣는 이야기는 어쩌다 발생한 어느 한 사건이다. 하지만 이런 사건은 **그냥 어쩌다 발생한** 것이 아니다. 이것은 갈라진 아스팔트에 새겨져 있었고 병원까지 가기에 너무나 먼 길에 새겨져 있었다. 경제적 지리가 사고사에 얼마나 강하게 영향을 미치는지는 부유한 장소에 사는 가난한 사람들이 가난한 장소에 사는 비슷하게 가난한 사람보다 오래 산다는 데서도 알 수 있다.[84] 부는 위험을 막아주고 빈곤은 위험을 증폭한다. 가난한 지역에 사는 부유한 사람은 부유한 곳에 사는 부유한 사람만큼 오래 살지만, 가난한 곳에 사는 가난한 사람들은 반대다. 이들은 부유한 장소에 사는 가난한 사람보다 현저히 수명이 짧고 현저히 많이 사고로 죽는다. 미국에서 돈은 후광이고, 단지 그 옆에 서있기만 해도 어느 정도 빛을 쬘 수 있다.

나에게 돈이 있거나 내가 사는 장소에 돈이 있으면 나는 위험에서 보호받을 수 있다. 그런데 미국에서 빈곤은 단순히 사망할 위험만 높이는 것이 아니다. 빈곤은 우리가 부끄러워하는 사회적 지위이기도 하다. 그리고 가난한 동네에 사는 사람이 흑인, 라티노, 원주민일 가능성이 높다는 것은 이 낙인을 한층 더 강화한다. 실증 연구에서도 살펴볼 수 있는데, 미국인 5명 중 2명 이상이 가난하게 사는 것에 대해 그 가난한 사람 본인을 탓하며 경제적 불평등이 약물, 술 등 개인이 내리는 안 좋은 의사 결정 때문이라고 생각한다.[85]

그리고 가난하게 사는 것에 대해 그 가난한 사람 본인을 탓하는 경향은 우리의 뇌에 깊이 각인되어 있다. 가난한 사람들이 사고로 더 자주 죽는다는 사실이, 적어도 어떤 사람들에게는 경제적 불평등을 더 잘 용인하게 해주는지도 모른다.

나쁜 일은 나쁜 사람들에게 일어난다

우리가 사고에서 사람들을 보호하는 데 돈을 지출하지 않는 한 가지 이유는 많은 미국인이 빈곤에 대해 가난한 사람들을 탓하는 이유와 같다. 무언가를 인적 과실로 설명하면 우리는 책임을 벗을 수 있다. 그런데 인간의 오류를 탓하는 것은 우리가 불공정한 세상을 공정하다고 인식하게 도와주는 인지적 편향이기도 하다.[86] '공정한 세상 오류'just world fallacy라고 불리는 이 잘 알려진 편향은 잔인한 세상에서 시스템적 실패와 구조적 불평등을 개인의 행동에만 초점을 두어 설명함으로써 마음의 편안함을 얻을 수 있게 도와준다. 특히 우리는 좋은 일은 좋은 사람에게 일어나고 나쁜 일은 나쁜 사람에게 일어난다는 믿음에 부합하는 것이면 어떤 실마리라도 붙잡으려 한다. 요컨대, 이 오류는 세상이 공정하다고 믿는 것이다.

라마르대학의 사회학자이며 공정한 세상 오류가 경제적으로 발현되는 양상을 연구하고 있는 케빈 스미스는 사람들이 이 믿음을 유지하기 위해 기를 쓰고 노력할 것이라고 설명했다.[87] 사고를 보면 우리는 우리가 가지고 있지 않은 정보를 가지고 그것을 정당화하려 한다. 죽거나 다친 사람이 무언가 그런 일을 당할 만한 일을 했으리라고 말할 수 있는 방법을 찾으려 하는 것이다. 이것은 우리가 인적 과실론으로 쏠리게끔 만드는 인지적 편향이다.

공정한 세상 오류에 대한 한 고전적인 실험에서 연구자들은 참가자를 두 집단으로 나누고 한 여성이 시험을 보는데 정답을 말하지 못하면 전기 충격을 받는 모습을 보게 했다.[88] 첫 번째 집단은 그 여성이 받는 고통에 대해 보상을 해줄 수 있었고 두 번째 집단은 그 여성이 고통스러워하는 것을 그냥 볼 수밖에 없었다. 그다음에 시험을 본 여성이 어떤 사람일 것 같냐고 물었더니 첫 번째 집단은 좋은 사람일 것 같다고 답했고 두 번째 집단은 안 좋은 사람일 것 같다고 답했다. 아무런 보상 없이 어느 여성이 고통받을 수 있는 세상에 자신이 살고 있다는 데 대한 불편한 마음을 해소할 수 있으려면, 두 번째 집단에게 그 여성은 그런 운명에 처해도 마땅한 나쁜 사람이어야만 했다.

이렇게 보면 운전석의 미치광이는 단지 자동차가 위험하게 제조되었다는 것을 가리기 위해 사용된 영리한 마케팅 문구이기만 한 것이 아니다. 사고를 목격하게 되었을 때 마음이 불편해지고 싶지 않은 인간의 자연스러운 충동을 나타내는 것이기도 하다. 공정한 세상에서라면 약물 과용으로 사망한 약물 사용자는 자신을 절제하지 못한 범죄성 중독자여야만 한다. 공정한 세상에서라면 차에 치여 죽은 보행자는 무단으로 길을 건넌 사람이어야만 한다. 튀어나온 운전대에 찔려 다친 운전자는 운전석의 미치광이여야만 한다. 안전장치가 없는 기계에 팔을 잃은 노동자는 사고 유발 경향성이 있는 노동자여야만 한다.

물론 세상은 공정하지 않고, 앞에서 말한 어느 것도 사실이 아니다. 그저 우리의 마음을 조금 가벼워지게만 해줄 뿐이다.

다른 이의 고통이 응분의 몫이라고 생각하는 것이 누군가의 고통에서 나를 분리하는 한 가지 방법이라면, 세상은 공정하다는 믿음은 나에게는 나쁜 일이 일어나지 않을 것이라고 말하는 또 다른 방법이다.[89] 이런 논리는 불의나 혼란에 직면한 우리가 정신의 안정을 유지하는 방편이다. 인과관계의 사슬을 만들면 당신의 정신 건강을 지킬 수 있다. 안 그러면 정의가 승리하는 세상이 아니라 무작위적인 세상에 살고 있다는 사실을 받아들여야 하는데, 이것은 인지적으로 매우 불편하고 불안정한 상태다.

스미스는 공정한 세상 오류가 부와 빈곤을 어떻게 설명하는지 알아보기 위해 일련의 연구를 진행했다. 텍사스주 사람들을 대상으로 진행한 무작위 설문 조사에서 그는 응답자에게 "오늘날 흑인은 미국에서 좋은 일자리를 얻는 데 백인과 동등한 기회를 가지고 있다"라든가 "이 도시에서는 열심히 일하면 성공할 것이다" 같은 언명에 대해 느낌을 말하도록 했다.[90] 공정한 세상 오류를 믿는 사람들은 이런 언명에 동의할 가능성이 더 높았고 구조적·사회적 불평등에 대해서는 덜 인식하고 있을 가능성이 높았다. 이렇게 답하는 사람들은 특권을 가진 사람들이기도 했다. 이를테면 백인은 공정한 세상 오류를 믿을 가능성이 더 높았고, 부유한 사람도 공화당 지지자도 그랬다. 또한 공정한 세상을 믿는 사람들은 인적 과실을 탓하는 경향이 컸고 피해자를 비하하는 경향도 컸다. 또 다른 연구에서 스미스는 응답자들에게 부유한 사람은 왜 부유하고 가난한 사람은 왜 가난하다고 생각하는지 물어보았다.[91] 보기로 제시된 이유 중에서 공정한 세상을 믿는 사람들이 가장 많이 선택한 것은 인적 과실을 가리키는 설명이었다. 부자가 부자인 이유는 "열심히 일하고 주도성이 있기 때문"이었고 가난한 사람이 가난한 이유는 "의지가 없고 술을 마시기 때문"이거나 "본인이 노력을 안 하기 때문"이었다. 이런 견해에 동의하는 사람은 압도적으로 부유한 사람이 많았다.

빈곤과 사고의 관계에 대해 우리가 알고 있는 것에 비춰보면, 이런 생각이 사회구조의 현 상태를 어떻게 정당화할지, 그리고 이것이 어떻게 사고를 더 많이 유발하게 될지 알 수 있을 것이다. 사회구조의 상층에 있는 사람들이 빈곤을 정의의 한 형태라고 믿고 있다면, 그리고 가난한 사람들이 사고로 죽을 확률이 더 높다면, 사고에 대해 아무것도 할 수 없고 해서도 안 된다는 결론을 내리게 될 것이다. 이 논리에 의하면 사고는 좋은 것이다. 안 좋은 행동이나 취약한 성품에 대한 응분의 처벌인 것이다.

UCLA와 하버드대학의 연구자들은 공정한 세상 오류를 믿는 사람들이 권위주의적이고, 종교적이고, 보수적이고, 현재의 사회구조를 지지하는 경향이 크다는 것을 발견했다.[92] 다른 연구들에서도 비슷한 결과를 볼 수 있다. 예를 들어 이 장의 앞에서 인용한 설문 조사에서 미국인의 40퍼센트 이상이 가난에 대해 가난한 사람을 탓했다. 이 연구는 정치적 입장에 따라서도 답변을 분석해 보았는데, 보수주의 성향인 사람들의 다수가 가난한 사람이 가난한 이유로 안 좋은 생활 방식과 근면하지 않은 점을 꼽았다.[93] 하지만 한 줄기 희망이 없지는 않다. 적어도 최근의 한 설문 조사에 따르면 공정한 세상에 대한 (부정확한) 믿음은 점점 약화되고 있는 것으로 보이며, 이 추세는 양당 지지자 모두에게서 나타나는 것으로 보인다.[94] 점점 더 많은 사람들이 빈곤을 우연이나 과실이 아니라 시스템상의 조건 때문이라고 보는 것이다. 그렇더라도 여전히 많은 이들이 "공정한 세상"을 믿으려 한다.

"20~30년 전에 사람들이 AIDS에 대해 AIDS 환자의 행동을 비난했던 것과 같은 식이지요. 이것은 그저 인지 조화를 생성하기 위한 것일 뿐입니다. 그것은 세상이 인지적·정신적으로 안정되게 느껴지도록 해줍니다." 스미스는 이렇게 설명한다. "소위 "공정한 세상"의 감각을 매우 강하게 가지고 있는 사람들은 가난한 사람들이 어느 시점에 무언가를 잘못해서 자신의 가난을 자초했다고 생각합니다. 일을 열심히 하지 않았거나 검약하지 않았거나 게을렀거나 문란했거나 마약을 했거나 등등으로요. 이렇게 해서 가난한 사람들은 가난이라는 처벌을 받아 마땅한 사람들이 됩니다."

물론 세상은 이렇게 돌아가지 않는다.

가난한 사람들은 나쁜 사람들이 아니고 부유한 사람들이 선한 사람들인 것도 아니며 사고를 당한 사람들이 사고 유발 경향성을 가진 것도 아니다.[95] 사고의 원인으로서 인적 과실은 가짜 구성물이다. 사고에 대해 누군가를 탓하면서 비난하는 것은 비난하는 사람의 심리를 반영하는 것일 뿐 그 외의 의미는 없다.

그렇긴 하되, 비난은 미국에서 사고가 증가하는 데는 유의미하게 영향을 미칠 수 있다. 2017년에 미국의 주택도시개발부 장관이었던 벤 카슨은 기자들에게 가난한 사람들은 그저 안 좋은 태도를 가지고 있어서 가난한 것이라고 말했다.[96]

> 대개 빈곤은 마음의 상태이기도 합니다. 제대로 된 마음가짐을 가지고 있으면 그에게서 모든 것을 빼앗아 길거리에 내놓는다 해도, 장담컨대 오래지 않아 다시 일어날 겁니다. 잘못된 마음가짐을 가지고 있으면 세상의 모든 것을 가져다줘도 밑바닥으로 다시 돌아가게 될 것입니다.

"빈곤은 마음의 상태"라는 것은 카슨 판의 공정한 세상 오류다. 그런데 카슨은 강력한 지위를 가진 사람이므로 그의 믿음은 더 많은 사고사로 이어질 수 있고, 특히 가난한 사람들에게 더 많은 사고사로 이어질 수 있다. 2020년에 카슨은 차년도 주택도시개발부 예산안을 86억 달러 삭감해 제출했다.[97] 가난한 사람들을 위해 주거를 짓고 유지하는 일이 그의 일인데, 자신이 일을 수행할 역량을 스스로 없앤 것이다. 당신이 빈곤이 단지 마음의 상태라고 믿는다면, 그의 결정이 좋은 결정으로 보일 것이다. 하지만 당신이 가난 속에 살고 있다면, 86억 달러의 상실은 당신과 사고 사이의 치즈 조각들에 구멍이 아주 많이 더 생긴다는 것을 의미할 수 있다.

개인으로서 우리는 스스로를 고통으로부터 방어하고 정의가 승리했다고 믿기 위해 다른 이를 탓하고 비난한다. 경제적 불평등이라는 현재의 국가적인 상태는 우리가 가진 공정함의 착각을 강화한다. 사고가 가난한 사람들에게 많이 닥치는 것이 그들이 가난하기 때문이고 그들은 가난해 마땅하다면, 부자들도 부자여야 마땅한 것이 된다. 정의에 대한 이런 믿음은 우리가 기저의 부정의한 구조를 옹호하고 유지하게 만들며 사고에 대해 피해자를 비난하게 만든다.

8

비난

THERE ARE NO ACCIDENTS

비난은 비극적인 사고가 무작위적인 것처럼 보이는 데서 오는 공포를 통제하는 방법이다. 이 과정에 생산적인 면이라곤 없다. 수치심과 취약성을 연구하는 브레네 브라운은 "비난은 단순히 고통과 마음의 불편함을 털어버리기 위한 것일 뿐"이라고 말했다.[1] 사고를 막으려면 우리는 그 불편함과 마주앉아야 한다.

공정한 세상을 믿고자 하는 만연한 열망을 연구하는 사회학자 케빈 스미스는 이런 충동을 자신의 연구 분야라서 알고 있는 것 이상으로 잘 알고 있다.[2] 스미스는 아들 셸비가 텍사스주의 한 고속도로에서 자동차 사고로 사망했다. 그리고 모두들 셸비가 무언가를 잘못해서 사고가 난 것은 아닌지 궁금해했다.

셸비 스미스는 맑은 날 낮에 일을 하러 가는 중이었고 말짱한 정신으로 운전하고 있었다. 그런데 진출입로를 놓쳤고 차가 굴렀다. 그는 사망했다.

"사람들은 상황을 납득해 보려 할 것입니다. 이 사고는 왜 일어났는가? 왜 착한 아이에게 이렇게 끔찍한 일이 일어났는가?" 스미스는 내게 이렇게 말했다. "저는 다 기억납니다. 사람들은 경찰이 셸비가 너무 빨리 달렸거나 혈액 검사에서 무언가가 나왔다고 알려주지 않았는지 제게 궁금해했습니다. 직접적으로 그렇게 묻지는 않았지만 사람들이 셸비가 술을 마셨거나 약을 한 것은 아닌지 알고 싶어 한다는 것을 알 수 있었습니다."

이것은 스미스의 전공 분야다. 그는 사람들이 이렇게 캐물으며 비극에 대해 탓할 곳을 찾으려 할 때 사실은 그들이 마음의 괴로움을 달래려 하는 것이라는 사실을 잘 알고 있다. 그런데도 내게 이 이야기를 할 때 그는 목소리가 갈라졌다.

"다른 모든 이들처럼 저도 이 일이 왜 일어났는지에 대해 제가 인지적으로 납득할 수 있는 설명을 찾고 찾고 또 찾았습니다. 당신이 안 좋은 일을 당했을 때 당신 뺨을 때리려고 하는 사람들은 비열한 것이 아닙니다. 그들은 그저 그 사건의 공포를 이해하려 애쓰고 있는 것입니다. 그 끔찍한 순간에 구체적으로 무슨 일이 있었는지 저는 모릅니다. 우리는 앞으로도 모를 것입니다. 하지만 사람들은 알고 싶어 합니다. 사람들은 그것을 납득하고 싶어 합니다."

이들이 사악한 사람들이 아니라는 사실은 중요하다. 운전석의 미치광이나 사고 유발 경향성이 있는 노동자나 범죄적 중독자는 돈에 우선순위를 두는 권력을 가진 사람들이 사고의 비용(배상 비용, 문제를 고치는 데 들어가는 비용 등)을 회피하기 위해 비난의 대상으로 삼는 허수아비다. 그와 동시에, 비난은 이보다 덜 비열한 이유에서 우리 모두가 늘 하는 일이기도 하다. 누군가의 탓으로 돌리면 끔찍하고 낯선 사건이 덜 무섭고 조금 더 익숙하게 느껴진다. 또한 비난은 안심만이 아니라 권력의 감각도 준다.[3] 사고에 대해 우리가 누군가를 비난할 때, 우리는 스위스 치즈의 모든 층위를 하나로 꾹 눌러서, 즉 세상의 모든 복잡성을 응축해서 단 하나의 원인을 만든다. 그리고 그 원인은 무언가를 잘못한 어느 한 사람이다.[4]

통제 불가능한 세상을 나에게서 떨어뜨려 놓을 수 있는 능력은 꽤 큰 권력이다. 그리고 이것이 우리가 다른 누구보다도 피해자를 비난하는 이유다. 죽은 사람은 그 권력에 이의를 제기하지 못하니 말이다. 바로 그런 일이 앨리슨 랴오에게 벌어졌다.

나는 여기에 어떤 방법으로 도착했는가?

2013년 10월 6일에 퀸즈의 플러싱에서 세 살배기 꼬마 앨리슨 랴오는 할머니 친 후아에게 수박이 먹고 싶다고 했다.[5] 할머니는 손녀를 데리고 아래층으로 내려가 큰길인 메인가를 건너서 세 블록 떨어진 가게에 갔다. 그곳에서 수박을 사고 두 사람은 다시 큰길을 건너 집으로 돌아오려고 했다.

그런데 횡단보도에서 SUV가 아이와 할머니를 쳤고 아이가 사망했다.

무엇이 잘못되었는가에 대한 언론의 이야기는 분분했다. 아이 잘못이라는 이야기도 있었고 아이와 할머니 둘 다의 잘못이라는 이야기도 있었다. 경찰은《데일리 뉴스》기자에게 아이가 잡고 있던 할머니의 손을 놓고서 SUV 앞으로 갑자기 뛰어들었다고 말했다. 라디오 방송국 1010 WINS도 앨리슨이 손을 빼내서 할머니가 아이 손을 놓쳤다고 전했다. CBS 연계 지역 방송국은 몇몇 목격자가 할머니의 잘못이라고 말한 것을 보도했다. 한 목격자는 CBS에 할머니가 수박을 먹고 있었고 아이가 어디로 가는지는 보고 있지 않았다고 말했다. SUV 운전자는 아이가 차 앞으로 갑자기 뛰어들었다고 주장했다.[6]

몇 개월 동안 이것이 앨리슨 랴오에 대한 이야기였다. 천방지축인 아이와 무책임한 할머니 모두 아이의 죽음에 책임이 있다고 말이다. 그러나 완전히 틀린 이야기였다.

1년쯤 뒤에 경찰이 수사 과정에서 찾아낸 동영상이 공개되었다. 자동차 블랙박스에 녹화된 것으로, 앨리슨 랴오의 사망 장면을 시야에 가리는 것 없이 보여주고 있었다. 동영상에서 세 살배기 아이와 할머니는 손을 잡고 메인가의 횡단보도를 보행 신호가 들어왔을 때 건너고 있었다. SUV는 그들의 뒤에서 메인가에 진입하기 위해 좌회전을 하다가 그들을 쳤다. 자동차는 앞 범퍼로 할머니를 쳤고 그다음에 아이를 앞뒤 타이어 모두로 밟고 지나갔다. 앨리슨 랴오는 할머니가 잡고 있는 손을 빼낸 적이 없었다. 할머니는 내내 아이 바로 옆에 있었다. 보행 신호가 들어왔으므로 보행자가 차보다 우선이었다. 그때까지 나온 모든 이야기는 거짓이었다.

우리는 앨리슨 랴오가 숨지고 나서 벌어진 일에 대해 조금 더 알아볼 필요가 있다. 끔찍해서이기도 하지만 증거가 있기 때문이기도 하다. 주위의 행인, 기자, 경찰들이 보인 집합적인 행동은 충격적이다. 일군의 목격자와 전문 수사관이 완전히 거짓인 내러티브를 만들어내면서 가뜩이나 슬픔에 빠져있을 가족을 괴롭혔다. 이들의 행동을 설명해 볼 수 있는 한 가지 방법은 이들 각자가 사고 현장에 어떤 방법으로 도착했을지를 생각해 보는 것이다.

사고의 책임이 아이와 할머니에게 있다는 초기의 보도는 세 개의 원천에서 나왔다. TV 뉴스, 목격자, 그리고 수사관. 아마도 이들 각자가 현장까지 어떻게 도착했는지가 그들이 도착했을 때 탓을 어디로 두었는지에 영향을 미쳤을 것이다. 세 집단 모두 운전을 해본 적이 있을 것이고 사고 현장에 자동차로 도착했을 것이다. 이 사고가 벌어진 퀸즈는 뉴욕시의 지구들 중에서는 드물게도 가구의 대부분이 차를 소유하고 있다.[7] 경찰은 대부분의 시간을 순찰차에서 보낸다.[8] TV 취재진은 무거운 장비가 필요하며 현장에 거의 언제나 취재 차량을 타고 도착한다. 우리는 목격자, 경찰, TV 기자 등 사고에 대해 앨리슨 랴오를 비난한 사람들이 앨리슨을 친 운전자에게 어느 정도 동일시하고 있었으리라고 추측해 볼 수 있다. 자신에게도 같은 결과가 발생할 수 있었다는 데 대한 강력한 두려움에서 말이다. **만약 내가 운전하다 아이를 쳤다면?**

하지만 어지간한 곳은 다 걸어 다니는 사람인 나는 앨리슨 랴오의 죽음 이야기를 듣자마자 운전자를 탓했다. 내가 운전자를 탓한 것 역시 이것이 나에게도 일어날 수 있는 일이었다는 두려움에서였을 것이다. **만약 내가 앨리슨처럼 치여 죽는다면?**

심리학자들은 이것을 '방어적 귀인'defensive attribution이라고 부른다. 사고가 일으키는 고통과 불편함이 나의 심리를 위협하기 때문에 나와 다른 사람들에게 부정적인 편향을 가지고 비난을 돌리는 것을 말한다.[9] 비난은 정의를 분배하는 기제가 아니라 자기보호의 메커니즘에 불과하고, 내가 원래 어느 팀이었는지 말고는 더 알려주는 바가 없다. 때로는 팀의 구분이 명백하다. 운전을 하는 사람과 운전을 하지 않는 사람, 인종이나 경제적 계층이 같은 사람과 다른 사람처럼 말이다. 하지만 때로는 우리가 사고에 대해 어떻게 이야기하느냐가 누구를 비난하고 어떻게 비난하는지를 결정하기도 한다.

코카인을 숨겨라

목격자들은 앨리슨 랴오에게 일어난 일을 말할 때 인적 과실에 대한 판단을 내리고 있었다. 목격한 광경이 유발한 고통과 불편함을 털어버리고자, 이들은 잘못한 사람이 누구인지를 자기가 정해버렸다. 그런데 사고에 대해 다른 이들의 이야기를 들으면 누구 잘못인 것 같은지에 대한 내 생각이 그 이야기에 영향을 받는다.

1990년대 초에 오하이오대학 심리학자 마크 앨리크는 사람들이 자신과 직접적으로는 관련이 없는 사고에 대해 형성하는 관계를 알아보기 위한 실험을 수행했다.[10] 죽거나 다친 당사자도 아니고 실수를 저지른 당사자도 아닌, 나머지 사람들 말이다. 실험 결과 사람들이 사고가 일어나기 **전**에 어떤 일이 있었으리라고 추측하는지가 사고 후에 그들이 누구의 탓으로 돌리는지의 모든 것을 결정하는 것으로 나타났다.

앨리크는 참가자를 두 집단으로 나누고 각 집단에게 자동차 사고에 대해 서로 다른 버전의 이야기를 들려주었다. 한 버전에서는 젊은 운전자가 부모의 결혼기념일 선물을 미리 숨겨둘 수 있게 집에 도착하려고 과속을 했고, 다른 버전의 이야기에서는 젊은 운전자가 부모가 못 보게 코카인을 숨기기 위해 서둘러 집에 도착하려고 과속을 했다. 두 버전 모두에서 도로에 기름이 흘러넘쳐 있었고 나뭇가지가 도로 표지판을 가리고 있던 것 등 도로의 위험한 조건도 언급되었다. 그리고 젊은 운전자는 다른 자동차와 충돌했고 다른 자동차의 운전자가 부상을 입었다. 결과는 모두 나빴지만 의도는 일부만 나빴다.

앨리크는 실험 참가자들에게 젊은 운전자가 사고 때 얼마나 통제력을 가지고 있었다고 생각하는지, 그리고 그가 얼마나 책임이 있다고 생각하는지 물었다. 어느 버전의 이야기를 들었는지에 따라 답변이 크게 달랐다. 사람들은 코카인을 숨기려 한 운전자가 부모에게 깜짝 선물을 하려 한 운전자에 비해 사고에 대해 훨씬 더 크게 비난받을 만하다고 여겼다. 또한 그 운전자가 **사고의 결과에 대해 당시에 더 통제력을 가지고 있었다고** 여겼다. 두 시나리오 모두에서 사고는 고의적인 것이 아니었고 운전자는 그의 통제 범위 안에 있는 하나의 조건에 대해 동일한 안 좋은 결정을 내렸다. 즉 너무 빨리 달렸다. 하지만 사람들은 둘 중 한 명이 현저하게 더 많이 비난받아 마땅하다고 느꼈고, 더 비난받아 마땅하다고 여겨지는 사람이 사고 당시 결과에 대한 통제력을 더 많이 가지고 있었다고 생각했다. 사람들은 자신이 좋아하지 않는 운전자를 더 많이 탓했고 사고 당시에 그 운전자가 가지고 있었던 통제력을 과대평가했다. 앨리크의 이론은 '과실 통제 모델'culpable control model이라고 불린다. 이 모델은 사고와 관련 없는 무언가에 대한 우리의 견해가 사고를 누구 잘못으로 여기는지에, 또한 그 사건을 사고라고 볼 것인지 여부 자체에 어떻게 영향을 미치는지를 설명한다.

이런 작용의 결과, 비난의 부족주의가 생겨난다. 실험 참가자들은 젊은 운전자에 대해 그가 가졌던 동기를 바탕으로 가치판단을 내렸고, 마약과 과속에 대해 오래전부터 가지고 있었던 견해를 그 가치판단에 적용했다. 이와 비슷한 또 다른 실험들에서 앨리크와 연구자들은 이런 가치판단이 개인의 경험(실험 참가자 본인이 차를 빨리 모는 편인지, 코카인을 숨긴 적이 있는지 등)과 개인의 특성(운전자의 평판, 매력, 인종, 계층, 성별 등)에도 영향받는다는 사실을 발견했다.[11] 이런 식으로, 비난은 역방향으로 작동한다. 비난을 먼저 하고, 그다음에 이야기를 꿰맞춰서 그것을 합리화하는 것이다.

"이 과정에는 커다란 부패의 요소가 내재되어 있습니다." 앨리크가 내게 말했다. "우리는 솔로몬으로 태어나지 않습니다. 우리는 누가 우리에게 도움이 될 것이고 누가 해가 될 것인지를 빠르게 판단하도록 조건화되어 있는데, 이는 몇몇 큰 실수로 우리를 이끌게 됩니다."

앨리크가 실험한 비난의 과정은 사람들 사이에서 발생했지만 제도 차원에서도 부패한 비난의 과정이 작동한다. 운전과 관련된 두 가지의 규제가 서로 다른 방식으로 적용되는 데서 그 사례를 볼 수 있다. 하나는 속도 제한이고 다른 하나는 혈중 알코올 농도 제한이다. 제한속도가 시간당 25마일〔약 40킬로미터〕인 도로에서 당신이 30마일〔약 48킬로미터〕로 달려도 대개는 아무도 당신을 제지하지 않는다. 텍사스주에서는 제한속도를 10마일〔약 16킬로미터〕 이상 초과했을 때 벌점을 받는다. 뉴욕시의 자동 과속탐지 카메라는 제한속도보다 10마일 이상 과속을 하는 차량에 대해 딱지를 뗀다. 그런데 혈중 알코올 농도는 당신이 정확히 그 **경계선**에 있어도 불법이다. 혈중 알코올 농도 경계선은 거의 모든 주에서 0.08인데, 당신의 혈중 알코올 농도가 딱 0.08이면 당신은 감옥에 갈 수 있다. 여기에서 비난은 잠재적인 피해와 비례하지 않는다. 속도 위반과 음주 위반 모두 매년 같은 숫자의 사람을 죽일 수 있고 둘 다 수치를 약간만 초과해도 사고의 결과에 큰 영향을 미칠 수 있으니 말이다.[12] 차이는 무엇이 더 비난받아 마땅하다고 여겨지는지다. 다들 과속은 하니까 속도 위반은 결백한 실수라고 생각하는 반면 음주운전은 나쁜 사람만 저지르는 것이라고 생각하는 것이다.

편향, 두려움, 유대감, 결과, 이 모두가 비난에 대한 판단을 구성한다. 이렇게 해서, 내가 이 사고를 어떻게 평가하느냐는 궁극적으로 내가 비난을 어디에 두고 싶어하느냐에 의해 정해진다. 두 사람이 싸울 때 내가 그중 한 사람을 더 좋아한다면, 싸움의 시작이 무엇이었는지(누가 먼저 욕을 했는지, 누가 먼저 때렸는지 등)에 대한 내 해석에 영향을 미칠 것이고 그들의 의도에 대한 내 가정에도 영향을 미칠 것이다. 따라서 나는 먼저 본능적으로 비난을 하고, 그다음에 역으로 그 비난을 합리화할 것이다.[13]

그리고 누군가가 마음만 먹는다면 그는 당신의 비난이 본능적으로 어디를 향할지에 영향을 미칠 수 있다.

신체 부착 카메라의 관점

이 책의 앞에서 우리는 사고로 어린 소년을 치어 죽게 한 트럭 운전사를 군중이 에워싸고 비난한 사례를 보았다. 군중 전체가 사고를 목격하지는 않았겠지만 누가 비난받아야 하는지에 대해서는 한마음이었다. 분노와 두려움 속에서 모든 사람의 감정이 한 명의 나쁜 사람을 비난하는 방식으로 일치하게 되는 것을 일컬어 사회심리학자들은 비난 순응성blame conformity 또는 비난 전염blame contagion이라고 부른다.[14]

연구들에 따르면, 사람들은 누가 이 사고에서 비난받아야 할 사람인가에 대해 남들과 같은 견해를 갖고자 하는 강한 충동이 있다.[15] 그래서 누군가 목소리 큰 사람이 비난할 대상을 말하면 다른 사람들도 모두 그의 견해에 동조하는 경향을 보인다. 한 목격자의 진술은 다른 목격자들의 진술에 매우 강하게 영향을 미쳐서, 다른 이가 누구를 비난하는지를 들으면 당신의 첫 판단을 구성했던 기억이 달라지기도 한다.

이 현상을 알아본 한 실험에서 참가자들은 두 사람 모두 통화를 하느라 정신을 다른 데 팔고 횡단보도를 건너다가 서로 부딪치는 모습이 나오는 동영상을 보았다.[16] 이들의 행동은 중립적이었고 두 사람은 똑같이 잘못한 것처럼 보였다. 둘 다 비슷하게 생겼고 비슷한 동작으로 움직였다. 동영상을 본 참가자들은 세 가지의 목격자 진술

중 하나를 읽었다. 실험 결과 둘 중 한 명을 비난하는 목격자 진술을 읽으면 실험 참가자도 그 사람을 비난할 가능성이 컸다. 둘 중 아무도 비난하지 않는 목격자 진술을 읽으면 실험 참가자 역시 둘 중 아무도 비난하지 않는 경향을 보였다. 곧바로 대답을 하게 했을 때도 그랬고 1주일 뒤에 대답을 하게 했을 때도 그랬다.

편향성과 부족주의 외에 여기에서 비난의 문제는 두 단계로 작동한다. 첫째, 우리 모두 지배적인 목소리 쪽으로 줄을 서는 경향이 있는데, 둘째, 그 지배적인 목소리가 무엇이 될지를 이해관계가 걸려있는 누군가가 조작할 수 있다.

비난 순응성을 연구한 또 다른 실험에서 연구자들은 100명의 참가자에게 어떤 사람이 다른 사람에게 가서 부딪치는 동영상을 보여주었다.[17] 그런데 절반은 이것을 그 사람의 몸에 부착된 신체 부착 카메라의 관점에서 보았고 절반은 차량에 부착되어 있는 블랙박스 카메라의 관점에서 보았다. 연구자들은 사람들이 이 사건을 어떻게 해석하는지(우발적으로 부딪친 상황이라고 보는지, 적대적으로 대치하고 있는 상황이라고 보는지)가 어떤 관점의 영상을 보았는지에 따라 크게 차이 난다는 것을 발견했다. 블랙박스 카메라의 관점으로 본 사람들은 신체 부착 카메라의 관점으로 본 사람들보다 사건을 훨씬 덜 우발적이고 더 의도적이라고 보는 경향이 있었다. 연구자들은 신체 부착 카메라가 (물리적·시각적 감각의 면에서) 남에게 가서 부딪친 사람의 시야로 상황을 보게 해줘서 참가자들이 그에게 일종의 유대감을 갖게 되었기 때문이라고 보았다.

다음으로 연구자들은 동일한 실험을 경찰의 실제 현장 영상들에 적용해 보았다.[18] 경찰이 자동차 창문을 깨는 모습이 담긴 동영상도 있었고 경찰이 어떤 사람을 쏘는 장면이 담긴 동영상도 있었다. 신체

부착 카메라를 통해 경찰의 관점에서 촬영된 영상을 본 사람들은 이런 행동이 우발적이고 비난이나 처벌을 받을 일은 아니라고 생각하는 경향이 컸다. 반면 블랙박스 카메라를 통해 중립적인 시각에서 촬영된 영상을 본 사람들은 경찰이 잘못했다고 생각하는 경향이 컸다.

관점은 진실에 왜곡된 렌즈를 씌운다.[19] 그리고 권력을 가진 사람들은 이런 왜곡을 이용해 우리가 누구를 비난할지를 통제할 수 있다. 경찰은 단지 어떤 영상을 공개할 것인지를 선택함으로써 총기 오발 사건에 대한 이야기를 통제할 수 있다. 경찰이 민간인을 사망하게 한 사건에 대한 대중의 분노가 길 가던 행인이 우연히 찍은 영상이 나타났을 때 더 높아지는 것은 우연이 아니다.

비난은 기껏해야 사고를 파악하는 안 좋은 방식이고 안 좋게는 권력을 가진 사람들이 사고를 사후적으로 조작하는 효과적인 도구다. 비난은 사고의 예방을 가로막을 수 있고 사고에서 살아남은 사람들의 삶을 파괴할 수 있다.

의상의 오작동

스탠퍼드대학의 인지과학자 두 명이 사고에서 누가 비난받는지가 그 사람의 과실이 처벌되는 방식에 어떻게 영향을 미치는지 알아보기 위한 일련의 실험을 진행했다.[20]

한 실험에서 연구자들은 두 집단의 참가자에게 스미스라는 이름의 여성에 대해 거의 동일한 이야기를 해주었다.[21] 스미스는 레스토랑에서 냅킨을 촛불에 떨어뜨려 화재를 발생시켰다. 촛대가 넘어져서 식탁보가 불에 탔고 테이블이 넘어졌으며 카펫에 불이 붙었다. 참가자에게 들려준 이야기의 한 버전에서는 모든 묘사가 스미스를 탓하는 방식으로 이뤄졌다. "스미스가 냅킨에 불을 냈고, 스미스가 초를 넘어뜨렸고, 스미스가 테이블을 넘어뜨렸다"는 식으로 말이다. 다른 버전에서는 사건을 묘사하는 모든 문장에서 행위자를 없앴고 명시적으로 탓하는 표현을 사용하지 않았다. "냅킨에 불이 붙었고, 테이블이 넘어졌고, 카펫에 불이 붙었다"는 식으로 말이다. 연구자들은 두 집단이 각각 얼만큼 스미스의 탓으로 돌리는지, 그리고 법원이 스미스에게 얼마를 식당에 배상하라고 판결해야 적절하다고 생각하는지 알아보았다. 스미스를 비난하는 방식으로 묘사한 이야기를 들은 사람들이 스미스가 훨씬 더 많이 책임이 있으며 더 높은 금액을 배상해야 한다고 생각하는 것으로 나타났다.

두 번째 실험에서는 동일한 이야기를 해주되 참가자들에게 독립적인 패널이 이미 높은 수준으로, 또는 중간 수준으로, 또는 낮은 수준으로 스미스의 책임을 판단했다고 알려주었다.[22] 독립적인 패널이 스미스를 높은 수준으로 탓했다는 이야기를 들은 사람들은 스미스가 더 많은 금액을 배상해야 한다고 말했다. 비난의 효과가 얼마나 강력한지를 잘 보여주는 사례다. 이 효과가 재판정에서, 즉 배심원단이 이미 검사에 의해 범죄 혐의가 있다고 기소된 사람에게 어떤 처벌이 적합할지 결정하는 상황에서 어떻게 펼쳐지게 될지 생각해 보라.

또 다른 관련 연구에서 연구자들은 참가자들에게 2004년 슈퍼볼 하프타임 쇼에서 있었던 일에 대해 의견을 물었다.[23] 그때 전국으로 중계되는 생방송 도중에 저스틴 팀버레이크가 갑자기 재닛 잭슨의 가슴을 우발적으로 노출시킨 사고가 있었다. 연구에서 네 집단의 참가자들은 이 '의상의 오작동' 사건에 대한 기사를 읽었고, 일부는 당시의 영상도 보았다. 절반은 저스틴 팀버레이크를 비난하는 방식의 묘사를 읽었고(그가 단추를 풀고 옷을 잡아 당겨서 찢었다), 다른 절반은 아무도 비난하지 않는 글을 읽었다(단추가 풀렸고 드레스 상의 부분이 뜯어졌다). 스스로 판단하기 위해 해당 장면 영상을 보았든 안 보았든 간에, 팀버레이크를 비난하는 방식의 글을 읽은 사람들은 다른 글을 읽은 사람들에 비해 그에게 책임이 있다고 보는 경향이 컸고, 배상금으로 3만 달러를 더 내야 한다고 답했다. 비난은 전염된다. 그리고 현실에서 이것은 매우 실질적인 결과를 가져온다.

불행히도 이 연구의 계기를 제공한 실제 사건에서 비난은 한층 더 불공정하게 배분되었다. 2004년 당시에 직접적인 행위를 저지른 백인 남성을 비난하는 사람은 거의 없었다. 팀버레이크 스스로도 당시에 거의 아무도 자신을 비난하지 않았다고 회상했다.[24] 대중도, 주요 기업도 옷이 찢긴 것에 대해 옷이 찢긴 당사자인 흑인 여성을 비난했다.

그 직후의 그래미상 시상식 때 주최 측은 재닛 잭슨이 참석하지 못하게 했다. 하지만 저스틴 팀버레이크는 시상식에서 공연을 했다. 또한 당시 비아컴의 회장이었던 레스 문베스는 VH1, MTV, 그리고 계열사인 모든 라디오 방송국이 잭슨의 음악을 내보내지 못하게 했다.[25] 그 결과 잭슨의 슈퍼볼 이후 첫 앨범은 기대보다 훨씬 판매량이 저조했다. 2004년에 잭슨이 훨씬 더 유명했고 이미지도 더 좋았지만 잭슨의 커리어는 나락으로 떨어졌고, 반면 팀버레이크의 커리어는 상승했다. 2018년에 팀버레이크는 수퍼볼 하프타임 쇼에 다시 나왔다. 잭슨은 다시는 나오지 못했다.

비난은 세계적인 유명인의 커리어를 망가뜨리기에 충분할 만큼 강력하다. 또 다른 유명인이 한 유명인의 옷을 찢는 동안 세계가 무대를 보고 있었는데도 말이다. 나머지 우리에게는 우리를 방어해 줄

명성, 돈, 수백만 명의 증인이 없으니 법적·도덕적·재정적 결과가 더 무시무시할지도 모른다. 하지만 이런 결과는 개인적인 것이다. 사고에 대해 어느 한 사람을 비난하는 것은 훨씬 더 광범위한 영향을 미칠 수도 있다. 위험한 조건이 바뀌는지 아닌지, 바뀐다면 어떻게 바뀌는지에도 영향을 미칠 수 있는 것이다.

보행자에 의해 저질러진, 차량에 의한 중과실치사

비난이 일으키는 구조적인 결과를 보여주는 특히나 끔찍한 사례 하나를 조지아주의 라켈 넬슨이 겪은 일에서 볼 수 있다.[26] 2010년 봄의 어느 날 넬슨은 세 아이와 함께 버스에서 내려 길을 건너려고 마리에타의 오스텔 로드와 오스텔 서클의 교차로에 서있었다. 건너야 하는 길은 차량 통행이 많았고, 넬슨의 집은 바로 버스 정류장 맞은편이었다. 싱글맘인 넬슨은 그 아파트 단지 사람 대부분처럼 아이들을 데리고 다닐 때 버스를 이용했다. 자동차를 살 돈이 없었기 때문이다.[27]

버스 정류장은 집 바로 건너편이었지만 이 4차선 도로를 건널 수 있는 가장 가까운 횡단보도로 건너려면 20분을 내려갔다 돌아와야 했다.[28] 역시 그 아파트 단지 사람 대부분처럼, 넬슨은 멀리 돌아가기보다 집 앞 지점에서 아이들과 함께 길을 건넜다. 그날인 2010년 4월 10일에 넬슨은 버스 한 대를 놓쳐서 너무 늦게 오게 되었고, 날은 이미 어두웠고, 넬슨의 네 살짜리 아이는 금붕어가 든 비닐을 들고 있었다. 더더욱 멀리 돌아가고 싶지 않을 만한 이유가 많이 있었던 셈이다.[29] 그래서 그들은 그냥 길을 건넜고 제리 가이라는 남자가 몰던 밴이 넬슨의 아이 중 한 명을 쳤다. 제리 가이는 뺑소니를 쳤고 네 살배기 AJ가 숨졌다. 넬슨과 나머지 두 아이는 무사했다.

제리 가이는 부분적으로 시각장애가 있었다. 그는 술을 마셨다고 인정했고 그날 일찍 진통제도 먹었다고 했다. 또 1997년에도 같은 날에 두 번이나 뺑소니를 친 전과가 있었다. 그중 한 번은 넬슨의 아이를 친 동일한 도로에서였다.[30] 경찰은 제리 가이를 뺑소니, 아동학대, 그리고 차량에 의한 중과실치사로 기소했다. 하지만 얼마 뒤 판사는 뺑소니만 빼고 모든 혐의를 기각했다. 제리 가이는 2년형을 선고받았고 실제로 6개월만 옥살이를 했다.

판사는 넬슨에게도 아들의 죽음에 대해 범죄 혐의를 적용했다. 횡단보도가 아닌 곳에서 무단으로 길을 건넜고 무모하게 행동했다는 이유에서였다. 그리고 놀랍게도 어쩐 일인지 넬슨은 '차량에 의한 중과실치사' 혐의도 적용받았다. 보행자는 교통사고에서 중과실치사〔homicide, 영어 단어의 일반적인 의미로는 살해를 뜻한다〕급 범죄를 저지르는 것이 불가능하다. 하지만 넬슨을 비난하고자 하는 열망은 자동차로 사람을 칠 때 적용되는 혐의를 보행자인 넬슨에게 적용할 만큼 강했다. 모두 백인으로 구성된 배심원단은 흑인 여성인 넬슨이 차량에 의한 중과실치사 혐의에 대해 유죄라고 평결했고 넬슨은 많게는 3년형을 살 수도 있는 처지가 되었다. 이 사건이 전국적인 이슈가 되자 이례적으로 판사는 넬슨에게 〔승소할 경우 전과 기록이 지워질 수 있는〕 재심을 신청할 수 있게 했다.[31] 최종적으로 넬슨은 자신의 아이를 다른 사람이 죽게 한 사건에서 범죄자가 되어 1년의 보호관찰과 40시간의 사회봉사 활동을 명령받았다. 넬슨은 사회봉사 활동을 다니기 위해 아들이 죽은 도로에서 또다시 길을 건너야 할지 모른다.

시각장애가 있었고 술을 마신 상태였으며 상습적으로 뺑소니를 친 이력이 있고 아이를 치어서 죽게 만든 제리 가이를 형사 기소한 것은 비난이 합리적으로 발현된 것이라고 볼 수 있을 것이다. 아마도 그의 처벌은 그가 다시는 도로에 차를 몰고 나오지 않게 하는 데 충분할 것이다. 반면 아이 셋을 데리고 길을 건너야 하는데 손이 두 개뿐인 싱글맘 라켈 넬슨을 형사 기소한 것은 비난이 불합리하고 끔찍하게 발현된 것이다. 하지만 둘 중 어느 쪽에 대한 비난도 사고가 다시 벌어지는 것을 막지는 못한다. 비난이 사고를 일으킨 위험한 조건을 다루지는 않기 때문이다. 이 사례의 경우 위험한 조건은 보행자가 많이 다니는 도로에 횡단보도가 없다는 점이었다.

넬슨은 자동차를 가진 사람들을 위해 지어진 교외 지역에 살았지만 넬슨을 비롯해 이 지역의 점점 더 많은 사람들이 차를 살 수 없었다.[32] 버스 정류장은 있었지만 횡단보도가 없었다. 아파트와 교차로는 있었지만 신호등이 없었다. 4차선 도로는 있었지만 그 길을 쉽게 건널 수 있는 방법은 없었다.[33] 2010년과 2019년 사이에 광역 애틀랜타 지역에서 1100명 넘는 보행자가 차에 치여 죽었다.[34] 많은 경우가 넬슨의 아들이 죽은 것과 정확히 같은 식으로 목숨을 잃었다. 이를테면, 광역 애틀랜타 지역에서 보행자가 차에 치인 사고 중 많게는 4분의 1이 버스 정류장 100피트〔약 30미터〕 이내에서 발생했다.[35] 300피트〔약 90미터〕 이내로 확대하면 보행자 사고사의 거의 절반이 해당했다. 조지아주와 광역 애틀랜타 지역은 매년 미국에서 보행자에게 가장 위험한 주 20개와 도시 20개 순위에 오른다.[36]

조지아주 교통국의 공보관 스콧 히글리는 내게 보낸 이메일 답변에서 사고 이후에 광역 애틀랜타 지역 교통국의 조사팀이 현장에 조사를 나갔다고 했다. 조사팀은 넬슨과 넬슨의 이웃들처럼 그 도로를 건너야 하는 보행자의 숫자를 셌다. 히글리는 당국이 조치를 취하기 위해 얼마나 많은 보행자가 그 지점에서 길을 건너야 하는지는 언급하지 않은 채로, 조사 결과 횡단보도나 신호등을 설치하기에는 보행자 수가 "충분하지 않았다"고만 이야기했다.[37]

조지아주 교통국이 에릭 덤보가 우리에게 알려준 교통공학 규칙을 따르고 있다고 가정할 때, 도로 안전시설이 설치되기에 충분하려면 그 지점을 건너느라 목숨을 거는 보행자가 4시간에 걸쳐 매시간 100명 이상이거나 1년 동안 그 지점에서 넬슨의 아이처럼 차에 치이는 보행자가 5명 이상이어야 한다.[38] 도로 교통 규정집에 따르면 이것이 교차로나 미드 블록에 신호등을 설치할 수 있는 보행자의 기준이다. 99명이 그 길을 위험하게 건너야 해도, 그리고 그중 1명이 사고를 당해도 현재의 규칙에서 보면 사고는 교통공학자들 탓이 아니며 교통공학자들은 비난받을 수 없다.

NPR과의 인터뷰에서 미국을위한교통 대변인 데이비드 골드버그는 광역 애틀랜타 교통국이 넬슨과 그의 이웃들을 위해 횡단보도를 설치하지 않기로 한 결정에 대해 더 명료하게 비판을 가했다. 교통국은 안전 문제를 다루지 않았다. 안전 문제를 다루려면 도로를 설계한 교통공학자들과 그렇게 설계하도록 허용한 주 당국과 지역 당국에 문제가 있으며 이 문제를 해결해야 한다고 인정하는 것이 되기 때문이다. 제리 가이나 라켈 넬슨의 탓으로 돌리는 것은 이런 문제들이 싹 사라지게 해주었다.[39]

골드버그는 이렇게 설명했다. "나가서 문제를 고치면 이것은 문제가 존재했다는 것을 암묵적으로 인정하는 게 됩니다."

문제를 고치는 것은 문제가 있다는 것을 인식하고 인정하는 것이다. 누군가의 탓으로 돌려 그를 비난하는 것은 아무 문제가 없다고 말하는 것이다.

프라이팬에 부딪힌 달걀더러 깨졌다고 탓하기

비난이 불러오는 중요한 결과는 예방을 가로막는 것이다.[40] 사람에게서 잘못을 찾으면 그것으로 해당 사건이 종결된 것처럼 보이기 때문이다.[41]

연구들에 따르면, 누군가 탓할 사람을 찾는 이 간단한 행동이 우리가 시스템적 문제를 덜 보게 만들고 시스템의 변화를 덜 추구하게 만든다. 한 연구는 실험 참가자들에게 금융 및 거래 실수, 비행기 충돌, 산업재해 등 다양한 사고에 대한 뉴스 보도를 보여주었다. 사고에 대한 이야기가 인적 과실을 비난하고 있을 때 그것을 읽는 사람은 처벌 쪽으로 더 기울게 되고 건조환경에 대해 질문하거나 사고의 배경에 있는 조직과 기관들에 대한 조사는 덜 촉구하게 되는 것으로 나타났다.[42] 사고의 종류를 막론하고, 사고에서 비난은 예방의 자리를 차지해 버린다.

자전거 헬멧이 좋은 사례다. 헬멧은 기본적이고 비용이 적게 드는 충격 흡수 도구다. 단단한 표면에 부딪혔을 때 헬멧은 충격을 일부 흡수해서 뇌진탕의 위험을 줄여준다. 그리고 헬멧이 없으면, 비난이 끼어든다.

헬멧은 도움이 되지만 어느 정도까지만이다. 농촌 도로에서 자전거를 타다가 길이 움푹 팬 곳을 만나 자전거가 넘어지면 헬멧은 충격을 완화해서 중요하게 부상 방지 기능을 해줄 것이다. 하지만 도시의 대로에서 4000파운드[약 1800킬로그램] 무게의 자동차나 1만 3000

파운드〔약 5900킬로그램〕 무게의 트럭과 부딪히면 당신과 당신의 헬멧 모두 바스러진다.[43]

그런데도 자전거 사고가 나면 뉴스나 사건 기록에는 거의 언제나 피해자가 헬멧을 착용하고 있었는지 아닌지가 언급된다. 음주운전자가 에릭을 쳤을 때 《뉴욕 타임스》도 에릭이 헬멧을 쓰고 있지 않았다는 사실을 지적했다.[44] 하지만 에릭은 2000년식 BMW 528i와 정면으로 충돌했는데, 이 차량은 무게가 3495파운드〔약 1585킬로그램〕이고[45] 당시에 시속 60마일〔약 97킬로미터〕로 달리고 있었다. 에릭이 헬멧을 썼느냐 아니냐를 말하는 것은 프라이팬에 부딪힌 달걀더러 깨졌다고 탓하는 격이다.

많은 실증 연구가 보여주듯이 자전거 사고를 예방하는 가장 좋은 방법은 도로에서 자전거와 자동차를 분리하는 것이다.[46] 헬멧을 쓰지 않았다는 인적 과실은 자동차와 자전거가 도로에서 함께 다니는 위험한 조건이 바뀐다면 중요치 않아진다. 차량으로부터 보호되는 자전거 인프라가 있을 경우 도시 전체적으로 과속하는 운전자의 수를 줄일 수 있고 자전거 타는 사람, 운전자, 보행자 모두에게 사고, 손상, 사망을 줄일 수 있다.[47]

또한 운전자들이 헬멧을 쓰고 자전거를 타는 사람 근처에서 더 무모하게 운전을 한다는 연구 결과도 있고, 헬멧 착용이 법으로 의무화되면 사람들이 자전거를 덜 타고 그런 법을 없애면 사람들이 자전거를 더 많이 탄다는 연구 결과도 있으며, 이 효과(헬멧이 의무화되었을 때 사람들이 자전거를 덜 타는 효과)가 인구 대비 자전거 사고율을 증가시킨다는 연구 결과도 있다.[48] 어느 지역에 자전거 타는 사람이 더 많은 것은 그 지역에서 자전거를 타다가 치명적인 사고로 병원에 오는 사람이 더 적은 것과 상관관계가 있는 것으로 나타났지만, 어느 지역에서 자전거 헬멧 착용을 법으로 의무화한 것은 그 지역에서 자전거 사고가 더 적은 것과 상관관계가 없었다.[49] 자전거를 많이 타는 나라들 중에 사람들이 헬멧을 가장 덜 쓰는 나라에서 자전거 사망 사고가 가장 적기도 하다. 이 나라들 중 헬멧 사용률이 가장 높은 나라인 미국에서 자전거 사고 사망률은 가장 높다.[50] 북미의 가장 큰 헬멧 제조사인 지로도 자사가 당신을 자동차로부터 보호하기 위해 헬멧을 디자인하지는 않는다고 말했다.[51]

이 중 어느 것도 헬멧이 나쁘다거나 도움이 되지 않는다는 말은 아니다. 다만, 실제 문제에서 관심을 흩뜨리고 있다고 말하는 것이다. 안전벨트처럼 자전거 헬멧도 몇몇 사고에서 손상의 가능성과 강도를 줄일 수 있다. 하지만 자전거를 타다 죽은 사람이 헬멧을 착용하고 있었는지 아닌지를 물으면서 그를 탓하는 것은 위험한 조건에서 우리의 관심을 돌려놓음으로써 이후의 사고 가능성을 오히려 더 높이게 된다.[52]

게다가 미국 전역에서 헬멧 의무화 법의 단속은 경찰조차 안전이 이 법의 목적이라고 생각하지 않는다는 것을 보여준다. 시애틀에서 헬멧 위반 딱지 중 60퍼센트가 집이 없는 사람들에게 발부되었다.[53] 시애틀에서 헬멧 관련 위반을 조사한 연구에 따르면, 자전거를 탄 흑인은 백인보다 4배, 원주민은 2배 더 많이 경찰에 의해 제지되었다. 탬파에서는 자전거를 타다가 중간에 제지를 받는 사람의 80퍼센트가 흑인이었다. 탬파 인구 중 흑인 비중은 4분의 1밖에 안 되는데도 말이다. 이곳은 문제가 너무 심각해서 미국 법무부가 조사에 나섰을 정도다.[54] 《댈러스 모닝 뉴스》는 부유한 백인 동네에서는 많은 사람들이 헬멧을 안 쓰고 자전거를 타는데도 헬멧 미착용 딱지가 발부되는 일이 없다고 보도했다.[55] 사실, 중심 비즈니스 지구에서 발부된 딱지를 제외하면 헬멧 위반 딱지의 96퍼센트가 인구 다수가 소수자인 동네에서 발부되었고 86퍼센트가 인구 다수가 빈민인 동네에서 발부되었다. 《로스앤젤레스 타임스》는 15년 동안 자전거 탄 사람을 경찰이 제지한 것이 그를 죽이는 데로 이어진 11건의 사례를 발견했는데, 피해자는 모두 흑인이거나 라티노였다.[56] 비슷한 결과를 오클랜드에서 뉴올리언스까지, 또 워싱턴 D.C.까지, 전국 각지의 도시에서 찾아볼 수 있다.[57]

미국은 자전거 사고에 대해 헬멧을 탓하는 것이 유난히 두드러져서, 독일 하이델베르크대학의 한 연구자가 이를 더 알아보기로 했다. 그는 미국 25개 도시의 자전거 안전 수칙을 분석했는데, 그가 "집착적"이라고 표현했을 정도로 헬멧을 과장되게 강조하는 내용이 흔하게 발견되었다. 그리고 이 집착의 핵심은 비난이었다. 헬멧을 강조하는 안전 수칙들은 헬멧 착용을 윤리와 도덕의 문제로 이야기하고 있었다. 또한 다른 안전 수칙들은 평범하고 밋밋하게 기술된 반면 헬멧에 대한 지침은 느낌표, 이탤릭 강조 표시, 끔찍한 사고에 대한 선명한 묘사 등으로 특별히 주의를 끌도록 작성되어 있었다. 이 연구자는 헬멧이 자전거를 타다 목숨을 잃는 것을 사고로 취급하는 한 방법이라고 결론지었다. 핵심적이고 시스템적인 위험한 조건, 즉 "사람을 죽일 수도 있는 자동차"에서 주의를 돌리는 손쉬운 수단으로 비난을 사용하는 것이다.[58]

자전거 운전자가 헬멧을 안 썼다는 사실을 지적하는 것은 인적 과실을 암시해 사람들을 자극한다. 무단횡단자, 운전석의 미치광이, 범죄성 중독자를 소환할 때와 마찬가지다. 연구자들은 우리가 사고에 대한 묘사를 읽으면서 헬멧 미착용과 같은 인적 과실을 언급하는 것을 보게 되면 불빛에 날아드는 불나방처럼 된다고 말했다.[59] 탓할 사람, 비난받을 사람이 등장하는 묘사를 읽으면 그를 처벌하고자 하는 열망이 촉발되고 제도적 변화나 위험한 조건(가령 안전하지 못한 도로)에 대한 변화에는 관심을 덜 기울이게 된다.

'자전거 사고'를 '보행자 사고'로, '헬멧 미착용'을 '어두운 색 옷 착용'으로 바꿔서 생각해 보자. 한 연구가 이렇게 해서 실험을 해보았는데,[60] 사고 묘사에 인적 과실이 언급되어 있으면 그것을 읽는 사람에게서 비난이 촉발되는 것으로 나타났다. 연구자들은 실험 참가자들에게 보행자가 사망한 교통사고에 대한 묘사를 세 버전 중 하나로 보여주었다. 첫 번째는 보행자가 당한 일에 초점을 둔 것으로, 그 사건을 "사고"라고 칭했고 보행자가 입고 있었던 옷의 색상 등 보행자의 행동을 언급했다. 두 번째 묘사는 운전자에게 초점을 둔 것으로, 그 사건을 "충돌"이라고 칭했고 운전자의 주도적인 행동을 강조하는 표현을 사용했다. 세 번째는 두 번째처럼 운전자의 행위에 초점을 두어 기술하긴 했지만, 도로의 특성과 그해 교통사고 사망자 수 같은 건조환경의 맥락을 설명함으로써 사람보다는 이슈 중심으로 설명했다. 실험 결과, 사고가 보행자 탓이라고 생각하는 사람은 세 집단 중 인적 과실을 암시하는 보행자 행동(옷의 색상 등)에 초점을 둔 묘사를 읽은 첫 번째 집단이 상대적으로 많았고, 사고가 운전자 탓이라고 생각하는 사람은 세 집단 중 운전자에게 초점을 맞춘 묘사를 읽은 두 번째 집단이 상대적으로 많았다. 하지만 이에 더해 연구자들은 이 같은 '비난 부족주의'에 해독제가 될 수 있을 법한 또 다른 사실도 발견했다. 세 집단 중 보행자의 옷 색상을 언급하지 않고 건조환경과 관련해 사고의 맥락을 짚은 묘사를 읽은 세 번째 집단 사람들은 사고가 사람(피해자든 가해자든)이 아니라 다른 요인 탓이라고 생각하는 경우가 다른 집단 사람들보다 250퍼센트까지도 더 많았다. 또한 세 번째 집단은 낮은 제한속도, 넓은 보도, 횡단보도 등 사고 예방을 위해 건조환경을 고치는 방식을 지지할 확률이 다른 집단들보다 높았고, "보행자들이 길을 더 조심해서 건너도록 교육하기 위한" 캠페인(연구자들은 '똑똑하게 걸읍시다! 캠페인'이라고 이름 붙였다)을 지지할 확률은 더 낮았다. 짧게라도 사고로 이어지게 만든 안전 실패의 층을 보면 비난이라는 쉬운 길로 빠지는 것을 피하고 위험한 조건을 변화시키는 것을 지지하게 되는 데 도움이 되었다. 비난을 제쳐놓는 것은 우리를 위험에 빠뜨리는 환경을 변화시키는 첫 단계다.

돈이 어떻게 쓰이는지와 누가 사고로 죽는지에서도 비슷한 관계를 찾아볼 수 있다. 미국에서 인구 10만 이상 도시를 대상으로 예산과 사고사에 대해 조사한 한 연구는, 소득 불평등이 높으면 사고사율이 더 높지만 이 요인을 통제해도 추가로 다른 두 가지 요인이 도시별로 서로 다른 사고사율을 설명할 수 있다는 것을 발견했다. 경찰력에 돈을 더 많이 쓰는 도시(사람을 탓하고 사람들의 행동을 더 완벽하게 만들려고 노력하는 도시)가 경찰력에 돈을 덜 쓰는 도시보다 사고사율이 23퍼센트 높았다. 그리고 도로에 돈을 더 많이 쓰는 도시(위험한 조건을 고치는 도시)는 사고사율이 14퍼센트 낮았다.[61]

또 다른 연구도 처벌과 예방 사이에 역의 상관관계가 있음을 보여주었다. 한 연구는 12년 동안 33개 주에서 경찰이 차량을 제지시킨 사례를 분석했는데 경찰의 차량 제지와 그 주에서 사람들이 차 사고로 죽는 것 사이에 별 상관관계를 발견하지 못했다.[62] 우리는 이 관계의 변주를 거의 모든 사고에서 볼 수 있다. 권력과 권한을 가진 사람들, 즉 위험한 조건을 바꿀 수 있는 사람들이 누군가의 인적 과실이 발견되자마자 위험한 조건을 무시하는 경향 말이다. 사실 이것은 너무나 확연한 패턴이어서 무려 70년 전에 미 공군도 이 패턴을 발견했다.

사고를 예방하는 법

제2차 세계대전 직후에 공군 장교 리처드 존스와 공군 심리학자 폴 피츠는 인적 과실과 위험한 조건 사이의 연관 관계를 혁신적으로 제시한 논문을 발표했다.[63] 그들은 고도로 훈련받은 조종사들이 왜 치명적인 실수들을 하는지 알기 위해 전쟁 때 조종사들이 비행 중 저질렀던 과실 460건에 대해 조종사 본인들이 묘사한 바를 살펴보았다. 피츠와 존스는 곧바로 패턴을 발견할 수 있었다. 비슷한 실수가 여러 상황에서, 여러 기종에서, 그리고 여러 조종사에게서 반복되고 있었다. 존스와 피츠는 여섯 가지 유형의 반복적인 실수를 짚어냈고, 놀랍게도 여섯 가지 유형 모두가 기체의 설계와 관련이 있음을 발견했다. 피츠와 존스는 이를 1947년에 〈전투기 조종 중 발생한 460건의 '조종사 과실' 사례의 요인 분석〉이라는 논문으로 펴냈다.

피츠와 존스는 제목에서 '조종사 과실'에 따옴표를 쳤는데, 그럴 만한 이유가 있었다. 그들은 조종사 과실이라고 결론 난 사고 대부분에서 실은 기체의 제어 장치 설계에 문제가 있었다는 것을 발견했다.[64] 비행기 자체가 위험한 조건이었다. 전투기 제조사들은 기능이 매우 다른 조종 장치들을 똑같은 모양으로 설계했고, 핵심 버튼과 레버를 기종마다 각기 다른 위치에 두었다. 일례로, 조종사들은 플랩과 기어 레버를 계속해서 헷갈렸다. 서로 다른 기능을 하는 레버들이 다들 비슷비슷하게 생겼는데 표준적인 위치나 순서대로 놓여있지 않았기 때문이다. 어떤 전투기에는 플랩이 왼쪽에 있었고 어떤 전투기에는 오른쪽에 있었다. 기체의 양력과 항력을 조절하는 레버는 랜딩기어를 내리는 레버와 모양이 같았고 바로 옆에 붙어있었다. 조종사들은 이런 조건하에서 전투 지역을 비행해야 했고, 때로는 고도를 높인다는 게 잘못해서 랜딩 기어를 내렸다.

피츠와 존스가 종합적인 분석을 하기 전까지, 따로따로 보면 이 사례들은 각각 개별적인 인적 과실로 보였다. 가령 한 조종사가 우발적으로 엉뚱한 레버를 당겼다고 말이다. 하지만 종합적으로 보니 이 과실들이 기체의 설계에서 비롯한 명백하고, 예측 가능하고, 매우 예방 가능했던 결과였다는 패턴을 발견할 수 있었다. '조종사 과실'이라는 설명을 제쳐놓자 피츠와 존스는 조종석 설계에 내재된 위험한 조건들을 볼 수 있었다. 그들은 이렇게 언급했다. "장비를 인간의 필요에 맞게 설계함으로써 전투기 사고의 상당 부분을 없애는 것은 가능해야 마땅하다."

당시에 이것은 매우 새로운 개념이었다. 건조환경을 인간의 필요에 맞게 설계하는 것은 훗날 '인간 요인 공학'human factors engineering이라고 불리게 된다. 인간의 뇌와 신체가 어떻게 작동하는지를 관찰하고 그에 맞게 환경을 짓는 것을 의미한다.

바로 이것이 피츠와 존스의 연구에서 가장 혁신적인 부분이다. 조종사의 과실을 탓함으로써 조사를 종결하는 것이 아니라, 그들은 조종사의 과실을 조사의 **시작점으로 삼고서** 조종사의 과실이 거의 언제나 건조환경에 존재하는 모종의 오류가 일으킨 결과라는 결론을 내릴 수 있었다.[65]

그런데도 인적 과실을 탓하는 것은 오늘날에도 여전히 표준이다. 우리도 모두 그렇지만 전문가들도 그렇게 하려는 유혹을 강하게 느낀다. 심지어 비행기 사고를 조사하는 전문가들도 그렇다.[66] 인적 과실을 비난하는 것이 항공공학 전문가들 사이에서마저 얼마나 만연해 있는지 알기 위해 한 심리학자이자 인간 요인 공학자가 국가교통안전위원회가 1999년부터 2006년까지 주요 항공 사고에 대해 수행한 진상 조사를 전부 검토했는데, 그 7년 동안 진행한 조사 중 하나를 제외하고 모두 미숙함, 잘못된 판단, 잘못된 계획, 엉뚱한 버튼 누름과 같이 사람의 과실을 탓하고 있었다. 명백하게 사고 원인이 기계적 결함이었던 하나의 예외에서도 국가교통안전위원회는 품질 검수를 확실히 했어야 할 검수자의 잘못을 시사했다.

공식적인 진상 조사는 누군가가 무언가를 잘못했으리라는 가정에서 시작한다. 대개 그 누군가는 사고와 가장 가깝게 있었던 사람이다. 그다음에 거기에서부터 역순으로 조사를 진행한다.[67] 다른 곳에서 시작하면, 가령 사고를 둘러싼 건조환경이 안전하지 못했다는 가정에서 시작하면, 현 질서를 위협할지도 모른다.

시드니 데커는 피츠와 존스의 개념을 21세기로 가져와서 전 세계 산업 노동 현장에 적용했다. 그는 우리가 어떻게 실수를 하는지, 어떻게 시스템이 우리를 더 안전하게 할 수 있을지, 그리고 특히 인적 과실에 우리가 어떻게 반응하는지 알아보았다. 저서《참사는 이제 그만》에서 데커는 누군가를 탓하고 비난하려는 경향은 인지상정으로 이해가 가는 일이라고 언급했다.[68] 가령 평판을 지켜야 한다는 압력이 있을 수 있는데, 낮은 직급에서 나쁜 사람을 찾아내면 내 체면을 지킬 수 있다. 하지만 그 결과는 동일한 사고가 계속해서 되풀이되는 것이다. 인적 과실을 탓하는 것은 그 탓을 하는 권력자에게는 일거양득이다. 사고가 시스템의 문제가 아니라 "매끄러운 시스템에서 단지 지엽적으로 튕김이 하나 발생한 것"이라고 말할 수 있고, 잘못한 사람을 지적하는 권력자가 문제를 다루기 위해 조치를 취하는 지적이고 능력 있는 사람으로 보이게 해주기 때문이다.[69]

"시스템상의 실패가 놓여있는 곳의 지극한 복잡성에 직면할 때면, 우리는 15초 안에 고통을 설명하고자 하는 열망으로 다시 돌아가서 그 사건을 바라보게 되는 것 같습니다. 그리고 '오오오, 범인을 찾았다! 한 엔지니어가 이걸 승인하지 말았어야 했는데 승인했네!' 라고 말하는 것입니다." 데커는 내게 이렇게 말했다. 우리는 조종사, 노동자, 보행자, 운전자, 약물 사용자가 우리와 마찬가지로 그때 그들이 처했던 환경의 산물이라는 사실을 잊는다.[70]

비난과 그 뒤에 따라오는 처벌은 응보의 갈증을 달래줄 수 있을지도 모른다. 하지만 처벌하면서 동시에 교훈을 얻을 수는 없다. 처벌은, 시스템은 안전한데 이례적으로 인간의 실수가 발생한 것이라는 믿음을 지속시킨다. 교훈을 얻으려면 실패가 시스템에 내재되어 있었으며 따라서 시스템을 바꿔야 한다는 것을 인식해야 한다. 처벌과 예방은 관련이 없다.[71]

연구 결과들도 이를 뒷받침한다. 적어도 일터에 대해서는 그렇다.[72] 여러 연구에서 노동자가 과실에 대해 처벌을 더 많이 받을수록 동료 노동자들이 위험한 조건을 드러내지 않으려 하는 경향이 커지는 것으로 나타났다.[73] 다른 연구들은 일터의 징벌적인 정책에 대한 두려움에서 노동자들이 문제에 대해 나서서 말하기를 꺼리게 된다는 것을 보여주었다.[74] 또 다른 연구는 일터에서 노동자가 다쳤을 때 다친 노동자를 탓하면 부상이 보고되지 않을 가능성이 높아진다는 것을 보여주었다. 물론 그러면 위험한 조건은 계속 남게 된다.[75]

"처벌은 관심을 한 가지 요소에만 집중시킵니다. 하지만 복잡한 시스템은 한 가지 요소의 성공이나 실패에만 의존해서는 설명할 수 없습니다. 향상시킬 수 없는 건 물론이고요. 그것은 말 그대로 말도 안 되는 일입니다." 데커는 이렇게 설명했다. "복잡한 시스템은 전체적으로 여러 요인들의 상호작용 때문에 성공하고 실패합니다."[76]

데커는 비난과 처벌에 초점을 두지 말고 사고를 유발할 수 있는 중층적인 시스템을 분석하자고 주장한다. 나도 동의한다. 하지만 나는 현실적이고 싶다. 그렇게 하려면 면밀한 고려가 필요하고, 스스로에 대한 평가와 인식이 필요하며, 비난받기 쉬운 사람들에 대한 공감이 필요하다. 또한 지역 정부나 거대 기업 등 종종 변화하지 않는 시스템들을 움직이게 만들 정치적·금전적 의지가 필요하다.

라켈 넬슨의 어린 아들을 죽게 한 사건을 다시 생각해 보자. 인적 과실을 탓하고 싶었다면 이 사고의 원인이 1) 횡단보도가 아닌 곳에서 길을 건넌 넬슨, 또는 2) 시각장애가 있는 채로 술도 마시고 진통제까지 먹은 상태에서 운전한 제리 가이라고 말하면 되었을 것이다. 하지만 문제를 정말로 해결하고 싶었다면 어떻게 해서 1)과 2)가 일어날 수 있었는지를 질문했어야 한다. 넬슨은 그 지점에 횡단보도가 없었고 세 아이를 데리고 가야 했으며 자동차를 살 돈이 없었기 때문에 횡단보도가 아닌 곳에서 길을 건넜다. 제리 가이는 조지아주가 시각장애인에게도 운전면허를 발급했기 때문에 장애가 있는 상태로 운전을 했다. 그리고 아마도 꼭 운전을 해야 할 사정이 있었을 것이다. 또한 그가 아이를 친 것은 조지아주 교통국이 보행자가 길을 많이 건너는 지점에 횡단보도와 신호등을 두지 않았기 때문이다. 그리고 이것들은 스위스 치즈의 여러 층에 걸친 많은 구멍 중 일부일 뿐이다. 위험한 조건들을 하나씩 더 드러내면서 더 깊이 들어갈 수도 있다. 이 모든 것이 합쳐져서, 사고의 발생은 불가피한 것이 된다.

데커의 독려대로 더 깊이 들어가려면, 우리는 우선 라켈 넬슨과 제리 가이 탓하기를 멈춰야 하고 우리에게도 일어날 수 있는 일이라는 불편한 사실을 받아들여야 한다. 토지사용 허가위원회들은 아파트 단지가 버스 정류장과 먼 곳에 지어지도록 허용했다. 이는 위원회의 승인 절차를 재검토해야 한다는 것을 의미한다. 버스 정류장들을 어디에 둘지 결정하는 대중교통 운영자들도 계획 과정을 재검토해야 한다. 조지아주 교통부는 교통 효율성보다 안전을 우선하는 쪽으로 도로 정책을 바꿔야 한다. 그리고 이런 기관들의 의사 결정자 모두가 서로를 탓하려는 유혹을 이겨내야 하고 숨진 사람이나 사고 유발 경향성이 있는 사람을 비난하려는 충동도 이겨내야 한다. 이런 '더 깊은 이야기' 중 가장 간단한 버전(라켈 넬슨이 버스를 타야 했고 제리 가이가 계속 운전을 할 수 있었던 인종적·경제적·지리적·인프라적 불평등까지는 고려하지 않는 버전)이라고 해도 [비난이 아닌 이야기를 통해] 예방을 하는 것은 매우 어려운 일이다. 하지만 그렇게 하지 않는 것의 결과는 더 나쁠 것이다.

비난을 옆으로 치워놓고 보면, 우리는 사고가 어떻게 일어나는지, 언제 위험한 조건들이 하나로 수렴하는지 알 수 있다. 스위스 치즈의 구멍들이 언제 일렬로 서는지, 그리고 누군가의 탓으로 돌리는 것이 어떻게 이런 조건들이 같은 사고를 계속 되풀이하게 하는지도 말이다. 그런데 만약 누군가가 구멍들을 일렬로 세우고 싶어 한다면 어떻게 될까? 누군가가 시스템이 취약한 곳투성이라 사고가 나기 쉽다는 환경적 조건을 파악하고서 그것을 의도적으로 악용하고자 마음먹는다면 어떻게 될까?

무차별 범죄를 예방하지 않는 법

내 소중한 친구를 죽게 만든 사람은 비난의 1순위 후보였다. 그는 즉각적으로 손가락질 받기 쉬운 여러 가지 항목에 해당했다. 그는 백인이 아니었고, 앵글로색슨 계열이 아닌 이름을 가지고 있었고, 멋들어진 차를 몰고 있었고, 술에 취한 상태였고, 파티에서 돌아오는 길이었고, 과속했고, 보도로 올라왔고, 그렇게 한 이유는 차가 막힌 것을 피하고 싶어서였다.

그에게 더 안 좋게도, 그의 실수로 인한 결과가 너무나 막중했고 그의 피해자는 사람들에게 공감을 잘 일으키는 유형의 사람이었다. 에릭은 낙인이 찍힌 사람이 아니라 젊고 건강하고 잘생긴 공립학교 교사였다. 신문은 이 이야기를 나쁜 사람이 좋은 사람을 죽게 한 이야기로 보도했고 정의가 결국 승리한 이야기로 보도했다.[77] 에릭을 죽게 만든 사람은 감옥에 갔다. 에릭은 여전히 죽어있다. 이야기는 끝났다.

하지만 비난과 형사처벌을 넘어서 이야기를 더 들어보면, 우리는 에릭이 사망한 바로 그 보도에서 걷고 달리고 자전거를 타는 사람들로부터 또 다른 이야기를 듣게 된다.

에릭은 허드슨강과 웨스트사이드 고속도로를 가르는 레크리에이션용 보도[자전거, 조깅, 산책, 도보 등 내연기관이 아닌 수단으로 이동하는 사람들을 위해 만든 길]에서 죽었다. 웨스트사이드 고속도로는 8차선 대로로, 맨해튼의 서쪽을 따라 위아래로 나있다. 북쪽을 위로 놓고 보면 왼쪽부터 이 순서로 되어있다. 강 – 레크리에이션용 보도 – 웨스트사이드 고속도로 – 맨해튼의 나머지 지역. 그런데 어떤 곳들에는 강과 레크리에이션용 보도 사이의 강변에 이런저런 시설이 들어서 있다. 견인 차량 보관소, 체육관, 주차장, 공용 도크 등이다. 이 시설들에서 웨스트사이드 고속도로를 타려면 (혹은 웨스트사이드 고속도로에서 이 시설들로 가려면) 자동차는 레크리에이션용 보도를 통과해야 한다. 이 레크리에이션용 보도는 미국에서 자전거 타는 사람과 걷는 사람이 가장 많이 다니는 길이다. 그런데 미국의 모든 양

방향 차로처럼 노란 중앙선이 있어서 보도가 아니라 차로처럼 보인다.[78]

에릭을 죽게 만든 사람은 강변 쪽에 있는 시설 중 하나에서 회사 연말 파티를 하고 돌아오는 길이었다. 그곳은 레크리에이션용 보도와 웨스트사이드 고속도로의 한쪽 끝에 위치해 있었다. 그가 차를 몰고 보도로 올라선 날, 그의 행동은 한 음주운전자가 저지른 일탈로 치부되었다. 하지만 에릭의 사망을 보도한 모든 기사의 댓글창에서 그 길을 다니는 사람들은 이것이, **바로 정확히 이것이** 늘 일어나는 일이라고 말했다. 자동차가 날마다 그 레크리에이션용 보도에 진입한다고 말이다. 자동차를 몰고 그 길 위로 올라오는 사람들 중에는 경찰도 있고 공원 관리자도 있고 지름길을 찾으려는 운전자도 있고 길을 잘못 든 운전자도 있었다.[79]

이 문제의 증거는 사람들이 말하는 일화만이 아니었다. 에릭이 죽기 6개월 전 같은 보도의 마흔 블록 북쪽에서 경찰 견인차가 칼 헨리 낙트라는 이름의 의사를 아내가 보는 앞에서 쳤다.[80] 에릭이 죽고 9년 뒤에는 같은 보도의 열 블록 남쪽에서 음주운전자가 올가 쿡이라는 이름의 여성을 쳐 숨지게 했다.[81] 에릭이 죽고 1년 뒤에 몇몇 활동가들이 이 보도를 이용하는 사람들을 상대로 설문 조사를 했는데, 3분의 1 이상이 자동차가 보도를 지나가는 것을 보았다고 했다.[82] 이 설문 조사는 에릭의 죽음 이후 이 길에 차들이 진입하지 못하도록 영구적인 차단봉을 세우라고 당국에 촉구하기 위해 벌인 활동의 일환이었다.[83] 현재는 마치 자동차들더러 진입하라고 독려하는 것 같이 생겼지만, 차단봉이 있으면 이 보도의 많은 지점에서 운전자들이 보도에 올라오지 못하게 할 수 있을 것이다. 활동가들은 당국이 자동차가 보도에 접근할 수 있는 지점을 최대한 닫아야 하고 나머지 곳들에는 금속 차단봉을 설치해 보도를 보호해야 한다고 촉구했다.[84] 또한 활동가들은 이 보도의 통행을 조사해서 가장 명백하게 위험한 7곳을 알아냈다. 차량들이 늘 보도 위로 올라오는 지점이거나 그러기가 매우 쉽게 되어있는 지점들이었다. 활동가들은 위험 지점들을 표시해서 그들이 제안하는 해법 목록과 함께 발표했다. 이들이 제안한 해법에는 이 보도로 들고 나는 진출입로를 더 좁게 만들 것, 에릭을 죽게 한 운전자가 한 것처럼 차가 들어올 수 있는 곳에는 차단봉이나 방책을 세울 것, 보도의 색을 차로처럼 보이지 않게 칠할 것, 표지판과 표시등을 달아서 차로가 아니라는 메시지를 반복적으로 내보낼 것 등이 포함되어 있었다.[85]

그리고 정부 당국자들 스스로가 이것이 전혀 불합리한 요구가 아니라는 증거를 보여준 바 있었다.[86] 이 보도에서 올가 쿡이 사망했을 때와 비슷한 시점에, 그리 멀지 않은 지점에서 골드만삭스가 커다란 본사 건물을 이 보도의 강변에 새로 열었다. 골드만삭스의 요구로 당국은 골드만삭스의 새 건물 주위에 단단한 금속 차단봉을 설치했다. 여전히 보도에 차를 몰고 들어갈 수는 있지만 골드만삭스 정문을 향해서는 들어갈 수 없다. 한 장소에서의 위험은 인정하면서 다른 모든 장소에서의 위험은 무시하고 있는 것이다.

활동가들이 제안한 해법 중 가장 중요한 것은 도로에서 차와 사람을 분리하라는 것이었는데, 활동가들은 이것이 사고만 예방하는 것이 아니라고 말했다.[87] 이 해법은 범죄도 예방할 수 있을 것이었다. 활동가들은 사실 이미 다른 곳에서는 정부 당국이 그렇게 했다고 지적했다. 9.11 테러 이후 많은 정부 건물 주위에 금속 차단봉이 설치된 것이다. 그리고 활동가들의 주장은 예언이 되었다.

에릭이 숨지고 거의 11년 뒤인 2017년 10월 31일, 세이풀로 사이포프라는 사람이 트럭을 빌려 스위스 치즈의 구멍 하나로 돌진했다.[88] 에릭을 친 사람과 달리 사이포프는 술에 취해있지 않았고 살해 의도가 있었다. 하지만 에릭을 친 사람처럼 사이포프는 다운타운 쪽을 향해 그 보도에 가로지르는 방향으로 진입했다. 그리고 에릭을 친 사람처럼 사이포프는 보도 한복판으로 전속력으로 달려들었다. 에릭이 차에 치인 바로 그곳에서 사이포프는 20명을 차로 쳤다. 맑은 휴일 오전이어서 사람이 많았다. 12명이 다치고 8명이 숨졌다.

사이포프는 웨스트휴스턴가에서 이 보도에 진입했다. 이 지점은 10년 전에 활동가들이 자동차가 너무 많이 들어와 위험하다고 지적한 7곳 중 하나다.[89]

이것은 기회 범죄였다. 이것은 사고가 아니었지만, 살해의 의도가 있는 사람에게 이 장소의 알려진 위험은 성공을 예측 가능하게 만들었다. 에릭을 죽게 한 사고는 살해의 로드맵이 되었다.

고의로 누군가가 그곳에서 살해를 저지르기 전까지는, 얼마나 많은 사람이 거기에서 사고로 죽었든 간에 미국에서 가장 이용자가 많은 보도를 날마다 오가는 수만 명의 사람들을 아무도 보호하지 않았다.

9

예방

THERE ARE NO ACCIDENTS

1850년대에 콜레라가 런던을 휩쓸었다. 영국의 의사 존 스노가 질병의 확산을 막는 방법을 알아내고서야 종식되었고, 여기에서 역학이라는 분야가 탄생했다.[1]

당시 사람들은 콜레라가 '독기'에 의해 공기 중으로 전파된다고 생각하고 있었다. 하지만 스노는 콜레라가 수인성일 가능성이 있다고 생각했다. 그는 콜레라 발병 지도를 그렸고 하나의 수원 주위에서 집중적으로 발병하고 있다는 사실을 발견했다. 그 수원이 오염되었다는 것을 알게 된 스노는 사람들에게 물을 끓여 마시라고 설교하거나 더 안전한 수원이 어디인지 가르치거나 콜레라에 걸린 사람들을 말 안 들었다고 비난하지 않았다. 그는 당국을 설득해 오염된 수원에 연결된 펌프를 제거했다. 즉 감염을 일으키는 환경을 바꾸었고, 그러자 감염이 잦아들었다. 이것은 예방의 한 가지 방법이다.

또 한 가지 방법은 사람들이 행동을 바꾸도록 하는 것인데, 이 책의 서문에서 소개한 역학자 수전 P. 베이커에 따르면 이 방법은 지극히 어렵다.[2] 크리스털 이스트먼과 휴 디헤이븐이 일찍이 그랬던 것처럼 베이커도 핵심적인 교훈을 시신 안치소에서 발견했다.[3] 베이커는 40년 동안 사고 손상과 사고 사망자에 대한 연구를 개척했다. 그리고 그 연구 결과들을 이용해 유아용 카시트 도입을 위해 싸웠고 외상중증도 점수Injury Severity Score 시스템을 개발했으며(이 시스템은 오늘날에도 응급실에서 환자 분류에 사용된다), 에어백부터 주택용 스프링클러까지 다양한 예방적 테크놀로지 도입을 위한 정책 개선 운동을 벌였다. 베이커는 그 40년의 세월 동안 사람들이 실수를 그만하게 만들 수 있다는 증거는 보지 못했다고 했다. 그리고 환경을 바꾸는 게 더 쉽다. 그저 돈이 들 뿐이다.[4] 이것은 미국이 부유한 국가들 중에서 사고사로 수위를 달리는 한 가지 이유다. 미국은 사람들의 안전을 위해 건조환경에 돈을 쓰는 일을 하지 않는다.

베이커 같은 역학자들은 조건을 바꾸는 것이 사람을 바꾸는 것보다 왜 더 효과적인지 설명하기 위해 우리가 '질병'에 접근하는 방식과 '사고'에 접근하는 방식을 대비하곤 한다.[5] 만약 소아마비가 횡행하던 시절에 우리가 인적 과실에 집중했다면 소아마비의 유일한 예방법은 사람들이 수영장에 가지 말도록 촉구하는 것뿐이었을 것이다. 또 AIDS를 예방하기 위해 금욕을 권장하는 수밖에 없었을 것이다. 질병을 우리가 오늘날 사고 대하듯이 대했다면 소아마비 백신도, HIV 치료제도 나오지 못했을 것이다. 하지만 우리는 질병을 사고처럼 접근하지 않는다. 단, 질병과 사고가 교차할 때만 빼고 말이다. HIV에는 약이 개발되어 있다. 하지만 깨끗한 주사기를 쉽게 구할 수 있게 하는 것처럼 사고성 HIV 전파를 줄이는 데 도움이 되는 도구와 자원은 종종 불법이다.[6] 그저 사람들에게 약물을 그만 사용하라고 말하고 약물을 사용하면 처벌하고만 있기로 한 것이다.

먹으면 사고가 안 나게 해주거나 사고가 확산되지 않게 해주는 약은 없지만, 그런 약이 없어도 우리는 사고를 막을 수 있다. 그렇게 하기로 선택만 한다면 말이다. 어떤 사고든 거기에 이르기까지 켜켜이 쌓여있었던 위험한 조건들의 폭과 깊이를 보면, 고쳐야 할 것은 한두 가지가 아닐 것이다.[7] 이것은 우리가 생명을 살리기 위해 무엇을 포기할 의향이 있는가의 문제다. 어떤 사고인지에 따라, 돈, 시간, 편리함, 그리고 사람들의 생명에 사회가 가치를 매기는 순서, 이 모두가 테이블에 올라올 수 있다.

무차별 범죄를 막는 법

에릭이 죽고 3년 뒤인 2009년에 뉴욕시의 한 도시계획가가 에릭의 죽음과 에릭이 죽은 레크리에이션용 보도와 관련해 재판 전 증인 진술을 했다.[8] 그는 교통부의 건설 프로젝트를 감독한 사람이었고 그 중에는 에릭이 죽은 레크리에이션용 보도도 있었다.

변호사가 그 도시계획가에게 사진 한 장을 보여주었다. 에릭을 친 사람이 앞의 고속도로에 차가 많이 막혀있는 것을 보고 레크리에이션용 보도 쪽으로 방향을 튼 지점의 사진이었다. 변호사가 사진 속의 노란 것을 가리키면서 철탑이라고 칭하자 도시계획가가 그것은 일반적으로 유연 볼라드〔유연 차단봉〕라고 부른다고 용어를 바로잡았다. 그때 변호사가 물었다. 이것을 설치하는 목적은 무엇입니까?[9]

“자전거 이용자에게 자전거 길이 어디인지 알려주고 중앙선이 어디인지 표시해서 되도록이면 그 길의 사용을 양방향으로 나누도록 유도하는 것입니다. 또한 자동차를 모는 사람에게 어느 정도 경고를 하는 목적도 있다고 생각합니다.”[10]

그는 유연 차단봉의 주목적이 자전거를 타는 사람들이 오른편으로 달리도록 유도하기 위해서라고 말하고 있었다. 그리고 부차적인 목적도 있을 수 있는데, 자동차를 모는 사람들에게 주의를 주는 것이라고 말하고 있었다. 그러니까, 부차적인 목적도 자동차들이 못 들어

오게 막는 것이 아닌 것이다.

"이 노란색의 유연 차단봉들은 자동차가 그리로 넘어와 부딪치면 눕습니까, 아래로 내려갑니까, 아니면 어떻게 됩니까?" 변호사가 다시 물었다.

"누웠다가 차량이 지나가면 다시 일어날 겁니다." 도시계획가가 대답했다.

차단봉은 당국이 이 레크리에이션용 보도를 보호하기 위해 사용한 것처럼 플라스틱으로 유연하게 만들 수도 있고 강변의 골드만삭스 건물을 보호하기 위해 사용한 것처럼 강철과 콘크리트로 단단하게 만들 수도 있다.[11] 교통공학자들이 레크리에이션용 보도를 보호하는 용도로 선택한 것은 누웠다가 일어나는 유연 차단봉이었고, 이는 차가 그 길 위로 들어가야 할 때를 고려해서였다.

에릭이 죽은 사고 이후에도 달라진 것은 별로 없었다. 다음 날 당국자들은 에릭을 죽게 한 사람이 유연 차단봉 위로 지나간 자리에 전과 같은 유연 차단봉을 다시 설치했다.[12]

하지만 세이풀로 사이포프가 같은 유연 차단봉 위를 다시 지나가자 며칠 만에 뉴욕시와 뉴욕주 교통부는 콘크리트와 강철로 된 방책을 그 길의 모든 진입구에 설치했다.[13] 자동차가 보도를 가로지르도록 허용되었던 31곳의 진출입로에는 이제 새로이 방책이 생겼고, 차가 들어오는 것이 일반적으로 허용되지 않았지만 마음먹으면 들어올 수는 있었던 26곳의 보행자용 진출입로에는 차단봉이 촘촘히 세워져서 차가 지나갈 수 없게 되었다. 이제는 틈새가 없었다. 사고가 또 일어나지 않게 예방하는 것은 당국자들이 협력하니까 간단히 해결되는 일이었다. 동일한 사고가 수없이 반복되어도 이뤄지지 않던 예방적 대응이 살인이 있고 나자 갑자기 가능해졌다.

내 소중한 친구를 어느 운전자가 의도치 않게 죽게 한 바로 그 장소에서 사이포프가 의도를 가지고 8명을 죽게 하고 12명을 다치게 한 지 몇 시간 뒤에, 나는 두 사건의 공통점에 대해 글을 썼다.[14] 두 사건은 같지 않았다. 하나는 사고였고 하나는 무차별 범죄였다. 하나는 차량에 의한 과실치사vehicular manslaughter였고 하나는 차량에 의한 중과실치사vehicular homicide였다. 하지만 나는 그 글에서 그 위로 차가 지나갈 수 있는 유연한 차단봉과 그 옆으로 차가 충분히 지나갈 만한 간격으로 세워진 차단봉을 이야기했다. 잠재적인 인적 과실을 경고하는 표지판은 있었어도 사람들을 다치지 않게 보호할 차단봉은 없었다. 더 나아가서 나는 두 사건의 기저에 있는 더 폭넓은 시스템상의 위험한 조건도 언급했다. 공통점은 자동차가 사람들이 많이 다니는 보도에 섞여서 다녔다는 점이었다. 동일한 장소에서 한 해의 비슷한 시기에 동일한 무기가 사용되었다. 유일한 차이는 우리가 그것을 사고라고 부르는지 아닌지뿐이었다. 그 글에서 나는 이 사건은 전에도 일어난 적이 있었고, 앞으로도 일어날 것이며, 그렇지만 우리는 그것을 예방할 수 있다고 적었다. 그 글이 게재된 것은 무차별 범죄가 있고서 며칠 뒤였고 아직 당국이 콘크리트와 강철로 된 방책을 세우기로 결정하기 전이었다. 나는 그 글에서 그것보다 더 포괄적인 해법을 제안했다. 도시에서 많은 사람들이 걷고 자전거를 타는 곳에는 차량 진입을 아예 제한하자고 말이다.

칼럼이 게재되고 몇 시간도 안 되어서 내 이메일함이 터져나가기 시작했다. 사람들은 나를 멍청이, 미친년, 그리고 온갖 화려한 반유대주의 욕설로 부르면서 비난했다. 보수주의 진영의 저명인사들은 내 기사를 가져다가 소셜 미디어에서 조리돌림 했다. 대중이 보는 것이니 약간 더 예의 바른 표현을 썼을 뿐, 비슷하게 모욕적인 이야기였다[15](케빈 스미스가 언급한 "공정한 세상" 신봉자들도 그랬듯이, 내가 쓴 글에 가장 분개한 듯한 사람들, 내게 가장 뿌리 깊은 비난을 퍼부은 사람들은 보수주의자들이었다).

《워싱턴 이그재미너》의 한 사설은 내가 제안한 예방적 조치를 따른다면 무차별 범죄자들에게 그들이 승리했다고 알려주는 격이라며 이렇게 말했다. "우리는 범죄자들의 사악한 의도와 행위에 따라 우리 삶의 방식을 계속 조정해 가면서 그들에게 맞춰줄 수는 없다. 우리는 그런 것을 지지해서는 안 된다. 우리는 악을 무찔러야 한다."[16]

내 글에 대한 모든 반대는 대체로 다음과 같이 요약될 수 있었다. 예방 조치를 말하는 것은 항복하는 것이다. 비난과 처벌 이외에는 어떤 것을 말해도 나쁜 놈이 승리하게 만드는 것이다.

이런 격렬한 반응을 보면서, 나는 내가 무언가 중요한 것에 접했음을 깨달았다. '예방'이라는 단어는 쉽게 쓰이지만 매우 상이한 의미들로 쓰인다. 어떤 이들에게는, 가령 《워싱턴 이그재미너》 편집진에게는, 처벌이 예방이다. 하지만 어떤 이들은, 가령 윌리엄 해던 같은 사람은, 사람들이 실수를 했을 때 무슨 일이 벌어지게 되는지를 살펴보고 실수를 해도 다치지 않게 예방하는 데 우선순위를 두고자 한다. 이 우선순위를 염두에 두고서, 해던은 어느 사고에 대해서도 그것을 막을 수 있는 수많은 방법을 찾아냈다.

호랑이 길들이기

1970년에 사고 예방 분야에서 화려한 경력을 가지고 있는 윌리엄 해던(도로교통안전국의 초대 국장이었고 도로안전보험연구소의 소장이자 도로손해손상데이터연구소의 소장이었다)은 《미국 공중 보건 저널》*American Journal of Public Health*에 우리가 사고를 이해하는 방식을 완전히 바꾸게 될 짧은 사설을 하나 썼다. 제목은 〈호랑이의 탈출에 관하여: 생태적 노트〉였다.[17]

해던은 의도적인 것이든 아니든 세상의 모든 손상은 취약한 인간 신체와 모종의 에너지 형태(방출되는 에너지, 소비되는 에너지, 뒤통수를 가격한 에너지 등) 사이의 상호작용에서 나온다고 주장했다. 그는 에너지 유형을 다음과 같이 분류했다. 운동에너지(충돌, 낙상), 열에너지(화재, 동사), 화학에너지(마약, 중독), 전기에너지(전기 충격), 그리고 전리방사선(노심용융).[18] 해던은 세상에 풀려나오는 이런 에너지들에서 모든 위험한 조건의 원인을 찾을 수 있으며, 예방은 이 에너지들을 통제함으로써 가능하다고 설명했다.

우리는 호랑이가 풀려나오는 것을 통제해, 호랑이의 공격이 일으키는 피해를 통제할 수 있다. 해던이 호랑이 이야기를 한 것은 시덥잖은 농담을 한 것이 아니라 영리한 비유를 든 것이었다. 여기에서 그는 우리가 사고에 대응하는 방식을 다시 생각해 보도록 촉구하고 있다. 호랑이가 나왔다! 동물원 관리인을 처벌하고 더 튼튼한 호랑이 우리를 짓는 것이 더 효율적인가? 그는, 해답은 사고의 **원인**과 사고의 **피해**를 분리하는 데서 출발한다고 주장했다. 후자는 중요하고 전자는 중요하지 않다. 위험한 조건을 통제했다면 인적 과실은 고려에서 아예 빼놓아도 된다. 그는 "집배원이 아무리 이리저리 옮기고, 흔들고, 떨어뜨리고, 그 위에 다른 물건을 쌓고, 또 어떤 방식으로 험하게 다뤄도 포장을 잘 하면 컵이 깨지는 손상을 막을 수 있다"고 언급했다. 요컨대 인간의 실수를 막을 수는 없지만 사망이나 부상을 막도록 건조환경을 통제할 수는 있다.

우리는 호랑이가 풀려나오는 것을 막음으로써 광포한 호랑이의 피해를 방지할 수 있을 것이다. 그런데 호랑이가 나오는 것은 어떻게 막는가? 《워싱턴 이그재미너》의 논리에 따르면, 동물원 관리인을 더 잘 교육해서 호랑이 줄을 더 단단히 묶게 해야 한다. 혹은 동물원 관리인을 해고해야 한다. 혹은 호랑이의 원서식지인 나라를 폭격해야 한다. 혹은 동물원 관리인이 나온 동물 관리 학교를 공격해야 한다. 혹은 호랑이에게 너는 나쁜 호랑이라고 질책하거나 호랑이를 때려야 한다.

개인적으로 나는 호랑이를 호랑이 우리 안에 두고 싶다(혹은 호랑이가 은유가 아니라면, 자연 생태계로 안전하게 돌려보내는 프로그램이 있으면 좋겠다). 해던의 사례는 극단적이지만 그래서 유익하다. 호랑이의 천성을 바꿔야 한다거나 동물원 관리인이 호랑이보다 더 강해지게 훈련해서 호랑이를 제압할 수 있어야 한다고 말할 사람은 없을 것이다. 우리에게 필요한 것은 호랑이를 통제할 수 있는 환경을 짓는 것이다

에릭의 죽음에도 동일한 접근을 해보자. 해던은 "취약한 개체(생물과 무생물 모두)를 에너지가 풀려나올 수 있는 지점으로부터 시간적으로, 또 공간적으로 분리하라"고 제안했다. 그리고 그는 내가 말한 것과 정확히 같은 것들을 언급했다. "인도를 설치하고, 보행자 통행과 차량 통행이 뒤섞이지 않게 병행으로 두며, 아이들과 어른들이 자주 사용하는 공동체 공간에 차량 및 차량이 진입할 수 있는 길을 없애라"고 말이다. 더 쉽게 말하자면 차량을 금지하라는 것이다.

물론 차량을 금지하는 것은 간단한 일이 아니다. 그리고 해던의 설명에 따르면 예방에는 한 가지 방법만 있는 것이 아니다. 위의 사례에서 인도를 짓고, 차와 사람의 통행을 분리하고, 차량을 제한하

고, 차량이 진입할 수 있는 곳을 없애는 것 등 해던이 제시한 방법들은 다 자동차 사고 시의 운동에너지를 통제하기 위한 것이다. 예방이란 세상에 던져지는 어떤 문제에 대해 다층적으로 위해를 저감하는 것이다. 이것은 산탄이지 하나의 총알이 아니다. 해던은 이것을 "대응 방책들"이라고 부른다. 한 가지 대응 방책은 "위해의 생성을 막는 것"이다. 예를 들어 시그사우어 P320 총기 같은 것은 생산을 중단해야 한다. 또 다른 두 가지의 대응 방책은 이미 "존재하는 위해 요인이 풀려나오지 않게" 하는 것과 "위해의 양을 저감하는" 것이다. 아이가 열 수 없는 약병은 위해가 풀려나오는 것을 막는 것이고 오피오이드 알약에 블리스터 포장을 적용하는 것은 위해의 양을 줄이는 것이다. 해던은 열 가지의 대응 방책을 언급했지만, 이 정도만 소개해도 골자는 충분히 전달되었을 것이다.

해던의 대응 방책은 **위해의 원천**인 에너지를 다루는 것이다. 이 접근은 우리가 사고에 대해 이야기하는 방식을 살짝 이동시킨다. 에너지를 통제하면, 가령 자전거도로와 산책로에 강철로 된 차단봉을 설치해 차량이 들어오지 못하게 하면 애초에 차량이 진입하는 과실이 발생하지 않으므로 몇몇 사고는 **완전히 예방할** 수 있다. 다른 경우에는 **사고의 위해를 막거나 줄일** 수 있다. 가령 자동차에 과속방지장치를 설치하면 과실이 발생하더라도(가령 액셀을 너무 세게 밟더라도) 속도가 애초에 높지 않았을 터이므로 에너지가 조절되어 사망이나 중대 손상의 가능성을 줄일 수 있다. 하지만 에너지의 조절은 가시적인 차단봉이나 과속제한장치보다 더 광범위할 수 있으며 도구와 자원을 제공함으로써도 달성할 수 있다. 술 마시고 차를 몰지 않아도 되도록 대중교통이 충분히 제공되면 음주운전 사고를 예방할 수 있고, 날록손을 아스피린처럼 쉽게 구할 수 있게 하면 사고성 약물 과용을 피할 수 있으며, 미국의 모든 집에 스프링클러를 설치하면 화재를 예방할 수 있고, 전력 산업을 국유화하고 안전한 실내 온도를 특권이 아닌 권리가 되게 하면 극단적 고온이나 동사로 사망하는 것을 예방할 수 있다. 이 모두가 그저 에너지를 조절하면 되는 것이다

해던이 그 글을 쓰기 전까지는 "그것은 사고였어요"라는 말이 어떤 일이 잘못됐을 때 우리가 경위를 말할 수 있는 가장 짧은 이야기였다. 해던은 그 이야기를 길고 상세하게 만들었고 우리가 동일한 이야기를 반복해서 말해야 할 필요를 훨씬 줄여주었다.

해던의 접근법을 2001년에 포르투갈이 사고성 약물 과용과 주사기로 인한 우발적 질병 전파가 늘었을 때 대응한 방식에서 볼 수 있다.[19] 당시 포르투갈 인구의 약 1퍼센트가 헤로인에 중독된 것으로 추산되었고 포르투갈은 유럽연합에서 가장 높은 HIV 감염률을 보이고 있었다. 그저 약물 사용자를 잡아 가두기만 하는 대응을 수십 년간 하고 나서, 포르투갈 당국은 접근 방식을 바꾸었다. 위험한 조건들을 고쳐서 문제를 다루기로 한 것이다. 포르투갈은 모든 약물 사용을 비범죄화했다. 이는 암시장의 위력을 줄였고, 펜타닐과 같은 강력한 합성 첨가물을 약물 유통망에서 없애는 데 도움이 되었다. 해던의 표현을 빌리면 이것은 "쌓이는 에너지의 양을 저감하는" 대응 방책이다. 포르투갈은 또한 의사들이 관리 감독하는 멸균 도구와 주사기 사용 장소를 제공함으로써 더 안전하게 약물을 사용할 수 있게 했다. 해던의 표현을 빌리면 이것은 "〔위해성이 개체의〕 표면, 표면 아래, 혹은 기본적인 구조와 접촉하는 것을 적절하게 수정하기 위한" 것이다. 그리고 중독이 발생했을 때 빠른 치료가 가능해졌다. 해던의 표현을 빌리면 이것은 "발생했거나 발생하려 하는 피해를 빠르게 포착하고 평가해 대응함으로써 피해의 지속과 확산을 막는" 것이다.

그리고 포르투갈 당국은 물질사용장애substance use disorder에 대해 의료적 치료를 확대했다. 이는 사람들이 중독에서 벗어날 수 있는 길을 제공했는데, 해던의 표현을 빌리면 "개체(생물과 무생물 모두)의 구조를 강화해 위해가 침투하는 통로가 달라졌을 때 발생하게 될지 모를 피해를 막는" 것이다(이 시점이면 해던은 고인이 된 지 한참 뒤였지만, 그가 말한 대응 방책 개념을 포르투갈에서 현대의 약물 사고에 적용할 수 있었다는 것은 그가 얼마나 혜안을 가지고 있었는지를 방증한다).

해던의 다양한 대응 방책들은 서로 함께 작동해 사람들에게 생존을 돕는 자원을 제공한다. 미국의 연구자들에 따르면, 이런 종류의 조치는 약물 사고에 대응하는 데 매우 효과적이다. 지역 당국이 약물 치료에 1달러를 쓸 때마다 전처럼 많은 약물 관련 범죄와 싸울 필요가 없어짐으로써 비용을 1달러 이상 절약할 수 있고, 주사기 교환 프로그램에 1달러를 쓸 때마다 HIV의 사회적 비용을 최소 6달러 절약할 수 있는 것으로 추산되었다.[20]

이런 결과들은 서로를 강화한다. 포르투갈에서는 사고성 오피오이드 과용과 HIV의 우발적인 전파가 나란히 감소했다.[21] 약물중독 치료를 받는 사람도 62퍼센트 이상 늘었다.[22] 또한 포르투갈에서 우리는 해던이 언급하지 않은 교훈도 얻을 수 있다. 예방에는 인내가 필요하다는 점이다. 이것은 쉬운 결정이 아니다. 약물이 비범죄화되고 7년 동안 살인이 증가했다.[23] 약물 시장에서의 어떤 변화라도 폭력 범죄를 증가시킬 수 있기 때문이다. 하지만 2008년에 살인율이 떨어지기 시작했고 2014년에는 적어도 20년간 중 최저를 기록했다(지금까지도 2014년 수준을 유지하고 있다).

사망과 손상을 예방하는 상호 강화적인 요인들에 대한 해던의 개념을 알기 위해 포르투갈까지 갈 필요도 없다. 에어백, 안전벨트, 신호등, 화재 스프링클러, 유아용 안전 가위, 방아쇠 잠금장치, 칼날 커버, 베이글 자르는 작두형 칼, 난간, 화재 비상구, 수영장 깊이를 표시하는 로프 등 위해를 방지하는 장치들은 우리가 당연하게 여길 정도로 이미 우리 생활에 깊이 들어와 있다. 모두가 우발적인 위해의 가능성과 정도를 줄이기 위해 우리 주변의 세계를 수정하는 방법이다. 이런 형태의 예방은 사고는 어쨌든 일어난다는 사실을 인정하고 있다.

음주운전자에게도 안전한 세상

수십 년간 해던과 함께 일했던 수전 P. 베이커는 해던의 개념을 이해하는 한 가지 방법은 가장 낮은 공통분모인 사용자, 가령 최악의 운전자나 가장 피로에 찌든 노동자, 가장 산만한 보행자 등에게 초점을 맞추는 것이라고 말했다. 피해를 최소화하고 싶다면, 사람을 고치는 데 집착할 것이 아니라 사람이 접촉할 수 있는 에너지가 통제되는 환경을 구축해야 한다는 것이다. 베이커는 이 부분이 자신의 입장 중에서 가장 논쟁적인 부분이라고 말했다. 술 취한 운전자를 위해서도 세상을 안전하게 만들어야 한다는 말이기 때문이다.[24]

베이커는 "결론적으로, 술 취한 사람에게도 안전한 세상을 만든다면 모든 사람에게 안전한 세상을 만드는 것"이라고 했다. "평균적이고, 합리적인 인지능력이 있고, 술이나 약에 취하지 않은 사람들에게 안전한 세상을 만드는 데만 집중한다면, 술 취한 사람, 멍한 상태인 사람, 아이 수술을 걱정하면서 시간에 맞게 집에 도착하려고 서두르는 사람 등은 안전하지 않게 됩니다."

그런데 오늘날 우리가 하고 있는 일은 정반대다. 우리는 완벽한 사람들만을 위한 도로를 만든다. 보행자 사망이 증가하는 데 대해 오늘날 미국 정부가 취하는 대응은 사고를 막기 위해 사람들에게 완벽한 행동을 기대하는 접근 방식을 잘 보여준다. 미국 교통부에 따르면 2009년에서 2019년 사이에 미국에서 보행자 사망이 연간 4000명을 약간 웃돌던 데서 연간 6000명 이상으로 51퍼센트나 증가했다.[25] 보행자와 자전거 사용자의 사고사는 증가한 반면 자동차 운전자와 탑승자의 사고사는 줄었다.[26] 차 밖에서 더 많은 사람들이 죽는 동안 차 안에서는 더 많은 사람들이 살아남았다.

보행자 사망 증가세가 이어지는 내내 매년 연방 정부는 통계를 내고서 해던이 알려준 교훈을 모욕하는 방식으로 대응했다. 일례로 2018년에 정부가 발표한 통계 분석 자료는 보행자나 자전거 운전자가 차에 치이기 직전에 무엇을 하고 있었는지를 도표로 제시하고 있는데, 내용을 보면 "눈에 띄지 않음(어두운 색 옷)" "부주의(말하거나 먹으면서 이동)" "도로에서 부적절하게 보행함" "갑자기 뛰어듦" 등 그저 인적 과실의 목록이다.[27] 의미심장하게도 피해자의 과실에 대한 분석만 있고 운전자가 누군가를 차로 치기 전에 취한 행동에 대한 분석은 없다.

사망자가 느는 동안 미국 교통부는 매년 통계 분석 자료와 함께 발표하는 '중요 안전 알림' 목록의 설명을 늘렸다.[28] 여기에는 운전자를 위한 목록이 하나, 보행자를 위한 목록이 하나 있는데, 보행자를 위한 조언에는 다음과 같은 것들이 포함되어 있다. "항상 눈에 잘 띄도록 하세요: 낮에는 밝은 옷을 입고, 밤에는 야광을 착용하거나 손전등을 사용하세요." 운전자를 위한 목록에는 "보행자들은 걷지 말아야 할 곳을 지나가곤 합니다. 언제나 어디서나 보행자를 조심하세요"라고 되어있다. 주목할 점은, 두 목록 모두 가장 힘없고 위험에 많이 노출되어 있는 보행자에게 책임과 비난을 지운다는 점이다. 사람들이 계속해서 사라지는 살인 미스터리 파티에 반복해서 나오는 녹음 메시지처럼, 안전 알림 목록은 매년 반복된다.

이런 분석의 함의는 보행자 사망률의 증가가 인적 과실의 문제라는 것인데, 이는 사실이 아니다. SUV, 픽업트럭, 미니밴 등 더 크고 강력한 차량이 많아졌기 때문에 보행자 사망률이 증가했고, 반면에 차량 안에 탄 사람들의 사망률은 감소했다.[29] 충돌사를 일으킨 차량의 평균 무게는 2000년과 2018년 사이에 390파운드〔약 177킬로그램〕 더 무거워졌다.[30] 동시에, 도로를 달리는 SUV의 비중도 약 60퍼센트 증가했다. 2009년과 2016년 사이에 SUV에 의해 사망한 보행자는 81퍼센트가 늘었다.[31] 한 연구자는 2000년과 2018년 사이에 도로에 있었던 모든 SUV, 픽업, 미니밴이 다 세단이었다면 오늘날 8131명이 살아있을 것이라고 추산했다.[32]

더 강력해진 차량 때문에 차에 치이는 사람이 더 강한 타격을 받거나 (후드에서 멈추지 않고) 아래로 밀려 들어가 깔릴 가능성이 더 높아졌을 뿐 아니라, 이런 차량은 너무 높아서 운전자가 보행자를 잘 보지 못한다. 5000파운드〔약 2270킬로그램〕가 넘는 캐딜락 에스컬레이드 SUV 2021년식은 높이가 거의 6.5피트〔약 2미터〕다. 아이가 그 차 앞에 앉아있다면, 10피트〔약 3미터〕 이상 거리가 떨어져 있지 않을 경우 보이지 않는다.[33] 지난 10년간 주차장이나 진입로에서 전진하는 운전자가 시야에 들어오지 않은 아동을 치어 숨지게 한 경우가 89퍼센트나 늘었다.

전진 사고뿐 아니라 후진 사고도 상황은 그리 낫지 않다. 대형 SUV의 후면 사각지대는 평균 키의 운전자일 경우 19피트〔약 5.8미

터] 거리이고 키가 작은 운전자라면 31피트[약 9.5미터]나 된다.[34]

정부는 보행자가 눈에 잘 띄게 손전등을 들고 다녀야 한다거나 걸어 다니지 말아야 할 곳에서는 걸어 다니지 말아야 한다는 등의 안전 조언들을 내놓고 있지만, 위에서 언급한 사실 중 어느 것도 미국 정부가 모르는 사실이 아니다. 정부의 공학자들은 더 크고, 더 빠르고, 더 강력한 차량이 사망과 부상 가능성을 높인다는 것을 수십 년 전부터도 알고 있었다.[35] 일찍이 1975년에도 미국 교통부는 자동차 사고가 인명 피해로 이어질지를 결정짓는 데 가장 중요한 세 요소가 차량의 무게, 차량의 높이, 그리고 보행자와 비교했을 때 앞쪽 끝이 얼마나 더 높은지라고 밝힌 바 있다.[36] 1997년이면 미국 교통부는 SUV와 픽업트럭 같이 큰 차량이 작은 차량보다 충돌 시 보행자를 사망하게 할 가능성이 훨씬 높다는 실증 근거도 가지고 있었다.[37] 그런데도 그 이래로 차량들은 물리적인 크기와 도로를 달리는 차량의 수 모두에서 계속 더 증가하기만 했다. 2001년 초, 연구자들은 SUV의 인기가 높아지면서 당시 이어지고 있던 보행자 사망 감소 추세가 역전될지 모른다고 내다봤다.[38] 2015년에 이제는 보행자 사망의 증가 추세 속에서 다시 한번 미국 교통부는 인기를 끌고 있는 SUV의 증가를 원인으로 지목했다. 미국 교통부는 세단에 치였을 때에 비해 SUV에 치였을 때 사망 가능성이 성인은 2~3배, 아동은 4배 더 높다는 것을 발견했다.[39] 하지만 보행자 사망이 증가하는 와중에도 여전히 교통부는 '조심해서 걸으라'고 촉구하기만 했다.[40] 미국에서 차량이 제조되는 방식을 규제할 수 있는 권한을 가진 유일한 정부 기관이 교통부 산하의 도로교통안전국인데도 말이다.

일반적으로 교통사고 사망자는 가장 취약한 계층 사람들이며 SUV에 의한 보행자 사망도 예외가 아니다. 뉴욕시의 경우 17세 이

하와 65세 이상인 보행자가 다른 연령대보다 SUV에 의해 사망할 가능성이 훨씬 높다.[41] 여성은 SUV와 같은 큰 차를 구매할 가능성이 더 낮고 교통사고로 사망할 가능성은 더 높다.[42] 저소득층은 충돌 테스트 등급이 더 나쁜 낡은 차를 운전할 가능성이 더 높고 교통사고로 사망할 가능성도 더 높다.[43] SUV와 같은 큰 차의 소유자는 인구비례 대비 훨씬 더 많은 수가 백인이다.[44] 그리고 잘 알다시피 어떤 교통사고에서도 사망할 가능성이 가장 높은 보행자는 흑인, 라티노, 원주민이다.[45]

해던의 대응 방책은 이 방정식을 바꿀 수 있는 많은 방법을 제공한다. 하지만 해던의 모델은 총을 든 사람의 반대쪽에 있는 사람이 흑인일 경우 우발적인 총기 사고가 더 잦고, 도로를 고치는 데 지방 당국이 돈을 지출하지 않는 곳에 살 경우 교통사고가 날 가능성이 더 높다는 점을 고려하지 않았다. 그리고 인종차별과 경제적 불평등은 해던이 말하는 에너지가 아니다. 하지만 환경에 각인되어 있는 인종차별과 계급 격차를 인지한 상태로 해던의 대응 방책을 적용한다면, 변화가 가장 필요한 곳부터 고쳐나가면서 예방의 노력을 필요한 곳에 집중시킬 수 있다.

자동차 회사들이 미국에서 맹렬히 판촉하고 있는 SUV가 보행자에게 치명적이라는 점은 미국 정부도 알고 있는 사실이다. 그뿐 아니라 너무 위험해서 다른 나라에서는 도로에 진입이 금지되거나 적어도 강하게 제한되고 있다. 랠프 네이더와 윌리엄 해던과 같은 사람들의 노력 덕분에 미국의 모든 자동차는 충돌 시 그 안에 탄 사람들에게 얼마나 안전한지를 테스트하고 등급을 받아야 한다. 그런데 유럽과 일본에서는 각각 1997년과 2003년 이래로 자동차가 보행자를 칠 때 보행자에게 얼마나 안전한지도 테스트를 해야 한다.[46] 유럽과 일본의 자동차 회사들은 자동차 안과 밖에 있는 사람 모두의 안전을 신경 써야 하고 자사의 차량을 사려는 고객에게 그 정보를 제공해야 한다.[47]

유엔이 이런 권고를 내놓고 다른 나라들에서 채택하기 시작했을 때, 미국은 따르기를 거부했다. 미국 도로교통안전국이 모든 차량에 대해 보행자 안전 등급도 의무적으로 평가하는 시스템을 제안하기는 했다.[48] 하지만 제너럴모터스가 반대했고 교통부는 2015년부터 이 과정을 진전시키지 않았다. 그 결과 미국에서는 교통사고로 사망한 보행자 수가 2009년과 2019년 사이에 50퍼센트 증가한 반면 유럽과 일본에서는 더 많은 사람이 생존했다.[49] 보행자 사망이 유럽에서는 10년 사이에 3분의 1 이상 감소했고 일본에서는 2000년 이래로 절반 이상 감소했다. 2020년에 영국 의회는 내재적인 위험이 너무 크다는 이유로 미국 SUV의 수입을 금지하기 위한 논의를 시작했다.[50]

보행자 안전에 대한 국제 표준을 채택하기는커녕, 미국 정부는 사망하는 보행자가 느는 동안 인적 과실만 탓했다. 미국 정부는 보행자가 완벽하게 행동해야 한다고 촉구했다. 그러고서 2020년에 교통부 장관 일레인 차오는 10월을 '보행자 안전의 달'로 선포하면서 이렇게 말했다. "우리는 어느 시점에 모두 보행자이며 안전은 공동의 책임입니다!"[51]

해로울 것 없는 정부의 공익 메시지로 보일지 모른다. 하지만 예방의 자리에 교육을 밀어 넣는 것이라고 볼 수도 있다. 정부는 예방의 방법을 알고 있었지만 무시했다. 당신이 완벽하게 행동하면 생명을 잃지 않을 것이라는 이빨 빠진 메시지를 내보내는 데 집중하면서 말이다. 보행자 사망의 증가는 미국 정부가 조치를 취하지 않아서 발생한 일이다. 이와 달리, 미끄러지거나 넘어져서 사망하는 경우처럼 증가 추세인 또 다른 유형의 사고사에 대해서는 정부가 조치를 취하고 있다. 그런데 그 조치라는 게 병원에서 낙상이 발생했을 경우에 병원을 처벌하는 것이다. 낙상 사망 증가에 대한 공식적인 대응은 예의 이빨 빠진 메시지에 처벌을 결합한 것이며, 이는 더 많은 사고를 야기하고 있다.

경고: 얼음은 미끄럽습니다

낙상은 미국에서 고령층 사고사 중 가장 흔한 유형이다. 이 연령층에게 낙상은 교통사고나 중독, 또 그 밖의 어떤 형태의 사고보다 생명에 큰 위협이다. 미국에서 낙상사 건수는 1980년대 이후 수십 년 동안 꾸준히 증가하고 있으며, 연도에 따라 사망 원인 2위와 3위 사이를 왔다 갔다 한다.[52] 1999년과 2019년 사이에 낙상사 건수는 199퍼센트 이상 증가했다. 부분적으로는 미국 인구의 고령화 때문이지만, 낙상을 예방해야 할 당국자들이 사람들이 넘어져 바닥에 부딪힐 때 에너지를 조절하는 법을 익히도록 돕기보다 인간의 행동을 완벽하게 만들고 과실을 처벌하는 데만 초점을 두고 있어서이기도 하다.

낙상은 우리 대부분이 잘 고려하지 않는 사고다. 사고사 자체가 잘 이야기되지 않지만, 그중에서도 낙상은 특히나 논의가 잘 이뤄지지 않는 유형일 것이다. 하지만 2019년에 총기 오발보다 낙상이 65배나 사고사율이 높았고, 그해에 미국에서 3만 9443명이 낙상으로 목숨을 잃었다.[53] 그런데도 총기 오발은 저녁 뉴스에 나오는 주제가 되지만 낙상은 우리의 레이더에 잡히지 않는다. 단 낙상사가 레이더에 잡히는 곳이 한 군데 있는데, 바로 정부다.

전국노화위원회는 2005년에 낙상 예방 계획을 시작했고 매년 9

월에 낙상 예방 홍보 주간을 열고 있다.[54] 질병통제예방센터는 교육 프로그램인 '노인 사고, 사망, 부상 방지 프로그램'을 만들었다.[55] 국립노화연구소가 개발한 이 프로그램은 "물기가 많거나 얼어있는 표면을 걸을 때는 매우 조심하세요. 굉장히 미끄러울 수 있습니다!"와 같이 낙상과 골절을 예방하는 법을 나열하고 있다.[56] 여기에는 안 미끄러운 신발을 신고, 술을 마시지 말고, 충분한 수면을 취하라는 조언도 포함되어 있다. 너무 병병해서 하나 마나 한 조언들이다. 그리고 이 모든 조언이 책자와 이미지에 포함되어 소셜 미디어에서 태그를 타고 수없이 공유되며(**낙상은 노화에 꼭 따라오는 것이 아닙니다!**) 실수를 막는 간단 요령 같은 것으로 가공된다(**낙상을 예방하기 위해 이렇게 하세요!**).[57]

'안 넘어지게 조심하세요'는 물론 놀라울 정도로 쓸모없는 조언이다. 넘어지는 것은 인간에게 불가피한 현상이다. 당신은 어떤지 모르겠지만 나는 돌아다니다가 삐끗하기도 하고 무언가에 부딪혀 넘어지기도 한다. 그리고 나는 얼음이 미끄럽다는 것을 아주 잘 알고 있는데도 넘어진다.

이런 공익 메시지들은 도움은 안 되어도 무해하긴 할 것이다. 하지만 미국 정부는 낙상 사고사 증가를 막고 비용을 절감하기 위해 이런 교육 프로그램을 무해하지 않은 또 다른 조치와 결합했다. 바로 병원들을 재정적으로 처벌하는 시스템이다. 2008년에 메디케어및메디케이드서비스센터는 만약 환자가 병원에서 넘어졌는데 이들이 정부가 치료비를 부담하는 사람들이라면 해당 병원을 처벌하겠다는 지침을 발표했다[58](참고로 거의 모든 미국 노년층, 즉 낙상 위험이 가장 높은 사람들이 정부가 지원하는 메디케어에 등록되어 있다[59]). 낙상은 미국 정부가 정한 '불가 사건'에 포함되었다. 병원에서 절대 일어나서는 안 될 과실이라는 의미다.[60] 이 정책이 시행되면서 누군가가 병원에서 넘어지면 그로 인해 발생한 어떤 증상도 메디케어나 메디케이드가 의료비를 커버하지 않게 되었다. 그러면 병원이 비용을 떠안아야 한다. 그리고 건강보험개혁법이 통과되었을 때 정부는 이 벌금을 더 늘렸다. 동시에 메디케어및메디케이드서비스센터는 낙상률이 가장 높은 병원들에 일반적인 보장 지급을 줄였다.

이 모든 정책이 집행되자, 낙상을 과도하게 막으려다가 오히려 낙상이 더욱 빈발하는 역효과가 발생하면서 노인들이 반복적으로 재입원하는 결과로 이어졌다.[61] 낙상이 금전적인 처벌이 수반되는 '불가 사건'으로 규정되자 병원들은 퇴원 후 일상생활에서 낙상 위험이 높아지게 만드는 방식으로 환자들이 입원 중일 때 병원 경내에서의 낙상을 필사적으로 예방하기 시작했다. 전국 각지의 병원에서 거동에 문제가 없는 노인 환자들이 짧은 기간 입원을 하게 될 경우 그는 사이드레일 달린 침대에 갇혀있다시피 해야 하고, 움직이지 말라는 지시를 받으며, 스스로 걸어서 돌아다니려 하면 모션 센서가 울렸다(많은 연구에 따르면 모션 센서는 효과가 없는데도 말이다). 노인들은 신체 활동 없이 가만히 있으면 불과 며칠 사이에도 근육이 약화될 수 있기 때문에, 이는 병원에 들어온 노인들이 병원을 나갈 때 되레 건강이 더 나쁜 상태가 될 수도 있다는 의미다.[62]

이에 대해 알아본 한 연구는 오하이오주에 있는 두 병원에 입원한 2200여 명의 노인 환자에 대한 데이터를 입수해 스스로 씻고 먹고 옷을 입는 능력 등을 일컫는 일상생활 활동 기능을 살펴보았다.[63] 연구자들은 병원에 있는 동안 환자들의 질병이나 부상은 나아졌지만 움직임이 제약되었기 때문에 일상생활 활동 기능은 악화되었다는 것을 발견했다. 입원 기간 동안 전체 대상 환자의 3분의 1 이상, 그리고 85세 이상 환자의 절반 이상이 스스로 씻고 먹고 옷을 입을 수 있는 능력이 저하되었고, 넘어지지 않고 걸을 수 있는 능력은 크게 저하되었다.

병원의 간호사와 간호조무사를 대상으로 수행한 한 연구에 따르면,[64] '불가 사건'을 방지하기 위한 프로그램(간호사와 간호조무사들은 날마다 교대 근무를 시작할 때 공지, 이메일로 공지, 안내문 게시, 매월 낙상 방지에 대한 토론 그룹 활동 등을 통해 낙상 방지에 대한 메시지를 계속 들어야 했다)이 시행되자 환자가 넘어지는 것을 지극히 두려워하는 문화가 생겨서 간호사들이 자신과 동료 간호사들을 보호하기 위해 환자의 움직임을 제한했다. 간호사들은 환자를 돌보는 방식을 이동성을 줄이는 방식으로 조정했고, 이는 환자들의 치유 과정에도 영향을 미쳤다.

넘어지는 것은 아마도 가장 복잡하지 않은 사고일 것이다. 넘어지는 사람과 바닥 사이에는 쌓여있는 스위스 치즈 조각이 매우 적고, 그래서 예방이 정말로 어떻게 작동하는지를 알아보기 좋다. 미국 정부는 사람이 실수하는 것을 막으려 하는 접근이 모든 것을 악화시켰다는 증거를 차고 넘치게 보여주었다. 인간의 실수를 막을 수는 없다. 하지만 피해를 완충할 수는 있다.

넘어지는 것은 신체의 운동 기능이다

마이크 그릭스비는 은퇴한 의공학자로, 현재는 오하이오주에서 무술 강습을 한다. 그는 노인들을 움직이지 못하게 하거나 노인들에게 그만 넘어지라고 말하지 않는다.[65] 그렇게 하기보다, 넘어질 때의 조건을 바꾸는 법을 가르친다. 메디케어및메디케이드서비스센터와 반대로, 그릭스비는 노인들에게 그들이 넘어질 가능성이 매우 많다고 말하고, 넘어질 때 에너지를 통제할 역량을 가질 수 있게 돕는다.

"우리는 넘어지는 것에 대한 두려움이 더 잘 넘어지게 한다는 것을 알고 있습니다. 움직임을 부자연스럽게 만들기 때문입니다. 움직임이 더 임시로 걷는 것처럼 불안정해지고 균형이 더 무너집니다." 그릭스비는 이렇게 설명했다. 그는 모든 공익 메시지가 노인에게 얼음이 미끄러우니 조심하라고 말하는 것에 분노한다. "정부는 두려움을 없애야 한다는 것을 알고 있습니다. 그런데 그들이 두려움을 없애는 방법은 두려움을 부인해 버리는 것입니다. 그냥 중력이 없다고 말하자와 다를 바가 없는 접근입니다."

한번은 그릭스비의 친구가 넘어져서 크게 다쳤다고 한다. 그 친구는 넘어져 다친 후로 부엌 바닥에 대해 두려움이 생겼다. 무술 선생님답게 넘어지는 데 전문가였던 그릭스비는 친구의 손목이 회복되고 나서 친구에게 잘 넘어지는 법을 가르쳐 주겠다고 했고, 이렇게 해서 그 친구가 그릭스비의 첫 제자가 되었다.

2012년에 그릭스비는 '두려움 없이 넘어지기'라는 프로그램을 시작했다. 땅에 부딪칠 때의 조건을 통제하는 법을 알려주는 강좌다. 그는 두 가지 기술을 집중적으로 가르치는데, 하나는 '철퍼덕 때리기'이고 다른 하나는 '쪼그려 앉기'다. 철퍼덕 때리기는 앞으로 넘어져 얼굴을 땅에 박을 상황이 되었을 경우를 대비하는 훈련으로, 세로로 세워 놓은 매트에서 손바닥과 팔꿈치 아래쪽의 팔이 일직선이 된 상태로 매트에 닿도록 몸을 앞으로 부딪치는 연습을 한다. 바닥에 앞으로 넘어졌을 때 충격을 팔이 흡수하도록 하는 동작을 서서 흉내 내 연습하는 것이다. 쪼그려 앉기는 미끄러져서 뒤로 넘어지는 경우를 대비하는 훈련으로, 학생들에게 턱을 가슴 쪽으로 붙이고 발과 가장 가깝게 쪼그린 자세를 취하도록 가르친다. 대자로 뻗으면 머리에 충격이 갈 가능성이 커지기 때문에 몸을 안전하게 태아 자세로 만드는 것이다. 그릭스비의 학생들은 자신이 넘어지는 동작을 통제해 충격의 에너지를 신체 중 회복 탄성이 더 높은 곳으로 흡수하는 법을 익힌다. 가령 취약한 손목이 아니라 팔 근육으로 충격이 오게 하는 것이다.

지난 몇 년간 그릭스비는 오하이오주 시내에서 약 460명의 학생을 가르쳤다. 주로는 노년층이었다. 가끔씩 학생들이 그를 다시 찾아와서 크게 넘어졌는데 잘 넘어지는 법을 알았던 덕분에 부상이 심하지 않았다고 말한다(나와 인터뷰할 때 그는 이런 전화와 메일을 30통 이상 기억하고 있었다). 넘어지는 법을 배운 덕분에 목숨을 구했다고 말한 사람들도 있다.[66]

이것은 그릭스비만 하고 있는 일이 아니다. 네덜란드에서도 '넘어지기 강습'이 인기를 얻고 있다.[67] 수백 개의 강좌에서 전문 치료사들이 강의를 하며 부분적으로는 네덜란드의 보험 회사들로부터 보수를 받는다. 참가자들은 평균대를 지나가고, 몸을 기울여 의자에서 일어서고, 불안정한 땅을 지팡이를 짚고 지나간다. 하지만 가장 중요한 것은 푹신한 매트 위에서 가장 안전하게 바닥과 충돌하는 방식으로 넘어지는 법을 배우는 것이다.

이런 강좌는 넘어질 때 운동 에너지를 전환하는 간단한 기술을 제공한다. 하지만 약물 사용으로 인한 질병 전파와 같은 훨씬 더 복잡한 사고에도 간단한 예방법이 있다. 약물 사용자에게는 깨끗한 주사기와 같은 기본적인 도구가 가장 필요하다. 하지만 넘어지는 것과 달리 약물을 사용하는 것은 끔찍하고 용서받을 수 없는 과실로 여겨지고, 그 때문에 이들은 기본적인 도구를 구하기가 너무 어렵다. 낙인이 찍힌 사람에게 세상이 안전해지게 만드는 것은 훨씬 더 힘겨운 싸움이다.

위해 저감을 위해 범죄를 저지르다

1980년대 영국 머시사이드 전역에 헤로인 문제가 심각했다. 리버풀 등 여러 도시와 마을이 영향을 받았다.[68] 그와 함께 HIV 전파가 증가했다. 당국자들은 불법 약물 사용에 대한 대응 방책을 개발했는데, 당시에 정부 당국에서 나오는 대응 방책으로서는 전례 없는 것이었다. '머시 위해 저감 모델'이라고 불린 이 정책의 핵심은 약물 사용자들이 낙인 없이 안전하게 방문할 수 있는 서비스 센터였다. 사람들은 이곳에서 더러운 장비를 깨끗한 새 장비로 교환할 수 있었고, 이를 통해 위험한 조건에 덜 노출될 수 있었다.

머시지역 약물교육및정보센터는 목표를 우선순위에 따라 위계를 두어 설정했다. 당국자들은 최우선으로 주사기 공유를 줄이고자 했고, 그다음으로 약물을 주사로 주입하는 것을 줄이고자 했으며, 그다음으로 길에서 약물을 사용하는 것을 줄이고자 했고, 마지막으로 더 일반적으로 약물 사용을 줄이고자 했다.[69] 이 우선순위는 중요하다. 머시의 당국자들은 우선순위를 정할 때 잠재적 위해만을 기준으로 삼았고 다른 것은 아무것도 고려하지 않았다. 사람들이 약물을 사용하는지 아닌지는 이 목록에서 가장 마지막에 있다. 약물 사용 자체만으로는 이 우선순위에 있는 다른 모든 것보다 피해의 심각성이 덜하기 때문이다.

이 프로그램의 성과는 놀라웠다.[70] 25년간 헤로인을 사용하던 사람이 처음으로 약물 치료센터를 찾아왔다. 리버풀은 메타돈 중심지가 되어 영국에서 메타돈 처방전을 받은 사람 중 3분의 1이 이곳에서 약을 타갔다. 더 중요하게, 세계의 다른 도시들에서 HIV 전파가 확산되었을 때 이곳에서는 HIV 확산이 일어나지 않았다. 1996년의 주민 설문 조사에 따르면 광역 머시사이드 지역 전체에서 단 20명만이 약물 주입 도중에 HIV에 감염되었는데, 그중 몇 명은 다른 데서 감염이 되고 나서 리버풀로 온 사람들이었다.

머시에서 시도된 개념은 그 이후 더 확산되고 발달했다. 10개 국가(8개는 유럽 국가이고 나머지는 호주와 캐나다이다)가 깨끗하고 의료적으로 관리되는 환경에서 안전한 주사기를 약물 사용자들에게 제공했다.[71] 이 접근이 도입된 모든 곳에서 약물 사용이 줄었고 약물 과용으로 인한 사망도 줄었다. 우리는 이미 포르투갈에서 가장 극적인 사례를 보았다. 포르투갈은 위해 저감을 공식적인 정부 정책으로 삼았고 모든 약물 사용을 합법화함으로써 인적 과실을 묻는 것을 해법의 공식에서 완전히 없앴다. 그리고 널리 접근 가능한 치료센터, 주사기 교환 프로그램, 안전한 주사 장소 등을 통해 약물 사용의 환경 조건에 대한 통제력을 약물 사용자들에게 주었다. 2015년에 포르투갈의 HIV 감염률은 약물과 주삿바늘이 불법이던 2000년에 비해 96퍼센트나 낮아졌다.[72]

아주 최근까지도 미국에는 안전한 주사 장소가 없었고 안전한 주사 장소를 열려는 지역적인 노력은 연방 정부의 위협에 직면했다[73](2021년 여름에야 로드아일랜드주가 2년짜리 시범 프로젝트에서 사람들이 이미 가지고 있는 약을 전문 의료진의 관리하에 사용하는 것을 공식적으로 승인했다[74]). 하지만 다른 형태의 위해 저감 활동이 나타났고, 특히 오피오이드 확산과 관련해 새로운 활동들이 생겨났다.

미네소타주의 리틀폴스(주민 수가 9000명도 안 되는 작은 마을이다)는 마을 당국이 약물 사용자를 범죄자가 아니라 도움이 필요한 사람으로 보기로 하면서 헤로인 확산을 늦추는 데 성공했다.[75] 이곳은 140만 달러의 주 정부 지원금으로 중독 치료약을 더 널리 구할 수 있게 했고 약물 사용자들이 감옥에 가는 것이 아니라 치료를 받을 수 있는 프로그램을 만들었다. 이 프로그램은 중독이 일으킬 수 있는 모든 문제를 다루었다. 중독을 되돌리는 날록손이나 약물을 서서히 줄이게 해주는 부프레놀핀은 물론이고, 약물 사용자임을 알아보고 가치판단 없이 도움을 제공하도록 의사들을 훈련하는 것도 해법의 일부였다. 600명 이상이 지역 병원의 도움을 받아 오피오이드 사용을 줄여갈 수 있었다. 응급실 내원 이유 1위였던 "진통제를 얻기 위해서"는 20위 밖으로 벗어났다. 또 한때 "미국 약물중독의 수도"라고도 불렸던 웨스트버지니아주의 헌팅턴도 옛 약국 하나를 상담 센터로 바꿔 일자리, 주거, 중독 치료 등의 서비스를 제공했는데, 사고성 과용이 1년 만에 40퍼센트나 줄었다.[76]

하지만 모든 결과가 긍정적이지는 않다. 웨스트버지니아주의 또 다른 도시 찰스턴에서 2015년에 웨스트버지니아주 최대 규모의 주사기 교환 프로그램이 시작되었다. 문 밖에 사람들이 길게 줄을 섰다. 교환 센터에서 1주일에 400명이 도움을 받았고 많게는 하루에 5000개의 주사기가 분배되었다. 효과가 있었다. 이웃 카운티들에서는 HIV가 확산되던 동안 찰스턴은 영향을 덜 받았다. 그런데 2년 뒤에 버려지는 주사기가 너무 많다는 민원이 늘면서 주사기 교환 프로그램이 중단되었다. 찰스턴 시장은 주사기 교환 프로그램을 "주사기

공장"이고 "약쟁이들을 위한 미니 쇼핑몰"이라고 비난했다.[77]

찰스턴 같은 사례 때문에 위해 저감 활동은 종종 비공식적으로 이뤄진다. 정책이 아니라 저항운동이 된 것이다. 사람들은 알아서 다른 사람들을 돕는다.

2015년에 제이미 파바로는 전국적인 위해 저감 콘퍼런스에 참석했다. 《거대한 해법: 헤로인 이후의 희망》*The Big Fix*의 저자 트레이시 헬턴 미첼이 여기에서 약물 사용의 위해를 저감하기 위해 인터넷을 사용하는 방법에 대해 강연을 했다. 당시에 파바로는 2005년에 뉴욕 워싱턴하이츠 동네에 주사기 교환소를 세운 것을 포함해 이미 10년 넘게 주사기 교환 프로젝트를 해온 위해 저감 분야의 전문가였다. 하지만 그가 했던 것은 지역적이고 소규모인 활동이었다. 미첼의 강연을 들으면서 파바로는 훨씬 더 멀리까지 프로젝트를 확대할 수 있다는 것을 깨달았다.[78]

강연에서 미첼은 온라인 커뮤니티 레딧의 약물 회복 카페에서 만난 사람들에 대해 이야기했다. 이들은 911에 신고하면 구급차가 오는 데 1시간은 족히 걸리는 농촌 지역 사람들이었다.[79] 구급차가 왔을 때면 이미 사망한 뒤일 수도 있었다. 미첼은 자신이 살고 있는 캘리포니아주에서 그들을 돕기 위해 전국에 날록손을 우편으로 보내주기 시작했다. 미첼이 사는 곳에서는 날록손을 구하는 것이 합법이었지만 미국의 많은 곳들이 그렇지 못했다.

파바로도 맨땅에서부터 주사기 교환 프로젝트를 여러 차례 해낸 베테랑이었지만, 오프라인에서의 교환 프로그램은 일정 거리 이내에 있는 사람들만 도울 수 있었다. 파바로는 미첼의 모델을 가져와 규모를 키운다면 훨씬 더 많은 약물 사용자가 질병이나 사망 위험을 줄일 수 있겠다는 생각이 들었다.

2년 뒤 파바로는 넥스트위해저감이라는 단체를 설립했다. 미국 최초의 온라인 및 우편 기반 위해 저감 프로그램을 운영하는 곳이다.[80] 파바로는 안전하고 암호화된 온라인 포털을 두 개 만들었다. 하나는 넥스트디스트로라는 곳으로 주사기 교환을 하는 사이트이고, 다른 하나는 넥스트날록손이라는 곳으로 해독약을 분배하는 사이트다. 그리고 2018년부터 전국에 배송을 시작했다.

"사람들이 위해를 저감해 주는 물품이나 날록손에 접근하지 못하는 세 가지 원인은 장소, 비용, 낙인입니다." 파바로가 말했다. "두 프로그램 모두, 자신이 직접 방문할 수 있는 반경 내에서 필요한 자원에 접근하는 것이 불가능한 사람들을 염두에 두고 만들었습니다."

이런 프로그램이 필요한 이유는 과용과 질병 전파를 막을 수 있는 약과 물품에 접근하기가 너무 어렵기 때문이다. 파바로는 예방적 해법에 접근할 수 없어서 발생하는 사고와 질병에 대해 마치 그것이 약물 사용자가 마땅히 당해야 할 결과라고 생각하는 통념이 있는 것 같다고 말했다.[81]

"정부가 약물 사용자에게 날록손을 분배하기를 꺼리는 이유는 약물 과용자들이 응분의 결과를 치러야 한다고 생각하기 때문입니다." 파바로가 말했다. 접근성의 부족은 사고에 대해 예방으로 접근해야 할 곳에 처벌을 가지고 접근하는 또 다른, 더 우회적인 방법이다. 파바로는 사고성 과용이 날록손을 구하기 가장 어려운 주에서 가장 높으며, 이런 곳에서는 중독 치료제가 권력과 통제의 도구가 된다고 말했다.[82] 그는 날록손을 경찰의 손에 주면 약물 사용자는 죽음의 위험과 수감의 위험 중에서 선택해야 하지만, 날록손을 사람들의 손에 주면 약물 사용자들이 자신의 생명이나 자유를 걸지 않고도 날록손을 사용할지 말지 선택할 수 있다고 말했다.

넥스트위해저감이 설립되자 곧 전국에서 요청이 들어오기 시작했다.[83] 도움을 청해오는 사람들은 주사기를 다른 사람과 함께 사용하는 사람들, 주사기를 20번 이상 사용해야 하는 사람들, 자신이 HIV 감염인지 불확실해 불안해하는 사람들 등 특히나 절박한 사람들이었다. 어떤 이들은 여러 차례 중독이 되었지만 주 정부의 복잡한 제약이나 비용, 혹은 둘 다 때문에 날록손을 구할 수 없었다. 파바로는 뉴욕에서 넥스트의 활동은 합법이지만 얼마 지나지 않아 36개 주에 걸쳐 미국 전체 카운티의 56퍼센트에서 활동하게 되었다고 말했다. 이 시점에 나는 넥스트가 하는 일 전체가 전적으로 합법은 아닐 수도 있겠다고 생각했다. 나는 오프 더 레코드〔비보도 전제〕로 말해도 된다고 했지만, 파바로는 사양했다.

"무엇보다 우리는 해로움을 줄이는 사람들이고, 직접적인 행동을 믿고 있으며, 약물 사용자들을 지원하기 위해서는 직접적인 행동과 운동이 필요하다고 믿고 있습니다. 우리의 주요 관심은 우리가 지원하는 사람들을 안전하게 보호하고 그들의 프라이버시를 지키는 것입니다. 해로움을 줄이는 사람들로서, 우리는 우리 자신의 법적인 적격성이나 안녕보다는 우리가 지원하는 사람들에 대해 신경을 씁니다."

파바로 등 위해 저감 운동을 펼치는 사람들은 윌리엄 해던의 개념에서 한 발 더 도약했다. 이들은 어떻게 사람들이 사고로 죽으며 어떻게 그것을 멈출 수 있을지 알아내려는 노력에 더해, 죽음과 부상이 불평등하게 분포되는 방식에도 관심을 갖고 그에 맞게 대응한다. 이들은 예방 가능한 죽음을 하나라도 받아들이기를 거부하고, 자신의 돈, 안락, 안녕을 걸고 다른 이들이 사고로 해를 입지 않게 예방한다.

그럴 게 아니라, 아무도 죽지 않게 하면 어떨까?

스웨덴의 교통안전 전문가 클라에스 팅볼은 웨스트버지니아주나 약물의 세계와는 아주 먼 곳에 있지만 동일한 개념을 적용하고 있다. 팅볼은 인간의 생명을 보호하기 위해 우리가 지불할 수 있는 모든 비용을 지불해야 한다고 말했다.[84]

1995년 1월, 팅볼이 스웨덴 교통안전국장이 되고 얼마 뒤에 스웨덴 교통부 장관이 그에게 교통사고로 사람들이 거의 죽지 않게 하려면 어떤 종류의 목표를 설정해야 하느냐고 물었다.

그다음에 벌어진 일은 수없이 많은 생명을 구하게 된다. 팅볼은 정부 관료로서 그가 할 일이라고 기대되지 않았을 법한 일을 했다. 그리고 교통부 장관은 정치인으로서 그가 할 일이라고 기대되지 않았을 법한 일을 했다. 두 사람 모두 비용이 얼마가 들더라도 최선의 결과를 내길 원했다.

팅볼은 장관에게 교통사고로 죽는 사람이 **아무도** 없어야 한다고 말했다. 그는 스웨덴의 도로 교통 시스템을 일터에 비유했다. 이미 스웨덴은 산재로 죽는 사람이 아무도 없어야 한다는 생각을 받아들이고 있다. 그리고 많은 이들이 도로에서 일한다. 그렇다면 왜 도로는 달라야 하는가? 팅볼은 내게 그 당시를 이렇게 회상했다. "이 이야기가 즉각 장관님의 머리에서 불꽃을 일으켰습니다. 장관님은 웃으면서 매우 좋은 생각이라고 하셨어요. 회의실에 있던 다른 사람들은 사색이 되었습니다. 일반적으로는 제가 한 말 같은 말을 하는 건 허용되지 않으니까요. 도로 시스템을 계획할 때 어떤 하나가 다른 모든 것보다 우선이 되면 안 된다고 여겨지고 있었거든요."

스웨덴에서 도로 설계의 옛 방식은 안전, 효율성, 비용 사이에 균형을 맞추는 것이었다. 아무도 죽지 않는 것도 중요했지만 아무도 직장에 지각하지 않는 것과 아무것도 비용이 너무 많이 들지는 않게 하는 것도 동등하게 중요했다. 미국에서는 도로를 설계할 때 여전히 이런 균형이 기대된다.[85] 클라에스 팅볼과 스웨덴 교통부 장관이 시작한 '비전 제로'는 안전, 비용, 효율성의 균형을 맞추려는 옛 야망을 버리고 하나의 목표에 최우선순위를 두었다. 바로 죽음이 제로여야 한다는 목표였다.

이는 책임을 어디에 둘 것인지를 이동시킨다. 정부는 무단횡단자나 운전석의 미치광이를 탓하지 않을 것이었다.[86] 누군가가 도로에서 죽으면 무단횡단자나 운전석의 미치광이가 아니라 **정부 관계자와 교통공학자가** 책무성을 져야 했다. 즉 정부 당국자들과 교통공학자들이 어떻게 해서 **자신들이** 이런 일이 일어나게 두었는지 설명해야 했다. 그리고 스웨덴 당국은 완벽한 인간을 상정하고 도로를 설계하기보다 무엇이 잘못될 수 있을지를 출발점으로 놓고 도로 설계를 다시 검토했다. 교통 규칙을 강제하는 형태로 개인을 탓하는 것은 우선순위에서 제외되었다. 실수에 대해 개인을 탓하기보다 생길 수밖에 없는 실수들에서 피해가 덜 발생하도록 도로를 설계했다.

스웨덴은 해던의 개념을 보여주지만 파바로처럼 거기에서 한 발 더 나아갔다. 비전 제로는 사람들의 안전을 최우선순위로 두고서 편리성과 비용은 그래야 할 필요가 있을 때면 언제나 희생시킨다.

20년 뒤 스웨덴의 교통량은 증가했지만 도로에서 사망하는 사람 수는 반으로 줄었다.[87] 오늘날 스웨덴의 인구 대비 교통사고 사망률은 미국의 3분의 1도 안 된다.[88] 스웨덴에서는 도로를 만드는 사람들이 그것을 이용하는 사람들에 대해 책무성을 졌다. 그리고 책무성의 부담을 권력과 권한이 있는 사람들에게 부과한 이 간단한 조치가,

마침내, 사고를 막을 능력이 있는 사람들이 사고를 막는 일을 하게 만들었다.

10

책무성

THERE ARE NO ACCIDENTS

책무성은 책임을 지는 행동이다. 그런데 사고에서는 책무성을 강제하는 것이 처벌과 혼동되곤 한다. 사고 후에 인적 과실을 찾아내 잘못으로 규정하고 그 잘못을 저지른 사람을 처벌하는 것이 책무성을 강제하는 과정으로 여겨지는 것이다. 교통 위반 딱지는 책무성을 지우는 것처럼 보인다. 징역형도 그렇다. 하지만 이런 처벌은 사망이나 부상을 예방하는 데 아무런 도움이 되지 않는다.

처벌은 누군가에게 그가 실수를 **저지른** 데 대해서만 책임을 지우는 방법일 뿐, 이 과정에서 **실수 그 자체**에 대해서는 아무도 책임을 지지 않는다. 그 사람에게만 너무 초점을 둔 나머지, 그 사고를 초래한 예측 가능하고 예방 가능한 경로는 달라지지 않는다. 개인의 책임을 추궁하는 과정에서, 우리는 위험한 조건에 대해 책임을 질 수 있는 능력과 예방에 쓰일 수 있는 풍성한 정보를 잃게 된다.

노동 안전 전문가 시드니 데커는 효과적인 책무성은 과실을 저지른 사람의 입장에 서보는 것을 의미한다고 말했다.[1] 그들의 입장에서 생각해 보면 사고가 어떻게 발생했는지, 사망이나 부상을 예방할 수 있는 힘과 권한이 있는 곳은 어디인지 알 수 있다. 그런 관점에서 우리는 해법을 제안할 수 있다. 데커는 해법안 중에는 하한성과 상한성이 있는데, 하한성 해법안으로 가려는 유혹을 경계해야 한다고 말했다.[2]

"실행의 용이성과 실행된 조치의 효과성은 일반적으로 서로 역방향으로 작동합니다. 쉽게 설득하고 실행할 수 있는 조치일수록 효과가 떨어집니다." 그는 이렇게 설명한다. "이와 달리, 우리는 사람들이 일터에서 다뤄야 하는 자원, 기술, 압력과 관련된 구조적인 의사결정을 하기로 목표를 높게 설정할 수 있습니다."[3]

그는 상한성 해법들은 "실질적, 구조적, 또는 종합적"이라고 설명했다. 이런 조치들은 더 확장적이어서 해당 사고 자체를 훨씬 넘어선 범위의 사람들까지 포괄한다. 일반적으로는 권력과 권한을 가지고 있는 사람들을 포괄하는데, 데커는 여기가 사고를 통제하기 위한 진짜 조치가 만들어질 수 있는 곳이라고 설명했다.[4]

사고 후에 조치를 제안할 때는 두 가지가 핵심이다. 첫째, 공감이 지침이 되어야 한다. 둘째, 우리의 목표는 위해를 고치는 것이다. 책무성을 실천하는 과정에서 이 두 요소는 분리될 수 없다. 우리는 공감을 하고, 그 결과로 무언가를 배운다. 사람들이 그 시점에 그 의사결정을 왜 내리게 되었는지 알게 되는 것이다. 그렇게 되면 주사기 교환 프로그램이 어떻게 사고를 예방하는지, 또 블리스터 포장, 교통표지판, 횡단보도, 혹은 의대생이 뿌리박힌 인종주의를 깨닫게 하는 교육 등이 어떻게 사고를 예방하는지 알 수 있다.

망치를 든 사람에게는 못만 보이듯이 우리의 도구 상자에 있는 도구가 처벌뿐이라면 우리는 인적 과실만 보게 될 것이다. 하지만 진정한 책무성의 실천은 위해를 고치므로 사고가 일어나고 또 일어나는 순환 고리를 깰 수 있다. 책무성은 스위스 치즈의 구멍을 메울 수 있다.

감옥 철폐 운동가 메리엄 카바가 설명했듯이 "타인과 강하고 공감적인 인간관계를 맺지 않고는 안전이 존재할 수 없다".[5] 제이미 파바로가 하는 일에서도 이것이 핵심이다. 약물을 사용하는 사람들의 안전을 지키려면, 그들을 공감으로 대하고 약물을 사용하면서도 생존할 수 있게 해줄 도구와 자원을 제공해야 한다. 또한 이것은 클라에스 팅볼의 일에서도 핵심이다. 도로를 사용하는 사람들의 안전을 지키려면 그들의 안전을 모든 고려 사항보다 우선순위에 놓아야 한다. 우리 모두 스스로를 위해서는 그렇게 하듯이 말이다.

구조적이고 종합적인 책무성에 대해 말하자면, 미국의 시스템은 덜 공감적이고 위해를 고치는 데 주로 초점을 두는 방식도 아니다.[6] 미국의 시스템은 비용이 예방을 유도하기에 충분할 정도로 크기를 기대하면서 사고 예방에 실패하는 기업과 정부에 비용을 물리는 여러 제도들이 엮여있는 형태로 구성되어 있다. 점검, 규제, 불법행위 손해배상법 등이 그런 도구다. 예를 들어 1911년부터 도입되기 시작한 노동자배상법은 노동자가 사고를 당하면 그 비용을 고용주가 부담하게 함으로써 산재에 대해 회사가 책무성을 지게 했다.

랠프 네이더는 이와 같이 구조적이고 시스템적인 책무성의 제도가 사고 예방에 결정적으로 중요하다고 말했다. 또한 그는 "사고"라는 단어는 예방에 방해가 된다고 지적했다.[7]

네이더는 "사고는 반反인지적이고 반지성적이고 반가치적인 단어"라며 "이 단어는 기업 범죄를 용인하기 위해 사용되고 있다"고 말했다.

그 대신 무엇을 써야 하냐고 물었더니 그는 이렇게 제안했다.

"규범적이지 않은 단어들이 있습니다. 충돌, 유혈 사태, 독성 물질에 오염된 수원 등으로 부를 수도 있고, 기본적으로 기업의 살인이라고 부를 수도 있을 것입니다."

지난 200년 동안 기업의 살인에서 권력자들이 책무성을 거부하는 일은 전혀 드물지 않았다. 그렇더라도 조금씩이나마 책무성을 제도화하려는 노력이 있었다.

이런 발전의 많은 부분에 랠프 네이더의 공이 크다. 그는 회사들이 공식적으로 사고에 대해 책무성을 가지게 해야 한다는 개념을 법제화하는 데 기여했고, 그가 펼친 운동은 미국 정부가 종합적인 책무성 시스템을 만드는 데로 이어졌다. 미국에는 도로교통안전국, 직업안전보건국, 환경보호청, 소비자제품안전위원회 등이 있어서 각각 정해진 유형의 사고를 예방함으로써 소비자 안전과 노동자 안전을 지킨다.

이런 기관들이 만들고 집행하는 정부 규제는 사고로 사람들이 죽게 한 데 대해 금전적인 처벌을 부과함으로써 기업들이 스위스 치즈의 구멍을 책임지고 메우도록 유도한다. 규제가 있는데도 사고가 예방되지 못했을 경우에는, 손해배상법이 피해자나 유가족이 소송을 통해 금전적인 자원을 받을 수 있게 하고 기업들이 미래의 사고를 예방하도록 인센티브를 제공함으로써 그 공백을 메울 수 있다.

이와 같은 책무성 제도는 오로지 금전적인 메커니즘이다(돈에만 신경 쓰는 사람들에게 책임을 강제하는 방법이다). 불행히도 이렇게 비교적 협소한 책무성 제도조차 해마다 적극적으로 훼손되고 약화되고 있다. 지난 40년간 미국에서는 대략 대통령 2명 중 1명꼴로 반反규제 이데올로기를 내걸었고, 그렇지 않은 대통령도 규제를 강고하게 유지하는 데는 거의 한 일이 없었다.[8] 손해배상 소송을 청구하는 사람은 지난 20여 년간 꾸준히 줄었다. 그리고 피해자나 유가족에게 지급되는 평균 배상 액수도 꾸준히 줄었다.[9] 우리가 가지고 있는 제한적인 책무성 제도마저 책무성을 가져야 할 당사자인 기업들의 손에 장악되고 전복되고 해체되고 있다.

규제 없는 자동화로 인한 사미야 스투모의 죽음

연방 정부의 규제는 사고 예방을 위해 우리가 가지고 있는 가장 강력한 제도이지만, 지난 40년 동안 기업의 영향력은 기업의 책무성 제도를 자기 입맛에 맞게 주물러왔다. 이 경우는 연방 규제가 해체되었다기보다는 규제받아야 할 대상인 강력한 기업들에 의해 '포획'되어 은밀하게 통제되고 있는, 기만적인 상황이라고 할 수 있다. 규제 포획이란, 규제 당국이 업계를 제어하는 역할을 하는 것처럼 보이지만 실제로는 해당 업계에 의해 장악되어 있는 경우를 말한다. 2017년에 광산 회사 임원이 광산의 위험한 조건에서 광부들을 보호해야 할 임무를 지닌 정부 기관의 수장으로 임명된 것이 단적인 사례다.

2011년 6월 27일 웨스트버지니아주 롤리 카운티에서 조지프 카셀이라는 이름의 탄광 작업 팀장이 라이노리소스파트너스가 소유한 이글 넘버 1 탄광의 일부가 붕괴하는 사고로 사망했다. 광산안전보건국의 조사 결과에 따르면, 탄광 천장을 지탱하기 위해 천장 가로대를 설치해야 하는데, 여기에 쓸 수 있는 유일한 장비가 충분히 강력하지 않아서 광부들이 천장 가로대를 벽이 가장 무른 부분에 설치했던 것으로 나타났다. 이것은 몰랐던 일이 아니었다. 광산안전보건국은 그보다 몇 달 전에 이 같은 안전 위반이 증가하고 있는 것을 이 회사에 경고한 바 있었다. 이것은 알려져 있는 위험한 조건이었고 예측 가능했던 사고로 이어졌다. 이에 대해 회사는 4만 4500달러의 벌금을 물었다.[10]

이 사고가 났을 때 라이노리소스파트너스의 최고경영자는 데이비드 자테잘로였는데, 이것은 그가 재직하고 있는 회사에서 일어난 첫 사고가 아니었다. 2001년, 2003년, 2007년에 오하이오주와 켄터키주에서도 그가 임원으로 재직하고 있었던 회사의 탄광에서 광부가 사망하는 사고들이 있었다. 그런데 2017년에 트럼프 대통령은 그를 광산안전보건국장으로 임명했다. 광산안전보건국장이 되고서 자테잘로가 첫 번째로 한 일은 안전 점검원들이 광부들이 일상적으로 조업을 하고 있는 채로 점검을 진행하지 못하게 했던 기존 규제를 철회한 것이었다.[11] 이와 더불어 회사가 위해 요인을 빠르게 고치면 적발된 위반 사항을 기록에서 삭제해 주기로 했다.[12] "규제 부담을 줄이고" "규제 비용을 낮춰 통제 가능해지게 한다"는 목적을 표방했지만, 그 결과는 점검을 나온 사람들이 위험한 조건을 덜 찾아내게 되고, 이번의 사고를 낸 위험도 포함해서 위험을 포착하기가 점점 더 어려워진 것이었다.

규제 기관과 규제가 여전히 존재하긴 해서 책무성의 외피를 두르고 있으므로, 우리는 사실이 그렇지 않은데도 기업의 권력이 효과적으로 제어되고 있다고 계속해서 믿게 된다. 랠프 네이더는 규제 포획은 우리가 보호받고 있다고 믿도록 우리를 속인다고 지적했다.[13] 그리고 규제 포획 때문에 2018년에 랠프 네이더의 조카 손녀 사미야 스투모가 목숨을 잃었다. 사미야는 에티오피아항공 302편 추락 사고로 사망했다. 보잉과 연방항공청이 안전하지 않다는 것을 알고 있었던 보잉 737 맥스 항공기의 두 번째 추락 사고였다.[14]

네이더는 "규제 포획은 규제의 겉치장을 하고 있어서 사람들을 속이기 때문에 규제가 없는 것보다 더 나쁘다"고 말했다. "사람들은 연방항공청이 정말로 자신들을 보호해 주고 있다고 생각합니다. 사실은 기업인 보잉에 안전이 넘겨졌고 규제 당국은 손을 놓은 줄을 사람들은 전혀 모릅니다."

고장 난 비행기를 수동으로 조작해 허드슨강에 안전하게 비상 착륙시켜 유명해진 체슬리 B. 설런버거 기장은 두 번째 보잉 737 맥스 추락 사고 이후에 의회 청문회에 출석해 보잉의 잘못된 점에 대해 설명했다.[15] 그는 해당 항공기의 설계에 공기역학과 자동화 시스템과 관련된 실패가 내재되어 있었기 때문에 사고는 불가피했다고 말했다. 하지만 보잉은 인적 과실설을 주장했다. 조종사가 자동화 시스템과 제대로 상호작용하지 못해 사고가 났다고 조종사 탓을 한 것이다.

737 맥스는 구형 737을 재설계한 기종이었다.[16] 제작과 테스트 과정에서 엔지니어와 시험 비행 조종사들은 새 설계가 연료 효율성을 높였지만 기체의 공기역학을 약화시켰다는 것을 발견했다. 그런데 보잉은 설계를 재검토하는 대신 MCAS(조작특성강화시스템의 약어다)라는 소프트웨어를 추가했다. 비행기가 조종하기 어려운 상태라는 점을 보완하기 위해 때때로 그 소프트웨어는 조종사의 입력 없이 자동으로 비행기의 기수를 아래로 내려줄 것이었다. 그리고 보잉은 만약 이 소프트웨어가 제대로 작동하지 않을 경우에는 조종사가 해결하리라고 기대했다. 자 정리해 보자. 보잉은 내재적으로 조종이 어려운 비행기를 만들었고, 그다음에 그 어려움을 자동으로 수정하는 소프트웨어를 추가했으며, 그다음에 만약 그 소프트웨어가 실패할 경우에는 애초에 조종하기 어렵게 만들어진 비행기의 조종법을 조종사가 알아내어 문제를 해결할 수 있으리라고 믿기로 했다.

"MCAS 소프트웨어에 결함이 있더라도 그 비행기를 모는 조종사가 그것을 능가할 정도로 잘 조종할 수 있어서 예기치 못한 위기가 닥쳐도 해결할 수 있어야 한다는 것이었습니다." 청문회에서 설런버거는 이렇게 말했다. "심지어 보잉은 조종사의 조치가 최종적인 안전장치가 되리라고 가정했기 때문에 MCAS를 설계할 때 MCAS 오작동을 치명적인 오작동의 범주에 넣지도 않았다고 합니다."[17]

보잉의 가정은 자동화와 인간의 상호작용에 대해 전문가들이 알고 있는 모든 것과 모순된다. 자동화 기계를 다루는 데 인간은 취약하다. 가장 뛰어난 조종사라 해도 자동조종 기능이 작동하면 집중을 유지하지 못하는 경향이 있다.[18] 청문회에서 설런버거는, 결함 있는 비행기를 만들어놓고서 조종사의 역량이 그 결함을 메울 수 있으리라고 기대하는 것보다는 나아야 하지 않겠느냐고 반문했다.[19] 물론 조종사들은 위기 상황을 다룰 수 있고, 새와 부딪쳐서 비행기가 허드슨강에 비상 착륙해야 했을 때 설런버거도 훌륭하게 위기 상황을 다룬 바 있다. 하지만 그 위기가 기체의 설계 자체에 내재되어 있는 덫은 아니어야 한다.

그런데 알고 보니 보잉 737 맥스에는 덫이 수두룩했다.

MCAS는 기체 앞에 부착된 센서의 데이터에 기초해 때때로 자동으로 꼬리를 들어 올리고 기수를 낮춘다.[20] 비행기가 속력을 잃어버리는 실속失速이 발생할 상황(737 맥스에서 자주 일어나는 일이었다)이 되었을 경우 꼬리를 들어 올리고 기수를 낮추면 실속을 막을 수 있었다. 비행기 앞에 부착된 센서가 앞에서 오는 바람의 각도를 감지해서 각도가 너무 높으면 MCAS에 실속이 발생할지 모른다고 알려주고, 그러면 꼬리를 들어 올리고 기수를 낮추는 기능이 자동으로 실행되었다. 하지만 이 과정 전체가 하나의 센서에 의존하고 있기 때문에 부정확한 데이터가 하나만 있어도 오작동이 생길 수 있었다. 그리고 737 맥스 사고 **두 번 모두**에서 이 일이 일어났다. 센서가 바람을 잘못 읽어서 실속이 벌어질 상황이 아닌데도 그렇다고 자동 소프트웨어에 알렸으며, 이에 반응해 자동 소프트웨어가 비행기의 기수를 최대한 낮추었다. 소프트웨어가 틀린 데이터를 읽었다는 것을 조종사가 알았다 해도 소프트웨어는 조종사의 수동 제어 시도에 말을 듣지 않았을 것이다. 비행기는 계속해서 아래쪽으로 향했다. 보잉은 조종사들에게 MCAS가 장착되어 있다는 것도, 그것을 어떻게 다뤄야 하는지도 알려준 바가 없었다.[21]

이 사고가 두 번이나 일어날 수 있었던 이유는 결함 있는 항공기의 운항을 중지시킬 수 있는 권한을 가진 연방항공청이 보잉사에 상당 정도 포획되어 있었기 때문이다. 정부의 규제는 불안정한 비행기가 급하게 제조되는 일이 생기지 않도록 이 구멍들 중 많은 것을 메울 수 있었어야 마땅하다. 하지만 연방항공청의 안전 감독 기능은 감독 대상인 보잉의 영향력에 장악되어 있었다.

규제 포획은 비행기 설계의 모든 구석구석에 침투해 있다. 일례로, 전에는 비행기의 안전을 연방항공청 소속 엔지니어가 점검해서 연방항공청에 보고했지만, 보잉의 로비로, 그리고 조지 W. 부시 대통령이 두 번째 임기 때 내건 규제 완화 어젠다의 일환으로, 비행기 안전 점검이 제조사 소관으로 넘어갔다.[22] 이제는 안전 점검 엔지니어를 보잉이 고용하며 그 점검원은 보잉에 보고한다. 그리고 점검원들은 연방항공청이 그 비행기의 운항을 승인하기 전에 설계 변경을 지시하면 그에 맞설 것이다. 권한이 기업으로 넘어간 결과가 무엇인지는 보잉 맥스 사례의 여러 층위에서 명백하게 볼 수 있다.

첫째, 이 사고들이 일어났을 때 연방항공청의 항공 안전 책임자 알리 바라미는 보잉의 로비스트 출신이었다.[23] 그리고 이 사고들이 나기 전에 알리 바라미는 새로운 항공기의 설계 승인과 관련해 연방항공청의 권한을 줄이고 보잉에 더 많은 통제권을 넘기도록 연방항공청 내부에서 성공적으로 로비를 했다.[24] 게다가 보잉이 비행 시뮬레이터를 사용해 MCAS를 테스트 했을 때 조종사들이 이 시스템에 버그가 있다고 보고했지만 보잉은 규제 당국인 연방항공청에 보고하지 않았다.[25] 또한 보잉은 조종사 매뉴얼에서 MCAS에 대한 모든 언급을 삭제했는데, 연방항공청도 이 결정에 동의했다.[26]

매뉴얼에 MCAS에 대한 부분이 삭제되어 있었다는 사실이 보도되자 최고경영자 데니스 뮐렌버그는 기자들에게 이렇게 말했다.[27] "MCAS는 기본적으로 그 비행기의 조종 방식 자체에 내재적으로 포함된 일부였습니다. 따라서 그 비행기로 훈련받으면 MCAS에 대해서도 훈련받는 것과 마찬가지입니다. 이것은 별도로 훈련받아야 하는 별도 시스템이 아닙니다." 그래서 매뉴얼에서 MCAS를 언급하지 않았다는 것이다. 보잉은 MCAS의 목적이 비행기가 737의 이전 세대 모델과 같이 비행하는 것**처럼 느껴지도록** 하는 것이었다며 이 결정의 정당성을 주장했다. 보잉은 알려진 결함인 공기역학적 문제를 고치기 위해 집어넣은 MCAS가 설계상의 합리적인 의사 결정으로 보이게 하기 위해 그것을 비행기의 다른 모든 필수적인 기계 장치와 마찬가지로 취급해야 했고, 그래서 조종사들은 MCAS에 대해 전혀 알 수 없었다.

《뉴욕 타임스》의 보도에 따르면, 첫 737 맥스 추락 때 조종사는 사고 직전의 몇 분간 부조종사에게 조종간을 넘기고 무엇이 잘못된 것인지 알아내기 위해 조종사 매뉴얼을 필사적으로 뒤적였다. 하지만 소용없었다. MCAS에 대한 언급이 모두 삭제되어 있었기 때문이다.[28]

이것은 예측 가능한 대형 사고였고 5개월 후에 정확히 똑같은 사고가 일어났다. 두 사건이 마침내 충분한 관심을 끌어서, 737 맥스 기종은 운항이 중단되었고 규제 과정에서 보잉이 행사한 영향력에 대해 의회 청문회가 열렸다.

하지만 일찍이 크리스털 이스트먼이 알려준 바와 같이 이런 대형 사고는 그 규모 때문에 우리의 관심을 끌지만 대부분의 사람들은 한

번에 한두 명이 사망하는 사고로 죽는다. 보잉 맥스 사고로 2018년과 2019년에 346명이 숨졌고, 이것은 2018년과 2019년에 비행기 사고로 숨진 사람의 대부분을 차지했다. 반면 그 두 해에 미국의 도로에서는 각각 3만 6560명과 3만 6096명이 사망했다. 이런 작은 사고들은 관심을 훨씬 덜 끌지만 보잉이 연방항공청을 포획한 것보다 더 널리 퍼져있는 규제 실패를 나타낸다. 몇몇 자동차 사고에 대해서는 규제 당국이 규제하는 척조차 하지 않는다. 규제 당국이 규제를 거부하는 것이다. 그리고 새로운 세대의 자율주행차가 미국 도로에서 현장 테스트를 시작하면서 이런 규제 실패는 우리 모두를 위협하고 있다.

규제 없는 자동화로 인한 일레인 허츠버그의 죽음

우버는 자율주행차 현장 테스트를 하러 애리조나주로 갔다. 주지사가 애리조나주의 도로에서 우버가 어떻게 차량을 테스트할 것인지에 대해 규제하지 않겠다고 발표했기 때문이다.[29] 캘리포니아주가 우버의 자율주행차 테스트가 규제를 준수하지 않았고 몇 차례나 빨간 신호등에서 차량이 그대로 주행했다는 이유로 테스트를 불허하자(이 문제에 대해 우버는 인적 과실을 탓했다[30]), 애리조나주가 책무성을 면제해 주겠다며 우버에 러브콜을 보낸 것이었다.

2016년에 우버의 자율주행 테스트 차량이 도착했다고 알리는 성명에서 주지사는 "애리조나주는 우버의 자율주행차를 넓은 도로에 두 팔 벌려 환영한다"며 이렇게 말했다. "캘리포니아주는 관료제와 규제를 더 많이 적용해 혁신과 변화에 제동을 걸었지만 애리조나주는 새로운 테크놀로지와 새로운 비즈니스가 생길 수 있는 길을 닦고 있다."

2년 뒤인 2018년 3월, 우버의 자율주행차가 애리조나주에 있는 어느 도로의 미드 블록을 건너고 있는 일레인 허츠버그를 포착했지만 그대로 치고 말았다.[31] 길에 무언가가 있다는 것을 감지했는데도 정지하지 않은 이유는 우버가 횡단보도가 아닌 데서 걸어가는 사람을 인식하도록 차량을 프로그래밍하지 않았기 때문이다.[32] 이후에 로그 기록에서 밝혀진 바에 따르면, 이 차량의 시스템이 매우 빠르게 허츠버그를 알려지지 않은 물체로, 그다음에는 자동차로, 그다음에는 자전거로 인식한 것으로 나타났다.[33] 물론 기술적으로는 벌레가 앞 유리에 날아들 때마다 브레이크를 밟도록 프로그래밍 할 **수도 있고** 차량에서 20피트[6미터] 이내 거리에서 무엇이라도 움직이는 것이 포착되면 정지하도록 프로그래밍 할 **수도 있다.**[34] 하지만 우버는 그렇게 하지 않았고, 오히려 비상 제동 시스템을 비활성화했다. 마지막 순간의 안전장치여야 할 것을 꺼놓은 것이다.

우버는 "차량의 불규칙한 행동 가능성을 줄이기 위해서"였다고 설명했다. 이것이 무슨 말인지 이해하는 한 가지 방법은 자동차 제조사들이 자동화의 성공 정도를 나타낼 때 사용하는 '자율 중단'disengagement 지표를 보는 것이다. 이것은 자율주행차에서 자동 기능이 꺼지거나 인간의 도움이 요청되는 횟수를 말한다. 자율 중단이 적을수록 그 회사의 자동화가 더 발전된 것으로 보이고 더 안전해 보인다. 우버는 비상 제동장치가 켜져있으면 자율 중단이 더 많이 일어날 수 있기 때문에 내장된 비상 제동장치를 비활성화했을 수 있다. 하지만 비상 제동장치가 켜져있었더라면 허츠버그를 인지했을 때 차량이 정지했을지도 모른다. 안전장치가 제 역할을 하면 차량이 덜 안전하게 **보일 수** 있었던 것이다.

우버가 이런 결정을 마음대로 내릴 수 있었던 것은 일레인 허츠버그를 죽게 한 차량이 애리조나주에서 운행되었기 때문만은 아니다. 주별로는 규제에 차이가 크지만, 연방 차원에서는 2021년까지 도로교통안전국이 자율주행차에 대해 만든 규제가 하나도 없었다.[35] 허츠버그가 사망하고서 국가교통안전위원회의 권고에 따라 도로교통안전국이 처음으로 기업이 사고율과 재해율 등 안전 데이터를 연방 정부에 보고하게 함으로써 비로소 연방 규제가 생길 수 있었다.[36] 하지만 이것을 빼면 일반적인 자동차에 적용되는 것 외에 자율주행차 관련 안전 기준은 여전히 없다.[37] 도리어 자율주행차 제조사들은 일반적인 자동차에 대한 규제조차 피하려고 맹렬히 로비 중이다. 2019년 현재 1400대 이상의 무인 자동차가 테스트되고 있으며, 미국의 주 중 약 절반이 공공 도로에서 테스트를 허용하고 있다.[38] 2019년 미국 교통부는 업계를 규제하기 위해가 아니라 "규제 장벽을 줄여 자율주행차 개발을 촉진하기 위해" 2100만 달러의 예산을 책정했다.[39]

도로교통안전국에서 윌리엄 해던과 일했고 그 전에는 랠프 네이더의 수석 로비스트였던 조앤 클레이브룩은 카터 행정부 시절이던 1977년에 도로교통안전국장이 되었다.[40] 1970년대 말에 도로교통안전국에서 클레이브룩은 포드의 핀토 차량에 연료 탱크 결함이 있어 발화 사고가 날 가능성이 있다는 것을 입증했다.[41] 또한 포드가 이를 알고 있었다는 사실도 확인했다. 포드는 연료 탱크를 더 튼튼하게 만든다면 얼마를 지출해야 하는지에 대해 비용-편익 분석을 했는데, 발화 사고가 날 때마다 피해자와 합의해 배상을 하는 쪽이 비용이 덜 든다는 것을 발견했고 그에 따라 결함을 고치지 않았다. 이를 계기로 클레이브룩의 도로교통안전국은 자동차 회사들이 연료 계통을 안전하게 만들게 하기 위한 새로운 규제를 도입했다. 이것은 클레이브룩의 임기 중에 통과된 약 20가지의 자동차 안전 규제 중 하나다. 이때 통과된 규제 중에는 안전벨트, 천장 강도 규제, 유아 카시트도 있다. 하지만 그는 오늘날에는 새로운 규제가 도입되는 경우가 훨씬 드물다고 말했다. 일례로, 자율주행차량에 대해 교통부가 규제를 발동해야 마땅하지만 교통부는 제조사들이 자체적으로 규칙을 만들어도 된다고 말해왔다.[42]

클레이브룩은, 그 결과 자율주행차의 현장 테스트에 대해 규제 시스템이 준비되어 있지 않고 특히 걷고 자전거를 타는 사람이 많은 도시에서는 더욱 그렇다고 지적했다.[43] 예를 들어 인간 운전자는 시력 검사를 받아야 하지만 자율주행차에는 그런 요구 사항이 없다. 도로교통안전국은 자율주행차의 센서가 밝을 때나 깜깜할 때나 모두 잘 볼 수 있어야 한다거나, 작은 물체, 아동, 동물, 표지판을 식별할 수 있다는 것을 증명하도록 요구하지 않았다. 클레이브룩은 도로교통안전국이 규제 당국으로서의 의무를 완전히 방기했다고 지적했다.

"그들은 이념적으로 규제를 믿지 않습니다. 규제를 하지 않는 것은 공중 보건이나 안전과는 아무 관련이 없습니다. 이런 충돌 사고로 사람들이 사망할지 여부와도 아무 관련이 없습니다. 규제를 하지 않는 것은 어떤 것도 규제해서는 안 된다고 생각하는 그들의 정치적·철학적 관점과 관련이 있습니다. 그리고 그것은 정말로 범죄입니다."

도로교통안전국은 규제 대신 자율주행차에 대해 '자발적 지침'이라고 불리는 것을 발표했다.[44] 도로교통안전국은 우버든, 그 밖에 어느 자동차 회사든 자율주행차 제조사가 인공지능이 실수로 사람을 죽게 할 가능성을 줄이게끔 통제할 수 있는 유일한 연방 규제 기관이다. 하지만 이곳은 "자동화와 관련된 자발적인 기준의 개발을 포착하고 지원하는 것"이라고 자신의 역할을 다르게 규정했다. 그리고 물론 자발적인 기준은 책무성을 거의 촉진하지 못한다. 다시 말해 규제 당국자들은 자발적으로 규제를 하지 않기로 결정했다.

연방 규제의 죽음

연방 정부는 우리의 가장 광범위한 사고 예방 시스템이 되어야 마땅하다. 연방 정부의 안전 규제는 자동차에 안전벨트와 에어백이 장착되어 있는 이유이고, 작업장에 석면과 미관리 상태의 폭발물이 없는 이유이며, 돼지고기 소시지에 돼지고기만 들어있는 이유다. 하지만 오늘날 연방 정부의 규제 시스템은 급격히 약화되고 있다. 스위스 치즈에 큰 구멍들이 생긴 것이다. 그리고 사고로 이익을 얻는 사람들은 이 사실을 잘 알고 있다. 사고는 사고를 방지할 수 있는 규제 프로세스를 기업들이 통제하고 조작하기 때문에 발생한다.[45] 일례로 퍼듀 파마는 옥시콘틴을 미국 전역에서 균등하게 판매한 게 아니라 처방에 대한 규제가 가장 적고 가장 약한 주에 초점을 맞췄다.[46] 따라서 그런 주들에서 옥시콘틴이 더 많이 처방되었고 사고성 과용도 더 많이 증가했다.

비영리 소비자 운동 단체 퍼블릭시티즌(1971년에 랠프 네이더가 설립했다)의 규제 정책 전문가 아미트 나랑은 연방 규제 기관의 목적은 "보호"라고 설명했다. "일반적으로 말해서 이런 기관들은 대중의 특정한 부분들을 보호하기 위해 고안된 법을 집행하라고 의회가 특별히 권한을 부여한 곳들입니다" 그가 말한 "대중의 특정한 부분들"은 노동자와 소비자다.[47]

1950~1970년대에 환경운동, 반핵 및 반전 운동, 노동운동은 정부가 소비자와 노동자를 기업으로부터 보호해야 한다는 요구를 봇물처럼 터뜨렸다. 이런 저항운동은 청정대기법과 청정수질법 통과, 살충제인 DDT 사용 금지, 환경보호청 설립, 소비자제품안전위원회 설립, 도로교통안전국 설립, 원자력 규제위원회 설립, 직업안전보건국 설립으로 이어졌다.[48]

1980년에 미국인들은 바로 이런 기관들을 이빨 빠진 기관으로 바꾸겠다는 공약을 내건 로널드 레이건을 대통령으로 선출했다.[49] 레이건은 모든 규제가 비용-편익 분석을 거쳐야 한다는 행정명령을 발동했는데,[50] 이는 쉬쉬하던 부분, 즉 돈이 드는 일이라면 생명을 구할 가치가 없다는 개념을 명시적으로 말한 격이었다. 그 후 40년 동안 기업 로비스트들은 안전 규제들을 철폐하기 위해서뿐 아니라 안전을 지키는 데 정부의 역할이 무엇이어야 하는지에 대한 사람들의 생각을 바꾸기 위해서 맹렬히, 그리고 성공적으로 싸움을 벌였다.[51]

아미트 나랑은 규제가 생명을 구한다는 데는 많은 증거가 있고 규제가 경제를 옥죈다는 데는 많은 프로파간다가 있다고 말했다.[52] 그 프로파간다를 뒷받침하는 실증 근거는 거의 없거나 아예 없다. 그런데도 오늘날 규제 당국은 기업의 목적에 부합하는 방향으로 일하며 자신들이 규제해야 할 대상인 기업들처럼 생각하곤 한다.

도로교통안전국이 자동차 제조사에 차량 리콜을 명령하는 경우를 생각해 보자. 브레이크 문제로 도요타가 리콜되었던 경우나 발화가 잦아 지프가 리콜되었던 경우처럼, 특정 차종이 어떤 결함으로 인해 반복적으로 사고가 발생할 경우 리콜 명령이 발동된다.[53] 그런데 동일한 차량의 동일한 부품에 대해서도 리콜 여부는 미국과 여타 나라들이 다르다. 2004년과 2014년 사이에 다른 나라들에서는 적어도

42개의 차량 결함으로 차량들이 리콜되었는데, 이 모든 경우에 미국에서는 정확히 같은 차량들이 도로를 계속해서 달릴 수 있었다. 미국의 도로교통안전국은 자신의 규제 권한을 사용해 리콜을 강제할 수 있었는데도 그렇게 하지 않았다. 2017년에 차량 결함에 대한 도로교통안전국의 조사는 1989년 이후 93퍼센트 이상 감소해 사상 최저를 기록했다.[54]

기업들은 규제 당국을 포획하는 동시에 다른 방식으로 규제 기관들을 약화시키기 위한 로비도 벌였다. 규제 당국의 예산과 직원을 줄이는 것이다. 환경보호청의 예산은 인플레를 조정하면 1979년의 절반이 안 된다.[55] 경제와 인구가 성장했고 의회가 환경보호청의 업무를 확대했는데도 환경 피해에서 우리를 지켜줄 임무를 가진 환경보호청의 규모는 축소되었다. 직업안전보건국 직원도 줄어서, 2019년에 직업안전보건국 역사상 그 어느 때보다도 작업장을 점검하는 현장 조사원 수가 적었다.[56] 2016년과 2018년 사이 겨우 2년 동안 직업안전보건국은 고온 사고 예방에 대한 작업장 점검을 거의 절반으로 줄였고, 화학물질 노출 사고 예방에 대한 검사를 20퍼센트 줄였으며, 폭발 사고가 방지되고 있는지에 대한 검사를 25퍼센트 줄였다. 하지만 2016년 이전에도 이미 상황은 좋지 않았다.

2013년에 텍사스주 웨스트에 소재한 웨스트 화학 및 비료 회사에서 화재로 폭발 사고가 났다.[57] 반경 다섯 블록 안의 건물들이 납작해졌고 폭 93피트〔약 2미터〕, 깊이 10피트〔약 3미터〕의 커다란 구덩이가 생겼다. 소방관 10명을 포함해 최소 15명이 사망하고 200명이 부상을 입었다. 직업안전보건국이 이곳을 마지막으로 점검한 것은 28년 전인 1985년이었다. 1995년에 환경보호청은 이 회사가 자체보고를 하도록 허용했고 회사는 화재나 폭발 위험이 없다고 보고했다. 하지만 이 공장에는 오클라호마시티 폭탄 테러 때 쓰인 폭발물의 주성분인 질산암모늄 270톤과 눈을 멀게 하고 화상과 질식을 일으킬 수 있다고 알려진 유독한 휘발성 비료 무수암모니아 5만 4000파운드[약 2만 4500킬로그램]가 있었다. 이런 자체 보고는 환경보호청이 선호하는 점검 방식이다.

규제는 예방을 위한 것이고 규제가 실패하면 사람들이 죽는다.[58] 텍사스주 웨스트 공장 폭발, 우버 자율주행차의 보행자 충돌, 보잉 737 맥스 추락, 라이너리소스 탄광 붕괴 모두 사고라고 불렸지만, 아미트 나랑은 그것들이 탐욕에서 비롯한 선택이었다고 말했다.

"기업은 어떤 이익도 희생하기를 원하지 않는데, 규제를 준수한다는 것은 그 규제가 없었더라면 수익이 되었을 돈을 지출해야 한다는 것을 의미합니다." 아미트 나랑은 이렇게 말했다. 또한 규제가 있으면 규제를 준수하는 비용만이 아니라 규제를 어겼을 때의 법적 책임과 배상 비용도 지출해야 한다. "만약 기업이 규제 기관들의 힘을 근본적으로 약화시킬 수 있다면, 규제 준수 비용뿐 아니라 법적 책임 부담의 비용도 줄일 수 있게 됩니다. 또한 노동자들이 자신의 권리를 관철시키지 못할 것이므로 기업이 노동자들에 대해 더 많은 통제력을 갖게 될 것입니다."

앞에서 우리는 일터에서 사고가 난 뒤에 경영진이 안전 매뉴얼을 들먹이는 것을 보았다. 회사는 안전 매뉴얼의 규칙을 가리키면서 사고는 노동자들이 매뉴얼의 규칙을 지키지 않아서 일어났다고 주장할 수 있었다. 노동자들이 그 규칙을 지키는 것은 불가능했는데도 말이다. 그리고 이를 통해 사고를 유발한 위험한 조건에서 관심을 흩트려 놓을 수 있었다. 그런데 기업 경영자 본인들을 위해서는 정반대로 하려고 한다. 규칙과 규제가 없는 세상을 만들어서 그들이 잘못한 모든 것은 사고라고 주장할 수 있게 하려는 것이다. 규제 포획과 규제 해체는 우리의 상황을 산업혁명 초기와 마찬가지로 돌려놓는다. 모든 재앙이 사고 유발 경향성이 있는 노동자, 무단횡단자, 범죄적 중독자, 운전대를 잡은 미치광이처럼 가장 힘없는 사람 때문이라고 결론 나던 시절 말이다.

규제 완화는 사회적 비용을 일으킨다. 점검받지 않은 산업 시설에서 사고가 나면 구급차, 의료, 공공 인프라 재건 등의 비용을 납세자가 부담한다. 미국 백악관 예산관리국은 이런 비용을 포함해 규제가 전혀 없을 경우 우리가 잃게 될 것이 얼마일지를 계산하는데,[59] 2006년에서 2016년 사이에 도입된 137개 규제의 사회적 편익이 많게는 9110억 달러에 이르는 것으로 추산되었다.[60] 규제를 통한 보호가 가져다주는 연간 편익 추산치는 1030억~3930억 달러였다. 이것은 규제가 계속해서 더 완화된다면 점점 더 기업이 아닌 우리가 부담해야 할 비용이다.

연방 규제 기관들이 그들이 규제해야 할 기업들에 의해 점점 더 좌지우지되고는 있지만, 민사소송 시스템이 또 하나의 책무성 제도를 제공한다. 그래서 일레인 허츠버그의 가족이 우버와 합의를 통해 배상받을 수 있었고 라이언에어 610편과 에티오피아항공 302편에서 사망한 사람들의 유가족이 보잉을 상대로 소송을 제기할 수 있었다. 불법행위 손해배상법은 사고 후의 책임 부담을 정하는 것이지만, 더 중요하게 미래에 유사한 사고를 방지하고자 하는 동기를 부여한다.[61] 이것은 사고 예방에 도움이 되는 드문 형태의 처벌이다. 사고가 나게 할 것인지 아닌지를 실질적으로 통제할 수 있는 권한과 권력이 있는 곳에 책무를 지우기 때문이다. 하지만 기업의 영향력은 정부의 규제를 약화한 것 못지않게 민사소송 시스템도 약화시켰다

민사소송에서 정의의 죽음

불법행위 손해배상법은 사고에 대한 법이다. 안 좋은 일이 발생한 뒤에 사람들이 기업이나 정부를 상대로 소송을 걸 수 있게 해준다. 이런 소송은 몇 가지 방식으로 책무성을 강제할 수 있다.[62] 이런 소송은 기업이나 정부가 사고로 부상이나 사망을 일으켰을 경우 피해자나 유가족이 금전적인 배상을 받을 수 있게 돕는다. 또한 소송이 제기될 수 있다는 가능성은 기업과 정부가 위험한 조건을 미리 고치도록 유도할 것이다. 그리고 일반적으로 이런 소송은 공개된 법정에서 이뤄지기 때문에 숨겨졌을지도 모를 심각한 문제들을 시민과 정부가 알 수 있게 된다.

하지만 오늘날 불법행위 소송을 제기하는 사람은 줄고 있고 소송이 진행되는 경우에도 법정이 기록을 공개하지 않는 경우가 늘고 있다.[63] 1993년에는 1000명당 10명이 불법행위 소송을 제기했는데 2015년에는 이 숫자가 1000명당 2명 이하로 떨어졌다. 건수로는 170만 건의 차이다. 이렇게 소송이 줄어든 이유는 법정으로 사건을 가지고 갈 수 있는 당신의 권리를 제약하는 법들이 생겨났기 때문이다. 특히 기업에 의해 사고를 당했을 경우에 그렇다. 이런 권리의 제약은 불법행위 손해배상법 '개혁'이라고 불린다.

개혁은 악의적인 말장난이다. 좋은 것처럼 들리지만 이 경우에는 전혀 좋은 것이 아니다.

불법행위법 '개혁'은 피해자가 소송을 제기할 수 있는 권리에 대한 침해를 말하는 미사여구에 불과하다.[64] 그리고 개혁이라는 말장난도, 개혁의 내용도 사람들의 권리를 침해했을 때 이익을 얻는 사람들이 만든 작품이다.

1986년에 미국의 거대 기업 수백 곳과 보험업계가 미국불법행위손해배상법개혁협회를 만들었다.[65] 12년 뒤, 미국 상공회의소도 자체적으로 불법행위 손해배상법 개혁을 위한 법률개혁연구소를 만들었는데, 현재 이곳은 미국에서 가장 큰 로비 단체 축에 든다. 그즈음에 겉보기에는 풀뿌리처럼 보이는 소규모의 불법행위법 개혁 단체들도 나타났다.[66] 과세가 면제되는 시민단체의 모양을 하고서 스스로 자신의 소송권을 제한하고자 하는 평범한 사람들이 만든 조직처럼 위장하고 있었지만, 역시나 기업이 돈을 댄 조직이었다.[67] 이런 곳들로는 소송남용에반대하는시민들, 소송남용중단하기, 소송남용감시자들, 공정한법체계를위한사람들 등이 있다. 실제로는 사고 책임에서 자신을 보호하려는 기업들이 설립하고 자금을 지원한 곳이다. 모두 합해서 이런 조직들은 사람들이 기업에 책무성을 강제할 수 있는 역량을 제약하는 수많은 법들을 밀어붙였다.[68]

예를 들어, 미시건주의 제조물책임법은 제약 회사들이 자사 제품으로 인해 피해를 입은 사람들로부터 소송을 당하지 않도록 광범위한 면책 특권을 부여하고 있다.[69] 연방 정부가 의약품을 승인했을 경우 해당 의약품으로 인한 비고의적 위해를 이유로 제조업체에 대해 소송을 제기할 수 없다는 것이다. 이는 심장마비와 뇌졸중을 일으키는 관절염 약을 판매한 제약 회사 머크를 상대로 주 법무부가 시도한 2000만 달러 규모의 소송마저 가로막기에 충분했다. 또한 이 법 때문에 미시건주의 수많은 오피오이드 중독 피해자들이 퍼듀파마를 고소하는 데 어려움을 겪고 있다.

미시건주의 제조물책임법은 미시건주에만 있는 법이지만, 10년 제한법은 19개 주에서 시행되고 있다.[70] 이 법은 제조물에 대한 법적 책임을 구매 후 10년으로 제한한다. 그 제조물이 사람을 죽일 수 있더라도 말이다. 백번 양보해서 세탁기에 대해서라면 합리적으로 들릴 수도 있겠지만 불법행위 손해배상 개혁 법안들은 의도적으로 광범위하고 모호하게 작성된 경우가 많아서 세탁기보다 훨씬 더 많은 사람들에게 영향을 미치고 훨씬 더 오래 사용하는 제조물에도 적용될 수 있다. 그래서 2017년 오하이오주에서 페스티벌 놀이기구인 파이어볼이 돌아가다가 사고로 분리되어 사람들이 내동댕이쳐지면서 18세인 1명이 사망하고 또 한 사람의 다리가 부러지고 또 다른 사람 최소 7명이 부상을 입었을 때도 이 놀이기구를 만든 제조사에 대해 소송을 제기할 수 없었다. 파이어볼의 금속 빔이 완전히 부식되어 있었는데도 말이다. 이 놀이기구의 금속 빔 결함은 너무 흔하고 너무 위험해서 제조사 자체가 이 놀이기구를 구매해 소유하고 있는 곳들에 이런 사고가 벌어질 수 있다는 것을 수년 동안 경고해 온 바 있었다. 하지만 사고가 났을 때 제조된 지 10년이 지났었기 때문에 사망자와 부상자들은 속수무책이었다.

미시건주 제조물책임법과 10년제한법은 미국입법교환위원회가 '모델 법안'이라고 부르는 것 중 두 가지 사례에 불과하다.[71] 어떤 주의 의원이라도 자신의 주에서 몇몇 단어만 갈아 끼워서 해당 법안을 제안할 수 있도록 입법교환위원회가 샘플로 내용을 작성해 놓은 법안을 말한다. 이곳의 많은 모델 법안이 사고 피해에 대해 기업을 상대로 소송을 제기할 수 있는 역량을 제한하는 것을 목표로 삼고 있다. 그중 하나인 비교과실법은 회사를 사고에 대한 책임 부담에서 자유롭게 해주고 회사의 책임이 49퍼센트 이하일 경우 사람들이 소송을 제기하지 못하게 한다.[72] 특히나 기만적인 이름을 가진 '비경제적 손해배상법'이나 '공정한 비경제적 손해배상법' 같은 다른 법안은 비경제적 피해(사고 후에 피해자들이 겪는 고통, 어려움, 삶의 질 저하 등)에 대해 재판에서 배심원단이 평결할 수 있는 배상액이나 기업이 지급해야 할 배상액에 상한을 둔다. 이곳이 작성한 모델 법안 다수가 거의 토씨 하나 틀리지 않고 여러 주의회에서 발의되었고,[73] 더 안 좋게도, 대부분의 법안보다 높은 비율로 통과되었다.

이런 제약들 때문에 불법행위 소송은 20년 동안 감소 추세를 보이고 있다.[74] 하지만 불법행위 민사소송의 감소 추세에서 예외인 영역이 하나 있는데, 바로 계약 관련 분쟁이다. 이것은 사람들이 부채, 압류, 집세 밀림 등으로 소송을 당하는 경우다. 1993년과 2015년 사이에 계약 관련 분쟁은 민사소송의 18퍼센트 정도였다가 절반 이상으로 급증했다.[75] 불법행위법 '개혁'에 맞서 활동하는 미국 최초이자 유일한 소비자 단체 정의와민주주의센터의 변호사 조앤 도로쇼는 이것을 "약한 놈을 때리러 가는" 소송이라고 부른다.

도로쇼는 "사고를 당한 사람이 법정에 가는 일은 이제 매우 매우 드물다"며 "통계를 보면 불법행위 손해배상 소송은 오랫동안 바위처럼 굴러떨어졌는데, 유일하게 증가하는 부분이 은행이나 거대 기업이 빚을 받아내는 영역"이라고 말했다.

기업을 상대로 거는 소송이 감소하는 데는 "소송 만능주의 사회"와 같은 화법이 크게 일조했다. 도로쇼는 '소송 만능주의 사회'라는 개념이 기업을 보호하기 위해 기업에 의해 발명된 신화라고 말했다. 불법행위법 '개혁'에 대한 지지는 대부분 이 화법에 영향을 받았다. 소송 걸릴 일이 많은 기업들이 만들어낸 영리한 마케팅인 셈이다. 이 화법은 "공짜 돈" "경솔한 소송" "앰뷸런스 체이서"ambulance chaser[사고가 난 곳을 쫓아다니면서 사람들에게 소송을 부추겨 수임하는 변호사]처럼 당신이 가진 법적 권리의 행사를 조롱하는 표현으로 대중 담론에 흘러들어 왔다.

그리고 이 모든 것이 기업의 승리다. 이런 화법의 승리를 보여주는 가장 고전적인 사례를 꼽으라면 맥도날드의 뜨거운 커피에 대해 벌어졌던 소송일 것이다.[76]

1992년에 자신의 허벅지에 실수로 커피를 쏟은 한 여성이 맥도날드를 고소했다. 그것에 대해 생각나는 나의 가장 이른 기억은《매드 매거진》에 실린 풍자였다. 당시에 대중문화에는 이 소송에 대한 조롱과 풍자가 넘쳐났다. 예를 들어 드라마 〈사인펠드〉에는 크레이머가 자바월드를 상대로 소송을 거는 내용이 나왔다. 또 제이 레노와 데이비드 레터먼은 토크쇼에서 뜨거운 커피에 대한 농담을 했다. 토비 키스는 아메리칸드림을 풍자하는 노래에 "커피를 쏟고 100만 달러를 버세요"라는 노랫말을 넣었다. 맥도날드 커피 사건은 위와 같은 화법을 통해 사람들에게 알려졌다. 소송 만능주의 사회에서 어떤 여자가 공돈을 받으려고 앰뷸런스 체이서를 써서 경솔한 소송을 진행했다고 말이다. 하지만 이 이야기는 사실이 아니다.

실제로 일어난 일은 이렇다. 맥도날드는 매장들이 커피를 화씨 180~190도〔섭씨 82~87도〕로 유지하도록 요구했다. 당시에 안전하게 마실 수 있는 커피의 업계 표준 온도는 이보다 화씨 30~40도〔섭씨 16~22도〕가 더 낮았다. 인간의 피부는 화씨111도〔섭씨 약 44도〕에서 고통을 느끼기 시작하고 1도 화상은 화씨 118도〔섭씨 약 48도〕에서 시작되며 2도 화상은 화씨 131도〔섭씨 55도〕에서 시작된다. 맥도날드는 커피로 심한 화상이 발생했다는 소비자 불만을 700건이나 받은 바 있었다.

1992년 2월 스텔라라는 이름의 79세 할머니가 주차장에 주차된 차에 앉아있었고 옆에는 맥도날드 매장에서 막 음식을 사 온 아들이 앉아있었다. 스텔라는 허벅지에 커피를 쏟았고 급히 병원으로 옮겨졌다. 2도와 3도 화상이 신체의 16퍼센트를 덮었다. 커피는 허벅지 안쪽과 음부의 피부에 너무나 심하게 화상을 입혀서 피부가 완전히 벗겨졌고 안쪽의 근육 조직과 지방 조직이 드러났다. 스텔라는 여러 차례 피부이식수술을 받아야 했다. 그는 8일간 입원했고 2년간 치료받았다.

스텔라의 가족은 맥도날드에 총 약 1만 달러의 의료비를 부담할 것을 요구했고, 이에 대해 맥도날드는 800달러를 제공하겠다고 제안했다. 그래서 스텔라의 가족은 맥도날드를 고소했다. 사실관계를 확인하는 과정에서 당시에 커피가 업계 기준보다 훨씬 높은 온도로 가열되어 있었고 맥도날드에 전에도 화상 사고에 대한 불만 사항이 수백 건이나 들어왔다는 것이 밝혀졌다. 재판에서 배심원단은 맥도날드에 의료비, 법적 비용, 통증과 고통에 대한 보상으로 300만 달러 가까이를 지불하라고 명령했다.

스텔라의 가족은 그 300만 달러를 받지 못했다. 맥도날드는 항소했고, 양측은 훨씬 더 적은 것으로 추정되는 금액에 합의했다(액수는 알려지지 않았다).

"전국의 불법행위법 개혁협회들은 자신들이 조작하고 조롱할 수 있는 사건을 만나면 자주 그렇게 하듯이 이 사건을 이용했습니다. 이 사건에서도 그렇게 했고 조롱을 대중문화 수준으로 끌어올렸습니다." 도로쇼는 이렇게 설명했다. "그래서 많은 사람들이 그 이야기를 듣기 시작했는데, 그 내용은 단지 커피를 자기한테 쏟으면 300만 달러를 받는다는 이야기뿐이었습니다. 이는 툭하면 소송을 거는 사람들, 통제 안 되는 배심원단, 불법행위법을 개혁해야 하고 기업의 배상액에 한도가 있어야 하는 이유, 정신 나간 액수의 돈을 받아내는 정신 나간 사람들 등을 운운하는 매우 부정확하고 부정적인 여론이 사라지지 않고 지속되게 만들었습니다. 그런 사람들이 문제이고 그들이 하는 짓을 멈추게 해야 한다고 말입니다."

이런 화법이 지속되는 동안 불법행위법 개혁을 주장하는 논리들은 대체로 다 반박되었다.[77] 일례로 그들의 논리 중 하나는 의사들이 의료 과실 소송을 우려해서 환자에게 불필요한 검사를 너무 많이 시킬 것이기 때문에 불법행위법 개혁이 필요하다는 것이었는데, 《뉴잉글랜드 의학 저널》*New England Journal of Medicine*에 실린 연구에 따르면 3개의 주에서 불법행위법 개혁이 통과되었지만 검사 건수나 병원 입원 건수에는 영향을 미치지 않았다.[78] 미주리주의 경우에는 오히려 불법행위법 개혁가들의 주장과 정반대의 결과가 나타났다. 의료 과실 배상액에 상한이 생기자 오진, 투약 용량 실수, 병원에서의 부상 등 의료 과실 사고가 증가한 것이다.[79] 미주리건강재단은 2012년에 통과된 불법행위법 개혁의 진짜 결과를 이렇게 지적했다. "유일하게 분명한 영향은 청구 건수와 소송 건수의 감소와 더불어 의료 과실 보험 업계의 수익성이 더 높아진 것이다."

불법행위법 '개혁'의 성공은 인명 피해 사고 예방에 매우 효과가 있다고 입증된 손해배상 제도를 망가뜨리기 때문에 책무성과 관련해 사회에 큰 해악을 끼친다. 1980년대에 마취를 잘못해 사망하는 사고들이 몇몇 굵직한 소송으로 이어진 적이 있었다.[80] 이것은 기계 장비 개선, 의무적인 모니터링, 교육 훈련 개선, 마취과 의사들에게 다음 근무까지의 사이에 일정 시간 이상의 휴식 보장과 같은 진짜 개혁을 불러왔다. 10년이 지나지 않아 마취와 관련한 우발적인 사망이 연간 6000명 중 1명 꼴에서 20만 명 중 1명꼴로 감소했다. 불법행위법 개혁은 마취 분야에 진짜 개혁을 가져온 것과 같은 종류의 소송 가능성을 줄이기 때문에 사고를 유발할 수 있으며, 이를 뒷받침하는 근거도 있다. 현재 미국의 9개 주가 제조물 책임이나 인적 피해 관련 소송에서 비경제적 피해에 대한 배상액(고통이나 통증, 손상, 신체 훼손 등을 금전적으로 환산해 정하는 것)에 상한을 두고 있는데, 이 중 6개 주가 미국의 다른 주들에 비해 평균 사고사율이 높고 3개 주는 미국에서 사고율이 가장 높은 상위 10개 주에 속한다.[81]

이 모든 것의 결과는 기업 입장에서 사고 비용이 감당하기 쉬워지는 것이다. 불법행위법 개혁이 사고가 났을 때 기업이 치러야 할 비용을 크지 않은 수준으로 제한해 준다면 기업 입장에서 사고는 얼마든지 비용으로 처리하는 게 가능해질지 모른다. 그러면 기업은 공장에 방염 시설을 도입하거나 차를 리콜하거나 알약을 안전한 병에 넣거나 중독성 있는 약의 판매를 중단할 필요가 없게 될 것이다. 발생할 사고가 예측 가능하고 그것의 비용도 충분히 감당 가능할 것이기 때문이다.

정의의 회복

규제는 포획되고 있고 불법행위 손해배상 소송은 줄어들고 있지만, 사고에 대한 대응으로 호응을 얻어가고 있는 또 다른 형태의 책무성 제도가 존재한다. 회복적 사법이라고 불리는 것인데, 손상을 회복하고 복구시키는 것에 초점을 두는 책무성 이행 절차로, 공식적으로 제도화되어 있으며 때로는 법원의 승인으로 절차가 진행되기도 한다.

켄 저레이는 사고로 다친 사람들을 위해 소송을 대리하는 송무 변호사로 일하다가 회복적 사법 과정에 대해 알게 되었다.[82] 그는 법정에서 피해자를 대리하는 일도 했지만, (양 당사자가 법정 밖에서 합의를 하기를 원하는 경우) 분쟁 해결 절차에서 중재인을 맡기도 했다. 그런데 일을 할수록 사고 이후에 책무성의 실행을 보장하는 분명한 경로가 없다는 것이 너무나 명백해 보였다. 그가 하는 일은 돈이 교환되는 거래적인 종류의 협상이었다. 그런데 이 과정이 마무리되어도 양측 당사자 중 어느 쪽도 마음이 더 나아지는 것 같지는 않았고, 비슷한 사고가 다시 발생하지 않게 예방하는 효과도 없어 보였다.

저레이는 "사고에서 법원 시스템은 분쟁 해결을 위한 적절한 장을 제공하지 않는다"고 말했다. 법원이 돈과 처벌의 문제는 다루었지만, 그의 고객들은 자신에게 피해를 끼친 사람이 벌어진 일에 대해 설명하고 피해의 회복과 복구를 시도하기를 원했다. 저레이는 〔일반적인 절차에〕 "빠져있는 것은 인간의 요소"라고 설명했다.

그는 해답을 찾으려 애쓰다가 회복적 사법을 발견했고, 자신이 진행하는 사건에 회복적 사법 절차를 포함시키기 시작했다. 회복적 사법은 피해를 바로잡기 위해 무엇이 설명되어야 하고 무엇이 이루어져야 하는지를 피해 당사자가 결정하게 한다. 형법이 가해자를 처벌하기 위한 것이라면, 회복적 사법은 피해를 고치고 회복시키기 위한 것이다. 이 둘은 매우 다른 형태를 띨 수 있는데, 이것이 핵심이다. 회복에는 사죄, 설명, 그리고 앞으로 무엇을 하고 무엇을 하지 않겠다는 다짐이 필요하다. 현재 회복적 사법은 32개 주에서 법제화되어 있다[83](판사와 배심원이 당사자가 회복적 사법 과정에 참여하기로 결정할 수 있는 선택지를 평결과 선고에 포함시킬 수 있다). 부서진 차의 수리비나 다친 노동자의 의료비를 배상하는 것에 더해 양측 당사자 모두가 사고로 발생한 감정적인 피해를 다룰 수 있어야 한다는 것이 회복적 사법의 핵심 개념이다.

저레이는 의료 사고를 예로 들어 이를 설명했다. 의료 과실 소송을 제기할 수도 있겠지만, 여기에는 의사와 환자 사이의 연결이 없다. 설명, 사과, 그리고 다시는 이 사고가 일어나지 않게 어떻게 방지할 수 있는지에 대한 이해를 환자가 얻을 수 없는 것이다. 의료 사고로 다친 사람이 다시 병원에 가도 안전하겠다고 느끼게 해주는 것은 바로 이런 일들이지만 이런 일들은 소송에서 일어나지 않는데, 그 틈을 메워주는 것이 회복적 사법이다.

"제 의뢰인들은 여전히 고통스러워하고 있었습니다. 우리가 의뢰인이 주장하는 바를 관철시켜드리긴 했지만 그들은 여전히 이런 질문들을 하고 있었습니다. 어떻게 이 일이 일어났는가? 어떻게 해야 이런 일이 다시 일어나지 않을 수 있는가? 그들은 왜 이런 일이 일어났는지 이해하고 싶어 했고, 많은 경우에 손상을 초래한 사람이 사과의 형태로 인정을 하기를 원했습니다. 그것은 그들이 치유되는 데 매우 중요했습니다."

그리고 저레이는 사고로 피해를 입은 의뢰인들 사이에서 차이를 발견할 수 있었다. 상황을 받아들이고 피해를 입힌 사람을 용서한 사람들이 그렇지 않은 사람들보다 신체적으로나 정신적으로 더 잘 이겨내는 경향이 있었다.

그는 특히 한 사건과 그 후의 회복적 사법 절차가 기억에 남는다고 했다. 딜런 살라자르라는 이름의 젊은이가 가장 친한 친구인 데이비드 코나드와 함께 탄 차를 만취 상태로 운전하다가 사고가 났고 차가 예닐곱 번을 굴렀다. 그는 살았고 코나드는 죽었다.[84]

살라자르는 감옥에 갔다. 그런데 코나드의 유가족과 살라자르 모두에게 소송 절차는 트라우마를 일으켰다. 사고가 나기 전부터도 서로를 보지 못했던 두 당사자는 법정에서 말하는 것이 허락되지 않았다. 겁에 질린 젊은이와 분노하고 슬퍼하는 가족은 아무런 상호 접촉이 없는 채로 법정을 오갔다.

저레이의 파트너 변호사가 이 소송에서 살라자르를 대리했다. 저레이는 자신과 동료 변호사 모두 회복적 사법이 도움이 될 수 있다는 것을 그 전부터 알고 있었지만, 이 사건에서 회복적 사법 절차가 가져다준 결과는 그들마저 놀라게 했다고 말했다. 파트너 변호사는 매우 애를 써서 교정 당국이 이 사건에 대해 회복적 사법 과정을 개시하도록 설득할 수 있었다.

양측 모두 준비가 되었다. 기본 원칙이 정해졌다. 그것으로 양측이 한곳에 모이게 하는 데 충분했다.

이 과정을 담은 동영상에서 살라자르는 울면서 사과를 한다. 그는 사고가 난 날부터 내내 코나드의 가족에게 사과하고 싶었다며 자신이 그 가족에게서 빼앗은 것에 대해 너무나 미안하다고 말한다. 코나드의 형이 탁자 위에 놓인 티슈를 그에게 건넨다. 이 과정의 마지막에서 죽은 청년의 어머니와 실수로 그 어머니의 아들을 죽게 한 남자가 서로에게 감사를 표하고 둘은 포옹을 한다.

저레이는 "그 어머니는 이 젊은이와 마주 앉아서 자신도 그가 느끼는 고통을 인식하고 그도 자신의 고통을 인식할 기회가 생기기 전까지는 슬픔에만 잠겨있었다"고 말했다. 코나드의 어머니는 그날 자신이 다시 태어났다고 했고, 나중에 코나드의 가족들은 그 순간에 아들이자 동생을 죽게 한 남자를 증오하는 것을 멈출 수 있었을 뿐 아니라 그를 사랑하기 시작했다고 이야기했다.

저레이는 회복적 사법 절차가 사고 이후에 늘 따라오는 비난과 조리돌림에 대한 해독제라고 말했다. 보통 회복적 사법 절차는 다음과 같이 전개된다.[85] 회복적 사법 절차의 주관자가 피해자와 책임이 있는 당사자(가해자를 이렇게 부른다)를 한자리에 모이게 한다.

사고는 직접적인 당사자들뿐 아니라 더 큰 집단에도 파장을 미칠 수 있으므로 공동체 구성원들도 참여할 수 있다. 여기에서 피해자(사망 사고일 경우에는 친구나 유가족)는 질문을 할 수 있다. 왜 그랬는가? 왜 내 아이를 다치게 했는가? 왜 그때 어디로 가고 있는지를 잘 보지 않았는가?[86] 책임이 있는 당사자로부터 답을 들으면서 피해자나 유가족은 그 일이 자신에게 어떻게 영향을 미쳤는지 이야기할 수 있다. 그러고 나면, 다음과 같은 질문으로 이런 일이 다시 일어나지 않게 예방할 방법을 함께 모색한다. 우리는 이것을 어떻게 고칠 수 있는가? 그리고 우리는 이것을 어떻게 고칠 것인가?

이것이 미래의 사고를 예방한다는 보장은 없지만, 인식하고 책임을 지면 사고 예방에 도움은 반드시 된다.

이것이 전형적인 과정이지만 회복적 사법 절차는 여러 형태를 띨 수 있다. 앨리슨 랴오의 부모가 또 하나의 사례를 보여준다.[87] 아이가 할머니 손을 잘 잡고 횡단보도에서 제대로 길을 건넜음을 증명하는 블랙박스 영상이 공개되었는데도 운전자에 대한 형사 기소는 이뤄지지 않았다. 그래서 랴오는 민사소송을 제기했다. 그들은 운전자가 자신의 행동에 대해 책임을 졌다는 것을 확인하고 싶었다. 그리고 운전자가 그 영상을 보았는지 확인하는 것에서 시작했다. 재판 전 사실관계 확인 절차에서 랴오의 변호사는 운전자에게 영상을 보았느냐고 물었다. 그는 보지 않았고 앞으로도 보지 않을 거라고 했다. 하지만 랴오에게는 그가 그 영상을 보는 것이 중요했다. 그래서 랴오의 변호사는 매우 흔치 않은 합의 조건을 운전자에게 제시했다. "운전자는 그 동영상을 보아야 한다. 운전자는 아이와 할머니가 비난받은 것에 대해 공개 서한으로 사과해야 한다. 또한 운전자는 자발적으로 앞으로 5년 동안 운전을 하지 않아야 한다."

이것은 사법적 정의를 구현한 것이 아니다. 이것은 예방도 아니다. 그보다 이것은 사고가 일으킨 고통을 바꿔내기 위한 방법이다. 문제의 해결이 아니라 사람의 회복(적어도 어느 정도라도)을 위한 방법인 것이다.

그리고 문제의 해결에는, 즉 사고의 예방에는 이보다 많은 것이 필요하다.

사랑과 분노

트럼프 행정부 말기에 연방 정부는 철도 회사들의 로비에 부응해 가연성 높은 액체 천연가스를 기차로 운송하는 것을 허용했다.[88] 업계는 사고 가능성이 미미하다고 주장했다. 전미철도협회의 이안 제프리스는 "철도로 이동하는 모든 위험 물질의 99.99퍼센트가 사고 없이 목적지에 도달한다"라고 말했다.

물론 당신이 철로의 운 나쁜 쪽에 산다면 0.01퍼센트에 있게 될 가능성이 크다.

액체 천연가스 수송 열차가 지나갈 경로 예정지에 사는 버네사 키건은 이를 알고 있었다. 키건은 이 결정에 반대하는 진술에서 이렇게 말했다. "만약 사고가 발생해서 죽고 나면, 우리는 다음 날 나타나서 '거봐, 내가 말했잖아'라고 말할 수 없습니다."[89]

사고 후에 남겨진 사람들은 잃는 것이 많지만, 한 가지 이상한 능력을 얻게 된다. 나타날 수 있는 것이다. 나는 에릭이 죽은 다음 날 《데일리 뉴스》 기자가 와서 내 가장 친한 친구에 대해 코멘트를 요청했을 때 그것을 깨달았다. 아, 이제 나한테 달려있네? 이렇게 생각했던 기억이 난다. 그리고 그 이후 몇 년 동안 나는 우리가 무엇을 이야기하고 무엇을 행하는지가 매우 중요하다는 것을 알게 되었다. 사고와 그 사고가 일어나게 허용한 시스템에 대한 가장 효과적인 대응 중 하나를, 남겨진 사람들이 그들의 고통을 가지고 하고 있는 일에서 발견할 수 있다.

뉴욕에서 나는 안전한거리를위한가족들이라는 단체에서 활동한다. 이곳 회원들은 교통사고를 당해 보았거나 교통사고로 누군가를 잃은 적이 있다(물론 사고라는 단어를 사용하지는 않는다. 우리는 언론 매체와 정부가 교통사고에 대해 사고라는 단어를 쓰지 말도록 '사고가 아니고 충돌'이라는 캠페인을 하기도 했다). 이 단체의 사람들은 서로를 돌본다. 또한 자신의 고통이 사회에 유용하게 쓰이도록 한다.

안전한거리를위한가족들의 설립 멤버인 에이미 코언은 아들 새미가 열두 살 때 브루클린에서 길을 건너다 숨졌다. 길을 건너라고 멈춰준 차 앞으로 길을 건너는 중이었는데 그 차를 추월하려던 밴에 치여 사망했다.[90] 당시 뉴욕시의 제한속도는 시속 30마일〔약 48킬로미터〕이었다. 에이미는 주 정부에 제한속도를 낮추라고 요구하기 위해 시위를 조직했다. 에이미의 아들이 사망하고 2년 뒤에 또 다른 아이가 같은 거리에서 차에 치였는데, 이때는 제한속도가 더 낮았고 이 아이는 살았다.

역시 이 단체의 설립 멤버인 주디스 코틱은 당시 스물세 살이던 딸 엘라가 버스에 치여 사망했다.[91] 주디스는 사고에 대해 더 알아보다가 후이 우라는 이름의 여성이 몇 년 전 같은 장소에서 버스에 치여 사망했다는 것을 알게 되었다. 또 주디스의 딸이 죽은 지 1년 뒤에는 에드거 토레스라는 이름의 남성이 그곳에서 버스에 치여 목숨을 잃었다. 5년 동안 같은 건널목에서 세 명이 사망했다. 〔같은 날이 계속 되풀이되는 영화] 〈그라운드호그 데이〉의 암울한 버전처럼 말이다. 모두 보행 신호에서 횡단보도로 건너고 있었지만 "보행자 우선"은 그들의 운명에 의미가 없었다. 주디스는 시위와 추념식을 조직했다. 2년이나 걸렸지만, 2016년에 마침내 시 당국은 차량 접근을 제한하기 위해 도로 하나를 폐쇄하고 교차로를 재설계하기로 했다.[92] 그 이후로는 아무도 그곳에서 죽지 않았다.[93]

이것은 죽은 사람을 위해 목소리를 내고 책임감 있게 행동하고 책무성을 요구해 낸 사람들의 이야기다.

나는 이것을 "사랑과 분노"의 행동이라고 부른다.[94] 제이미 파바로가 날록손을 주 경계를 넘어 전국에 배송하는 것은 사랑과 분노의 행동이다. 크리스털 이스트먼이 피츠버그로 간 것도 그렇다. 오염 물질을 실은 트럭이 지나가지 못하게 노스캐롤라이나주의 폴리염화비페닐 매립지로 가는 길을 몸으로 막고서 저항한 사람들도 그렇다. 죽은 이들을 위해 책무성을 요구하는 것은 사랑의 행동이다. 그리고 같은 사고가 재발하지 않도록 막으려면 분노가 필요하다. 에이미 코언, 주디스 코틱 등 남겨진 사람들과 이야기를 나누면서 나는 그들이 자신이 한 일(제한속도를 낮춘 것, 더 안전한 교차로 계획을 통과시킨 것 등)에 보람을 느끼지만 자신이 지불해야 했던 비용에 대해 분노를 가지고 있다는 것을 알게 되었다. 사고는 충분히 예측할 수 있고 예방할 수 있는 일이다. 전적으로 멈출 수 있는 것을 멈추는 데 이렇게까지 많은 상실과 분노가 필요해서는 안 된다. 하지만 이것은 남겨진 우리에게 남겨진 일이다. 그리고 사랑과 분노가 우리가 가진 전부다.

맺는 글

사고

에릭 제임스 응은 1984년 2월 8일에 토니와 웬디의 아들로 태어났다. 위로는 앨리슨이라는 이름의 누나가 하나 있었다. 그리고 에릭은 2006년 12월 1일에 사망했다.

1984년 2월 8일부터 2006년 12월 1일 사이의 날들은 충분하지 않았다. 하루만 더 가질 수 있대도 내가 가진 전부를 바칠 것이다.

하지만 그사이의 삶은 너무나 풍성하기도 했다.

에릭은 브루클린의 중학교에서 수학을 가르쳤다. 에릭은 자전거를 탔다. 에릭은 시를 썼다. 에릭은 시위를 조직했다. 에릭은 우리가 다닌 고등학교의 문학 잡지를 만들었다. 에릭은 장학금을 받고 대학에 갔다. 에릭은 라디오에서 노래를 한 번만 들으면 기타로 연주할 수 있었다. 내가 그를 만났을 때 그는 바이올린, 베이스, 기타를 연주할 줄 알았다. 어느 해에는 키보드를 독학하더니 이듬해에는 드럼을 독학했다.

한번은 에릭이 MTV 〈토탈 리퀘스트 라이브〉 방청석에 몰래 들어가서 집에서 만든 "이라크 전쟁 반대" 셔츠를 드러내 보이며 카메라에 앞으로 달려들었다. 의회가 불법적인 전쟁을 승인하기 위한 표결을 앞둔 시점이었다. 또 한번은 공화당 전당대회를 방해하기 위해 시내에서 한 무리의 사람들을 이끌고 행진하다가 수백 명의 다른 사람들과 함께 거리에서 체포되었다. 그때 우리는 경찰이 우리를 떼어

놓을 때까지 팔에 팔을 걸어 스크럼을 짜고 버텼다.

에릭은 무언가 잘못되었을 때는 항상 그것을 말했다. 에릭은 분노하면 항상 행동했다. 에릭은 사랑으로 가득 차 있었고 자신의 분노를 의심하지 않았다. 그는 이메일 서명에 늘 **사랑과 분노, 에릭**이라고 적었다.

에릭은 내가 랠프 네이더와 대화를 나누었다고 하면 엄청 부러워했을 것이다.

에릭은 멋진 헤어스타일을 하고 있었고 근육질이었고 내가 아는 누구보다 춤도 잘 췄다. 우리가 주말을 보내던 지하 펑크 쇼에서 에릭은 한 손 짚고 재주넘기를 하며 비보잉을 했다. 모두가 와 하고 감탄하면서 뒤로 물러났다. 에릭은 친절했다. 에릭은 사랑받았다. 에릭은 굉장히 재미있었다. 에릭은 직접 문신을 그렸다. 에릭은 정말 멋졌다.

여름 캠프에서 에릭을 만났을 때 에릭은 열여섯 살이었다. 나는 여름 캠프에서 스포츠를 가르쳤고 그는 유지 보수 일을 했다. 에릭은 "쓰레기를 줍고 있는 나를 제시가 발견했다"고 즐겨 말했다.

에릭은 자석처럼 끌어당기는 매력이 있었고 나는 곧바로 사랑에 빠졌다. 에릭도 나를 사랑했다고 말할 수 있다는 것이 나는 지금도 자랑스럽다.

에릭은 스물두 살에 죽었다.

에릭의 이른 죽음에 대해, 그가 잃은 그 모든 시간에 대해 분노하지 않는 것은 어려운 일이다. 내가 결코 받지 못할 전화, 결코 쓰지 못할 편지, 그리고 다시는 막 방에 들어와서 불을 켜는 에릭을 보며 웃지 못하게 된 것 등 존재하지 않게 된 순간에 적응하는 것은 어려운 일이다.

스물두 살에 누군가를 잃었을 때 얼마나 많은 것을 잃게 되는지 이해하는 것은 어려운 일이다.*

이 책을 쓰기 시작하기 훨씬 전 에릭이 살아있었을 때, 나는 어디든 자전거로 다녔고 에릭도 그랬다. 우리가 아는 모든 사람이 그랬다. 에릭과 나, 그리고 자전거를 타고 다니던 뉴욕의 모든 사람들은 헤어질 때 매번 똑같은 인사를 했다. "안전하게 타세요." 그때는 뉴욕이 자동차로부터 보호되는 자전거도로를 설치하기 전이었기 때문에 사람들은 늘 목숨을 잃었다. 에릭이 숨지기 전에도 모두가 지인 중 사망한 누군가를 알고 있었고 자신이 죽을 뻔한 아슬아슬한 상황을 겪은 적이 있었다. "안전하게 타세요"라고 말한 이유는 위험이 도처에 존재하고 피할 수 없다는 것을 잘 알고 있기 때문이었다.

이 책의 상당 부분은 코로나 팬데믹 동안에 집필했다. 책을 쓸 때는 이메일 주고받을 일도 많고 모르는 사람에게 전화해야 할 일도 많은데, 옛 인사의 새 버전이 다시 나타났다. 슈퍼마켓 직원들, 배송 기사들, 그리고 이 책에서 인용한 많은 전문가들에게 나는 "안전하게 지내세요"라고 인사했다. 하지만 나는 안전하게 지내는 것이 우리에게 달려있지 않다는 것을 대부분의 다른 사람들보다 잘 알고 있다. 아무리 자전거를 조심해서 타도 트럭에 치인다면 소용이 없으며, 팬데믹 상황에서도 일하러 나가야만 한다면 그에게는 코로나에 걸리는 것이 사고가 아니다. 그것은 사고가 아니라 힘 있는 사람들이 고통과 괴

* 상실된 것이 무엇인지를 설명할 수 없다는 데서 오는 좌절감은 상실의 가장 어려운 부분 중 하나다. 나는 이 몇 단락을 이 책의 어느 부분보다 많이 다시 썼고, 항상 그의 가치를 다 담아내지 못했다고 느꼈다.

로움의 옆에서 이익을 얻도록 허용하는 불평등한 사회의 불가피한 결과다. 하지만 "안전하게 지내세요"라는 말은 조언이나 지시가 아니다. 그보다, 이것은 희망을 담은 기도다. 그 인사를 길게 말하면 이런 말일 것이다. "안전하게 지내시길 빕니다. 미국에서 살고 죽는 것을 통제할 수 있는 요인들이 당신을 보호하는 쪽으로 움직이기를 빕니다. 안전하게 지내시길 빕니다. 그리고 안전하지 않으시다면 '그것은 사고였다'라는 이야기보다 더 나은 이야기를 갖게 되시길 빕니다."

하지만 이것이 '정말로' 사고가 아닌가?

이 책을 쓰는 내내 한 가지 질문에 계속해서 마주쳤다. 변주는 있었지만 늘 다음과 같은 질문이었다.

"하지만 이것이 **정말로** 사고이면 어떻게 되는가?"

나는 이 질문을 사고 예방 전문가, 공학자, 연구자 등 학문적인 전문성이 있고 선의를 가진, 내가 존경하는 사람들에게서 들었다. 그들은 일종의 절실한 간청으로서 **정말로**에 기대려 했다.

이리저리 더 물어보고서 나는 이들이 생각하는 것이 무언가 다른 것임을 알게 되었다.

내가 누군가를 **사고로 다치게 했으면** 어떻게 하는가? **내가 비난받게 되면** 어떻게 하는가? **그럴 뜻이 아니었는데** 무언가 안 좋은 일이 일어났으면 어떻게 하는가?

사람들은 실수하는 것을, 그리고 그에 대해 비난받는 것을 두려워하고 있었다. 이것은 사회가 처벌을 최우선으로 둘 때 벌어지는 일이다. 비난받는 것에 대한 두려움은 너무나 강력해서 사람들이 위해를 막을 수 있는 자신의 잠재력을 간과하게 만들고 있었다. 그래서 나는 언제나 다음과 같이 말하려고 한다.

무언가가 사고인지 아닌지가 왜 중요한가?

우리가 무언가를 사고라고 부르면 즉각적으로는 기분이 더 나아진다. 하지만 그것이 다시는 일어나지 않게 할 기회를 즉각적으로 잃는다. 이렇게 하려는 충동을 극복해야만 사고를 예방할 수 있다. 조지프 웨이츠를 체포해서 데리고 가던 경찰은 또 다른 아이가 도로에서 차에 치이는 것을 막는 데 기여한 바가 없다. 하지만 조지프 웨이츠를 에워싸고 밀치며 소리를 지르던 군중도 마찬가지로 틀렸고, 기여한 바가 없다.

나는 우리가 사고에 대해 왜 지금처럼 대응하는지 안다. 나는 우리가 왜 사고를 과거로 두고 다음으로 넘어가고 싶어 하는지 안다. 이 세상은 안 그래도 이미 공포로 가득하다. 그 모든 공포에 사고까지 추가하라는 것은, 비극을 그냥 지나치지 말고 이 세상의 다른 고통을 볼 때 그렇게 하듯이 곰곰히 생각하고 꼼꼼히 따져보라고 하는 것은, 너무 무리한 요구일 수 있다. 하물며 사람들이 생존에 필요한 도구, 지원, 자원을 가질 수 있도록 실질적인 일들을 해나가는 것은 더더욱 어려운 일일 것이다.

사고는 설계를 할 줄 몰라서 생기는 문제가 아니다. 우리는 사고로 인한 중대 손상과 사망을 막을 수 있게 건조환경을 설계하는 법을 알고 있다. 사고는 규제를 할 줄 몰라서 생기는 문제도 아니다. 우리는 규제가 사고사를 줄일 수 있다는 것을 알고 있다. 사고는 정치적이고 사회적인 문제다. 그러니 사고를 막기 위해 우리는 우리의 시스템들을 재설계하기만 하면 된다. 우리의 가장 나쁜 충동에 직면할 용기만 있으면 된다. 사고가 일어나게 두려는 강력한 사람들을 제어할 힘만 있으면 된다.

앞으로 어떻게 될 것인가

내년에 미국에서 약 20만 명이 사고로 사망할 것이다. 이렇게 말할 수 있는 이유는, 작년에 약 20만 명이 사고로 사망했고 내년이라고 크게 달라지지는 않을 것이라서다.

하지만 이것은 예측 가능한 최소치이며, 우리가 아무런 행동도 하지 않는다면 앞으로는 이 숫자보다 점점 더 커질 것이다. 이 20만 명에 지구가 더 취약해지고, 규제 기관의 효율성이 더 떨어지고, 건조환경이 더 자동화됨에 따라 발생할 사고사는 감안되어 있지 않기 때문이다. 긱 경제가 확대될수록 일터의 위험에서 보호되는 사람이 줄 것이고, 따라서 일터에서 재해로 사망하는 사람이 늘어날 것이다. 배달 경제가 확대될수록 더 많은 미국인에게 도로가 곧 일터가 될 것이고, 따라서 교통사고로 사망하는 사람도 늘게 될 것이다. 기업의 반反규제 어젠다가 진전됨에 따라 사고가 기업에 비용이 되게 하는 규제가 하나둘씩 철회되면, 기름 누출부터 퇴원 후 낙상까지 다양한 사고가 발생할 것이다.

또한 지구온난화가 심화됨에 따라 사고는 놀라운 방식으로 증가할 것이다. 눈이 한 번도 내리지 않았던 곳의 난방되지 않은 집에서 많은 이들이 동사할 것이다. 2021년 텍사스주에 눈보라가 몰아쳤을 때 210명이 대부분 저체온증으로 사망했듯이 말이다.[1] 정전이 된 아파트가 너무 더워져서 많은 사람들이 고온으로 죽을 것이다. 전 세계가 더워지면서 2015년 이후 정전 건수가 60퍼센트 증가했고 이미

한 해에 약 1만 2000명이 더위로 사망하고 있다.[2] 전례 없이 큰 폭풍의 여파가 폭풍 자체만큼이나 강하게 몰아치면서 많은 사람들이 익사할 것이다. 2021년 뉴욕과 그 일대에서 사망한 43명처럼 말이다. 멀리 루이지애나주에 상륙한 허리케인이 소멸하지 않고 동부 연안을 따라 계속 올라오면서 지나가는 경로 내내 기록적인 비를 뿌렸고, 뉴욕에서 숨진 사람 중 많은 수가 침수된 지하층 아파트에서 사망했다.[3] 그리고 기후 비상사태는 필사적인 이주의 행렬을 발생시킬 것이고 2021년 멕시코에서 미국으로 국경을 넘다가 사망한 사람들처럼 많은 이들이 도중에 사고로 죽을 것이다. 그해 4월에는 캘리포니아주로 건너가려는 SUV가 충돌해 25명 중 13명이 사망했고, 8월에는 텍사스주로 건너가려는 밴이 충돌해 30명 중 최소 10명이 사망했다.[4]

모든 경우에, 비난은 마치 새로운 것처럼 들리지만 이 책에서 살펴본 역사가 보여주는 오랜 패턴을 따르면서 우리의 주의를 다른 데로 돌릴 것이다. 음식 배달 플랫폼 회사는 자전거 사고로 사망한 배달원이 교통 법규를 위반했다고 비난할 것이다. 그의 일이 교통 법규를 위반하지 않고는 불가능했을 텐데도 말이다. 부동산 개발업체는 추락 사고로 숨진 건설 노동자에 대해 추락 사고 방지용 안전 수칙을 어겼다고 그를 탓할 것이다. 그 노동자가 수칙을 지키기 위해 와이어 같은 안전 장구를 착용할 시간을 들였다면 해고되었을 텐데도 말이다. 제약 회사도 약물 사용자가 중독으로 사망하면 그를 탓할 것이다. 그가 살고 있는 주에서 날록손을 구할 수 있었으면 죽지 않았을 텐데도 말이다.

나아가 더 많은 자동차 업체가 도로에서 자율주행차를 테스트하고 더 많은 유통업체들이 직원을 기계로 대체하고 더 많은 비행기 제조사들이 자동화 시스템을 도입함에 따라 새로운 사고의 시대가 열릴 것이다. 머지않아 우리는 인적 과실이 아니라 인간의 생명을 무시하도록 프로그래밍 된 기계의 비인간적인 속성에서 유발된 죽음들을 보게 될 것이다.

쏟아지는 주문량을 처리하기 위해 물건을 옮기는 로봇의 형태로 자동화를 도입한 아마존 물류 창고에서 우리는 이것이 어떤 모습일지를 맛보기로 볼 수 있었다.[5] 로봇이 들어오면서 사고율이 증가했다. 자동화가 도입되지 않은 물류 창고에 비해 재해율이 많게는 50퍼센트나 더 높았는데, 부분적으로는 아마존이 로봇을 노동자들의 작업 속도를 높이는 수단으로도 사용했기 때문이다. 2018년에 아마존은 재해율 20퍼센트 감소를 목표로 세웠지만 재해율은 올라갔다. 2019년에도 아마존은 재해율 5퍼센트 감소를 목표로 세웠지만 재해율은 또 올라갔다. 아마존은 계속해서 재해율 감소를 목표로 삼았지만 노동자의 업무 할당량도 계속해서 늘렸기 때문에 재해율 목표를 달성하지 못했다. 물론 우리에게 알려진 재해만 이 정도이고, 실제로는 더 많을 것이다. 워싱턴주 듀폰에 있는 아마존 물류 창고는 2019년에 재해율이 미국 내 어떤 아마존 물류 창고보다도 높았고 업계 전체 평균보다는 5배나 높았는데, 이곳의 응급처치 담당자가 폭로한 바에 따르면 그의 상사가 자기 지휘하에 있는 노동자들에게 사고가 한 건도 보고되지 않고 하루 근무가 끝나면 피자를 제공하겠다고 제안했다고 한다. 노동자들은 동료들의 공짜 식사를 없애지 않으려고 부상이 발생해도 보고하지 않았다.

기후변화와 자동화로 사고가 더 많이 발생하는 와중에, 크리스털 이스트먼과 랠프 네이더가 도입하기 위해 싸웠던 책무성 제도, 즉 사고가 기업에 비용이 되게 하는 법과 제도에 대한 이야기는, 내가 예측컨대, 점점 더 드물게만 듣게 될 것이다. 그리고 내 예측이 맞다면 사고는 계속 증가할 것이다.

사고로 사람들이 더 많이 죽을수록 사고로부터 우리를 보호하는 것이 우리의 자유를 침해하는 것이라는 궤변도 더 많아질 것이다. 이를테면, 아이가 실수로 총에 맞는 것을 보호하는 방아쇠 잠금장치는 수정헌법 2조가 보장하는 권리에 대한 침해다. 규제 기관은 자유시장의 권리를 억압하는 존재다. 독립 계약자는 노동자에게 적용되는 배상은 못 받겠지만 원하는 곳 어디에서나 일할 자유를 가지고 있다. 차고가 높아 앞 후드가 길에서 놀고 있는 아이를 시야에서 가리더라도 가장 큰 SUV를 사는 것은 당신의 자유다. 기타 등등, 기타 등등.

대대적인 변화가 이뤄지지 않는다면, 이것이 우리의 미래다.

미국에서 사고는 일어나고 있고, 비교 가능한 다른 나라들에 비해 훨씬 더 많이 일어나고 있다. 미국에서는 모든 것이 수익과 검약에 치우친 마인드를 가지고 백인 우월주의, 처벌 문화, 자립의 신화에 기초해 지어져 있기 때문이다. 해결책은 간단하다. 사람을 완벽하게 만들 수 있다는 듯이 굴지 말고 과실을 처벌하지 않으면 된다. 개인이 다 알아서 할 수 있다는 자립의 우화를 버리고, 사람들이 생존하기 위해서는 도구와 자원이 필요하다는 것을 인정하고 사회가 그것들을 제공해야 한다고 요구하면 된다. 건조환경의 모든 곳에 위해 저감 모델을 적용하면 된다. 사업장, 도로, 집뿐 아니라 법률과 정책까지 모든 시스템을 사고의 피해를 저감하고 모든 타격의 충격을 완화하며 어떤 비용이 들더라도 생명, 건강, 존엄을 보호하는 것을 최우선으로 삼아서 지으면 된다. 사고로 가장 많이 죽는 사람들은 가장 나이 많은 사람들, 가장 차별받는 사람들, 가장 가난한 사람들처럼 가장 취약한 사람들이라는 것을 염두에 두고, 거기에서부터 시작하면 된다. 취약성에 대한 고려에서부터 시작하면 된다.

미국에서 사고가 증가하는 추세를 막기 위해 우리가 취할 수 있는 크고 작은 조치들이 있다. 우리는 모든 불법행위 개혁법을 철회하고 규제에 대해 비용-편익 분석을 의무화한 규정을 철폐할 수 있다. 선거법을 고쳐서 기업이 정부 정책에 미치는 영향력을 억제하기 시작할 수 있다. 기업 로비스트가 정부 직책을 맡는 것에 더 많은 제한을 둠으로써 연방 규제 시스템이 제 역할을 회복하게 할 수 있다. 규제 기관에 당장 완전하게 자금을 지원하고 그곳들에 다음의 두 가지 임무를 부여할 수 있다. 하나는 안전 점검과 조사를 늘리는 것이고(특히 거대 기업들에 대해 그렇게 해야 한다), 다른 하나는 (지금처럼 있는 규제들마저 멈추는 게 아니라) 새로운 규제들을 만드는 것이다. 미국의 가장 부유한 사람들과 가장 큰 기업들에 조세 부담을 늘려서 우리 모두를 사고에서 보호하는 데 필요한 인프라 지출의 재원을 마련할 수 있다. 모든 새 주택에 스프링클러를 의무적으로 설치하고 모든 수영장에 울타리를 의무적으로 설치하고 모든 자동차에 현재 출시된 모든 안전 관련 자동화 기술(자동 비상 제동, 사각지대 감지, 알코올 감지 센서, 속도 관리 장치 등)을 의무적으로 탑재하게 하는 규제를 통과시킬 수 있다.[6] 충돌 시 피해가 최소화되도록 SUV의 크기를 규제하고, 신호등의 시간은 운전자가 아니라 보행자를 염두에 두고 설정하며, 부엌은 싱크대와 스토브가 바로 옆에 있도록 설계해 끓는 물이 담긴 냄비를 들고 부엌을 가로질러 다니지 않아도 되게 할 수 있다. 모든 청소년이 정규교육 과정에서 날록손 사용법과 하임리히법과 CPR 사용법을 배우게 할 수 있다. 사고에 큰 비용을 부과하고 위험한 조건들을 통제할 수 있는 역량과 권력이 있는 사람들이 그 비용을 부담하게 할 수 있다. 사고가 인종과 지리에 따라 불균등하게 분포하게 만드는 과거와 현재의 위험한 조건들에 대해 배상하는 제도를 만들 수 있다. 인간의 실수를 비난하는 것을 피하고 우리의 노력을 위해 저감에 집중시킬 수 있다. 사고가 계속 일어나게 두는 현상 유지의 기제인 백인 우월주의, 계급주의, 낙인찍기의 문화에 도전할 수 있다. 사고를 보는 관점을 권력자의 관점에서 사고로 숨지고 다친 사람들의 관점으로 옮길 수 있다. 기업들이 이익보다 책무성을 더 우선시하게 될 때까지 미국의 자본주의를 제어하고 자유시장을 제한할 수 있다.

혼자서는 이 중 어떤 것도 할 수 없으니, 다음과 같은 것부터 시작하자.

우리 자신의 환경을 주변 사람들이 실수를 할 것이라는 전제하에 만들어보자. 그러면 아무리 작더라도 우리가 통제할 수 있는 권력과 에너지를 발견할 수 있다. 그다음에는 그 통제력을 발휘하면 된다. 가령 우리는 더 작고 덜 강력한 자동차를 몰 수도 있고 가능하면 언제나 도보, 자전거, 버스 등 자동차보다 덜 위험한 대안을 선택할 수도 있다. 사고성 과용을 목격했을 경우를 대비해 날록손 사용법을 익히고 날록손을 지니고 다닐 수 있다. 나이 들어가면서, 또 주위의 어르신들과 함께 무술 교사에게 넘어지는 요령을 배울 수 있다. 술에 취한 사람을 보면 그가 안전하게 귀가하도록 도와줄 수 있다. 집과 일터에 경사로와 손잡이용 레일 등을 설치해 어떤 장애가 있더라도 안전하게 접근할 수 있는 환경을 만들 수 있다. 총의 방아쇠를 잠가두고 약병을 손 안 닿는 곳에 잘 치워둘 수 있다. 일터에서 노조를 만들 수 있다. 이 모든 것을 직장 상사, 집주인, 건조환경을 통제할 수 있는 지역 당국자 등 우리가 접할 수 있는 가장 강력한 사람들에게 요구함으로써 가장 취약한 사람들에게도 안전이 보장될 수 있게 할 도구와 자원을 확보할 수 있다. 그리고 이 모든 것을 우리 자신의 스위스 치즈 조각들이 어떻게 쌓여있는지를 인식하면서 할 수 있다. 그러면 나는 사고에서 보호되고 있는데 다른 사람은 낙인, 인종주의, 경제 불평등으로 사고에 노출되는 지점이 어디인지를 볼 수 있고, 가장 필요한 사람들부터 사고의 위험을 줄여주는 우선순위를 지지할 수 있다. 사고에 대해 당국의 공식적인 대응이 교육 캠페인과 법 집행 강화라면, 그런 조치가 실제로 무엇을 예방할 수 있는지 문제를 제기할 수 있다.

공감에서 시작하자. 시스템에 내재된 낙인과 편견을 찾아내자. 인적 과실 운운하는 이야기가 주위를 교란하는 조명탄처럼 사고 근처를 떠돌 때는 주의하자. 비난이 유일한 답처럼 보일 때는 스스로를 피해 당사자의 입장에 두고 그의 이야기를 들어보자.

비난은 먹이 사슬이다. 아래를 비난하지 말고 언제나 맨 위를 보자. 누가 가장 큰 힘을 가지고 있는가? 누가 가장 큰 영향을 미칠 수 있는가? 그 사람이 사고에 가장 가까운 사람인 경우는 매우 드물다. 무모한 운전자, 기체를 올렸어야 하는데 내린 조종사, 근무 중 잠든 발전소 운전원 등이 가장 큰 힘을 가지고 있고 가장 큰 영향을 미칠 수 있는 사람인 경우는 매우 드물다. 사고와 범죄에 대해 개인을 비난하는 사람들은 거의 언제나 죽음과 손상을 허용한 시스템으로부터, 또 예방을 할 수 있는 방대한 잠재력으로부터 우리의 관심을 돌려놓는다. 우리가 할 수 있는 곳에서 무엇이 이 사고의 궤적을 실제로 바꿀 수 있을까의 주제로 관심을 다시 되돌리자.

젖은 담요를 덮어씌우듯이 사고와 피해를 '사고'라는 단어로 덮어씌우려 하는 것에도 주의하자. 모든 사고에서 각각의 상세한 뉘앙스를 찾자. 시스템상의 문제에 대한 설명 없이 그저 사고였다고만 말하는 설명을 거부하고 더 길고 자세한 이야기를 요구하자. 왜 그때 스위스 치즈가 그렇게 쌓여있었는지 질문하자. 모든 사고는 실패가 겹쳐지면서 생긴다. 사고로 이어진 시스템들을 찾자. 큰 문제와 작은 문제 모두, 개인적인 문제와 시스템상의 문제 모두, 도로 설계의 문제와 차량 중과실치사 형량이 인종차별적으로 정해지는 문제 모두 말이다. 이것이 사고를 예방하는 유일한 방법이다.

나는 '사고'라는 단어를 쓰지 않는다. 나는 이 책에서 그 단어를 쓸 때마다 불편함을 느꼈다. 나는 그 단어가 내 입에서 튀어나올 때마다 당황스럽다. 사고에 대해 내가 지금 알고 있는 것을 알게 되니 그 말이 욕설처럼 들린다. 실제로 욕설이 될 수 있기 때문이고, 인종차별과 경제적 불평등이 사고에 의한 사망과 얽혀있는 세상에서 **사고였어요**라는 말이 "도심 빈민가"나 "복지 지출"만큼이나 사람들을 감정적으로 자극하는 말이 될 수도 있기 때문이다.

우리는 '사고'라는 말을 그만 쓸 수 있고 그렇게 해야 한다. 하지만 그 말을 안 쓰는 것보다 훨씬 더 중요한 것은 그 말이 쓰일 때(내가 다른 사람에게 할 때와 다른 사람이 내게 할 때 모두) 따라오곤 하는 비난하기와 관심 돌리기에 주목하는 것이다. 그래, '사고'라고 말하지 말자. 하지만 그와 동시에 **그건 사고였어요**라는 말이 들리면 이를 경고음으로 여기고 다음과 같은 질문을 하는 계기로 삼자. 어떻게 된 것인가? 왜 그런 것인가? 전에도 그런 일이 있었나? 또 그런 일이 일어날 것인가? '사고'라는 단어를 듣고서 그에 대한 대응으로 이런 질문을 한다면, 우리는 한 단계 더 도약할 수 있을 것이다.

오늘날 수십만 명이 생명을 잃고 셀 수 없는 사람이 송두리째 삶이 바뀔 중대 손상을 입고 헤아릴 수 없는 환경 파괴가 우리를 위협하는 것은, 개인을 탓하는 게 최선이고 나쁜 일은 나쁜 사람에게 일어나며 개인의 책임이 어떻게든 우리 모두를 구할 것이라는 생각을 우리가 받아들이는 데서 양분을 얻는다. 하지만 사고를 그것의 실제 속성대로 본다는 것은 더 이상 어떤 것도 사고로 받아들이지 않는 것을 의미한다. 어떤 것도 사고가 아니기 때문이다. 이제까지 그 어떤 것도 사고가 아니었다.

감사의 말

이 책은 브루클린의 크라운하이츠와 베이리지, 그리고 뉴욕 공공도서관 맨해튼 본관의 프레더릭 루이스 앨런 룸에서 집필했다. 캐서린 바너가 샅샅이 팩트 체크를 해주었다. 이 책이 오류가 적어 보이게 만들어준 캐서린의 모든 노력에 감사드린다. 남아있는 모든 오류와 누락은 오로지 나의 잘못이다.

가장 먼저, 에릭을 세상에 오게 해주신 에릭의 부모님 웬디 응과 토니 응, 그리고 에릭에게 큰 영향을 준 에릭의 누나 앨리슨에게 감사드리고 싶다. 에릭은 내 인생을 바꿨다. 에릭이 짧게나마 이 위험한 세상을 나와 함께 공유하게 허락해 주시고 에릭의 죽음에 대한 이야기를 책에 담을 수 있게 허락해 주셔서 깊이 감사드린다.

라이터스하우스에서 내 에이전트로 일해준 스티븐 바르는 내 사랑과 분노의 정신이, 기꺼이 책을 내줄 출판사를 만날 수 있게 해주었다. 출판사를 뚫기 위해 그는 내가 체포되는 사진과 시위하는 사진까지 보여주면서 애써주었다. 사이먼앤드슈스터 출판사에서는 눈 밝은 독자이자 엄정한 편집자로서 내 원고를 살펴준 치포라 베이츠를 만나게 되어 행운이었다. 재닛 번, 앤드리아 고든, 조던 콜루치, 제이미 셀저, 카일 카벨, 세라 키친, 리처드 리오에네스, 재키 서우에게도 감사드린다.

하지만 사이먼앤드슈스터에서 내가 가장 크게 감사를 표해야 할

분을 꼽으라면 이먼 돌런이다. 이먼은 지난 몇 년 동안 우리 집에서 유명인사였다. 식구들 사이에서 그의 뛰어난 지도 편달에 대한 찬사는 끊이지 않는 화제였다. 단순히 그가 이 책의 편집자라고만 말하는 것은 그의 역할을 너무 축소해서 말하는 느낌이다. 이먼은 바위를 깎아 모양을 잡아주었고, 다시 그것이 더 나은 글이 될 수 있게 키워주었다. 그는 이 책이 내가 혼자 쓴 것보다 훨씬 나은 책이 되게 해주었을 뿐 아니라, 그 과정에서 책을 어떻게 써야 하는지를 알려주었다. 그에게 정말 큰 빚을 졌다.

이 책에서 인용한 많고 많은 기자들, 연구자들, 그리고 전문가들에게 감사를 전한다. 내가 개진한 주장은 내가 거기에 기여한 바는 없지만 그것으로부터 큰 혜택을 얻을 수 있었던, 방대한 연구와 취재의 산 위에 살짝 얹혀있는 것일 뿐이다. 이 책에 많은 사람을 인용했지만 특히 이 지면을 빌려 시드니 데커에게 감사드리고 싶다. 나는 계속해서 그의 연구들로 돌아가 도움을 구했고, 막다른 골목에 닿을 때마다 그가 발달시킨 개념들에서 답을 찾을 수 있었다.

에릭을 알고 사랑한 많은 분들이 없었다면 이 책의 출간은 불가능했을 것이다. 학문의 세계에 슬쩍 들어가 볼 수 있게 해준 스콧 슈워츠, 늘 나와 함께 걸어준, 친자매나 다름없는 로런 스펜서, 그치지 않는 연대를 보여준 세라 폴과 모라 루스벨트, 모든 것에 질문하라고 알려주신 나의 부모님 글로리아 싱어와 존 싱어, 내가 한참이나 격조했던 것을 인내심 있게 기다려주고 때때로 이 책의 주장들을 통해 내게 말을 건네온 나의 가장 오랜 친구들에게 깊은 감사를 전한다.

에릭을 아는 기쁨을 누리지는 못했지만 내게 큰 도움이 되어주신 분들도 많다. 엘레나 산토가데는 이것이 책이 되기 전에 책이라는 것을 알아봐 주고 출판 과정의 어두운 물속에서 나를 인도해 주었다.

교통대안Transportation Alternatives의 옛 동료들과 현 동료들은 지칠 줄 모르는 투쟁의 에너지로 내게 동기부여를 해주었다. 안전한거리를위한가족들 회원들은 이 책의 가치를 상기시켜 주었고 매 단계마다 용기를 북돋워 주었다. 특히 자신들의 삶과 고통을 품위 있고 용기 있게 이야기해 주신 다음의 '사고' 생존자와 유가족분들께 감사드린다. 어맨다 리 앨런, 둘시 캔턴, 에이미 코언, 애덤 길런과 메리베스 길런, 데비 칸과 해럴드 칸, 주디스 코틱, 시페이 랴오와 에이미 탐 랴오, 제임스 린더, 데이나 러너, 케빈 스미스.

가장 큰 감사는 나의 배우자 앤드루 헌더레이커에게 바친다. 그는 원고를 읽어주고, 두려움을 달래주고, 주장을 면밀하게 검토해 주고, 단어 속에서 길을 잃으면 방향을 상기시켜 주고, 인내심 있게 내 아이디어들을 쉬운 언어로 다시 불러와 주고, 너무 슬퍼질 때마다 기운을 북돋워 주고, 함께 해야 할 집안일을 더 많이 도맡으면서 내가 책 쓸 시간과 장소를 가질 수 있게 배려해 주었다. 당신이 없었으면 이 책은 전혀 가능하지 않았을 거예요. 사랑하고, 고마워요.

끝으로 모든 분들께. 안전히 지내시길 빕니다.

주

들어가는 글 사고가 아니다

별도의 언급이 없으면 이 장 및 이 책 전체에서 언급된 사고사 데이터는 질병통제예방센터 산하 국가보건통계센터(National Center for Health Statistics)의 자료이며 WONDER(Wide-ranging Online Data for Epidemiologic Research) 데이터베이스나 WISQARS(Web-based Injury Statistics Query and Reporting System) 데이터베이스를 통해 확보했다. WONDER와 WISQARS는 세부 사항과 최근 연도가 서로 달라서 내용에 따라 더 적합한 것을 선택했다. 입수 가능한 가장 최근 데이터(WISQARS는 2019년, WONDER는 2016년)와 입수 가능한 전 기간 데이터(WISQARS는 1981~2019년, WONDER는 1999~2016년) 중 내용에 따라 적합한 것을 사용했지만, 어느 한 해의 측정값에 이상점이 있어 내용이 치우치게 되는 경우를 막기 위해 가능하면 전 기간을 사용했다. 정확성을 기하기 위해 사망률은 언제나 연령으로 조정한 자료를 사용했다. '백인'은 질병통제예방센터의 분류에서 "비(非)라티노 코카서스인"을, '라티노'는 모든 인종과 민족을 포함해 라티노 전체를, '원주민'은 모든 인종과 민족을 포함해 북미와 알래스카 원주민 전체를 의미한다. 마찬가지로 '아시아인'과 '흑인'도 해당 범주 내의 모든 인종과 민족을 포함한다. 다른 표현(가령 '유색인종')을 쓴 곳도 있는데, 이것은 해당 부분에서 내가 인용한 문헌이 그 용어를 사용했기 때문이다(여기에 나온 데이터는 모두 사망진단서에 따른 것이며 완벽하지는 않다. 완벽하지 않은 이유는 《뉴요커》에 실린 캐스린 슐츠(Kathryn Schultz)의 기사 〈최종 양식〉(Final Forms)을 참조하라).

〈들어가는 글〉을 작성하는 데는 전미안전협회 통계 담당 부서장 켄 콜로시(Ken Kolosh), 《전국손상종합통계》의 공저자 마틴 매커리(Martin Makary)와 수전 P. 베이커, 《리스크: 미국에서 안전은 어떻게 협상되는가》(*Risk: Negotiating Safety in American Society*)의 저자 아웬 모훈(Arwen Mohun), 《안전 제일: 미국 노동자의 안전을 위한 테크놀로지, 노동, 비즈니스, 1870~1939년》(*Safety First: Technology, Labor, and Business in the Building of American Work Safety, 1870–1939*)과 《죽음이 기차를 타다: 미국 철도 사고와 안전, 1828~1965년》(*Death Rode the Rails: American Railroad Accidents and Safety, 1828–1965*) 저자 마크 올드리치(Mark Aldrich)와의 인터뷰에서 특히 큰 도움을 받았다. 다음의 중요한 논문들도 유용했다. Hermann Loimer and Michael Guarnieri, "Accidents and Acts of God: A History of the Terms," *Public Health Then and Now*; Michael Guarnieri, "Landmarks in the History of Safety," *Journal of Safety Research*; J. A. Waller, "Reflections on a Half Century of Injury Control," *American Journal of Public Health*. 마코 코너 디아퀴이(Marco Conner DiAquoi), 세라 폴(Sarah Paule), 그레그 실(Greg Shill)의 법률 관련 조언에도 감사를 전한다.

[1] National Safety Council, "Accidental Deaths Hit Highest Number in Recorded U.S. History," November 29, 2018.

[2] 예를 들어 유나이티드항공의 보잉 747-400기에는 374개의 좌석이 있고(다음을 참조하라. united.com/web/en-us/content/travel/inflight/aircraft/747) 미국의 일일 사고사 발생 건수는 550건이다(다음을 참조하라. "All Unintentional Injury Deaths," National Center for Health Statistics, "Accidents or Unintentional Injuries," cdc.gov/nchs/fastats/accidental-injury.htm). 따라서 미국 사고사 규모는 만석인 747기 항공기가 매일 적어도 1.5대씩 추락하는 것이나 마찬가지다.

[3] Melonie Heron, "Deaths: Leading Causes for 2017," *National Vital Statistics System Statistics Reports* 68, no. 6 (2019).

[4] 미국의 연간 사고사 건수와 사고사율은 1992년 이래 증가하고 있다. 1990년에는 연간 8만 4000명 가까이 사망했고 사고사율은 인구 10만 명당 33명이었는데, 2020년에는 연간 사고사 사망자가 20만 명이 넘었고 사고사율은 10만 명당 60명이었다. 다음을 참조하라. CDC WISQARS Fatal Injury Reports, webappa.cdc.gov/sasweb/ncipc/mortrate.html.

[5] Ibid.

[6] Ibid.

[7] Ibid.

[8] Grant Suneson, "Wealth in America: Where Are the Richest and Poorest States Based on Household Income?," *USA Today*, October 8, 2018; CDC WONDER Compressed Mortality File, wonder.cdc.gov/cmf-icd10.html.

[9] John Mecklin, "Closer Than Ever: It Is 100 Seconds to Midnight," *Bulletin of the Atomic Scientists*, January 23, 2020.

[10] Susan P. Baker et al., *The Injury Fact Book*, 2nd ed. (New York: Oxford University Press, 1991), 298-99.

[11] Ibid., v-vii.

[12] Ibid., 17, 21, 36

[13] Ibid., 36.

[14] Nancy Knechel, "When a Crash Is Really an Accident: A Concept Analysis," *Journal of Trauma Nursing* 22, no. 6 (2015): 321-29.

[15] Ronald M. Davis and Barry Pless, "BMJ Bans 'Accidents': Accidents Are Not Unpredictable," *British Medical Journal* 322, no. 7298 (2001): 1320-21.

[16] Sarah Goodyear, "It's No 'Accident': NYPD Changes the Way It Talks About Traffic Deaths," *Bloomberg CityLab*, March 11, 2013.

[17] Angie Schmitt, "Associated Press Cautions Journalists That Crashes Aren't Always 'Accidents,'" *Streetsblog USA*, April 4, 2016.

[18] Michael Guarnieri, "Landmarks in the History of Safety," *Journal of Safety Research* 23, no. 3 (1992): 151–58.

[19] Ibid.

[20] Loimer and Guarnieri, "Accidents and Acts of God: A History of the Terms."

[21] 과거의 빈도는 프로퀘스트(ProQuest) 정기간행물 기사 인덱스의 과거 뉴스 검색 서비스에서 《뉴욕 타임스》 기사를 사용했고, 오늘날의 빈도는 구글 트렌드를 사용했다.

[22] National Safety Council, "Lifetime Odds of Dying for Selected Causes, United States, 2015–2019," Injury Facts, injuryfacts.nsc.org/all-injuries/preventable-death-overview/odds-of-dying/data-details/.

[23] Steven H. Woolf and Laudan Aron, eds., *U.S. Health in International Perspective: Shorter Lives, Poorer Health* (Washington, DC: The National Academies Press, 2013), 28–31. 이 연구가 수행된 시점에는 핀란드가 유일하게 미국과 사고사율이 비슷했는데, 그 이후로 미국의 사고사율은 증가했고 핀란드의 사고사율은 크게 감소했다. (Official Statistics of Finland, "Accidents caused the death of 2,400 persons in 2018," Helsinki: Statistics Finland, stat.fi/til/ksyyt/2018/ksyyt_2018_2019-12-16_kat_005_en.html).

[24] Leslie A. Gillum et al., "NIH Disease Funding Levels and Burden of Disease," *PLoS One* 6, no. 2 (2011): e16837.

[25] "Physical Injury—Accidents and Adverse Effects," *Estimates of Funding for Various Research, Condition, and Disease Categories,* National Institutes of Health: Research Portfolio Online Reporting Tools (2021), report.nih.gov/funding/categorical-spending; Comprehensive Addiction and Recovery Act (CARA), Public Law 114–98, Sec. 108.

[26] Jeromie M. Ballreich et al., "Allocation of National Institutes of Health Funding by Disease Category in 2008 and 2019," *JAMA Network Open* 4, no. 1 (2021).

[27] National Safety Council, "Societal Costs," Injury Facts, injuryfacts.nsc.org/all-injuries/costs/societal-costs/data-details.

[28] "Distracted Driving, Falls, Opioids Cause Spike in Unintentional Death Rate," *Environmental Health and Safety Today*, May 10, 2017.

[29] Centers for Disease Control and Prevention National Vital Statistics System, "Leading Causes of Death, 1900–1998," Table 288: Deaths and death rates for 15 leading causes of death in specified age groups, by race and sex: United States, 1986, cdc.gov/nchs/data/dvs/lead1900_98.pdf.

[30] CDC WISQARS Fatal Injury Reports, webappa.cdc.gov/sasweb/ncipc/mortrate.html.

[31] "Accidental Injury Rises to Third Leading Cause of Death in the U.S.," CBS News, January 17, 2018.

[32] 1960년대 말과 1970년대 초부터 1992년까지는 사고사율과 사고사 건수가

낮아지는 추세였다(다음을 참조하라. injuryfacts.nsc.org/all-injuries/historical-preventable-fatality-trends/deaths-by-cause/). 1992년 이후 사고사 건수 증가는 인구 증가보다 훨씬 빨랐을 정도로 심각하다. 사고사율의 증가도 상당히 심각해서, 1992년 이래로 사고사율은 79퍼센트나 증가했다(다음을 참조하라. injuryfacts.nsc.org/all-injuries/costs/societal-costs/data-details). 아래의 모든 자료는 다음을 참조하라. CDC WISQARS Fatal Injury Reports (webappa.cdc.gov/sasweb/ncipc/mortrate.html, 소수점 반올림). 1999년부터 2019년까지 건수가 크게 증가한 사고사 유형은 다음과 같다. 베이거나 찔린 상처로 사망(99퍼센트 증가), 낙상(200퍼센트 증가), 약물중독(457퍼센트 증가), 약물 이외의 물질에 중독(249퍼센트 증가), 질식(29퍼센트 증가), 오토바이가 자동차와 충돌(103퍼센트 증가), 자전거가 자동차와 충돌 및 기타 특정되지 않은 원인으로 자전거 운전자 사망(36퍼센트 증가), 보행자가 자동차와 충돌 및 기타 특정되지 않은 원인으로 보행자 사망(27퍼센트 증가), 보행자가 자동차와의 충돌만으로 사망(47퍼센트 증가). 1999년 이래 사고사율이 2배 이상 증가한 사고 유형은 낙상사, 약물중독사, 약물 이외의 물질로 인한 중독사다. 1992년에서 2020년 사이에 사고사 건수는 8만 3952건에서 20만 955건으로 132퍼센트 증가했고(CDC WISQARS Fatal Injury Reports, webappa.cdc.gov/samsweb/ncipc/mortrate.html), 미국 인구는 2억 5651만 4000명에서 3억 3150만 1080명으로 29퍼센트 증가했다(World Bank, data.worldbank.org.indicator/SP.POP.TOTL).

[33] National Safety Council, "Overview," Injury Facts, injuryfacts.nsc.org/all-injuries/overview.

[34] Centers for Disease Control and Prevention, "Top Ten Leading Causes of Death in the U.S. for Ages 1–44 from 1981–2019," Injury Prevention and Control, cdc.gov/injury/wisqars/animated-leading-causes.html.

[35] National Safety Council, "Preventable Deaths: Minute by Minute," Injury Facts, injuryfacts.nsc.org/all-injuries/preventable-death-overview/minute-by-minute.

[36] Department of Health and Human Services, ed., *Medical Examiners' and Coroners' Handbook on Death Registration and Fetal Death Reporting* (Hyattsville, MD: Department of Health and Human Services, Centers for Disease Control and Prevention, National Center for Health Statistics, 2003), 11–14.

[37] Catherine Barber and David Hemenway, "Too Many or Too Few Unintentional Firearm Deaths in Official U.S. Mortality Data?," Accident Analysis & Prevention 43, no. 3 (2011): 724–31; Judy Schaechter et al., "Are 'Accidental' Gun Deaths as Rare as They Seem? A Comparison of Medical Examiner Manner of Death Coding with an Intent-Based Classification Approach," Pediatrics 111, no. 4 pt. 1 (2003): 741–44; Maggie Koerth, "What Counts as an Accident?," FiveThirtyEight, July 13, 2016.

[38] CDC WISQARS Fatal Injury Reports, webappa.cdc.gov/sasweb/ncipc/mortrate.html.

[39] Martin A. Makary and Michael Daniel, "Medical Error—The Third Leading Cause of Death in the US," *British Medical Journal* 353 (2016): i2139.

[40] 마틴 매커리와의 인터뷰.

[41] Makary and Daniel, "Medical Error—The Third Leading Cause of Death in the US."

[42] Arwen Mohun, *Risk: Negotiating Safety in American Society* (Baltimore, MD: Johns Hopkins University Press, 2013): 1-7.

[43] Peter D. Norton, *Fighting Traffic: The Dawn of the Motor Age in the American City* (Cambridge, MA: MIT Press, 2011): 38-46.

[44] National Safety Council, "Percent Change of Age-Adjusted Death Rates from 1900 to 2019 (Indexed to 1900), United States," Injury Facts, injuryfacts.nsc.org/all-injuries/historical-preventable-fatality-trends/where-weve-been.

[45] National Safety Council, "Overview."

[46] Narcan/Naloxone Hydrochloride, U.S. Food and Drug Administration New Drug Application 016636.

[47] "Drivers Disconnecting Seat Belt Locks," *New York Times*, August 18, 1974.

[48] OSHA, Final Rule on Fall Protection in the Construction Industry—Docket No. S206-2006-0699 (예전의 Docket No. S-206).

[49] Lauren Pacelli, "Asleep at the Wheel of Auto Safety? Recent Air Bag Regulations by the National Highway Traffic Safety Administration," *Journal of Contemporary Health Law & Policy* 15, no. 2 (1999): 739-77.

[50] National Highway Traffic Safety Administration, "Traffic Safety Facts Annual Report Tables," cdan.nhtsa.gov/tsftables/tsfar.htm; Camila Domonoske, "'Tragic': Driving Was Down in 2020, but Traffic Fatality Rates Surged," National Public Radio, March 5, 2021; Elizabeth Garza, "Construction Fall Fatalities Still Highest Among All Industries: What More Can We Do?," *National Institute for Occupational Safety and Health Science* (blog), April 10, 2019; Centers for Disease Control and Prevention, "The Drug Overdose Epidemic: Behind the Numbers," cdc.gov/opioids/data/index.html.

[51] "Manhattan: Man Sentenced for Fatal Crash," *New York Times*, January 4, 2008.

[52] New York State Department of Motor Vehicles Police Accident Report(뉴욕주 자동차 사고 기록) MV-104A, Department of Transportation investigation memorandum(교통부 사고 조사 기록), 차량 운전자의 재판 전 증언 녹취는 모두 정보공개법에 의거해 뉴욕시의 담당 부처에 요청해 받은 자료다.

1 과실

1장에서 서술한 미국 사고사의 초기 역사, 그리고 사고 원인으로 과실을 탓하는 관행의 초기 역사는 주로 다음 저술을 바탕으로 작성했다. Crystal Eastman, *Work-Accidents and the Law: Volume 2 of the Pittsburgh Survey*; Bryant Simon, *The Hamlet Fire: A Tragic Story of Cheap Food, Cheap Government, and Cheap Lives*; Christopher Leonard, *Kochland: The Secret History of Koch Industries and Corporate Power in America*; Peter D. Norton, *Fighting Traffic*; Mark Aldrich, *Death Rode the Rails, Safety First*; Arwen P. Mohun, *Risk*; Ralph Nader, *Unsafe at Any Speed: The Designed-In Dangers of the American Automobile*. 또한 전미안전협회 통계 담당 부서장 켄 콜로시와의 인터뷰, 그리고 크리스털 이스트먼을 제외한 위의 모든 저자들과의 인터뷰에도 크게 의존했다.

[1] Erik Hollnagel, *Barriers and Accident Prevention* (London: Routledge, 2004), "A Little Etymolog," chapter 1 "Accidents and Causes."

[2] Hollnagel, *Barriers and Accident Prevention*, "Latent Conditions," chapter 2 "Thinking about Accidents."

[3] Sidney Dekker, *The Field Guide to Understanding 'Human Error'* (Burlington, VT: Ashgate, 2006), 1–20.

[4] Ibid., 1–14.

[5] Ibid., 15–20.

[6] Ibid., 1–20.

[7] "Motor Vehicle Traffic Fatalities, 1900–2007: National Summary," U.S. Department of Transportation Federal Highway Administration, fhwa.dot.gov/policyinformation/statistics/2007/pdf/fi200.pdf.

[8] H. W. Magee, "Why Gamble with Death," *Popular Mechanics* 66, no. 5 (November 1936): 714–719.

[9] 자동차 시대의 초창기에 도로의 개념이 어떻게 달라졌는지에 대한 책 분량의 논고에서 역사학자 피터 노턴은 대중이 교통사고를 살인이라고 부르게 만든 분노에 대해 다음과 같이 묘사한다. "공포에 질린 부모들과 보행자들에게 이 문제는 훨씬 더 단순했다. 그들은 상황이 어땠건 자동차와 운전자를 비난했다. 도시민은 분노했고, 그들의 분노는 무모한 운전자를 우루루 공격하는 것으로 표출되었다." 다음을 참조하라. Norton, *Fighting Traffic*, 25–27.

[10] 노턴은 이 절에서 소개한 어윈 우서의 사례가 대표하는 경향을 다음 저술에서 처음 짚어낸 바 있다. *Fighting Traffic*, 21–36. 여기에서 노턴은 목격자들이 보행자를 친 운전자를 "살인자"라고 부른 것과 목격자들이 성난 군중으로 바뀌어 운전자를 공격한 것 둘 다를 언급하고 있다. 어윈 우서 사례의 출처는 미국의 1930년 인구총조사이며, 이 사건을 보도한 당시의 신문 기사 두 편을 바탕으로 내 나름의 가정을 추가했다. 두 기사는 다음과 같다. "Truck Kills Boy, Driver Saved by Cop from Mob," *New York Daily News*; "Driver Is Menaced After

Killing Child," *New York Times*. 두 기사 모두 1931년 5월 29일 자이며, 바이라인이 없다.

[11] John Geist and Allison Seyler, "Passenger Car Air Conditioning: The Quest to Be First," *From the B&O Railroad Museum*… (blog), July 26, 2018.

[12] Andrew Glass, "President Hoover Dedicates Empire State Building, May 1, 1931," *Politico*, May 1, 2018.

[13] Federal Highway Administration Office of Highway Information Management, "State Motor Vehicle Registrations, by Years, 1900–1995," *Highway Statistics Summary to 1995*, Section II/Table MV200: fhwa.dot.gov/ohim/summary95/mv200.pdf.

[14] "Fatally Hurt by Automobile: Vehicle Carrying the Son of Ex-Mayor Edson Ran Over H. H. Bliss, Who Was Alighting from a Trolley Car," *New York Times*, September 14, 1899; David G. Allan, "Surprising Details About First American Killed by a Car: On this day in history we are offered a cautionary tale," BBC, September 13, 2013.

[15] 이에 대해서는 노턴이 저서 《교통사고와 싸우기》에서 처음 언급한 바 있다. *Fighting Traffic*, 26–37. 본문에 인용된 기사 제목들은 모두 《뉴욕 타임스》 기사다(각각 1921년 5월 12일 자, 1923년 6월 26일 자, 1924년 9월 21일 자).

[16] 이에 대해서는 노턴이 같은 책에서 처음 언급한 바 있다. *Fighting Traffic*, 21–36. 또한 나는 이런 경향의 시작과 끝을 프로퀘스트 과거 뉴스 검색 서비스에서 "운전자"(driver), "자동차"(auto), "군중"(mob)이라는 검색어로도 확인할 수 있었다.

[17] Norton, *Fighting Traffic*, 29. 다음도 참조하라. "Playground Appeal Cites 'Murder Map': City Club Shows Mishaps to Children Fewer in Areas with Play Facilities," *New York Times*, July 21, 1930.

[18] "City Club Maps Auto Death Areas in 1926," *New York Times*, June 27, 1927.

[19] Norton, *Fighting Traffic*, 29.

[20] 노턴과의 인터뷰. 그가 쓴 다음 논문도 참조하라. Street Rivals: Jaywalking and the Invention of the Motor Age Street," *Technology and Culture* 48, no. 2 [2007]: 331–5. 이 논문의 초록에서 노턴은 다음과 같이 언급했다. "미국 도시가 물리적으로 자동차를 수용할 수 있게 재구성되기 위해서는 우선 도시의 거리들이 자동차가 속할 수 있는 장소로서 사회적으로 재구성되어야 했다."

[21] William Bunge, "Map 2.16: Children's Automobile 'Accidents' in Detroit," *Nuclear War Atlas* (Oxford: Basil Blackwell, 1989), digital.library.cornell.edu/catalog/ss:19343514. 윌리엄 번지에 대해 알려준 사진작가 드미트리 구드코프(Dmitry Gudkov)에게 감사드린다.

[22] Collector's Notes on William Bunge, Map 2.16, *Nuclear War Atlas*.

[23] Ibid.

[24] Norton, "Street Rivals."

[25] 노턴과의 인터뷰. 다음도 참조하라. Peter Norton, "Four Paradigms: Traffic

Safety in the Twentieth-Century United States," *Technology and Culture* 56, no. 2 (2015): 326; Norton, *Fighting Traffic*, 74-75, 212-20.

[26] 당시에 이들 이해관계 집단은 스스로를 '모터덤'(motordom)이라고 불렀다. Norton, *Fighting Traffic*, 4.

[27] Norton, *Fighting Traffic*, 65-101.

[28] Tom Vanderbilt, "In Defense of Jaywalking," *Slate*, November 2, 2009.

[29] Norton, *Fighting Traffic*, 65-101.

[30] Ibid.

[31] 노턴과의 인터뷰. 다음도 참조하라. Norton, *Fighting Traffic*, 95-101.

[32] Norton, *Fighting Traffic*, 95-101.

[33] Ibid.

[34] Brian Tefft, "Impact Speed and a Pedestrian's Risk of Severe Injury or Death," AAA Foundation for Traffic Safety, September 2011, 1.

[35] 속도제한장치 조례가 통과되었더라면 신시내티에서 교통사고사를 줄이는 데 명백히 효과가 있었을 것이고, 효과적인 안전 조치로서 기계적으로 속도를 통제하는 차량 내부 장치를 의무화하는 것이 정상적으로 여겨졌을 것이다. 그리고 안전 효과에 대한 증거가 쌓이면서 얼마 후에는 이런 의무 사항이 더 널리 퍼질 수도 있었을 것이다. 하지만 그렇게 되지 않았고, 2019년에 미국 교통사고사 4건 중 1건 이상이 과속과 관련이 있었다.

[36] Chris Weller, "Why Speedometers Go to 140 or 160 MPH, Even if Cars Can't Drive That Fast," *Business Insider*, November 22, 2017.

[37] Norton, *Fighting Traffic*, 95-101.

[38] 노턴과의 인터뷰.

[39] Peter Norton in Daniel Kolitz, "What Technology Has Accidentally Killed the Most People?," *Gizmodo*, June 15, 2020.

[40] Norton, *Fighting Traffic*, 29-46.

[41] Norton, *Fighting Traffic*, 34-38.

[42] Norton, *Fighting Traffic*, 30, 42-43.

[43] Norton, *Fighting Traffic*, 71-87, 175-206.

[44] 노턴과의 인터뷰.

[45] Norton, "Street Rivals."

[46] Norton, "Street Rivals," 351.

[47] Norton, *Fighting Traffic*, 370.

[48] Norton, "Street Rivals."

[49] Norton, "Street Rivals," 357.

[50] Walter Chrysler, "The Only Cure for Auto Accidents," *The Outlook*, April 27, 1927.

[51] Ibid.

[52] Norton, "Four Paradigms," 319-34.

[53] 당대의 교통사고사 정점은 1937년이었다. 그해에 3만 7000명 이상이 사망했다("Motor Vehicle Traffic Fatalities, 1900-2007"). 현대의 교통사고사는 2020년이 정점이었는데, 그해에 4만 2000명이 사망한 것으로 추산된다(National Safety Council, "Motor Vehicle Deaths in 2020 Estimated to Be Highest in 13 Years, Despite Dramatic Drops in Miles Driven," nsc.org/newsroom/motor-vehicle-deaths-2020-estimated-to-be-highest).

[54] 이 글을 쓰는 시점에는 아직 예비 데이터이지만, 2020년에도 보행자 사망은 계속 증가한 것으로 보인다. 어떻게 비난과 책임이 떠넘겨지는지에 대한 사례로는 다음을 참조하라. Leah Asmelash, "Smartphones, Warm Weather and SUVs Are All to Blame for the Highest Number of Pedestrian Deaths in More Than 30 Years, Report Says," CNN, February 27, 2020.

[55] Ford Corporate, "One Step Ahead of Pedestrians: Ford's Pre-Collision Assist Helps Predict Distracted 'Petextrians' Movement," ophelia.sdsu.edu:8080/ford/03-30-2018/innovation/petextrian.html.

[56] Kelcie Ralph and Ian Girardeau, "Distracted by 'Distracted Pedestrians'?," *Transportation Research Interdisciplinary Perspectives* 5 (2020): 1-14.

[57] Judith Mwakalonge, Saidi Siuhi, and Jamario White, "Distracted Walking: Examining the Extent to Pedestrian Safety Problems," *Journal of Traffic and Transportation Engineering* 2, no. 5 (2015): 327-37.

[58] Gersh Kuntzman, "City to State: 'Distracted Pedestrians' Is Not a Thing," *Streetsblog NYC*, September 2, 2019.

[59] 노턴은 나와의 인터뷰에서 고용주를 책임에서 면제해 주기 위해 '사고'라는 단어의 사용이 증가한 것은 19세기 산업계에서였다고 말했다. "초기의 자동차 안전 캠페인은 사고라는 단어가 쓰였던 산업 안전 캠페인을 모델로 삼았습니다. 명백히 고용주를 면책하고 노동자에게 비난을 돌리려는 의도가 없지 않았습니다." 다음도 참조하라. Norton, *Fighting Traffic*, 19-20, 29-39.

[60] John C. Burnham, *Accident Prone: A History of Technology, Psychology, and Misfits of the Machine Age* (Chicago: University of Chicago Press, 2009), 33-34. 이 책은 일터에서의 재해와 관련해 사고 유발 경향성이 있는 노동자라는 개념 및 그 밖의 '썩은 사과 이론'의 기원을 상세히 설명하고 있다. 하지만 버넘 본인이 썩은 사과 이론을 믿는 사람이므로 주의해서 읽어야 한다. 썩은 사과 이론의 역사적 기원에 대한 더 중립적인 글은 다음을 참조하라. Paul Swuste, Coen van Gulijk, and Walter Zwaard, "Safety Metaphors and Theories: A Review of the Occupational Safety Literature of the U.S., U.K. and The Netherlands, Till the First Part of the 20th Century," *Safety Science* 48, no. 8 (2010): 1000-1018.

[61] 당시에는 기록과 보관이 오늘날 같지 않았으므로 이것은 매우 적게 잡은 숫자일 것이다. 어느 경우든 노동자의 일터 사고사는 늘 기업의 경제적 계산과 관련이 있었다. 마크 올드리치는 저서 《안전 제일》에서 이렇게 설명한다. "새로운 기계와 공정, 그리고 그것의 위험은 '인간 외부에 있는 모종의 역사적 요인'

이 일으킨 산물이 아니었다. 새로운 테크놀로지는 노동자의 손상이 기업에 경제적 영향을 거의 일으키지 않는 조건에서 기업들이 생산을 늘리고 비용을 낮추기 위해 취한 노력이 반영된 결과였다. 이 시기에 판사들이 고용주의 법적 책임에 대한 판례를 업무상 손상에 대한 부담 대부분을 손상을 입은 피해자에게 지움으로써 경제성장을 촉진하는 쪽으로 구성했기 때문이다." 다음도 참조하라. John Fabian Witt, *The Accidental Republic: Crippled Workingmen, Destitute Widows, and the Remaking of American Law* (Cambridge, MA: Harvard University Press, 2006), 2.

[62] Burnham, *Accident Prone*: 33–34.

[63] 마크 올드리치와의 인터뷰.

[64] 올드리치와의 인터뷰.

[65] Aldrich, *Safety First*, 104.

[66] 노동자배상법은 위스콘신주보다 뉴욕주에서 먼저 통과되었지만 곧바로 무효화되었다. Patrick J. Kiger, "How the Horrific Tragedy of the Triangle Shirtwaist Fire Led to Workplace Safety Laws," History.com, March 27, 2019.

[67] Frank A. Epps, "National Cooperation in Safety," *Transactions: National Safety Congress, Part I: 1925 Proceedings of the National Safety Council* (Cleveland, OH: National Safety Council, 1925), 778–79.

[68] Emily Holbrook, "A Century of Safety," *Risk Management* 60, no. 5 (2013): 16–17.

[69] 노턴은 이 이야기를 다음에서 간략히 다루었다. *Fighting Traffic*, 33-39. 올드리치는 이것을 다음에서 상세히 다루었다. *Safety First* (4장 "A Management Responsibility")

[70] Aldrich, *Safety First*: 12–67.

[71] 전미산업안전협회는 1914년에 전미안전협회로 이름이 바뀐다. 20세기 전반기의 디자인에 관심 있다면 이 포스터들을 찾아보기 바란다. 1960년대 내내 카탈로그가 인쇄되었으며 각각의 카탈로그에는 비난받을 만한지는 몰라도 아름답기는 한, 각 시대의 디자인 트렌드를 상징하는 포스터들이 실려있다. 본문에 언급한 사례는 다음에서 가져왔다. *National Safety Council Posters Catalog: 1930 Safety Posters* (Chicago: National Safety Council, 1930). 또한 올드리치는 또 다른 사례들을 다음 저서에서 인용하고 있다. *Safety First*, 133, 138.

[72] *National Safety Council Posters Catalog*, 89.

[73] Norton, "Street Rivals," 341–42; Aldrich, *Safety First*, 137–38.

[74] Lee Vinsel, "Safe Driving Depends on the Man at the Wheel: Psychologists and the Subject of Auto Safety, 1920–55," *Osiris* 33, no. 1 (2018): 191–209.

[75] Frank A. Haight, "Accident-Proneness: The History of an Idea." 다음에 수록됨. *Traffic and Transport Psychology: Proceedings of the ICTTP 2000*, eds. Talib Rothengatter and Raphael D. Huguenin (Amsterdam: Elsevier, 2004), 421–32.

[76] W. A. Tillman, "Accident Proneness," *Canadian Journal of Occupational Therapy* 25, no. 4 (1958): 135–39.

[77] Burnham, *Accident Prone*: 79–81.

[78] J. Cotter Hirschberg et al., "A Study of Miners in Relation to the Accident Problem: Psychiatric Evaluation," Divisions of Mental Hygiene and Industrial Medicine, University of Colorado Medical Center: 553–55.

[79] Anthony Davids and James T. Mahoney, "Personality Dynamics and Accident Proneness in an Industrial Setting," *Journal of Applied Psychology* 41, no. 5 (1957): 303–6.

[80] Tillman, "Accident Proneness."

[81] 사고 유발 경향성 가설을 반박한 저술은 아주 많은데, 내가 특히 좋아하는 것은 다음과 같다. A. M. Adelstein, "Accident Proneness: A Criticism of the Concept Based upon an Analysis of Shunters' Accidents," *Journal of the Royal Statistical Society* 115, no. 3 (1952): 354–410; Mark D. Rodgers and Robert E. Blanchard, "Accident Proneness: A Research Review," Office of Aviation Medicine of the FAA Civil Aeromedical Institute, May 1993, 1–4. 다음도 참조하라. 내가 읽은 전문 학술 논문 중 유일하게 재밌었던 논문이기도 하다. Frank A. Haight, "Accident Proneness: The History of an Idea."

[82] Haight, "Accident Proneness."

[83] Rodgers and Blanchard, "Accident Proneness: A Research Review," 2–3.

[84] 안전 매뉴얼의 실제 역할과 일터에서의 사고와 작업 속도의 관계에 대한 내용은 《코크랜드》와 《육류 협잡》의 저자인 크리스토퍼 레너드와의 인터뷰를 토대로 했다. *Kochland: The Secret History of Koch Industries and Corporate Power in America* (New York: Simon & Schuster, 2019); *The Meat Racket: The Secret Takeover of America's Food Business* (New York: Simon & Schuster, 2014). 본문에 인용된 그의 기사도 참조했다.

[85] Christopher Leonard, "Rising Profits, Rising Injuries: The Safety Crisis at Koch Industries' Georgia-Pacific," ProPublica, August 8, 2019.

[86] Ibid.

[87] Ibid.

[88] Ibid.

[89] Christopher Leonard, *Kochland*, 525.

[90] 레너드와의 인터뷰.

[91] Ibid.

[92] Ibid.

[93] 인종주의가 일터에서의 치명적인 사고에 미치는 영향과 임페리얼푸드 닭고기 가공 공장(노스캐롤라이나주 햄릿 소재) 화재에 대한 내용은 《햄릿 화재》의 저자인 브라이언트 사이먼과의 인터뷰와 그의 저술을 토대로 했다. *The Hamlet Fire: A Tragic Story of Cheap Food, Cheap Government, and Cheap Lives* (New York: New Press, 2017). 《햄릿 화재》는 하나의 사건을 놀랍고 깊이 있게 감동적으로 다룬 역작이다. 꼭 읽어보기를 권한다.

[94] Mark A. Friend and James P. Kohn, *Fundamentals of Occupational Safety and Health*,

4th ed. (Lanham, MD: Government Institutes/The Scarecrow Press, 2010), 160.

[95] 사이먼과의 인터뷰.

[96] Ibid.

[97] Paul Nowell, "Witnesses: Trapped Workers Screamed, Pounded Locked Doors; 25 Dead," Associated Press, September 4, 1991.

[98] 트라이앵글 화재와 그것의 시사점에 대한 상세한 설명은 다음을 참조하라. David Von Drehle, *Triangle: The Fire That Changed America* (New York: Atlantic Monthly Press, 2003). 간략한 설명은 다음을 참조하라. Arthur F. McEvoy, "The Triangle Shirtwaist Factory Fire of 1911: Social Change, Industrial Accidents, and the Evolution of Common-Sense Causality," *Law & Social Inquiry* 20, no. 2 (1995): 621-51.

[99] 사이먼과의 인터뷰; Nowell, "Witnesses."

[100] Ibid., 다음도 참조하라. Marlena Scott, "Many Women Who Died in the Triangle Shirtwaist Factory Fire of 1911 Were Young Immigrants," *Teen Vogue*, March 25, 2019.

[101] Ibid.

[102] Ibid. 다음도 참조하라. Simon, *The Hamlet Fire*, 208-21.

[103] Ibid. 다음도 참조하라. Simon, *The Hamlet Fire*, 191-221.

[104] Ibid.

[105] "Philosopher of Folly's Column," *Plain Dealer*, November 17, 1930, 10.

[106] Burnham, *Accident Prone*, 115.

[107] Academy of Achievement, "Ralph Nader on Perseverance," *Keys to Success: In Their Own Words*, achievement.org/video/ralph-nader-28.

[108] Ralph Nader, *Unsafe at Any Speed: The Designed-In Dangers of the American Automobile* (New York, Bantam, 1973), xiii.

[109] 맥너마라가 포드 경영자이던 시절의 이야기는 앞의 책 《어떤 속도에서도 안전하지 않다》의 1973년판에 나온다. 이 1973년판은 매우 중요한데, 오늘날에도 자주 이야기되는 '안전은 잘 안 팔린다'는 신화를 깨뜨리고 있기 때문이다. 안전은 잘 팔린다.

[110] Nader, *Unsafe at Any Speed*, ix-lxxii.

[111] Ibid. ix.

[112] Ibid., ix-lxxii.

[113] 89th Congress, 1st Session, "Federal Role in Traffic Safety: Hearings Before the Subcommittee on Executive Reorganization" (Washington, DC: U.S. Government Printing Office, 1965), 1296.

[114] John D. Morris, "Ford Safety Data Sought by Haddon; End to Sales Drop Seen," *New York Times*, December 16, 1966.

[115] Liisa Ecola et al., "The Road to Zero: A Vision for Achieving Zero Roadway Deaths by 2050," RAND Corporation, 2018, rand.org/pubs/research_reports/RR2333.html.

2 조건

미국 내 사고의 초기 역사, 그리고 건조환경의 조건을 통제하는 것이 어떻게 사망 및 부상 가능성에 영향을 미치는지를 이해하는 데는 다음 저술들에 크게 의존했다. Crystal Eastman, *Work-Accidents and the Law*; Ralph Nader, *Unsafe at Any Speed* (휴 디헤이븐 관련 내용); Mark Aldrich, *Death Rode the Rails and Safety First*; Arwen Mohun, *Risk*; Amy Gangloff, "Safety in Accidents: Hugh DeHaven and the Development of Crash Injury Studies," *Technology and Culture*; David Fairris, *Shopfloor Matters: Labor-Management Relations in 20th Century American Manufacturing*; David Fairris, "Institutional Change in Shopfloor Governance and the Trajectory of Postwar Injury Rates in US Manufacturing, 1946-1970," *Industrial Labor Relations Review*. 갱글로프, 페어리스, 모훈, 올드리치와의 인터뷰, 공익연구그룹(Public Interest Research Group)과 도로교통안전국에서 일했던 엔지니어이자 물리학자 칼 내시(Carl Nash)와의 인터뷰, AFL-CIO에서 직업안전보건 관련 부서를 오랫동안 담당한 페그 세미나리오(Peg Seminario)와의 인터뷰,《온더잡: 노동자 센터의 알려지지 않은 이야기와 임금, 존엄성, 건강을 위한 새로운 투쟁》(*On the Job: The Untold Story of Worker Centers and the New Fight for Wages, Dignity, and Health*)의 공저자 설레스테 몬포턴(Celeste Monforton)과의 인터뷰,《코크랜드》와《육류 협잡: 미국 식품 산업의 비밀스러운 탈취》의 저자 크리스토퍼 레너드와의 인터뷰도 이 장의 토대가 되었다.

[1] John D. DeLamater, Daniel J. Myers, and Jessica L. Collett, *Social Psychology*, 8th ed. (Boulder, CO: Westview Press, 2015), 227-31.

[2] 이 경향이 너무나 만연해 있어서 시사 풍자 매체《어니언》은 다음과 같은 제목으로 이를 풍자하기도 했다. 〈수사관, 인근 사망 사고에 대해 멍청함을 탓하다〉(Investigators Blame Stupidity in Area Death)(2005년 5월 25일 자). 이런 경향에 대한 간단한 설명은 다음을 참조하라. DeLamater, Myers, and Collett, *Social Psychology*, 233–34. 다음도 참조하라. Richard J. Holden, "People or Systems? To Blame Is Human. The Fix Is to Engineer," *Professional Safety* 54, no. 12 (2009): 34-41.

[3] 노르웨이와 핀란드가 좋은 사례다. 사람들이 자전거를 많이 타고 얼음과 눈도 많지만 사망률이 낮다. 낮은 사망률은 다음에서 확인할 수 있다. Alberto Castro, Sonja Kahlmeier, Thomas Gotschi, "Exposure-Adjusted Road Fatality Rates for Cycling and Walking in European Countries." (토론 페이퍼, International Transport Forum: 168 Roundtable, Paris, 2018). 핀란드가 도로의 조건을 어떻게 바꾸었는지는 다음을 참조하라. Peter Walker, "Why Finland Leads the Field When It Comes to Winter Cycling," *Guardian*, February 8, 2020.

[4] 올드리치와의 인터뷰; Mark Aldrich, "History of Workplace Safety in the United States, 1880-1970," *Economic History Encyclopedia*, August 14, 2001.

[5] Supreme Court Justice Clarence Thomas, "Norfolk and Western Railway Company, Petitioner, v. William J. Hiles, 516 U.S. 400," Supreme Court of the United States, February 27, 1996.

[6] "Statement of George G. Crocker," *Automatic Couplers and Power Brakes: Hearing Before the Committee on Interstate and Foreign Commerce of the House of Representatives* (Washington, DC: Government Printing Office, 1892), 16.

[7] Bureau of Labor Statistics, "National Census of Fatal Occupational Injuries in 2019," U.S. Department of Labor, 보도자료, December 16, 2020, bls.gov/news.release/pdf/cfoi.pdf.

[8] 올드리치와의 인터뷰.

[9] Ibid.

[10] 89th Congress, 1st Session, "Federal Role in Traffic Safety: Hearings Before the Subcommittee on Executive Reorganization" (Washington, DC: U.S. Government Printing Office, 1965), 294.

[11] 올드리치와의 인터뷰.

[12] 올드리치와의 인터뷰.

[13] Mark Aldrich, *Death Rode the Rails: American Railroad Accidents and Safety, 1828–1965* (Baltimore, MD: Johns Hopkins University Press, 2006), 114.

[14] Tony Long, "April 29, 1873: Railroads Lock and Load," *WIRED*, April 29, 2009.

[15] 올드리치와의 인터뷰. 다음도 참조하라. Dino Drudi, "The Evolution of Occupational Fatality Statistics in the United States," *Fatal Workplace Injuries in 1993: A Collection of Data and Analysis* (Washington, DC: Bureau of Labor Statistics, 1993), 2.

[16] Crystal Eastman, *Work-Accidents and the Law: Volume 2 of the Pittsburgh Survey* (New York: Charities Publication Committee, 1910), 34–36.

[17] Ibid.

[18] Ibid., 3–15.

[19] "이스트먼은 대표성 있는 미국의 한 지역에서 대표성 있는 기간 동안 발생한 모든 사건에 대해 최초의 체계적인 조사를 행했다. 이제까지는 이와 같은 어떤 자은 없었고, 따라서 이 조사는 산업 정의 실현을 향한 건설적인 노력과 관련하여 이보다 더 시의적절할 수 없을 것이다."(피츠버그 서베이 책임자 폴 U. 켈로그(Paul U. Kellogg)가 이스트먼의 다음 책에 쓴 서문. *Work-Accidents and the Law*, v–vi)

[20] Ibid., 34.

[21] Ibid., 11–15.

[22] Ibid., 3–7.

[23] Ibid., 3–15.

[24] Ibid., 14–15.

[25] Mark Aldrich, "Preventing 'The Needless Peril of the Coal Mine': The Bureau of Mines and the Campaign Against Coal Mine Explosions, 1910–1940," *Technology and Culture* 36, no. 3 (1995): 483–518.

[26] Eastman, *Work-Accidents and the Law*, 34.

[27] Ibid.

[28] Ibid., 84–86.

[29] Ibid., 84–103.

[30] Ibid., 103–7.

[31] Ibid., 120–26.

[32] Ibid., 132–43.

[33] Gregory P. Guyton, "A Brief History of Workers' Compensation," *The Iowa Orthopaedic Journal* 19 (1999), 106–10.

[34] "Compulsory Workmen's Compensation Act Unconstitutional," *New York Labor Bulletin* 13, no. 1 (1911): 60.

[35] Michael Duff, "How the U.S. Supreme Court Deemed the Workers' Compensation Grand Bargain 'Adequate' Without Defining Adequacy," *Tulsa Law Review* 54, no. 3 (2019): 375–405.

[36] Patrick J. Kiger, "How the Horrific Tragedy of the Triangle Shirtwaist Fire Led to Workplace Safety Laws," History.com, March 27, 2019.

[37] Witt, *The Accidental Republic*, 187–88.

[38] 별도의 설명이 없으면 휴 디헤이븐의 삶에 대한 내용은 다음을 토대로 작성했다. Nader, *Unsafe at Any Speed*, 69–125; February 17, 1985, Ronald Kotulak in the *Chicago Tribune* titled "Seat Belts Save, Research Shows"; Amy Gangloff, "Safety in Accidents: Hugh DeHaven and the Development of Crash Injury Studies," *Technology and Culture* 54, no. 1 (2013): 40–61; 에이미 갱글로프와의 인터뷰; Hugh DeHaven, "Mechanical Analysis of Survival in Falls from Heights of Fifty to One Hundred and Fifty Feet," *War Medicine* 2 (1942): 586–96.

[39] Ralph Nader, "Head Knocker/Hugh DeHaven and Collision Safety," *In the Public Interest*, March 21, 1980, nader.org/1980/03/21/head-knockerhugh-dehaven-and-collision-safety.

[40] Louis Zito, interview by Walter Cronkite, *The Search*, "Automobile Safety Research," CBS, 1954, youtu.be/qAh-ScgRMOc.

[41] C. J. Kahane, "Lives Saved by Vehicle Safety Technologies and Associated Federal Motor Vehicle Safety Standards, 1960 to 2012—Passenger Cars and LTVs—with Reviews of 26 FMVSS and the Effectiveness of Their Associated Safety Technologies in Reducing Fatalities, Injuries, and Crashes," National Highway Traffic Safety Administration, Report No. DOT HS 812 069, January 2015.

[42] 별도의 설명이 없으면 제2차 세계대전 이후 산업재해의 변화에 관한 내용은 다음을 토대로 작성했다. David Fairris, "Institutional Change in Shopfloor Governance and the Trajectory of Postwar Injury Rates in U.S. Manufacturing, 1946–1970," *Industrial and Labor Relations Review* 15, no. 2 (1998): 187–203; 이 논문의 저자인 페어리스와의 인터뷰.

[43] Thomas C. Frohlich and John Harrington, "Mine, Steel, Auto Workers Were Involved

in Some of the Biggest Strikes in American History," *USA Today*, April 8, 2020.

[44] Gerald Mayer, "Union Membership Trends in the United States," Congressional Research Service Report for Congress, August 31, 2004; National Safety Council, "Preventable Injury-Related Deaths by Principle Sector, United States, 1903-2018," Injury Facts, injuryfacts.nsc.org/all-injuries/historical-preventable-fatality-trends/class-of-injury.

[45] 이 절에 나오는 터키항공 981편 추락과 애플게이트가 작성한 메모 이야기는 다음을 토대로 작성했다. Moira Johnston, *The Last Nine Minutes: The Story of Flight 981* (New York: William Morrow, 1978); Richard Witkin, "Engineer's Warning on DC-10 Reportedly Never Sent," *New York Times*, March 12, 1975. 이와 같이 '너무나 예측 가능해서 예측될 수밖에 없었던' 사고에 대해 알게 해준 피터 노턴에게 감사를 전한다.

[46] Vicki L. Golich, "Appendix 5: The Applegate Memo," *The Political Economy of International Air Safety: Design For Disaster?* (London: Palgrave Macmillan, 1989), 115-18.

[47] House Committee on Interstate and Foreign Commerce, Special Subcommittee on Investigations, "Air Safety: Selected Review of FAA Performance," United States Congress (1974): 17.

---

3 규모

3장의 내용은 다음에 크게 의존했다. 안전 전문가이자 《안전 과학의 기초: 사고와 재난에 대해 이해해 온 한 세기》(*Foundations of Safety Science: A Century of Understanding Accidents and Disasters*), 《다른 방식으로의 안전: 새로운 시대를 위한 인적 요인》(*Safety Differently: Human Factors for a New Era*), 《정의로운 문화: 안전과 책무성의 균형》(*Just Culture: Balancing Safety and Accountability*), 《참사는 이제 그만》의 저자 시드니 데커와의 인터뷰, 전 원자력 업계 커뮤니케이션 전문가 매기 군더슨과 전 원자력 엔지니어 아르니 군더슨과의 인터뷰(부부인 이들은 페어윈즈에너지교육(Fairewinds Energy Education)을 창립했다), 환경심리 및 리스크학 교수이자 영국 카디프대학의 연구 그룹 리스크의 이해(Understanding Risk) 책임자인 닉 피전(Nick Pidgeon)과의 인터뷰, 《기밀 정보: 미국 핵 기밀의 역사》(*Restricted Data: The History of Nuclear Secrecy in the United States*)의 저자 알렉스 웰러스타인(Alex Wellerstein)과의 인터뷰, 《있을 법하지 않은 임무: 환상의 문서로 재난 길들이기》(*Mission Improbable: Using Fantasy Documents to Tame Disaster*)의 저자 리 클라크(Lee Clarke)와의 인터뷰, 사회심리학자 데이비드 디스테노와의 인터뷰, 《침묵의 기사: 군 사고와 그 은폐에 관한 내부 고발》(*Silent Knights: Blowing the Whistle on Military Accidents and Their Cover-Ups*)의 저자 앨런 디엘(Alan Diehl)과의 인터뷰, 스탠퍼드대학 심리학·범죄학·인지과학 교수 엘리자베스 로프터스(Elizabeth Loftus)와의 인터뷰, NASA 과학자이자 《규모: 우주의 스케일》(*Magnitude: The Scale of the Universe*)의 공저자 킴벌리 아칸드(Kimberly Arcand)와 메건 와츠케(Megan Watzke)와의 인터뷰, 어류학자 프로산타 차크라바르티와의 인터뷰. 대규모 사고가 어떻게 발생하는지에 대한 더 상세한 내용에 관심이 있다면 다음 책들을 추천한다. Charles Perrow, *Normal Accidents* 2nd ed.; Barry Turner and Nick Pidgeon, *Man-Made Disasters* 2nd ed. 두 권 모두 읽기 쉽고, 다루는 내용의 복잡성을 생각한다면 더더욱 그렇다. 또한 시드니 데커의 모든 저술도 추천한다.

[1] Alexey V. Yablokov and Vassily B. Nesterenko, "Chernobyl Contamination Through Time and Space," *Annals of the New York Academy of Science* 1181 (2009): 5-30.

[2] Elisabeth Cardis et al., "Estimates of the Cancer Burden in Europe from Radioactive Fallout from the Chernobyl Accident," *International Journal of Cancer* 119, no. 6 (2006): 1224-35.

[3] Julie Miller, "Paying the Price for Blowing the Whistle," *New York Times*, February 12, 1995.

[4] Amanda Rosa, "M.T.A. Bus Plunges 50 Feet and Dangles from Overpass After Crash," *New York Times*, January 15, 2021; Thomas Tracy et al., "'Extremely Troubling': Driver of MTA Bus That Plunged onto Cross Bronx Expressway Refused to Take Drug Tests After Wreck," *New York Daily News*, January 15, 2021.

[5] 이 두 대의 보잉 맥스 추락으로 총 346명이 숨졌고, 전미안전협회에 따르면 2020년에 교통사고로 총 4만 2000명이 숨졌다.

[6] 별도의 설명이 없으면 스리마일섬과 그 밖의 핵 사고에 대한 내용은 아르니 군더슨과 매기 군더슨과의 인터뷰를 토대로 작성했다.

[7] Union of Concerned Scientists, "How Nuclear Power Works," ucsusa.org, July 27, 2010, (2014년 1월 29일에 업데이트).

[8] 시스템적 사고에 대한 내용은 다음 책의 공저자인 닉 피전과의 인터뷰를 토대로 작성했다. Barry Turner, *Man-Made Disasters* (Oxford, U.K.: Butterworth-Heinemann, 1997). 다음도 참조했다. Charles Perrow, *Normal Accidents: Living with High-Risk Technologies* (Princeton, NJ: Princeton University Press, 1999); James Reason, *Managing the Risks of Organizational Accidents* (Aldershot, Hampshire, U.K.: Ashgate, 1997).

[9] James Reason, "Human Error: Models and Management," *British Medical Journal* 320, no. 7237 (2000): 768-70.

[10] Ibid.

[11] James Reason, *Human Error* (Cambridge:, U.K.: Cambridge University Press, 1990), 173.

[12] 나는 이 이야기를 아르니 군더슨에게서 들었다. 다음도 참조하라. Susan Q. Stranahan, "The Eastland Disaster Killed More Passengers Than the Titanic and the Lusitania. Why Has It Been Forgotten?," *Smithsonian Magazine*, October 27, 2014.

[13] Charles Perrow, "The President's Commission and the Normal Accident," *Accident at Three Mile Island: The Human Dimensions*, ed. David L. Sills, C. P. Wolf, and Vivien

B. Shelanski (New York: Routledge, 1982): 173–84.
[14] "Oil Tanker Spill Statistics 2019," ITOPF, 8–9: itopf.org/fileadmin/data/Documents/Company_Lit/Oil_Spill_Stats_publication_2020.pdf.
[15] Casey Tolan, Thom Patterson, and Alicia Johnson, "Is 2014 the Deadliest Year for Flights? Not Even Close," CNN, July 28, 2014.
[16] Patrick Smith, "The True Story Behind the Deadliest Air Disaster of All Time," *Telegraph*, March 27, 2017.
[17] Nick Pidgeon, "In Retrospect: Normal Accidents," Nature 477, no. 7365 (2011): 404–5.
[18] Perrow, *Normal Accidents*, 15–31.
[19] Ibid., 72–100.
[20] Steve Wing et al., "A Reevaluation of Cancer Incidence Near the Three Mile Island Nuclear Plant: The Collision of Evidence and Assumptions," *Environmental Health Perspectives* 105, no. 1 (1997): 52–57.
[21] "14-Year Cleanup at Three Mile Island Concludes," Associated Press, August 15, 1993.
[22] Benjamin K. Sovacool, "The Costs of Failure: A Preliminary Assessment of Major Energy Accidents, 1907–2007," *Energy Policy* 36, no. 5 (2008): 1802–20.
[23] Wing et al., "A Reevaluation of Cancer Incidence Near the Three Mile Island Nuclear Plant."
[24] David Goldenberg et al., "Altered Molecular Profile in Thyroid Cancers from Patients Affected by the Three Mile Island Nuclear Accident," *Laryngoscope* 127, supplement 3 (2017): S1–S9.
[25] Brett Sholtis, "Thyroid Cancer Study Re-ignites Debate over Three Mile Island Accident's Health Effects," *York Daily Record*, March 18, 2019.
[26] Susan Lyon and Daniel J. Weiss, "Oil Spills by the Numbers: The Devastating Consequences of Exxon Valdez and BP Gulf," Center for American Progress, April 30, 2010.
[27] John R. Platt, "25 Years After Exxon Valdez Spill, Sea Otters Recovered in Alaska's Prince William Sound," *Scientific American*, March 5, 2014.
[28] Jennifer Balmer, "Seabird Losses from Deepwater Horizon Oil Spill Estimated at Hundreds of Thousands," *Science*, October 31, 2014; Center for Biological Diversity, "A Deadly Toll: The Devastating Wildlife Effects of Deepwater Horizon—and the Next Catastrophic Oil Spill," biologicaldiversity.org/programs/public_lands/energy/dirty_energy_development/oil_and_gas/gulf_oil_spill/a_deadly_toll.html.
[29] Nathan F. Putman et al., "Deepwater Horizon Oil Spill Impacts on Sea Turtles Could Span the Atlantic," *Biology Letters* 11, no. 12 (2015): 20150596.
[30] Christine Dell'Amore, "Gulf Oil Spill 'Not Over': Dolphins, Turtles Dying in Record Numbers: Report Warns That 14 Species Are Still Struggling from the 2010

Disaster," *National Geographic*, April 9, 2014.
[31] "Hundreds of Dolphins Have Died Along Gulf Coast Since February, Scientists Say," Associated Press, June 15, 2019.
[32] 우리가 대규모 재난의 규모와 범위를 얼마나 잘못 이해하고 있는지, 그리고 왜 그것이 우리가 암시와 조작에 쉽게 영향받게 만드는지에 대한 내용은 NASA의 데이터 시각화 과학자 킴벌리 아칸드와 메건 와츠케, 그리고 심리학자이자 다음 책의 저자인 데이비드 디스테노와의 인터뷰를 토대로 작성했다. *How God Works: The Science Behind the Benefits of Religion* (New York: Simon & Schuster, 2021).
[33] Eric J. Johnson and Amos Tversky, "Affect, Generalization, and the Perception of Risk," *Journal of Personality and Social Psychology* 45, no. 1 (1983): 20–31.
[34] 군더슨과의 인터뷰.
[35] Ivey DeJesus, "40 Years After Three Mile Island Accident, Debate over Safety of Nuclear Energy Still Goes Back and Forth," *PennLive Patriot News*, March 26, 2019.
[36] Andrew Nikiforuk, "Why We Pretend to Clean Up Oil Spills," *Hakai Magazine*, July 12, 2016.
[37] "BP Oil Storage Tank Washes Ashore on Florida Beach," *Reuters*, June 13, 2010.
[38] Clifford Krauss, "In BP Indictments, U.S. Shifts to Hold Individuals Accountable," *New York Times*, November 16, 2012.
[39] "Transcript: Desperate Attempt to Plug Oil Leak," CNN, May 6, 2010; "Transcript: Gov. Haley Barbour on 'FNS,'" Fox News, June 7, 2010.
[40] 디스테노와의 인터뷰.
[41] Douglas Wolfe et al., "The Fate of the Oil Spilled from the Exxon Valdez," *Environmental Science and Technology* 28, no. 13 (1994): 560A–568A.
[42] Nikiforuk, "Why We Pretend to Clean Up Oil Spills."
[43] Ibid.
[44] 별도의 인용 표시가 없으면 딥워터호라이즌 석유 유출의 어류학적 영향은 프로산타 차크라바르티와의 인터뷰를 토대로 한 것이다.
[45] Kelly Lynch, "Little-Known Pancake Batfish Could Be One of Oil Spill's Early Victims," CNN, June 16, 2010.
[46] Prosanta Chakrabarty, Calvin Lam, Jori Hardman, Jacob Aaronson, Parker House, and Daniel Janies, "SPECIESMAP: A Web-Based Application for Visualizing the Overlap of Distributions and Pollution Events, with a List of Fishes Put at Risk by the 2010 Gulf of Mexico Oil Spill," *Biodiversity and Conservation* 21, no. 7 (2012): 1865–76.
[47] Darryl Fears, "The Toxic Reach of Deepwater Horizon's Oil Spill Was Much Larger—and Deadlier—Than Previous Estimates, a New Study Says," *Washington Post*, February 12, 2020.

[48] Igal Berenshtein et al., "Invisible Oil Beyond the Deepwater Horizon Satellite Footprint," *Science Advances* 6, no. 7 (2020).

[49] Trevor Hawes, "Permian Has More Than Half of US Oil Rigs," *Midland Reporter-Telegram*, May 14, 2018; Jude Clemente, "The Great American Oil and Natural Gas Pipeline Boom," *Forbes*, August 6, 2019.

[50] Centers for Disease Control and Prevention, "Fatal Injuries in Offshore Oil and Gas Operations—United States, 2003-2010," *Morbidity and Mortality Weekly Report* 62, no. 16 (2013): 301-4.

[51] Kiah Collier, "As Oil and Gas Exports Surge, West Texas Becomes the World's 'Extraction Colony,'" *Texas Tribune*, October 11, 2018.

[52] Laurel Harduar Morano, Andrea L. Steege, and Sara E. Luckhaupt, Centers for Disease Control and Prevention, "Occupational Patterns in Unintentional and Undetermined Drug-Involved and OpioidInvolved Overdose Deaths—United States, 2007-2012," *Morbidity and Mortality Weekly Report* 67, no. 33 (2018): 925-30, Collin Eaton and John D. Harden, "Oil and Drugs: A Toxic Mix," *Houston Chronicle*, May 30, 2018.

4 위험

이 장은 다음을 토대로 작성했다. 의사결정연구소의 폴 슬로빅과 바루크 피쇼프와의 인터뷰 및 아래에 인용된 그들의 연구, 에릭 덤보, 돈 코스텔릭(Don Kostelec), 찰스 머론(Charles Marohn), 리처드 레팅(Richard Retting), 빌 슐타이스(Bill Schultheiss), 게리 토스(Gary Toth) 등 교통공학자들과의 인터뷰, 《트레이스》(*Trace*)에서 미국 총기 문제를 다룬 저널리스트 알렉산더 야블론(Alexander Yablon) 및 《총의 권력: 미국 폭력의 구조》(*Gunpower: The Structure of American Violence*)의 저자 패트릭 블랜치필드(Patrick Blanchfield)와의 인터뷰, 변호사 제프 백넬과의 인터뷰, 소아과 의사 밀턴 테넌바인(Milton Tennenbein)과의 인터뷰, 약물 안전 운동을 펼치고 있는 비범하고 용기 있는 부모 애덤 길런과 메리베스 길런과의 인터뷰(길런 가족이 숨진 딸 메이지를 기리며 하고 있는 활동과 의회 통과를 위해 싸우고 있는 법안에 대한 더 자세한 내용은 다음을 참조하라. PurpleLightProject.com).

[1] Keith Barry, "The Crash Test Bias: How Male-Focused Testing Puts Female Drivers at Risk," *Consumer Reports*, October 23, 2019.

[2] 여성 인구 중에서도 비중이 너무 적어서 미국 도로교통안전국이 언급조차 하지 않는 149센티미터에 44킬로그램의 여성 충돌 테스트 인형도 있긴 하다. 미국 도로교통안전국의 충돌 테스트 인형 전체를 다음에서 볼 수 있다. nhtsa.gov/nhtsas-crash-test-dummies.

[3] Barry, "The Crash Test Bias."

[4] Joe Young, "Vehicle Choice, Crash Differences Help Explain Greater Injury Risks for Women," *Insurance Institute for Highway Safety*, February 11, 2021.

[5] 별도의 인용이 없으면 위험 인식에 대한 내용은 바루크 피쇼프와 폴 슬로빅과의 인터뷰를 토대로 작성했다. 다음도 참조하라. Sarah Lichtenstein et al., "Judged Frequency of Lethal Events," *Journal of Experimental Psychology: Human Learning and Memory* 4, no. 6 (1978): 551–78; Baruch Fischhoff et al., "How Safe Is Safe Enough? A Psychometric Study of Attitudes Toward Technological Risks and Benefits," *Policy Sciences* 9, no. 2 (1978): 127–52.

[6] 피쇼프와의 인터뷰. 다음도 참조하라. Lichtenstein et al., "Judged Frequency of Lethal Events"; Fischhoff et al., "How Safe Is Safe Enough?"

[7] 슬로빅과의 인터뷰. 다음도 참조하라. Fischhoff et al., "How Safe Is Safe Enough?"; Lichtenstein et al., "Judged Frequency of Lethal Events"; Ali S. Alhakami and Paul Slovic, "A Psychological Study of the Inverse Relationship Between Perceived Risk and Perceived Benefit," *Risk Analysis* 14, no. 6 (1994): 1085–96.

[8] Ricky L. Langley and Sandra Amiss Mort, "Human Exposures to Pesticides in the United States," *Journal of Agromedicine* 17, no. 3 (2012): 300–315; Centers for Disease Control and Prevention, "Prescription Opioid Overdose Death Maps," cdc.gov/drugoverdose/data/prescribing/overdose-death-maps.html.

[9] 슬로빅과의 인터뷰.

[10] David Ropeik, "Understanding Factors of Risk Perception," Nieman Reports, December 15, 2002.

[11] Richard A. Retting, Susan A. Ferguson, and Anne T. McCartt, "A Review of Evidence-Based Traffic Engineering Measures Designed to Reduce Pedestrian—Motor Vehicle Crashes," *American Journal of Public Health* 93, no. 9 (2003): 1456–63; Eric Dumbaugh and Wenhao Li, "Designing for the Safety of Pedestrians, Cyclists, and Motorists in Urban Environments," *Journal of the American Planning Association* 77, no. 1 (2010): 69–88; Reid Ewing and Eric Dumbaugh, "The Built Environment and Traffic Safety: A Review of Empirical Evidence," *Journal of Planning Literature* 23, no. 4 (2009): 347–67. 이외에도 많은 연구가 있다.

[12] 에릭 덤보와의 인터뷰. 덤보는 플로리다애틀랜틱대학의 도시계획 및 지역계획학 교수이자 도로안전을 위한 협업과학센터 부소장이고 《미국 계획 학회 저널》(*Journal of the American Planning Association*)의 부편집장이다. 별도의 인용이 없으면 이 절은 그의 전문 지식에 기초해 작성했다.

[13] 덤보는 이 문제를 다음과 같이 간명하게 설명해 주었다. "1950년대와 1960년대에 일어난 일은 이렇게 말할 수 있습니다. 우리가, 그러니까 국가 전체적으로, 교통사고에 대해 매우 우려하게 되었는데, 그때 하려던 것은 자동차 자체에 내재한 위험을 보기보다는 시스템 설계상의 위험을 다룰 방법을 알아내는 것이었습니다. 부분적으로는 자동차 제조사들의 이해관계와 부합하게요." 네

이더는《어떤 속도에서도 안전하지 않다》에서 이런 관행을 다음과 같이 맹렬히 비난했다. "자동차 설계보다 도로 설계에 집중하는 것은 제너럴모터스 경영진이 중요한 목적 두 가지를 달성하게 도와준다. 첫째, 이것은 비용이 매우 적게 든다. [충돌 테스트 장소로 쓸] 땅을 확보한 뒤 자동차 몇 대를 가드레일이나 다리 위의 동물 모형에 충돌시킨 뒤 기술적인 전문 용어로 무한히 반복적인 서류를 작성하는 데는 서너 명의 엔지니어면 충분하다. 둘째, 도로 설계 제안에는 자동차 회사 입장에서 반드시 들여야 할 장비 비용이나 건설 비용이 없다. 더 안전한 도로를 위한 비용은 제너럴모터스가 아니라 공공이 부담하기 때문이다"(151-52).

[14] 덤보와의 인터뷰. 다음도 참조하라. Eric Dumbaugh and J. L. Gattis, "Safe Streets, Livable Streets," *Journal of the American Planning Association* 71, no. 3 (2005): 283-300.

[15] Dumbaugh and Gattis, "Safe Streets, Livable Streets," 283-300.

[16] Ibid.

[17] '도로변 위험 요소 제거'라는 개념은 잘못된 것이 아니지만, 세심하지 않게 과잉 적용되는 윤리적 전제가 깔려있다. 1977년에 도로안전보험연구소 소장이던 윌리엄 해던은《애틀랜타 저널-컨스티튜션》(*Atlanta Journal-Constitution*)에서 이를 다음과 같이 묘사했다. "엄마가 운전 중에 아기를 보려고 고개를 돌렸다가 차가 미끄러져 거기 있지 말았어야 할 기둥을 박으면, 작은 실수가 치명적인 사건이 된다. 나는 이것이 인간에게 너무 큰 처벌이라고 생각한다. 우리 모두 이 문제를 해결하는 잘못된 방법을 배워왔다. 자동차가 그렇게 빠르게 달릴 수 없게 만들기보다 시속 120마일[약 190킬로미터] 넘게 달리는 운전자를 경찰이 일일이 따라다니도록 경찰력을 늘리는 것이 옳다고 잘못 생각한 것이다." (Mike Feinsilber, "His Concept of 'Epidemic': Death in Cars," *Atlanta Journal-Constitution*, November 6, 1977, 11-B). 다음도 참조하라. Daniel S. Turner, "A Primer on the Clear Zone," *Transportation Research Record* 1122 (1987): 86-95.

[18] 덤보와의 인터뷰; Dumbaugh and Gattis, "Safe Streets, Livable Streets."

[19] Ibid.

[20] Eric Dumbaugh, "Design of Safe Urban Roadsides: An Empirical Analysis," *Transportation Research Record* 1961, no. 1 (2006): 74-82.

[21] Dumbaugh, Dibakar Saha, and Louis Merlin, "Toward Safe Systems: Traffic Safety, Cognition, and the Built Environment," *Journal of Planning Education and Research* (2020): 1-13.

[22] 덤보와의 인터뷰.

[23] Ibid.

[24] American Association of State Highway and Transportation Officials, *A Policy on Geometric Design of Highways and Streets*, 6th ed. (Washington, DC: AASHTO, 2011), 54.

[25] 덤보와의 인터뷰.

[26] National Highway Traffic Safety Administration, "Speeding," *Traffic Safety Facts, 2018 Data*, April 2020, crashstats.nhtsa.dot.gov/Api/Public/ViewPublication/812932.

[27] 덤보와의 인터뷰.

[28] 《표준교통통제시설편람》은 시간당 100명이 건너는 길, 또는 1년에 차량이 파손되거나 사람이 다치는 사고가 5건 이상 나는 길에 횡단보도와 신호등을 설치하도록 제안한다. 이 내용은 미국 교통부가 펴내는 《표준교통통제시설편람》 2009년판의 다음 두 절에 나온다. "Section 4C.05 Warrant 4, Pedestrian Volume"; "Section 4C.08 Warrant 7, Crash Experience."

[29] 교통공학 기업 툴디자인의 설계 부장이자 자전거기술위원회(Bicycle Technical Committee) 및 표준교통통제시설위원회 보행자 태스크포스 일원인 빌 슐타이스는《표준교통통제시설편람》 수정을 위한 운동을 전개해 왔다. 그는 이 편람에 대해 내가 이해하고 있던 바를 확인해 주었다. 그는 그 편람에 나오는 항목 중에서 가령 "보행자 기준"(pedestrian warrant, 안전시설 설치를 위해 충족해야 할 문턱 기준을 말한다) 같은 것이 교통공학자들이 주장하는 것만큼 중립적이지 않다고 지적했다. "이것은 운전자의 지연을 최소화하는 것이지 길을 건너는 사람의 편의와 안전을 최대화하는 것이 아닙니다. 이런 지침에는 특정한 가치관이 내재되어 있습니다. 우리 업계는 공공의 안전을 도모해야 할 의무가 있는데도 이런 기준들이 윤리적이거나 도덕적인 가치판단의 대상이 아닌 척하고 있습니다. 사실은 그렇지 않은데도 말입니다. 이 기준은 운전자에게 우선순위를 주도록 짜여있습니다."

[30] 덤보와의 인터뷰. 그리고《복구 엔지니어의 고백: 강한 도시를 위한 교통수단》(*Confessions of a Recovering Engineer: Transportation for a Strong Town*)의 저자 찰스 L. 머론 주니어와의 인터뷰.

[31] Frank Gross and Paul P. Jovanis, "Current State of Highway Safety Education : Safety Course Offerings in Engineering and Public Health," *Journal of Professional Issues in Engineering Education and Practice* 134, no. 1 (2008).

[32] 유튜브에서 "Sig Sauer P320 Drop Test"로 검색하면 시그사우어 P320 총기의 (비의도적) 오발 사례를 볼 수 있다. 기간을 2018년 이전으로 설정하면 시그사우어가 자발적 업그레이드 프로그램을 시행하기 전에 이 총이 가지고 있었던 문제를 볼 수 있다. 이 이야기를 알려준 저널리스트 알렉산더 야블론에게 감사를 전한다.

[33] Jose Pagliery, "Trigger Warning," CNN, June 6, 2018.

[34] Ibid.

[35] Ibid.

[36] Shannon Butler, "Mina Tells Officers to Have Gun Checked After Police Sergeant Shot in Knee," WFTV.com, April 6, 2018.

[37] Pagliery, "Trigger Warning."

[38] 시그사우어 P320의 자발적 업그레이드 프로그램에 대해서는 웹사이트의 '자주 묻는 질문' 코너를 참조하라. sigsauer.com/support/p320-voluntary-upgrade

-program.

[39] 별도의 언급이 없으면 이 절은 변호사인 제프 백넬과의 인터뷰를 토대로 작성했다.

[40] Todd Bookman, "SIG Sauer Settles Lawsuit Alleging Gun Discharged Without Trigger Pull," New Hampshire Public Radio, June, 3, 2019.

[41] 나도 총을 한두 번 쏘아봤지만, 이 설명은 제프 백넬과의 인터뷰를 토대로 작성했다.

[42] Jeff Brazil and Steve Berry, "Federal Safety Law Targets 15,000 Items, but Not Guns," *Los Angeles Times*, February 1, 1998.

[43] 백넬과의 인터뷰.

[44] Sara Kehaulani Goo, "Why Own a Gun? Protection Is Now Top Reason: Perspectives of Gun Owners, Non-owners," Pew Research Center, May 9, 2013; Ruth Igielnik and Anna Brown, "Key Takeaways on Americans' Views of Guns and Gun Ownership," Pew Research Center, June 22, 2017; Federal Bureau of Investigation Uniform Crime Reporting Program, "Crime in the United States: Table by Volume and Rate per 100,000 Inhabitants, 1998–2017," ucr.fbi.gov/crime-in-the-u.s/2017/crime-in-the-u.s.-2017/topic-pages/tables/table-1.

[45] Wolfgang Stroebe, N. Pontus Leander, and Arie W. Kruglanski, "Is It a Dangerous World Out There? The Motivational Bases of American Gun Ownership," *Personality and Social Psychology Bulletin* 43, no. 8 (2017): 1071-85.

[46] Lisa Marie Pane, "Background Checks, a Metric for Gun Sales, Hit All-Time High," Associated Press, July 1, 2020.

[47] Meredith Wadman, "Accidental Gun Killings Surged After Sandy Hook School Shooting," *Science*, December 7, 2017.

[48] Lisa Hepburn et al., "The Effect of Child Access Prevention Laws on Unintentional Child Firearm Fatalities, 1979-2000," *Journal of Trauma* 61, no. 2 (2006): 423-8.

[49] 애덤 길런과 메리베스 길런은 전화 인터뷰와 서신 인터뷰를 통해 숨진 딸 메이지에 대해 들려주는 용기와 친절을 베풀어주었다. 내게 그들을 연결해 준 맷 케니(Matt Kenny)에게 감사를 전한다.

[50] Safe Kids Worldwide, "Safe Storage, Safe Dosing, Safe Kids: A Report to the Nation on Safe Medication," safekids.org/sites/default/files/documents/ResearchReports/medicine-safety-study-2012.pdf.

[51] 마니토바대학 소아약리학 교수 및 임상의사 밀턴 테넌바인과의 인터뷰.

[52] 테넌바인과의 인터뷰.

[53] W.W. Walton, "An Evaluation of the Poison Prevention Packaging Act," *Pediatrics* 69, no. 3 (1982): 363-70.

[54] 테넌바인과의 인터뷰.

[55] Office of United States Senator Chuck Schumer, "Following This Year's Heart-Breaking Opioid Poisoning Death of Rochester Infant, Schumer Stands with Maisie

Gillan's Parents and Calls on FDA to Use New Powers Granted in Schumer-Backed Law, Requiring All Drug Companies to Use Safer Blister Packaging for Opioids ASAP," 보도자료, November 18, 2019.
[56] Milton Tenenbein, "Unit-Dose Packaging of Iron Supplements and Reduction of Iron Poisoning in Young Children," *Archives of Pediatric and Adolescent Medicine* 159, no. 6 (2005): 557-60.
[57] Victoria E. Freile, "Death of Baby Maisie to Overdose Prompts Calls for Safer Packaging of Opioids," Democrat and Chronicle, November 18, 2019.
[58] Wendy Wright, "Senator Schumer and Brighton Family Call on FDA to Make Changes," Spectrum News 1, November 18, 2019.
[59] Mark R. Jones et al., "A Brief History of the Opioid Epidemic and Strategies for Pain Medicine," *Pain and Therapy* 7, no. 1 (2018): 13-21.
[60] 종합중독회복법(Comprehensive Addiction and Recovery Act)이 2016년 7월 22일에 서명되었다. 1999년에서 2016년 사이에 49만 3000명 이상이 사고성 약물중독(ICD-10 Codes: X40-X44)으로 사망했고 매년 사망자 수가 늘었다. 다음을 참조하라. The Comprehensive Addiction and Recovery Act (CARA), Public Law 114-198; CDC WISQARS Fatal Injury Reports, webappa.cdc.gov/sasweb/ncipc/mortrate.html.

5 낙인

낙인에 관한 내용은 다음 분들과의 대면 및 서신 인터뷰에서 크게 도움을 받았다. 과실치사와 살인과 마약 판매로 노스캐롤라이나주 교정 시설에 수감되어 있는 어맨다 리 앨런, 《백인 시장용 마약》과 《미국의 행복 약물: 밀타운부터 프로작까지》(*Happy Pills in America: From Miltown to Prozac*)의 저자 데이비드 허츠버그, 약물정책연맹(Drug Policy Alliance)의 학술 부책임자인 실라 바카리아(Sheila Vakharia), 교통사고로 아이를 잃고 자신의 낙인 경험이 약물 과용으로 아이를 잃은 부모의 낙인 경험과 어떻게 다른지 이야기해 준 치료사 주디스 코틱, 사진 저널리스트 힐러리 스위프트(Hilary Swift), 《OD: 날록손과 약물 과용의 정치》(*OD: Naloxone and the Politics of Overdose*)의 저자 낸시 캠벨(Nancy Campbell), 넥스트위해저감 창립자 겸 사무총장 제이미 파바로, 위해저감연대의 의료 책임자이자 《난파하다》의 저자 킴벌리 수. 어맨다 앨런의 이야기는 《샬럿 옵저버》(*Charlotte Observer*)에 실린 에임스 알렉산더(Ames Alexander)의 기사를 보고 알게 되었다.

[1] 길런과의 인터뷰. 이후 이메일로 후속 인터뷰; David Andreatta, "Monroe County Passes 'Maisie's Law' to Combat Opioid Overdoses," WXXI News, February 9, 2021.
[2] 길런과의 인터뷰. 이후 이메일로 후속 인터뷰.

[3] "이 법은 원래 법안에서 수정되었다. 원안은 약사가 고객이 오피오이드 처방전을 가져오면 날록손을 반드시 함께 제공하도록 되어있었다. 하지만 의회는 이런 의무 사항이 약국에서 실행되기에 현실적이지 않으며 미사용 날록손이 유통될지 모른다고 판단했다"(Andreatta, "Monroe County Passes 'Maisie's Law' to Combat Opioid Overdoses").

[4] 백악관 국가마약통제정책실 부실장은 2008년에 NPR과의 인터뷰에서 이렇게 말했다. "의료 비전문가에게 오피오이드 해독제를 주는 것에 동의하지 않습니다. 때로 약물 과용이 발생하고, 그럴 때 응급실에 가고, 그렇게 의료 전문가와 접촉하는 것이면 그 사람이 현실을 빠르게 직시하고 의료 서비스를 제공할 사람과 빠르게 접하는 데 충분합니다." (Richard Knox, "Overdose Rescue Kits Save Lives," National Public Radio, January 2, 2008). 2018년에 두 명의 경제학자는 중독을 되돌리는 약이 "도덕적 해이"라고까지 주장했다(Jennifer L. Doleac and Anita Mukherjee, "The Moral Hazard of Lifesaving Innovations: Naloxone Access, Opioid Abuse, and Crime," Discussion Paper Series, IZA Institute of Labor Economics, April 2018, ftp.iza.org/dp11489.pdf). 다음도 참조하라. Alexander R. Bazazi et al., "Preventing Opiate Overdose Deaths: Examining Objections to Take-Home Naloxone," *Journal of Health Care for the Poor and Underserved* 21, no. 4 (2010): 1108–13.

[5] Jordan O. Smith, Scott S. Malinowski, and Jordan M. Ballou, "Public Perceptions of Naloxone Use in the Outpatient Setting," *Mental Health Clinician* 9, no. 4 (2019): 275–79.

[6] Colleen L. Barry et al., "Stigma, Discrimination, Treatment Effectiveness, and Policy: Public Views About Drug Addiction and Mental Illness," *Psychiatric Services* 65, no. 10 (2014): 1269–72.

[7] Erving Goffman, *Stigma: Notes on the Management of Spoiled Identity* (Englewood Cliffs, NJ: Prentice Hall, 1963), 3.

[8] Alexander C. Tsai et al., "Stigma as a Fundamental Hindrance to the United States Opioid Overdose Crisis Response," *PLOS Medicine* 16, no. 11 (2019): e1002969.

[9] 다양한 약물 관련 사고, 그리고 그것이 약물 사용에 대한 낙인과 어떤 관련이 있는지에 대한 내용은 실라 바카리아, 제이미 파바로, 킴벌리 수, 마약 역사학자 데이비드 허츠버그와의 인터뷰를 토대로 작성했다.

[10] 낙인의 영어 단어 'stigma'는 그리스어에서 기원했다. 고대 그리스 사람들은 말 그대로의 의미처럼 노예나 범죄자에게 인장을 찍거나 문신을 새겼다. 다음도 참조하라. Goffman, *Stigma*, 3.

[11] Rachel A. Smith, "Segmenting an Audience into the Own, the Wise, and Normals: A Latent Class Analysis of Stigma-Related Categories," *Communication Research Reports* 29, no. 4 (2012): 257–65.

[12] Stephanie C. Echols, Joshua Correll, and Jean Decety. "The Blame Game: The Effect of Responsibility and Social Stigma on Empathy for Pain," *Journal of Cognitive Neu-*

roscience 22, no. 5 (2010): 985–97.

[13] "Americans Recognize the Growing Problem of Opioid Addiction," Associated Press, April 2018.

[14] Barry et al., "Stigma, Discrimination, Treatment Effectiveness, and Policy."

[15] 앨런의 이야기는《샬롯 옵저버》에 실린 에임스 알렉산더의 기사를 보고 알게 되었다("Dealer Tried to Warn Buyer That the Drugs Were Dangerously Strong but It Was Too Late"). 또한 수감 중인 앨런과 직접 서신을 교환해 이야기를 들었다.

[16] Sara Randazzo and Jared S. Hopkins, "OxyContin—Maker Owner Maligned Opioid Addicts, Suit Says," *Wall Street Journal*, March 29, 2019; Patrick Radden Keefe, "The Family That Built an Empire of Pain," *New Yorker*, October 23, 2017.

[17] Barry Meier and Melody Petersen, "Sales of Painkiller Grew Rapidly, but Success Brought a High Cost," New York Times, March 5, 2001.

[18] Danny Hakim, Roni Caryn Rabin, and William K. Rashbaum, "Lawsuits Lay Bare Sackler Family's Role in Opioid Crisis," New York Times, April 1, 2019.

[19] Barry Meier, "Sacklers Directed Efforts to Mislead Public About OxyContin, Court Filing Claims," New York Times, January 15, 2019.

[20] Art Van Zee, "The Promotion and Marketing of OxyContin: Commercial Triumph, Public Health Tragedy," *American Journal of Public Health* 99, no. 2 (2009): 221–27; Rebecca L. Haffajee and Michelle M. Mello, "Drug Companies' Liability for the Opioid Epidemic," *New England Journal of Medicine* 377, no. 24 (2017): 2301–5.

[21] Van Zee, "The Promotion and Marketing of OxyContin."

[22] Allison Bond, "Why Fentanyl Is Deadlier Than Heroin, in a Single Photo," *STAT*, September 29, 2016.

[23] Alyssa M. Peckham and Erika H. Young, "Opportunities to Offer Harm Reduction to People Who Inject Drugs During Infectious Disease Encounters: Narrative Review," *Open Forum Infectious Diseases* 7, no. 11 (2020): ofaa503; German Lopez, "Needle Exchanges Have Been Proved to Work Against Opioid Addiction. They're Banned in 15 States," Vox, June 22, 2018; National Harm Reduction Coalition, "Training Guide: Syringe Access Landscape," harmreduction.org/issues/syringe-access/landscape-report/state-by-state.

[24] Annie Correal, "Overdose Antidote Is Supposed to Be Easy to Get. It's Not," *New York Times*, April 12, 2018; Jake Harper, "Reversing an Overdose Isn't Complicated, but Getting the Antidote Can Be," *Kaiser Health News*, May 16, 2018; Lisa Rapaport, "Many U.S. Drugstores Fail to Provide Naloxone for Opioid Overdoses," *Reuters*, November 13, 2018; Christina A. Spivey et al., "Evaluation of Naloxone Access, Pricing, and Barriers to Dispensing in Tennessee Retail Community Pharmacies," *Journal of the American Pharmacists Association* 60, no. 5 (2020): 694–701.

[25] Melissa Tracy et al., "Circumstances of Witnessed Drug Overdose in New York City: Implications for Intervention," *Drug and Alcohol Dependence* 79, no. 2 (2005):

181–90; Stephen Koester et al., "Why Are Some People Who Have Received Overdose Education and Naloxone Reticent to Call Emergency Medical Services in the Event of Overdose?," *International Journal of Drug Policy* 48 (2017): 115–24.

[26] Alaina McBournie et al., "Methadone Barriers Persist, Despite Decades of Evidence," *Health Affairs*, September, 23, 2019; Richard A. Rettig and Adam Yarmolinsky, eds., *Federal Regulation of Methadone Treatment* (Washington, DC: National Academies Press, 1995), chapter 1, "Introduction."

[27] Mark Olfson et al., "Trends in Intentional and Unintentional Opioid Overdose Deaths in the United States, 2000–2017," *Journal of the American Medical Association* 322, no. 23 (2019): 2340–2.

[28] William Feigelman, John R. Jordan, and Bernard S. Gorman, "Parental Grief After a Child's Drug Death Compared to Other Death Causes: Investigating a Greatly Neglected Bereavement Population," *Omega* 63, no. 4 (2011): 291–316.

[29] 《백인 시장용 마약》, 《미국의 행복 약물》의 저자 데이비드 허츠버그와의 인터뷰.

[30] 허츠버그와의 인터뷰. 다음도 참조하라. Steven H. Woolf and Heidi Schoomaker, "Life Expectancy and Mortality Rates in the United States, 1959–2017," *Journal of the American Medical Association* 322, no. 20 (2019): 1996–2016. 다음도 참조하라. Van Zee, "The Promotion and Marketing of OxyContin."

[31] Van Zee, "The Promotion and Marketing of OxyContin."

[32] Scott Higham, Sari Horwitz, and Steven Rich, "76 Billion Opioid Pills: Newly Released Federal Data Unmasks the Epidemic," *Washington Post*, July 16, 2019.

[33] Centers for Disease Control and Prevention, "The Drug Overdose Epidemic: Behind the Numbers," cdc.gov/opioids/data/index.html.

[34] 허츠버그와의 인터뷰.

[35] 이런 주장을 편 웹사이트 중 하나인 RxSafetyMatters.org는 퍼듀가 만들었다. 이것이 표방한 목적은 "처방 옥시콘틴의 전용과 남용"에 맞선다는 것이었다. 이 웹사이트는 옥시콘틴이 "종종 마약 오남용자들의 타깃이 된다"고 주장했다 (Alaric DeArment, "Purdue Launches RxSafetyMatters.org," *Drug Store News*, July 2, 2011). 퍼듀가 옥시코틴의 중독성을 알면서도 은폐했다는 불법행위 손해배상 소송이 제기되면서, 퍼듀는 조용히 이 웹사이트를 닫았다. 하지만 웨이백머신(Wayback Machine)에서 볼 수 있다(다음 웹사이트에서 2016년 이전의 스냅숏 자료를 참조하라. web.archive.org/web/*/rxsafetymatters.org). 이 역시 인적 과실로 탓을 돌리는 사례다. 나는 퍼듀의 이 웹사이트를 《바이스》에 실린 기사(Kelly Bourdet, "How Hig Pharma Hooked America on Legal Heroin" September 18, 2012)를 보고 알게 되었다. 퍼듀의 싱크탱크와 이곳의 언론 홍보 활동에 대해서는 다음을 참조하라. David Armstrong, "Inside Purdue Pharma's Media Playbook," ProPublica, November 19, 2019.

[36] Sally Satel, "Doctors Behind Bars: Treating Pain Is Now Risky Business," *New*

York Times, October 19, 2004.
[37] Armstrong, "Inside Purdue Pharma's Media Playbook."
[38] 허츠버그와의 인터뷰.
[39] Ibid.
[40] Ibid.
[41] Ibid.
[42] Ibid.
[43] Ibid.
[44] Ibid.
[45] Ibid.
[46] Ibid.
[47] David Herzberg, "Entitled to Addiction? Pharmaceuticals, Race, and America's First Drug War," *Bulletin of the History of Medicine* 91, no. 3 (2017): 586–623.
[48] 의사이자 위해저감연대 의료 책임자이며 《난파하다》의 저자인 킴벌리 수와의 인터뷰.
[49] 수와의 인터뷰. 낙인의 유형별 분류는 다음을 참조하라. Tsai et al., "Stigma as a Fundamental Hindrance to the United States Opioid Overdose Crisis Response."
[50] 수와의 인터뷰.
[51] Ibid.
[52] Ibid.
[53] McBournie et al., "Methadone Barriers Persist, Despite Decades of Evidence"; Rettig and Yarmolinsky, *Federal Regulation of Methadone Treatment*.
[54] 수와의 인터뷰.
[55] Correal, "Overdose Antidote Is Supposed to Be Easy to Get. It's Not"; Harper, "Reversing an Overdose Isn't Complicated, but Getting the Antidote Can Be"; Rapaport, "Many U.S. Drugstores Fail to Provide Naloxone for Opioid Overdoses."
[56] Spivey et al., "Evaluation of Naloxone Access, Pricing, and Barriers to Dispensing in Tennessee Retail Community Pharmacies."
[57] Talia Puzantian and James J. Gasper, "Provision of Naloxone Without a Prescription by California Pharmacists 2 Years After Legislation Implementation," *JAMA* 320, no. 18 (2018): 1933–34.
[58] Kirk E. Evoy et al., "Naloxone Accessibility Without a Prescriber Encounter Under Standing Orders at Community Pharmacy Chains in Texas," *JAMA* 320, no. 18 (2018): 1934–37.
[59] Ibid.
[60] Bianca DiJulio et al., "Kaiser Health Tracking Poll: November 2015," Kaiser Family Foundation, kff.org/health-reform/poll-finding/kaiser-health-tracking-poll-november-2015.
[61] 수와의 인터뷰.

[62] Ibid.
[63] Mitch Legan, "Indiana Needle Exchange That Helped Contain a Historic HIV Outbreak to Be Shut Down," National Public Radio, June 3, 2021.
[64] Lauren Peace, "Judge Rules Law Restricting West Virginia Needle Exchange Programs Can Stand," *Mountain State Spotlight*, July 15, 2021.
[65] Tracey Tully, "As Overdoses Soar, This State's Largest Needle Exchange Is Being Evicted," *New York Times*, August 10, 2021.
[66] Ibid.
[67] Drug Policy Alliance, "The Federal Drug Control Budget: New Rhetoric, Same Failed Drug War," January 2015, drugpolicy.org/sites/default/files/DPA_Fact_sheet_Drug_War_Budget_Feb2015.pdf; Drug Policy Alliance, "Trump Budget Doubles Down on Drug War," 보도자료, February 12, 2018, drugpolicy.org/press-release/2018/02/trump-budget-doubles-down-drug-war.
[68] Edward Shepard and Paul R. Blackley, "U.S. Drug Control Policies: Federal Spending on Law Enforcement Versus Treatment in Public Health Outcomes," *Journal of Drug Issues* 34, no. 4 (2004): 771–85.
[69] Tsai et al., "Stigma as a Fundamental Hindrance to the United States Opioid Overdose Crisis Response."
[70] Brandon Muncan et al., "They Look at Us like Junkies: Influences of Drug Use Stigma on the Healthcare Engagement of People Who Inject Drugs in New York City," *Harm Reduction Journal* 17, no. 1 (2020).
[71] 허츠버그는 의사에 대한 접근성과 약물 사용의 범죄화가 낙인에 어떻게 중층적으로 작용하는지와 관련해 이 사고실험을 나와 함께 해주었다.
[72] Ibid.
[73] Herzberg, "Entitled to Addiction? Pharmaceuticals, Race, and America's First Drug War."
[74] Drug Policy Alliance, "A History of the Drug War," drugpolicy.org/issues/brief-history-drug-war.
[75] The Sentencing Project, "Criminal Justice Facts," sentencingproject.org/criminal-justice-facts.
[76] Federal Bureau of Prisons, "Offenses," 2021년 7월 17일에 접속함. bop.gov/about/statistics/statistics_inmate_offenses.jsp.
[77] The Sentencing Project, "Criminal Justice Facts."
[78] Pew Charitable Trusts, "Issue Brief: Federal Drug Sentencing Laws Bring High Cost, Low Return," pewtrusts.org/en/research-and-analysis/issue-briefs/2015/08/federal-drug-sentencing-laws-bring-high-cost-low-return.
[79] Drug Policy Alliance, "The Drug War, Mass Incarceration and Race," January 2018, drugpolicy.org/sites/default/files/drug-war-mass-incarceration-and-race_01_18_0.pdf.

[80] Ibid.
[81] Hillary Kunins et al., "The Effect of Race on Provider Decisions to Test for Illicit Drug Use in the Peripartum Setting," *Journal of Women's Health* 16, no. 2 (2007): 245-55.
[82] Substance Abuse and Mental Health Services Administration, "Results from the 2018 National Survey on Drug Use and Health: Detailed Tables" (Rockville, MD: Center for Behavioral Health Statistics and Quality, Substance Abuse and Mental Health Services Administration), 72-74.
[83] Monica J. Alexander, Mathew V. Kiang, and Magali Barbieri, "Trends in Black and White Opioid Mortality in the United States, 1979-2015," *Epidemiology* 29, no. 5 (2018): 707-15.
[84] Austin Frakt and Toni Monkovic, "A 'Rare Case Where Racial Biases' Protected African-Americans," *New York Times*, November 25, 2019.
[85] Alexander, Kiang, and Barbieri, "Trends in Black and White Opioid Mortality in the United States."
[86] Van Zee, "The Promotion and Marketing of OxyContin."
[87] Frakt and Monkovic, "A 'Rare Case Where Racial Biases' Protected African-Americans."
[88] Astha Singhal, Yu-Yu Tien, and Renee Y. Hsia, "Racial-Ethnic Disparities in Opioid Prescriptions at Emergency Department Visits for Conditions Commonly Associated with Prescription Drug Abuse," *PLOS One* 11, no. 8 (2016): e0159224; Mark J. Pletcher et al., "Trends in Opioid Prescribing by Race/Ethnicity for Patients Seeking Care in US Emergency Departments," *Journal of the American Medical Association* 299, no. 1 (2008): 70-78.
[89] Kelly M. Hoffman et al., "Racial Bias in Pain Assessment and Treatment Recommendations, and False Beliefs about Biological Differences Between Blacks and Whites," *Proceedings of the National Academy of Sciences* 113, no. 16 (2016): 4296-301.
[90] Frakt and Monkovic, "A 'Rare Case Where Racial Biases' Protected African-Americans."
[91] Ibid.
[92] 내가 구할 수 있는 가장 이른 기록이 존재하는 1900년부터 오피오이드 중독으로 인해 약물중독이 주요 사고사 원인이 된 2002년까지 흑인(1978~2002년)과 비백인(1900~1977년, 라티노를 제외한 모든 비백인 인종·민족 포함)은 사고(모든 유형의 사고 포함)로 사망할 확률이 매년 백인보다 더 높았다. 연도별·인종별로 1981~1998년, 1999~2019년 사이의 모든 비의도적 사고사 자료를 다음에서 검색할 수 있다. CDC WISQARS Fatal Injury Reports (cdc.gov/sasweb/ncipc/mortrate.html). 1961~1980년의 자료는 매년 발표되는 〈미국생명통계〉(Vital Statistics of the United States)에서 볼 수 있다. 사고사의 인종별 집계는 제2권 파트 A("Volume 2: Mortality, Part A," 일반적으로 1~20쪽 또는

1~22쪽)에 나온다(1961-1964: cdc.gov/nchs/products/vsus/vsus_1939_1964.htm; 1965-1979: cdc.gov/nchs/products/vsus/vsus_1965_1979.htm). 다음도 참조하라. "Vital Statistics in the United States, 1940-1960," Robert D. Grove and Alice M. Hetzel for the National Center for Health Statistics (사고사에 대한 인종별 통계는 372~373쪽에 나온다. cdc.gov/nchs/data/vsus/vsrates1940_60.pdf); Forrest E. Linder and Robert D. Grove, "Vital Statistics in the United States, 1900-1940," National Office of Vital Statistics (사고사의 인종별 통계는 366~367쪽에 나온다. data.nber.org/vital-stats-books/vsrates1900_40.CV.pdf). 1978년 이전의 모든 연도는 자료가 '백인'과 '비백인', '백인'과 '기타' 이외로는 더 분류되어 있지 않음에 주의하라.

[93] Keturah James and Ayana Jordan, "The Opioid Crisis in Black Communities," *Journal of Law, Medicine, and Ethics* 46, no. 2 (2018): 404-21.

[94] Kaiser Family Foundation, "State Health Facts: Opioid Overdose Deaths by Race/Ethnicity," kff.org/other/state-indicator/opioid-overdose-deaths-by-raceethnicity.

[95] CDC WISQARS Fatal Injury Reports, Centers for Disease Control and Prevention, "Opioid Overdose Data Analysis and Resources: Overdose Death Rates Involving Opioids by Type, United States, 1999-2019," webappa.cdc.gov/sasweb/ncipc/mortrate.html; "Overdose Death Rates Involving Opioids by Type, United States, 1999-2019," Centers for Disease Control and Prevention Opioid Overdose Data Analysis and Resources, cdc.gov/drugoverdose/data/analysis.html.

[96] Pooja A. Lagisetty et al., "Buprenorphine Treatment Divide by Race/Ethnicity and Payment," *JAMA Psychiatry* 76, no. 9 (2019): 979-81.

6 인종주의

이 장은 다음을 토대로 작성했다. 역학자 척우디 온와치손더스, 데이나 루미스(Dana Loomis)와의 인터뷰, 법의학 병리학자 브래드 랜들(Brad Randall)과의 인터뷰, 《우리의 날들은 어떻게 숫자가 되었는가: 위험과 통계적 개인의 부상》(*How Our Days Became Numbered: Risk and the Rise of the Statistical Individual*)의 저자 댄 부크(Dan Bouk)와의 인터뷰, 텍사스 A&M대학 도시계획학 교수이자 교통과 사회심리학의 교차점을 연구하는 타라 고다드와의 인터뷰, 《차선 바꾸기: 도시 고속도로의 비전과 역사》(*Changing Lanes: Visions and Histories of Urban Freeways*)의 저자 조지프 F.C. 디멘토(Joseph F. C. DiMento)와의 인터뷰, 《백인의 이탈: 애틀랜타와 현대 보수주의의 탄생》(*White Flight: Atlanta and the Making of Modern Conservatism*)의 저자 케빈 크루스(Kevin Kruse)와의 인터뷰. 다음 책들도 주되게 참조했다. Ibram X. Kendi, 《반인종주의자가 되는 법》(*How to Be an Antiracist*), Karen E. Fields and Barbara J. Fields, 《인종 크래프트: 미국인의 삶에서의 불평등의 정신》(*Racecraft: The Soul of*

Inequality in American Life). 그의 이야기를 이 책에서 다루지는 않았지만, 일리노이주에서 약물 관련 과실치사 혐의로 28년 형을 받은 흑인 제임스 린더(James Linder)와의 서신 교환도 큰 도움이 되었다. 그의 변호사 헨리 H. 서전 3세(Henry H. Sugden III)와의 인터뷰에서도 많은 도움을 받았다. 린더는 그가 약을 판매한 백인 남성의 백인 여자친구가 사고성 과용으로 사망한 데 대해 기소되었다. 약물의 판매가 이뤄졌거나 피해자가 사망한 카운티가 아니라, 피해자가 거주하고 있던 인근 카운티에서 기소되었는데, 이 카운티는 주민 중 93퍼센트가 백인이다. 28년 형은 백인만으로 구성된 배심원이 3시간도 채 되지 않는 시간 동안 심리한 결과였다. 이 형량은 그 이전 5년 동안 같은 죄목에 대해 이 카운티의 법정이 선고한 가장 높은 형량보다도 2배 이상 길다. 피해자에게 실제로 마약을 준 백인 남자친구는 의료진에게 여자친구의 약물 사용에 대해 거짓말까지 했는데도(그래서 날록손 치료를 하지 못했다) 집행유예를 받았다(다음도 참조하라. drugpolicy.org/james-linders-story).

[1] Dekker, *The Field Guide to Understanding 'Human Error,'* 21-63.

[2] Ibid.

[3] Ibid., 24-28.

[4] Ibid., 21-28, 39-44.

[5] Ibid., 46.

[6] Ibid., 36-38.

[7] Ibram X. Kendi, *How to Be an Antiracist* (New York: One World, 2019), 44-55.

[8] Karen E. Fields and Barbara J. Fields, *Racecraft: The Soul of Inequality in American Life* (New York: Verso, 2012), 16-24.

[9] CDC WISQARS Fatal Injury Reports, webappa.cdc.gov/sasweb/ncipc/mortrate.html.

[10] Michael Andersen, "NYC Bikeon-Sidewalk Tickets Most Common in Black and Latino Communities," *Streetsblog USA*, October 21, 2014; Julianne Cuba, "NYPD Targets Black and Brown Cyclists for Biking on the Sidewalk," *Streetsblog NYC*, June 22, 2020.

[11] Echols, Correll, and Decety, "The Blame Game: The Effect of Responsibility and Social Stigma on Empathy for Pain"; Jennifer N. Gutsell and Michael Inzlicht, "Intergroup Differences in the Sharing of Emotive States: Neural Evidence of an Empathy Gap," *Social Cognitive and Affective Neuroscience* 7, no. 5 (2012): 596–603.

[12] Katie Honan, "Only 'Illegals' Use Bike Lanes in Corona, Trump-Backing Board Member Says," *DNAinfo*, March 1, 2017.

[13] United Church of Christ Commission for Racial Justice, "Toxic Wastes and Race in the United States: A National Report on the Racial and Socioeconomic Characteristics of Communities with Hazardous Waste Sites," 1987, nrc.gov/docs/ML1310/ML13109A339.pdf.

[14] James Flynn, Paul Slovic, and C. K. Mertz, "Gender, Race, and Perception of Environmental Health Risks," *Risk Analysis* 14, no. 6 (1994): 1101-8.

[15] Ibid.
[16] Ibid.
[17] Ibid.
[18] Melissa Finucane et al., "Gender, Race, and Perceived Risk: The 'White Male' Effect," *Health, Risk & Society* 2, no. 2 (2000): 159–72.
[19] K. Brent, "Gender, Race, and Perceived Environmental Risk: The 'White Male' Effect in Cancer Alley, LA," *Sociological Spectrum* 24, no. 4 (2004): 453–78.
[20] Wesley James, Chunrong Jia, and Satish Kedia, "Uneven Magnitude of Disparities in Cancer Risks from Air Toxics," *International Journal of Environmental Research and Public Health* 9, no. 12 (2012): 4365–85.
[21] Brent, "Gender, Race, and Perceived Environmental Risk."
[22] Dan M. Kahan et al., "Culture and Identity-Protective Cognition: Explaining the White-Male Effect in Risk Perception," *Journal of Empirical Legal Studies* (2007): 465–505.
[23] Paul Slovic, "Trust, Emotion, Sex, Politics, and Science: Surveying the Risk-Assessment Battlefield," *Environment, Ethics, and Behavior*, ed. M. H. Bazerman et al. (San Francisco: New Lexington, 1997), 277–313.
[24] 이 절은 다음을 토대로 작성했다. Brad Randall, Paul Thompson, and Anne Wilson, "Racial Differences Within Subsets of Sudden Unexpected Infant Death (SUID) with an Emphasis on Asphyxia," *Journal of Forensic and Legal Medicine* 62 (February 2019): 52–55. 랜들과의 인터뷰도 참조했다.
[25] CDC WISQARS Fatal Injury Reports, webappa.cdc.gov/sasweb/ncipc/mortrate.html.
[26] Randall, Thompson, and Wilson, "Racial Differences Within Subsets of Sudden Unexpected Infant Death (SUID) with an Emphasis on Asphyxia."
[27] Topher Sanders, Kate Rabinowitz, and Benjamin Conarck, "Walking While Black: Jacksonville's Enforcement of Pedestrian Violations Raises Concerns That It's Another Example of Racial Profiling," ProPublica, November 16, 2017; Smart Growth America, "Dangerous by Design: 2021," smartgrowthamerica.org/wp-content/uploads/2021/03/Dangerous-By-Design-2021.pdf.
[28] Gersh Kuntzman, "'Jaywalking While Black': Final 2019 Numbers Show Race-Based NYPD Crackdown Continues," *Streetsblog NYC*, January 27, 2020; Gersh Kuntzman, "NYPD's Racial Bias in 'Jaywalking' Tickets Continues into 2020," *Streetsblog NYC*, May 7, 2020.
[29] Edward L. Glaeser and Bruce Sacerdote, "The Determinants of Punishment: Deterrence, Incapacitation, and Vengeance," Harvard Institute of Economic Research: Discussion Paper 1894, April 2000.
[30] Ibid.
[31] CDC WISQARS Fatal Injury Reports, webappa.cdc.gov/sasweb/ncipc/mortrate.

html.
[32] 이 절은 다음을 토대로 작성했다. Tara Goddard, Kimberly Barsamian Kahn, and Arlie Adkins, "Racial Bias in Driver Yielding Behavior at Crosswalks," *Transportation Research Part F: Traffic Psychology and Behaviour* 33 (2015), 1–6. 타라 고다드와의 인터뷰도 참조했다.
[33] Goddard, Kahn, and Adkins, "Racial Bias in Driver Yielding Behavior at Crosswalks."
[34] CDC WISQARS Fatal Injury Reports, webappa.cdc.gov/sasweb/ncipc/mortrate.html.
[35] Ibid.
[36] Ibid.
[37] Anthony Greenwald, Mark Oakes, and Hunter Hoffman, "Targets of Discrimination: Effects of Race on Responses to Weapons Holders," *Journal of Experimental Social Psychology* 39 (2003): 399–405.
[38] Ibid.
[39] Yara Mekawi and Konrad Bresin, "Is the Evidence from Racial Bias Shooting Task Studies a Smoking Gun? Results from a Meta-Analysis," *Journal of Experimental Social Psychology* 61 (2015): 120–30.
[40] Frank Edwards, Hedwig Lee, and Michael Esposito, "Risk of Being Killed by Police Use of Force in the United States by Age, Race—Ethnicity, and Sex," *Proceedings of the National Academy of Sciences* 116, no. 34 (2019): 16793–8.
[41] Sarah DeGue, Katherine A. Fowler, and Cynthia Calkins, "Deaths Due to Use of Lethal Force by Law Enforcement: Findings from the National Violent Death Reporting System, 17 U.S. States, 2009–2012," *American Journal of Preventive Medicine* 51 (2016): S173–S187.
[42] Scott Glover et al., "A Key Miscalculation by Officers Contributed to the Tragic Death of Breonna Taylor," CNN, July 23, 2020.
[43] Becky Sullivan and Vanessa Romo, "Officer Who Fatally Shot Daunte Wright with 'Accidental Discharge' Is Identified," National Public Radio, April 12, 2021.
[44] Kevin Sack, "Door-Busting Drug Raids Leave a Trail of Blood," *New York Times*, March 18, 2017.
[45] Rose Hackman, " 'She Was Only a Baby': Last Charge Dropped in Police Raid That Killed Sleeping Detroit Child," *Guardian*, January 31, 2015.
[46] Ibid.
[47] Robert F. Worth, "Commissioner Reassigns Captain Involved in Ill-Fated Harlem Raid," *New York Times*, May 24, 2003.
[48] 오피오이드 중독으로 사고사의 인종별 패턴이 달라진 것과 관련한 상세한 출처 목록은 5장의 주석 92번을 참조하라.
[49] CDC WISQARS Fatal Injury Reports, webappa.cdc.gov/sasweb/ncipc/mortrate.

html.

[50] Matt McFarland, "Traffic Deaths Jump for Black Americans Who Couldn't Afford to Stay Home During Covid," CNN Business, June 20, 2021; CDC WISQARS Fatal Injury Reports, webappa.cdc.gov/sasweb/ncipc/mortrate.html.

[51] CDC WISQARS Fatal Injury Reports webappa.cdc.gov/sasweb/ncipc/mortrate.html. Cheryl Cherpitel, Yu Ye, and William Kerr, "Shifting Patterns of Disparities in Unintentional Injury Mortality Rates in the United States, 1999–2016," *Pan–American Journal of Public Health* 45 (2021): 1–11.

[52] CDC WISQARS Fatal Injury Reports, webappa.cdc.gov/sasweb/ncipc/mortrate.html.

[53] CDC WONDER Compressed Mortality File, ICD-10 Codes: Exposure to Excessive Natural Heat (X30); Exposure to Excessive Natural Cold (X31); Unintentional Natural/Environmental Deaths (W42, W43, W53–W64, W92–W99, X20–X39, X51–X57), wonder.cdc.gov/cmf-icd10.html.

[54] CDC WISQARS Fatal Injury Reports, webappa.cdc.gov/sasweb/ncipc/mortrate.html.

[55] Yin Paradies et al., "Racism as a Determinant of Health: A Systematic Review and Meta-Analysis," *PLOS One* 10, no. 9 (2015): e0138511.

[56] CDC WONDER Compressed Mortality File, ICD–10 Codes: Inhalation and Ingestion of Food Causing Obstruction of Respiratory Tract (W79); Accidental Drowning and Submersion (W65–W74), wonder.cdc.gov/cmf–icd10.html.

[57] J. Gilchrist, K. Gotsch, and G. Ryan, "Nonfatal and Fatal Drownings in Recreational Water Settings: United States, 2001–2002," Centers for Disease Control and Prevention, *Morbidity and Mortality Weekly Report* 53, no. 21 (2004): 447–52.

[58] CDC WISQARS Fatal Injury Reports, webappa.cdc.gov/sasweb/ncipc/mortrate.html.

[59] Stephen Kerber, "Analysis of Changing Residential Fire Dynamics and Its Implications on Firefighter Operational Timeframes," *Fire Technology* 48 (2011): 865–91; United States Fire Administration National Fire Data Center, Federal Emergency Management Agency, "Socioeconomic Factors and the Incidence of Fire," June 1997, usfa.fema.gov/downloads/pdf/statistics/socio.pdf; Marty Ahrens and Radhika Maheshwari, "Home Structure Fires," National Fire Protection Association, November 2020, nfpa.org/News–and–Research/Data–research–and–tools/Building–and–Life–Safety/Home–Structure–Fires.

[60] 이 절은 다음을 토대로 작성했다. Dana P. Loomis et al., "Fatal Occupational Injuries in a Southern State," *American Journal of Epidemiology* 145, no. 12 (1997): 1089–199; Dana Loomis and David Richardson, "Race and the Risk of Fatal Injury at Work," *American Journal of Public Health* 88, no. 1 (1998): 40–44; Dana Loomis et al., "Political Economy of US States and Rates of Fatal Occupational Injury,"

American Journal of Public Health 99, no. 8 (2009): 1400–1408; and David B. Richardson et al., "Fatal Occupational Injury Rates in Southern and Non-Southern States, by Race and Hispanic Ethnicity," *American Journal of Public Health* 94, no. 10 (2004): 1756–61. 데이나 루미스와의 인터뷰에서도 도움을 받았다.

[61] AFL-CIO, "Death on the Job: The Toll of Neglect, 2021," May 4, 2021, afl-cio.org/reports/death-job-toll-neglect-2021.

[62] Loomis and Richardson, "Race and the Risk of Fatal Injury at Work."

[63] Loomis et al., "Fatal Occupational Injuries in a Southern State."

[64] "Exploded Trust," Scientific American 309, no. 1 (2013): 10–11.

[65] U.S. Environmental Protection Agency, "TRI National Analysis: Releases of Chemicals," January 2021, epa.gov/trinationalanalysis/releases-chemicals.

[66] Lesley Fleischman and Marcus Franklin, "Fumes Across the Fence-Line: The Health Impacts of Air Pollution from Oil & Gas Facilities on African American Communities," National Association for the Advancement of Colored People, naacp.org/resources/fumes-across-fence-line-health-impacts-air-pollution-oil-gas-facilities-african-american.

[67] M. R. Elliott et al., "Environmental Justice: Frequency and Severity of U.S. Chemical Industry Accidents and the Socioeconomic Status of Surrounding Communities," *Journal of Epidemiology & Community Health* 58 (2004): 24–30.

[68] Amanda Starbuck and Ronald White, "Living in the Shadow of Danger: Poverty, Race, and Unequal Chemical Facility Hazards," Center for Effective Government, January 2016, foreffectivegov.org/sites/default/files/shadow-of-danger-highrespdf.pdf.

[69] United Church of Christ Commission for Racial Justice, "Toxic Wastes and Race in the United States."

[70] Brian King, *States of Disease: Political Environments and Human Health* (Berkeley: University of California Press, 2017), 36.

[71] Robert D. Bullard et al., "Toxic Wastes and Race at Twenty: 1987–2007," United Church of Christ Justice and Witness Ministries, nrdc.org/sites/default/files/toxic-wastes-and-race-at-twenty-1987-2007.pdf.

[72] United Church of Christ Commission for Racial Justice, "Toxic Wastes and Race in the United States."

[73] Lesley Fleischman and Marcus Franklin, "Fumes Across the Fence-Line: The Health Impacts of Air Pollution from Oil & Gas Facilities on African American Communities"; Oliver Milman, "Revealed: 1.6m Americans Live Near the Most Polluting Incinerators in the US," *Guardian*, May 21, 2019; Starbuck and White, "Living in the Shadow of Danger: Poverty, Race, and Unequal Chemical Facility Hazards"; Maninder P. S. Thind et al., "Fine Particulate Air Pollution from Electricity Generation in the US: Health Impacts by Race, Income, and Geography," *Environmental*

Science and Technology 53, no. 23 (2019): 14010–19; Zoë Schlanger, "Race Is the Biggest Indicator in the US of Whether You Live Near Toxic Waste," Quartz, March 22, 2017.

[74] Bullard et al., "Toxic Wastes and Race at Twenty."

[75] Amin Raid, Arlene Nelson, and Shannon McDougall, "A Spatial Study of the Location of Superfund Sites and Associated Cancer Risk," *Statistics and Public Policy* 5, no. 1 (2018): 1–9.

[76] "Population Surrounding 1,857 Superfund Remedial Sites," United States Environmental Protection Agency, Office of Land and Emergency Management, September 2020, epa.gov/sites/production/files/2015-09/documents/webpopulationrsuperfundsites9.28.15.pdf.

[77] Raid, Nelson, and McDougall, "A Spatial Study of the Location of Superfund Sites and Associated Cancer Risk"; Tom Boer et al., "Is There Environmental Racism? The Demographics of Hazardous Waste in Los Angeles County," *Social Science Quarterly* 78, no. 4 (1997): 793–810; Paul Stretesky and Michael J. Hogan, "Environmental Justice: An Analysis of Superfund Sites in Florida," *Social Problems* 45, no. 2 (1998): 268–87.

[78] CDC WISQARS Fatal Injury Reports, webappa.cdc.gov/sasweb/ncipc/mortrate.html.

[79] 《차선 바꾸기》의 저자 조지프 F.C. 디멘토와의 인터뷰와 《백인의 이탈》의 저자 케빈 크루스와의 인터뷰. 다음도 참조하라. Candice Norwood, "How Infrastructure Has Historically Promoted Inequality," *PBS NewsHour*, April 23, 2021; Deborah N. Archer, "White Men's Roads Through Black Men's Homes: Advancing Racial Equity Through Highway Reconstruction," *Vanderbilt Law Review* 73, no. 5 (2020): 1259–330.

[80] Michele Lerner, "One Home, a Lifetime of Impact," *Washington Post*, July 23, 2020; Tegan K. Boehmer et al., "Residential Proximity to Major Highways—United States, 2010," Centers for Disease Control and Prevention, *Morbidity and Mortality Weekly Report* 62, no. 3 (2013): 46–50.

[81] United States Fire Administration National Fire Data Center, "Socioeconomic Factors and the Incidence of Fire."

[82] Brad Plumer and Nadja Popovich, "How Decades of Racist Housing Policy Left Neighborhoods Sweltering," *New York Times*, August 24, 2020.

[83] Luis F. Miranda-Moreno, Patrick Morency, and Ahmed M. El-Geneidy, "The Link Between Built Environment, Pedestrian Activity and Pedestrian-Vehicle Collision Occurrence at Signalized Intersections," *Accident Analysis & Prevention* 43, no. 5 (2011): 1624–34; Tefft, "Impact Speed and a Pedestrian's Risk of Severe Injury or Death."

[84] Kate Lowe, Sarah Reckhow, and Andrea Benjamin, "Pete Buttigieg May Not Know

This Yet: Rail Transportation Funding Is a Racial Equity Issue," *Washington Post*, February 1, 2021.

[85] Todd Litman, "A New Transit Safety Narrative," *Journal of Public Transportation* 17, no. 4 (2014): 114–35.

[86] James Reason, "Human Error: Models and Management," *British Medical Journal* 320, no. 7237 (2000): 768–70; Thomas V. Perneger, "The Swiss Cheese Model of Safety Incidents: Are There Holes in the Metaphor?," *BMC Health Services Research* 5, no. 71 (2005).

7 돈

이 장은 다음을 토대로 작성했다. 역학자 척우디 온와치손더스와의 인터뷰, 전미안전협회 통계 담당 부서장 켄 콜로시와의 인터뷰, 원주민청소년을위한아스펜연구소(Aspen Institute Center for Native American Youth)의 연구 및 평가 책임자 빌리 조 킵(Billie Jo Kipp)과의 인터뷰, 원주민환경네트워크(Indigenous Environmental Network)의 조직화 코디네이터 오자와 비네시 앨버트(Ozawa Bineshi Albert)와의 인터뷰, 역학자 데버라 지라섹과의 인터뷰, 프린스턴대학 경제학 및 공공정책학 교수 앤 케이스(Anne Case)와의 인터뷰, 미국을위한교통 책임자 베스 오즈번(Beth Osborne)과의 인터뷰, 응급실 의사 카일 허스트와의 인터뷰, '공정한 세상 오류'가 어떻게 경제적으로 발현되는지를 연구하는 라마르대학 사회학 교수 케빈 스미스와의 인터뷰, 뉴욕주립대학 역학 및 바이오통계 교수이자 다음 논문의 공저자인 멜리사 트레이시(Melissa Tracy)와의 인터뷰, "Estimated Deaths Attributable to Social Factors in the United States," *American Journal of Public Health*, 노스다코타주 전 상원의원이자 하원의원으로 원주민사안위원회 위원장이며 《무모함: 부채, 규제 완화, 다크머니는 어떻게 미국을 파산에 빠뜨릴 뻔했는가》(*Reckless: How Debt, Deregulation, and Dark Money Nearly Bankrupted America*)과 《이 일자리를 잡고 그것을 운송하라: 기업의 탐욕과 뇌사 상태의 정치는 어떻게 미국을 팔아넘겼는가》(*Take This Job and Ship It: How Corporate Greed and Brain-Dead Politics Are Selling Out America*)의 저자 바이런 도건(Byron Dorgan)과의 인터뷰.

[1] D. C. Girasek, "How Members of the Public Interpret the Word 'Accident,'" *Injury Prevention* 5 (1999): 19–25.

[2] 지라섹과의 이메일 인터뷰.

[3] Girasek, "How Members of the Public Interpret the Word 'Accident.'"

[4] CDC WISQARS Fatal Injury Reports, webappa.cdc.gov/sasweb/ncipc/mortrate.html; Rebecca A. Karb, S. V. Subramanian, and Eric W. Fleegler, "County Poverty Concentration and Disparities in Unintentional Injury Deaths: A Fourteen-Year Analysis of 1.6 Million U.S. Fatalities," *PLOS One* 11 (2016): 1–12.

[5] 별도의 인용이 없으면 이 절은 다음을 토대로 작성했다. Chukwudi Onwuachi-Saunders and Darnell F. Hawkins, "Black-White Differences in Injury: Race or Social Class?," *Annals of Epidemiology* 3, no. 2 (1993): 150–53. 온와치손더스와의 인터뷰도 참조했다.

[6] 온와치손더스와의 인터뷰.

[7] Ibid.

[8] Karb, Subramanian, and Fleegler, "County Poverty Concentration and Disparities in Unintentional Injury Deaths."

[9] Lynne Peeples, "How the Next Recession Could Save Lives," *Nature*, January 23, 2019.

[10] Comparison of National Safety Council, "Preventable Injury-Related Deaths by Cause, United States, 1903–2019," Injury Facts, injuryfacts.nsc.org/all-injuries/historical-preventable-fatality-trends/deaths-by-cause; "Wealth Concentration Has Been Rising Toward Early 20th Century Levels," Center on Budget and Policy Priorities, cbpp.org/wealth-concentration-has-been-rising-toward-early-20th-century-levels-2. 다음도 참조하라. Eve Darian-Smith, "Dying for the Economy: Disposable People and Economies of Death in the Global North," *State Crime Journa*l 10, no. 1 (2021): 61–79.

[11] Monica M. He, "Driving Through the Great Recession: Why Does Motor Vehicle Fatality Decrease When the Economy Slows Down?," *Social Science & Medicine* 155 (2016): 1–11.

[12] Alissa Walker, "This Spring, We All Drove Much Less. Yet Traffic Deaths Went Up. Why?" *Curbed*, October 15, 2020.

[13] National Safety Council, "Motor Vehicle Deaths in 2020 Estimated to Be Highest in 13 Years, Despite Dramatic Drops in Miles Driven," March 4, 2021, nsc.org/newsroom/motor-vehicle-deaths-2020-estimated-to-be-highest.

[14] McFarland, "Traffic Deaths Jump for Black Americans Who Couldn't Afford to Stay Home During Covid"; National Highway Traffic Safety Administration, "Early Estimates of Motor Vehicle Traffic Fatalities and Fatality Rate by Sub-categories in 2020," *Traffic Safety Facts: Crash Stats*, June 2021, crashstats.nhtsa.dot.gov/Api/Public/ViewPublication/813118.

[15] Joan Lowy, "Traffic Accidents in the U.S. Cost $871 Billion a Year, Federal Study Finds," *PBS NewsHour*, May 29, 2014.

[16] 켄 콜로시와의 인터뷰.

[17] Ibid.

[18] Clary Estes, "1 in 4 Rural Hospitals Are at Risk of Closure and the Problem Is Getting Worse," *Forbes*, February 24, 2020.

[19] Sean McCarthy et al., "Impact of Rural Hospital Closures on Health-Care Access," *Journal of Surgical Research* 258 (2021): 170–78.

[20] Emergency Medicine News, "Congratulations to Kyle Hurst," West Virginia University School of Medicine, October 11, 2019.
[21] 카일 허스트와의 인터뷰.
[22] American Hospital Directory, "Hospital Statistics by State," ahd.com/state_statistics.html.
[23] Andrew Lisa, "States with the Biggest Rural Populations," *Stacker*, April 8, 2019; Suneson, "Wealth in America."
[24] Ayla Ellison, "State-By-State Breakdown of 897 Hospitals at Risk of Closing," Becker's Hospital CFO Report, January 22, 2021.
[25] David Mosley and Daniel DeBehnke, "Rural Hospital Sustainability: New Analysis Shows Worsening Situation for Rural Hospitals, Residents," Navigant Consulting, guidehouse.com/-/media/www/site/insights/healthcare/2019/navigant-rural-hospital-analysis-22019.pdf.
[26] 허스트와의 인터뷰. 다음도 참조하라. American Hospital Directory: United Hospital Center, ahd.com/free_profile/510006/United_Hospital_Center/Bridgeport/West_Virginia.
[27] 허스트와의 인터뷰.
[28] Ibid.
[29] Ibid.
[30] CDC WONDER Compressed Mortality File, wonder.cdc.gov/cmf-icd10.html.
[31] 허스트와의 인터뷰.
[32] Ellison, "Why Rural Hospital Closures Hit a Record High in 2020."
[33] Laura Santhanam, "These 3 Charts Show How Rural Health Care Was Weakened Even Before COVID-19," *PBS NewsHour*, May 14, 2020.
[34] Estes, "1 in 4 Rural Hospitals Are at Risk of Closure and the Problem Is Getting Worse."
[35] Ali Watkins, "Rural Ambulance Crews Have Run Out of Money and Volunteers," *New York Times*, April 25, 2021.
[36] Lucy Kafanov, "Rural Ambulance Crews Are Running Out of Money and Volunteers. In Some Places, the Fallout Could Be Nobody Responding to a 911 Call," CNN, May 22, 2021.
[37] George M. Holmes et al., "The Effect of Rural Hospital Closures on Community Economic Health," *Health Services Research* 41, no. 2 (2006): 467-85.
[38] Rachel Garfield, Kendal Orgera, and Anthony Damico, "The Coverage Gap: Uninsured Poor Adults in States That Do Not Expand Medicaid," Kaiser Family Foundation, January 21, 2021, kff.org/medicaid/issue-brief/the-coverage-gap-uninsured-poor-adults-in-states-that-do-not-expand-medicaid.
[39] The Chartis Center for Rural Health, "The Rural Health Safety Net Under Pressure: Rural Hospital Vulnerability," chartis.com/forum/insight/the-rural-health-safe-

ty-net-under-pressure-rural-hospital-vulnerability.
[40] The Chartis Center for Rural Health, "Crises Collide: The COVID-19 Pandemic and the Stability of the Rural Health Safety Net," chartis.com/resources/files/Crises-Collide-Rural-Health-Safety-Net-Report-Feb-2021.pdf.
[41] Ibid.
[42] Jenny Jarvie, "In a Time of Pandemic, Another Rural Hospital Shuts Its Doors," *Los Angeles Times*, May 16, 2020.
[43] Sarah Kliff, Jessica Silver-Greenberg, and Nicholas Kulish, "Closed Hospitals Leave Rural Patients 'Stranded' as Coronavirus Spreads," *New York Times*, April 26, 2020.
[44] Tyler Barker, "Shuttered West Virginia Hospital Reopens as Temporary ER," ABC 4 WOAY, July 1, 2020.
[45] CDC WONDER Compressed Mortality File, wonder.cdc.gov/cmf-icd10.html.
[46] Ibid.
[47] Michael B. Sauter, "Per Capita Government Spending: How Much Does Your State Spend on You?," *USA Today*, June 29, 2018.
[48] Neil Irwin, "One County Thrives. The Next One Over Struggles. Economists Take Note," *New York Times*, June 29, 2018.
[49] Laura Dwyer-Lindgren et al., "Inequalities in Life Expectancy Among US Counties, 1980 to 2014: Temporal Trends and Key Drivers," *JAMA Internal Medicine* 177, no. 7 (2017): 1003-11.
[50] 다음 논문에 대한 데이나 루미스와의 인터뷰. Dana Loomis, "Political Economy of US States and Rates of Fatal Occupational Injury," *American Journal of Public Health* 99 (2009): 1400-8.
[51] C. R. Ronzio, E. Pamuk, and G. D. Squire, "The Politics of Preventable Death: Local Spending, Income Inequality, and Premature Mortality in US Cities," *Journal of Epidemiology and Community Health* 58, no. 3 (2004): 161.
[52] Robert J. Schneider et al., "United States Fatal Pedestrian Crash Hot Spot Locations and Characteristics," *Journal of Transport and Land Use* 14, no. 1 (2021).
[53] Binyamin Appelbaum, "Public Works Funding Falls as Infrastructure Deteriorates," *New York Times*, August 8, 2017.
[54] Jim Justice, "Executive Budget: Volume I Budget Report Fiscal Year 2022," State of West Virginia, February 10, 2021, 53.
[55] Feijun Luo, Mengyao Li, and Curtis Florence, "State-Level Economic Costs of Opioid Use Disorder and Fatal Opioid Overdose—United States, 2017," *Morbidity and Mortality Weekly Report* 70, no. 15 (2021): 541-46.
[56] CDC WONDER Compressed Mortality File, wonder.cdc.gov/cmf-icd10.html.
[57] "About the Pine Ridge Reservation," Re-Member, re-member.org/pine-ridge-reservation; Patrick Strickland, "Life on the Pine Ridge Native American Reservation," *Al Jazeera*, November 2, 2016; Gabi Serrato Marks, "How Oglala Lakota People

Are Standing Up to Extreme Weather," *Scientific American*, December 11, 2019.
[58] Ibid.
[59] "Tribal Infrastructure: Roads, Bridges, and Buildings": Written Testimony of Julian Bear Runner, President of the Oglala Sioux Tribe, to the House Committee on Natural Resources, Subcommittee for Indigenous Peoples of the United States, July 11, 2019.
[60] CDC WONDER Compressed Mortality File, wonder.cdc.gov/cmf-icd10.html; U.S. Census Bureau QuickFacts (V2019) for Lake and Peninsula Borough, AK; Thomas County, NE; Oglala Lakota County, SD; Corson County, SD; Todd County, SD; Yukon-Koyukuk Census Area, AK; Mellette County, SD; Sioux County, ND; Rio Arriba County, NM (the non-Indigenous-majority outlier); and Apache County, AZ.
[61] Strickland, "Life on the Pine Ridge Native American Reservation."
[62] "Indian Affairs: Key Actions Needed to Ensure Safety and Health at Indian School Facilities," U.S. Government Accountability Office, March 10, 2016.
[63] Testimony of the National Indian Health Board—Stacy A. Bohlen, CEO, to the House Appropriations Subcommittee on Interior, Environment, and Related Agencies, June 11, 2020.
[64] John R. Baxter, "Hearing on Tribal Transportation: Paving the Way for Jobs, Infrastructure and Safety in Native Communities," Federal Highway Administration, U.S. Department of Transportation, September 15, 2011.
[65] Christopher Flavelle and Kalen Goodluck, "Dispossessed, Again: Climate Change Hits Native Americans Especially Hard," *New York Times*, June 27, 2021.
[66] CDC WISQARS Fatal Injury Reports, webappa.cdc.gov/sasweb/ncipc/mortrate.html.
[67] Appelbaum, "Public Works Funding Falls as Infrastructure Deteriorates."
[68] GDP 대비 비중. 다음을 참조하라. U.S. Census Bureau, "Total Public Construction Spending: Total Construction in the United States," FRED, fred.stlouisfed.org/graph/?g=heS.
[69] American Association of Civil Engineers, "2021 Report Card for America's Infrastructure," infrastructurereportcard.org/wp-content/uploads/2020/12/National_IRC_2021-report.pdf, 19–20, 27, 35, 73, 153.
[70] American Association of Civil Engineers, "2020 Report Card for Mississippi Infrastructure," infrastructurereportcard.org/wp-content/uploads/2016/10/FullReport-MS_2020-1.pdf, 15.
[71] American Road and Transportation Builders Association, "2021 Bridge Conditions Report," artbabridgereport.org/reports/2021-ARTBA-Bridge-Report.pdf.
[72] Insurance Institute for Highway Safety, "Fatality Facts 2019: Urban/Rural Comparison," iihs.org/topics/fatality-statistics/detail/urban-rural-comparison.

[73] James Conca, "The Colonial Pipeline Explosion: Do We Need Fewer Pipelines—Or More?," *Forbes*, November 3, 2016.

[74] Congressional Budget Office, "Public Spending on Transportation and Water Infrastructure, 1956 to 2017," October 2018, cbo.gov/system/files/2018-10/54539-Infrastructure.pdf.

[75] David Schaper, "10 Years After Bridge Collapse, America Is Still Crumbling," National Public Radio, August 1, 2017.

[76] Emily Cochrane, "Senate Passes $1 Trillion Infrastructure Bill, Handing Biden a Bipartisan Win," *New York Times*, August 10, 2021; Aatish Bhatia and Quoctrung Bui, "The Infrastructure Plan: What's In and What's Out," *New York Times*, August 10, 2021; National Association of City Transportation Officials, "Infrastructure Investment and Jobs Act: Overview for Cities," August 2021, nacto.org/wp-content/uploads/2021/08/NACTO-IIJA-City-Overview.pdf.

[77] Karb, Subramanian, and Fleegler, "County Poverty Concentration and Disparities in Unintentional Injury Deaths."

[78] "Our Nation's Crumbling Infrastructure and the Need for Immediate Action," Gregory E. DiLoreto to the Committee on Ways and Means, U.S. House of Representatives, March 6, 2019.

[79] Ron Nixon, "Human Cost Rises as Old Bridges, Dams and Roads Go Unrepaired," *New York Times*, November 5, 2015.

[80] "America's Poor Neighborhoods Plagued by Pedestrian Deaths," *Governing*, August 5, 2014.

[81] Richard Florida, "The Geography of Car Deaths in America: The U.S. Is a Nation Divided Not Just by How People Get Around, but by How Fast They Drive," *Bloomberg CityLab*, October 15, 2015.

[82] Karb, Subramanian, and Fleegler, "County Poverty Concentration and Disparities in Unintentional Injury Deaths."

[83] Atheendar S. Venkataramani et al., "Association Between Automotive Assembly Plant Closures and Opioid Overdose Mortality in the United States: A Difference-in-Differences Analysis," *JAMA Internal Medicine* 180, no. 2 (2020): 254-62.

[84] Neil Irwin and Quoctrung Bui, "The Rich Live Longer Everywhere. For the Poor, Geography Matters," *New York Times*, April 11, 2016.

[85] Emily Ekins, "What Americans Think about Poverty, Wealth, and Work," Cato Institute, September 24, 2019, cato.org/publications/survey-reports/what-americans-think-about-poverty-wealth-work.

[86] 이 절은 다음을 토대로 작성했다. Kevin Smith, "Seeing Justice in Poverty: The Belief in a Just World and Ideas About Inequalities," *Sociological Spectrum* 5, nos. 1-2 (1985): 17-29; "I Made It Because of Me: Beliefs About the Causes of Wealth and Poverty," *Sociological Spectrum* 5 (1985): 255-67; David N. Green, "Individual

Correlates of the Belief in a Just World," *Psychological Reports* 54 (1984): 435-38. 케빈 스미스와의 인터뷰도 크게 참조했다.

[87] 스미스와의 인터뷰.

[88] Melvin J. Lerner and Carolyn H. Simmons, "Observer's Reaction to the 'Innocent Victim': Compassion or Rejection?," *Journal of Personality and Social Psychology* 4, no. 2 (1966): 203-10.

[89] 스미스와의 인터뷰.

[90] Smith and Green, "Individual Correlates of the Belief in a Just World."

[91] Smith, "I Made It Because of Me: Beliefs About the Causes of Wealth and Poverty."

[92] Zack Rubin and Letitia Anne Pelau, "Who Believes in a Just World?," *Journal of Social Issues* 31, no. 3 (1975): 65-89.

[93] Ekins, "What Americans Think about Poverty, Wealth, and Work."

[94] Pew Research Center, "Most Americans Point to Circumstances, Not Work Ethic, for Why People Are Rich or Poor," March 2, 2020, pewresearch.org/politics/2020/03/02/most-americans-point-to-circumstances-not-work-ethic-as-reasons-people-are-rich-or-poor.

[95] 스미스와의 인터뷰.

[96] Jose A. Del Real, "Ben Carson Calls Poverty 'a State of Mind' During Interview," *Washington Post*, May 24, 2017.

[97] J. Edward Moreno, "Democratic Lawmakers Rip Carson over Cuts to Housing Budget, Policies," *The Hill*, March 4, 2020.

---

8 비난

이 프로젝트를 시작한 초기부터도 미국에서 벌어지는 사고를 진정으로 이해하려면 비난에 대해, 우리가 왜 비난을 하는지와 비난이 우리에게 무엇을 하는지 둘 다에 대해 이해하는 것이 필수적이라는 사실을 분명히 알 수 있었다. 비난에 대해 이해하는 데는 특히《참사는 이제 그만》을 포함한 시드니 데커의 저술과 데커와의 인터뷰, 그리고 나사의 챌린저호와 콜럼비아호 폭발 사고에 대한 다이앤 보건(Dianne Vaughan)의 연구에서 큰 도움을 받았다. 마크 앨리크, 켈리 셰이버(Kelly Shaver), 일레인 월스터(Elaine Walster), 레라 보로디츠키(Lera Boroditsky)의 연구, 그리고 데커를 통해 알게 된 폴 피츠와 리처드 존스의 1947년 연구도 중요한 지침이 되어주었다. 엔지니어인 빌 슐타이스는 교통 안전시설 설치에 대한 '보행자 기준'이 비난 패러다임과 어떻게 맞물리는지 설명해 주었다. 앨리슨 랴오에게 쏟아진 끔찍한 비난을 책에 담도록 허락해 준 데 대해 에이미 탐 랴오와 시페이 랴오, 그리고 그들의 변호사 스티브 배카로(Steve Vaccaro)에게 감사드린다. 에이미 랴오와 시페이 랴오는 뉴욕의 거리를 안전하게 만들기 위해 계속 활동하고 있다.

[1] Brené Brown, *Daring Greatly* (New York: Penguin Random House, 2012), 195–7.

[2] 스미스와의 인터뷰.

[3] 철학자 프리드리히 니체는 《우상의 황혼과 안티크라이스트》(*Twilight of the Idols and the Anti-Christ*)에서 이렇게 언급한다. "미지의 무언가를 알려진 무언가를 찾아 귀인하는 것은 마음을 놓게 해주고, 위안을 주고, 다행스러움을 느끼게 해주고, 무엇보다도 권력의 느낌을 준다. 위험, 불안, 걱정은 알지 못하는 것에 직면해야 함을 뜻한다. 그럴 때 첫 번째 본능은 그 불편한 상태를 없애려 하는 것이다. 그럴 때의 제1원칙은 아무 설명도 없는 것보다는 나은 어떤 설명이라도 찾아내는 것이다"(trans. R. J. Hollingdale [New York: Penguin, 1990], 62).

[4] Dekker, *The Field Guide to Understanding 'Human Error,'* 10–12.

[5] 별도의 인용이 없으면 앨리슨 랴오 이야기의 출처는 다음 기사들이다. "S.U.V. Fatally Hits Girl, 3, in Queens," *New York Times*, October 6, 2013; Brad Aaron, "NYPD and Media Declare 'Accident' as Another Child Killed by NYC Motorist," *Streetsblog NYC*, October 7, 2013; Jim O'Grady, "Girl Gone: Anatomy of a New York City Pedestrian Death," WNYC National Public Radio, March 18, 2014; Rebecca Fishbein, "Driver Kills 3-Year-Old in Queens, DMV Voids His Tickets," *Gothamist*, November 7, 2014. 랴오를 비난한 CBS의 원래 기사("Girl, 3, Struck and Killed by SUV in Flushing, Queens," October 6, 2013)를 여전히 온라인에서 볼 수 있다(newyork.cbslocal.com/2013/10/06/girl-3-struck-and-killed-by-suv-in-flushing-queens). 《데일리 뉴스》의 원래 기사("SUV Kills 3-Year-Old Girl in Queens After She Breaks Free from Grandmother," October 7, 2013)는 이후에 수정되었다. 랴오가 숨지고 2년 뒤에 《데일리 뉴스》는 랴오에 대한 비난을 조용히 삭제했지만 공식적으로 정정 보도를 내지는 않았고 제목도 유의미하게 수정하지 않았다. 원래 기사는 캐시 서버에 저장되어 있으며 다음에서 볼 수 있다. Chris Polansky, "Families of People Killed by Drivers Say NYPD Victim-Blaming Compounds Grief," *Gothamist*, March 13, 2019, gothamist.com/news/families-of-people-killed-by-drivers-say-nypd-victim-blaming-compounds-grief.

[6] Fishbein, "Driver Kills 3-Year-Old in Queens, DMV Voids His Tickets."

[7] "New Yorkers and Their Cars," New York City Economic Development Corporation, April 5, 2018.

[8] 전국적으로 경찰의 업무 시간 대부분은 차량을 타고 순찰하는 데 쓰이며, 경찰이 대응하는 주요 문제는 차량과 관련된 문제다(Barry Friedman, "Disaggregating the Police Function," NYU Law and Economics Research Paper No. 20-03, March 2020: 950–52).

[9] Kelly Shaver, "Defensive Attribution: Effects of Severity and Relevance on the Responsibility Assigned for an Accident," *Journal of Personality and Social Psychology* 14, no. 2 (1970): 101–13.

[10] 마크 앨리크를 인터뷰하고 1년도 되지 않아서 그가 자택에서 사고로 사망했다.

명복을 빈다. 다른 인용이 없으면 이 절은 그와의 인터뷰 및 그가 수행한 다음 연구를 토대로 작성했다. "Culpable Causation," *Journal of Personality and Social Psychology* 63, no. 3 (1992): 368–78.

[11] 다음도 참조하라. Mark Alicke, "Culpable Control and the Psychology of Blame," *Psychological Bulletin* 126, no. 4 (2000): 556–74; Mark Alicke, "Blaming Badly," *Journal of Cognition and Culture* 8, nos. 1–12 (2000): 179–86; Mark Alicke and Ethan Zell, "Social Attractiveness and Blame," *Journal of Applied Social Psychology* 39 (2009): 2089–105; Shaver, "Defensive Attribution"; Elaine Walster, "Assignment of Responsibility for an Accident," *Journal of Personality and Social Psychology* 3, no. 1 (1966): 73–79.

[12] 2019년에 과속으로 9478명, 음주운전으로 1만 142명이 사망했다(둘 사이에는 물론 교집합도 있다). 이 개념을 알려준 필립 마이엇카우스키(Philip Miatkowski)에게 감사를 전한다.

[13] 앨리크와의 인터뷰.

[14] Craig Thorley and Jayne Rushton-Woods, "Blame Conformity: Leading Eyewitness Statements Can Influence Attributions of Blame for an Accident," *Applied Cognitive Psychology* 27 (2013): 291–96; Nathanael J. Fast and Larissa Z. Tiedens, "Blame Contagion: The Automatic Transmission of Self-Serving Attributions," *Journal of Experimental Social Psychology* 46 (2010): 97–106.

[15] Thorley and Rushton-Woods, "Blame Conformity."

[16] Ibid.

[17] Broderick L. Turner et al., "Body Camera Footage Leads to Lower Judgments of Intent Than Dash Camera Footage," *Proceedings of the National Academy of Sciences* 116, no. 4 (2019): 1201–6.

[18] Ibid.

[19] Kristyn A. Jones, William E. Crozier, and Deryn Strange, "Believing Is Seeing: Biased Viewing of Body-Worn Camera Footage," *Journal of Applied Research in Memory and Cognition* 6, no. 4 (2017): 460–74.

[20] Caitlin M. Fausey and Lera Boroditsky, "Subtle Linguistic Cues Influence Perceived Blame and Financial Liability," *Psychonomic Bulletin & Review* 17, no. 5 (2010): 644–50.

[21] Ibid.

[22] Ibid.

[23] Ibid.

[24] 2년 뒤 팀버레이크는 그 당시에 책임과 비난이 불평등하게 쏟아졌던 것을 이렇게 회상했다. "실제 책임이 50 대 50이었다면 내가 받은 비난은 아마도 10퍼센트밖에 안 되었을 것입니다. 이게 우리 사회에 대해 시사하는 바가 있습니다. 저는 미국이 여성에게 더 가혹한 것 같습니다. 그리고 미국이 인종적 소수자에게 불공평하게 가혹한 것 같습니다." (Cady Lang, "A Comprehensive Guide

to Justin Timberlake's Rocky History with the Super Bowl Halftime Show," *Time*, February 2, 2018).

[25] Yashar Ali, "Exclusive: Les Moonves Was Obsessed with Ruining Janet Jackson's Career, Sources Say," *Huffington Post*, September 6, 2018; Alex Abad-Santosalex, "The Backlash over Justin Timberlake's Super Bowl Halftime Show, Explained," *Vox*, February 1, 2018.

[26] Tanya Snyder, "The Streets and the Courts Failed Raquel Nelson. Can Advocacy Save Her?," *Streetsblog USA*, July 22, 2011.

[27] "Child's Death Casts Light on Pedestrian Traffic Woes," National Public Radio, July 30, 2011.

[28] 《애틀랜타 저널-컨스티튜션》의 보도에 따르면 버스 정류장에서 0.3마일(약 0.5킬로미터) 떨어진 곳에 가장 가까운 횡단보도가 있었다. 평균적인 성인의 걷는 속도는 시간당 3마일(약 4.8킬로미터)이 약간 넘고 이것은 1마일(약 1.6킬로미터)에 20분, 0.3마일(약 0.5킬로미터)에 6분이 걸린다는 것을 의미한다. 넬슨은 0.3마일을 두 번 오가야 했고(갔다가 다시 돌아와야 했다) 길을 건너야 했다. 혼자 걷는 성인 기준으로 가장 빠르게 잡아서 4차선 대로를 기다리는 시간 없이 1분 만에 건넜다고 치면 총 13분이 걸리는데, 성인 한 명이 아이 셋을 데리고 걷는 상황이었다면 이보다 더 오래 걸렸을 것이다. (Ralph Ellis, "Jaywalkers Take Deadly Risks," *Atlanta Journal-Constitution*, June 13, 2013).

[29] Ellis, "Jaywalkers Take Deadly Risks."

[30] Lisa Stark, "Mom Avoids Jail but Gets Probation After Son Killed by Driver: Raquel Nelson's 4-Year-Old Was Killed on a Georgia Road by a Hit and Run Driver," ABC News, July 26, 2011; Ralph Ellis, "Hit-Run Suspect Faced Similar Charges in 1997," *Atlanta Journal-Constitution*, August 11, 2012.

[31] Angie Schmitt, "Georgia Prosecutor Continues Case Against Raquel Nelson," *Streetsblog USA*, September 11, 2012.

[32] "Child's Death Casts Light on Pedestrian Traffic Woes," National Public Radio, July 30, 2011.

[33] David Goldberg, "Protect, Don't Prosecute, Pedestrians," *Washington Post*, August 4, 2011.

[34] Smart Growth America, "Dangerous by Design: 2021."

[35] Ellis, "Jaywalkers Take Deadly Risks."

[36] Smart Growth America, "Dangerous by Design: 2021."

[37] 히글리가 이메일로 보내온 전체 메시지는 다음과 같다. "이 사고가 났던 2010~2011년에 저희 광역 애틀랜타 교통국 직원이 현장에 나가 교통공학 조사를 했고 그 지점에서 길을 건너는 당시 보행자 수에 기초해 미드 블록에 신호등을 설치할 기준이 충족되는지 알아보았습니다. 그리고 보행자 수 기준을 맞추기에는 이 위치에 충분한 보행자가 있지 않다고 결론 내렸습니다." 그는 "충분한" 보행자가 몇 명인지 더 설명해 달라는 내 질문에는 답을 보내오지 않았다.

[38] U.S. Department of Transportation, "Section 4C.05 Warrant 4, Pedestrian Volume," *Manual on Uniform Traffic Control Devices*, 2009. 빌 슐타이스(4장 주 29번을 참조하라)는 조지아주 교통국이 신호 교차로(signalized intersection) 이외의 안도 고려했다고 알려주었다. '보행자 하이브리드 신호등'(pedestrian hybrid beacon)이었다. 보행자가 스위치를 눌러야 활성화되는 신호등으로, 그렇지 않으면 운전자는 방해 없이 계속 진행할 수 있다. 이것은 설치할 수 있는 보행자 수 기준이 신호 교차로(100명)보다 더 낮은 시간당 20명이다. 길을 건너는 사람이 19명이면 공식적으로는 도로의 위험을 그대로 두어야 한다. 슐타이스는 이런 방식의 기준이 "우선순위가 어디에 놓여있는지를 말해준다"며 다음과 같이 지적했다. "현재 기준은 보행자 20명입니다. 하지만 정말 기준이 되어야 하는 것은 길이 얼마나 위험한지, 버스 정류장이 있는지, 차가 없어서 대중교통에 의존하는 사람들이 얼마나 있는지 등이어야 합니다."

[39] "Child's Death Casts Light on Pedestrian Traffic Woes," National Public Radio, July 30, 2011.

[40] Dekker, *The Field Guide to Understanding 'Human Error,'* 1–14.

[41] 다음을 참조하라. Michael A. Nees, Nithya Sharma, and Ava Shore, "Attributions of Accidents to 'Human Error' in News Stories: Effects on Perceived Culpability, Perceived Preventability, and Perceived Need for Punishment," *Accident Analysis & Prevention* 148, no. 6 (2021): 105792. 이 연구의 저자들은 "인적 과실에 귀인하면 참가자들은 사고로 개인이 처벌받는 게 마땅하다는 데 더 많이 동의하게 되고 조직이나 회사에 책임이 있다는 데는 덜 동의하게 된다"고 언급했다. 또한 "우리의 발견은 언론에서 사고 원인을 인적 과실로 보도할 경우, 대중이 사고를 일으킬 수 있는 (설계상의 또는 운영 방식이나 관행상의) 시스템적 오류에 대해서는 조사나 완화 조치를 덜 예상하게 되리라는 것을 시사한다"고 설명했다.

[42] Richard J. Holden, "People or Systems? To Blame Is Human. The Fix Is to Engineer," *Professional Safety* 54, no. 12 (2009): 34–41; Tara Goddard et al., "Does News Coverage of Traffic Crashes Affect Perceived Blame and Preferred Solutions? Evidence from an Experiment," *Transportation Research Interdisciplinary Perspectives* 3 (2019); Nees, Sharma, and Shore, "Attributions of Accidents to 'Human Error' in News Stories."

[43] 4000파운드[약1800킬로그램] 무게의 차량이 뉴욕시의 제한속도인 시속 30마일[약 48킬로미터]로 달리면 5470파운드힘[약 2480킬로그램힘]을 갖게 된다. 토비어스 A. 마테이(Tobias A. Mattei) 등의 연구에 따르면, 470파운드힘[약 213킬로그램힘]에서 충돌 테스트를 했을 때 13개의 자전거 헬멧 중 9개만 효과가 있었다(Tobias A. Mattei et al., "Performance Analysis of the Protective Effects of Bicycle Helmets," *Journal of Neurosurgical Pediatrics* 10, no. 6 (2012)). 또한 얼리사 L. 드마코(Alyssa L. DeMarco) 등의 연구에 따르면 아동의 자전거 헬멧이 감당할 수 있는 충격은 초속 6미터, 시속 13마일[약 20킬로미터] 정도에서의

충격인 것으로 나타났다(Alyssa L. DeMarco et al., "The Impact Response of Traditional and BMX-Style Bicycle Helmets at Different Impact Severities," *Accident Analysis & Prevention* 92 (2016)). 한 연구는 체코공화국에서 다양한 자전거 충돌 사고(자동차와 충돌한 경우도 있었고 그렇지 않은 경우도 있었다)의 부검 보고서를 분석했는데, 헬멧이 있었다면 생존했을 가능성이 있는 경우는 37퍼센트뿐이었고, 가장 고에너지 상태의 물체와 충돌한 경우, 특히 자동차나 기차와 충돌한 경우에는 대부분 헬멧이 도움이 되지 않았을 것으로 추정되었다. (Michal Bíl et al., "Cycling Fatalities: When a Helmet Is Useless and When It Might Save Your Life," *Safety Science* 105 〔2018〕, 71-76)).

[44] Nicholas Confessore and Kate Hammer, "Drunken Driver Kills Rider on Bicycle Path, Police Say," *New York Times*, December 3, 2006.

[45] 차량 모델 정보는 정보공개법을 통해 얻은 경찰 사고 기록 MV-104A에서 가져왔고, 차량 무게 정보는 CarFax.com을 따른 것이다.

[46] Jessica B. Cicchino et al., "Not All Protected Bike Lanes Are the Same: Infrastructure and Risk of Cyclist Collisions and Falls Leading to Emergency Department Visits in Three U.S. Cities," *Accident Analysis & Prevention* 6, no. 141 (2020); Wesley E. Marshall and Nicholas N. Ferenchak, "Why Cities with High Bicycling Rates Are Safer for All Road Users," *Journal of Transportation & Health* 13 (2019); and Meghan Winters et al., "Impacts of Bicycle Infrastructure in Mid-Sized Cities (IBIMS): Protocol for a Natural Experiment Study in Three Canadian Cities," *BMJ Open* 8, no. 1 (2018); Jonathan Nolan, James Sinclair, and Jim Savage, "Are Bicycle Lanes Effective? The Relationship Between Passing Distance and Road Characteristics," *Accident Analysis & Prevention* 159 (2021).

[47] Eric Jaffe, "When Adding Bike Lanes Actually Reduces Traffic Delays," *Bloomberg CityLab*, September 5, 2014; Kate Hinds, "NYC DOT Says Brooklyn Bike Lane Dramatically Reduces Speeding, Sidewalk Bicycling," WNYC National Public Radio, October 21, 2010; Marshall and Ferenchak, "Why Cities with High Bicycling Rates Are Safer for All Road Users."

[48] Ian Walker and Dorothy Robinson, "Bicycle Helmet Wearing Is Associated with Closer Overtaking by Drivers: A Response to Olivier and Walter, 2013," *Accident Analysis & Prevention* 123 (2019): 107-13; Colin F. Clarke, "Evaluation of New Zealand's Bicycle Helmet Law," *Journal of the New Zealand Medical Association* 125, no. 1349 (2012): 1-10; Chris Rissel and Li Ming Wen, "The Possible Effect on Frequency of Cycling if Mandatory Bicycle Helmet Legislation Was Repealed in Sydney, Australia: A Cross Sectional Survey," *Health Promotion Journal of Australia* 22, no. 3 (2011): 178-83; Peter L. Jacobsen, "Safety in Numbers: More Walkers and Bicyclists, Safer Walking and Bicycling," *Injury Prevention* 9 (2003): 205-9.

[49] Kay Teschke et al., "Bicycling Injury Hospitalisation Rates in Canadian Jurisdic-

tions: Analyses Examining Associations with Helmet Legislation and Mode Share," *BMJ Open* 5, no. 11 (2015).
[50] Angie Schmitt, "Why Helmets Aren't the Answer to Bike Safety—In One Chart," *Streetsblog USA*, June 2, 2016.
[51] 지로의 에릭 리히터(Eric Richter)는 《사이클 산업 뉴스》(*Cycling Industry News*)의 마크 서튼(Mark Sutton)과의 인터뷰에서 이렇게 말했다. "불행하게도 헬멧에 대한 잘못된 인식이 아주 많습니다. 우리는 헬멧을 자동차가 관여된 사고에서 부상의 가능성이나 부상의 심각성을 줄이려는 목적을 염두에 두고 디자인하지는 않습니다." ("Discussion: Are Helmet Standards Overdue a Revision?," July 6, 2020, cyclingindustry.news/discussion-are-helmet-standards-overdue-a-revision). 다음도 참조하라. Carlton Reid, "Bicycle Helmets Not Designed for Impacts from Cars, Stresses Leading Maker Giro," *Forbes*, July 10, 2020.
[52] Holden, "People or Systems? To Blame Is Human. The Fix Is to Engineer"; Nees, Sharma, and Shore, "Attributions of Accidents to 'Human Error' in News Stories"; Goddard et al., "Does News Coverage Affect Perceived Blame and Preferred Solutions?"
[53] David Kroman, "Nearly Half of Seattle's Helmet Citations Go to Homeless People," Crosscut, Cascade Public Media, December 16, 2020.
[54] Kameel Stanley, "How Riding Your Bike Can Land You in Trouble with the Cops—If You're Black," *Tampa Bay News*, April 20, 2015; Greg Ridgeway et al., "An Examination of Racial Disparities in Bicycle Stops and Citations Made by the Tampa Police Department: A Technical Assistance Report," Washington, DC, Office of Community Oriented Policing Services, 2016.
[55] "With Dallas Bike Helmet Law, Rules of the Ride Enforced Unevenly," *Dallas Morning News*, June 3, 2014.
[56] Nicole Santa Cruz and Alene Tchekmedyian, "Deputies Killed Dijon Kizzee After a Bike Stop," *Los Angeles Times*, October, 16, 2020.
[57] Dan Roe, "Black Cyclists Are Stopped More Often Than Whites, Police Data Shows," *Bicycling Magazine*, July 27, 2020.
[58] Gregg Culver, "Bike Helmets—A Dangerous Fixation? On the Bike Helmet's Place in the Cycling Safety Discourse in the United States," *Applied Mobilities* 5, no. 2 (2020): 138-54.
[59] Goddard et al., "Does News Coverage of Traffic Crashes Affect Perceived Blame and Preferred Solutions?"; Nees, Sharma, and Shore, "Attributions of Accidents to 'Human Error' in News Stories.
[60] Goddard et al., "Does News Coverage Affect Perceived Blame and Preferred Solutions?"
[61] C. R. Ronzio, E. Pamuk, and G. D. Squire, "The Politics of Preventable Death: Local Spending, Income Inequality, and Premature Mortality in US Cities," *Journal of*

Epidemiology and Community Health 58, no. 3 (2004): 161.

[62] Anuja L. Sarode et al., "Traffic Stops Do Not Prevent Traffic Deaths," *Journal of Trauma and Acute Care Surgery* 91, no. 1 (2021).

[63] 시드니 데커는 피츠와 존스의 연구를 다음에서 훌륭히 요약했다. "Disinheriting Fitts and Jones '47," *International Journal of Aviation Research and Development* 1, no. 1 (2001): 7–18. 피츠와 존스의 논문 원문인 다음도 참조하라. Paul M. Fitts and Richard E. Jones, "Analysis of Factors Contributing to 460 'Pilot Error' Experiences in Operating Aircraft Controls," Memorandum Report TSEAA-694-12, Aero Medical Laboratory, Air Material Command, Wright-Patterson Air Force Base, Dayton, Ohio, July 1, 1947.

[64] Ibid.

[65] Dekker, *The Field Guide to Understanding 'Human Error,'* 15–20.

[66] Holden, "People or Systems? To Blame Is Human. The Fix Is to Engineer."

[67] Perrow, *Normal Accidents*, 146.

[68] Dekker, *The Field Guide to Understanding 'Human Error,'* 1–14.

[69] Ibid., 10–12.

[70] 데커와의 이터뷰.

[71] Dekker, *The Field Guide to Understanding 'Human Error,'* 183–94.

[72] Sidney Dekker and Hugh Breakey, "'Just Culture': Improving Safety by Achieving Substantive, Procedural and Restorative Justice," *Safety Science* 85 (2016): Sidney Dekker, "The Criminalization of Human Error in Aviation and Healthcare: A Review," *Safety Science* 49 (2011).

[73] Hester J. Lipscomb et al., "Safety, Incentives, and the Reporting of Work-Related Injuries Among Union Carpenters: 'You're Pretty Much Screwed if You Get Hurt at Work,'" *American Journal of Industrial Medicine* 56, no. 4 (2013): 389–99.

[74] Jeffery Taylor Moore et al., "Construction Workers' Reasons for Not Reporting Work-Related Injuries: An Exploratory Study," *International Journal of Occupational Safety and Ergonomics* 19, no. 1 (2013): 97–105.

[75] Jeanne Geiger Brown et al., "Nurses' Inclination to Report Work-Related Injuries: Organizational, WorkGroup, and Individual Factors Associated with Reporting," *American Association of Occupational Health Nursing Journal* 53, no. 5 (2005): 213–17.

[76] 데커와의 이메일 인터뷰.

[77] Charles Komanoff, "January 3rd: The Wrongdoer Is Brought to Justice," *Streetsblog NYC*, December 21, 2007.

[78] William Neuman, "State Considering Car Barriers After 2nd Death on Bike Path," *New York Times*, December 9, 2006.

[79] 《뉴욕 타임스》는 에릭의 사망이 우발적인 사고였다고 하면서도 자전거 통행자들의 주장을 다음과 같이 인용했다. "시드론 씨가 보도로 잘못 들어선 것은 우

발적이었던 것 같지만, 이 길을 자주 다니는 몇몇 자전거 운전자들은 맨해튼에서 자전거로 다니기에 가장 빠른 경로 중 하나인 이 길에, 그들의 표현으로, 최근 차량이 증가해 화가 나고 좌절했다고 말했다"(Confessore and Hammer, "Drunken Driver Kills Rider on Bicycle Path, Police Say"). 자전거 통행자들의 몇몇 코멘트를 캐시 서버에 저장된 다음 기사에서도 볼 수 있다. Jen Chung, "Drunk Driver Kills Cyclist on West Side Bike Path," *Gothamist*, December 2, 2006. 다음에도 자전거 통행자들의 이야기가 언급되어 있다. Joe Schumacher, "Bike Path Barriers Being Considered," *Gothamist*, December 9, 2006. 이 문제는 2010년에도 여전히 뉴스거리였다. 예를 들어 5월 27일 자의 다음 기사를 참조하라. John Del Signore, "Sharing the Bike Path with Cars o nHudson River Greenway," *Gothamist*.

[80] Jen Chung, "West Side Bicyclist Doctor Dies from Injuries," *Gothamist*, June 27, 2006.

[81] Maya Rajamani, "Cyclist Death Caused by Bad Design at Hudson River Greenway Crossing: Suit," *DNAinfo*, July 3, 2017.

[82] Transportation Alternatives, "A Year After Eric Ng's Death, Greenway Hazards Remain Unfixed," *Streetsblog NYC*, January 4, 2008.

[83] 이 활동가들은 주로 교통대안이라는 뉴욕의 비영리기구에서 활동한다. 나는 몇 년 뒤에 이곳에 선임 작가로 합류했고 지금도 활동을 이어오고 있다. 영구형 진입 방지 말뚝에 대해서는 다음을 참조하라. Transportation Alternatives, "Rethinking Bollards : How Bollards Can Save Lives, Prevent Injuries and Relieve Traffic Congestion in New York City," July 2007, 13, transalt.org/sites/default/files/news/reports/2007/rethinking_bollards.pdf.

[84] Sharon Otterman, "Manhattan Terror Attack Exposes Bike Path's Vulnerable Crossings," *New York Times*, November 1, 2017.

[85] Transportation Alternatives, "Drunk Driver Sentenced, Danger Remains : 1 Year After Biker Was Killed, No Fix to the Greenway," 보도자료, January 3, 2007 ; Transportation Alternatives, "A Year After Eric Ng's Death, Greenway Hazards Remain Unfixed."

[86] Eillie Anzilotti, "If Cars Are Weapons, Then Safe Streets Are the Best Counterterrorism," *Fast Company*, November 1, 2017.

[87] Transportation Alternatives, "Rethinking Bollards," 15 ; 2007년과 2009년 사이 어느 한 시점에 뉴욕시는 13마일[약 20킬로미터] 길이의 그 보도에 금속 차단봉(볼라드)을 몇 개 설치했다. 에릭을 사망하게 한 운전자가 들어섰던 지점에도 설치되었지만, 그 옆의 공간으로 차가 지나갈 수 있었다(다음을 참조하라. Otterman, "Manhattan Terror Attack Exposes Bike Path's Vulnerable Crossings"). 자동차 운전자가 이 길에 진입할 수 있는 100개 가까운 기회 중 정부 당국은 겨우 몇 가지로부터만 자전거 사용자를 보호했다. 이것은 문제를 완전히 해결하려고는 하지 않으면서 암묵적으로 용인하는 것이나 마찬가지다. 《뉴욕 타임

스》 기사는 그 무차별 범죄가 발생하고 나서 이렇게 언급했다. "이 길의 안전을 요구하는 목소리가 그 이후로 계속 있었지만 제안된 해법은 실행되지 않았다. 특히 차량의 진입을 막는 금속 차단봉인 볼라드는 이 길에 차가 들어올 수 있는 대부분의 지점에 설치되어 있지 않았다." 이 기사에서 나의 예전 동료이자 당시에는 교통대안 부소장이었던 캐럴라인 샘포나로(Caroline Samponaro)는 에릭의 죽음을 "사고"로 본 것이 범죄 예방 역량을 후퇴시켰다고 지적했다. "누군가가 전에 목숨을 잃었다는 사실에도 불구하고 우리는 그것을 운에 맡겼다. 무차별 범죄는 막을 수 없지만 그 길에 차량이 들어올 가능성은 막을 수 있다"(다음을 참조하라. Otterman, "Manhattan Terror Attack Exposes Bike Path's Vulnerable Crossings").

[88] Benjamin Mueller, William K. Rashbaum, and Al Baker, "Terror Attack Kills 8 and Injures 11 in Manhattan," *New York Times*, October 31, 2017.

[89] Sarah Almukhtar et al., "Trail of Terror in the Manhattan Truck Attack," *New York Times*, October 31, 2017.

9 예방

이 장은 2016년 《뉴욕 타임스》에 체이스 메이더(Chase Madar)가 쓴 칼럼 〈진짜 범죄는 무엇이 이뤄지지 않았는가다〉(The Real Crime Is What's Not Done)에 크게 빚졌다. 또한 의사 윌리엄 해던과 역학자 수전 P. 베이커의 방대한 저서에서도 크게 도움을 받았으며, 베이커, 비전 제로의 창립자 클라에스 팅볼, 넥스트위해저감의 창립자이자 사무총장 제이미 파바로, 노인병학 연구자 케네스 코빈스키(Kenneth Covinsky), 무술 전문가 마이크 그릭스비와의 인터뷰도 이 장의 토대가 되었다.

[1] Theodore H. Tulchinsky, "John Snow, Cholera, the Broad Street Pump : Waterborne Diseases Then and Now," *Case Studies in Public Health* (2018) : 77–99. 다음도 참조하라. Dumbaugh and Gattis, "Safe Streets, Livable Streets."

[2] 수전 P. 베이커와의 인터뷰.

[3] Robert W. Stock, "Safety Lessons from the Morgue," *New York Times Magazine*, October 26, 2012.

[4] 베이커와의 인터뷰.

[5] William Haddon, "The Changing Approach to the Epidemiology, Prevention, and Amelioration of Trauma : The Transition to Approaches Etiologically Rather Than Descriptively Based," *American Journal of Public Health and the Nation's Health* 58, no. 8 (1968) : 1431–38 ; Susan P. Baker, "Childhood Injuries : The Community Approach to Prevention," *Journal of Public Health Policy* 2 (1981) : 235–46.

[6] 수와의 인터뷰.

[7] 베이커와의 인터뷰.

[8] 콘 맥아오게인(Conn MacAogain)의 재판 전 증언 녹취. 뉴욕시 법무국. 2009년 1월 27일과 1월 13일. 정보공개법에 의거해 뉴욕시의 담당 부처에서 제공받은 자료임.

[9] Ibid.

[10] Ibid.

[11] Transportation Alternatives, "Rethinking Bollards."

[12] Confessore and Hammer, "Drunken Driver Kills Rider on Bicycle Path, Police Say." 8장의 주 87번도 참조하라.

[13] Paul Berger, "Concrete Barriers to Be Installed Along Hudson River Greenway," *Wall Street Journal*, November 2, 2017.

[14] Jessie Singer, "We Should Ban Cars from Big Cities," *BuzzFeed*, November 3, 2017.

[15] 로라 루머(Laura Loomer)는 엑스(구 트위터)에서 "@Buzzfeed[저자의 칼럼이 실린 매체]는 우리가 우리 도시에 테러리스트들은 활보하게 두고 차량은 못 다니게 막아야 한다고 생각한다. 나는 @realDonaldTrump의 여행 금지 정책을 지지한다"고 적었다(2017년 11월 4일). 에릭 에릭슨(Eric Erickson)은 이것을 리트윗하고 이렇게 덧붙였다. "진보주의는 정말로 잘 규정된 병리적 궤적을 따라가는 정신질환 같다"(2017년 11월 3일). 해당 메시지의 스크린샷을 다음에서 볼 수 있다. twitter.com/jessiesingernyc/status/930952210594324483.

[16] Siraj Hashmi, "Let's Not Cave to Terrorists by Banning Cars in Cities," *Washington Examiner*, November 3, 2017.

[17] 별도의 언급이 없으면 이 절은 베이커와의 인터뷰 및 해던의 논문 두 편("On the Escape of Tigers: An Ecologic Note," *American Journal of Public Health and the Nation's Health* 60, no. 12 (1970): 2229-34; "Energy Damage and the Ten Countermeasure Strategies," *Journal of Trauma* 13 (1973): 321-31)을 토대로 작성했다.

[18] 해던의 요지 중 일부는 에너지에 초점을 둠으로써 우리가 사고를 예방하는 방법을 더 잘 이해할 수 있다는 것이다. 이와 관련해, 에너지가 사고의 잠재적 피해를 더 정확하게 가늠할 수 있는 지표라는 점에 주목할 만하다. 가령 속도를 생각해 보자. 속도를 2배로 높이면 손상 위험을 2배로 높이게 될 것 같지만, 사실은 운동에너지를 4배로 높이게 되며, 해던이 지적했듯이 사고에서 당신을 죽이는 것은 에너지다.

[19] Naina Bajekal, "Want to Win the War on Drugs? Portugal Might Have the Answer," *Time*, August 1, 2018.

[20] Austin Frakt, "Pointers from Portugal on Addiction and the Drug War," *New York Times*, October 5, 2020.

[21] Bajekal, "Want to Win the War on Drugs?"

[22] 1998년 2만 3654명에서 2008년 3만 8532명으로 늘었다. Hannah Laqueur, "Uses and Abuses of Drug Decriminalization in Portugal," *Law & Social Inquiry* 40, no.

746 (2015).

[23] 초기에 살인이 증가했다가 2003년과 2005년 사이에 약간 감소했고 다시 증가했다. UN Office on Drugs and Crime's International Homicide Statistics, "Intentional Homicides (per 100,000 People): Portugal," The World Bank, data.worldbank.org/indicator/VC.IHR.PSRC.P5?locations=PT.

[24] 베이커와의 인터뷰.

[25] National Safety Council, "Pedestrian Deaths in Traffic Crashes by Year, United States, 1994–2019," Injury Facts, injuryfacts.nsc.org/motor-vehicle/road-users/pedestrians/data-details.

[26] '자동차 안'에서 사망하는 사람의 비중은 1996년 사망자의 80퍼센트에서 2019년 66퍼센트로 줄었다. '자동차 밖'에서 사망하는 사람은 1996년 20퍼센트에서 2019년 34퍼센트로 늘었다. 다음을 참조하라. National Highway Traffic Safety Administration, "Overview of Motor Vehicle Crashes in 2019," *Traffic Safety Facts: Research Note*, December 2020, crashstats.nhtsa.dot.gov/Api/Public/ViewPublication/813060.

[27] Heidi Coleman and Krista Mizenko, "Pedestrian and Bicyclist Data Analysis," National Highway Traffic Safety Administration, *Traffic Safety Facts: Research Note*, March 2018, nhtsa.gov/sites/nhtsa.gov/files/documents/812502_pedestrian-and-bicyclist-data-analysis-tsf-research-note.pdf.

[28] National Highway Traffic Safety Administration, "Pedestrians," *Traffic Safety Facts, 2011 Data*, August 2013, crashstats.nhtsa.dot.gov/Api/Public/ViewPublication/811748.

[29] Eric D. Lawrence, Nathan Bomey, and Kristi Tanner, "Death on Foot: America's Love of SUVs Is Killing Pedestrians, and Federal Safety Regulators Have Known for Years," *Detroit Free Press*, June 28, 2018; Insurance Institute for Highway Safety, "On Foot, at Risk," *Status Report* 53, no. 3 (2018): 1–8.

[30] 1744킬로그램/3845파운드에서 1921킬로그램/4235파운드로 늘었다. 다음을 참조하라. Justin Tyndall, "Pedestrian Deaths and Large Vehicles," *Economics of Transportation* 26–27 (2021).

[31] Lawrence, Bomey, and Tanner, "Death on Foot."

[32] Tyndall, "Pedestrian Deaths and Large Vehicles."

[33] Bob Segall, "13 Investigates: Millions of Vehicles Have Unexpected, Dangerous Front Blind Zone," NBC 13: WTHR, April 25, 2019.

[34] "The Danger of Blind Zones: The Area Behind Your Vehicle Can Be a Killing Zone," *Consumer Reports*, April 2014, consumerreports.org/cro/2012/03/the-danger-of-blind-zones/index.htm.

[35] Lawrence, Bomey, and Tanner, "Death on Foot."

[36] Kea Wilson, "Why Regulators Aren't Taming the U.S. Megacar Crisis," *Streetsblog USA*, June 4, 2021.

[37] Charles J. Kahane, "Relationships Between Vehicle Size and Fatality Risk in Model Year 1985–93 Passenger Cars and Light Trucks," National Highway Traffic Safety Administration Technical Report DOT HS 808 570, January 1997, crashstats.nhtsa.dot.gov/Api/Public/ViewPublication/808570; Nathan Bomey, "Why SUVs Are Getting Bigger and Bigger: GM, Toyota, Ford Enlarge Hefty Vehicles," *USA Today*, December 27, 2019; Tom Voelk, "Rise of S.U.V.s: Leaving Cars in Their Dust, with No Signs of Slowing," *New York Times*, May 21, 2020.
[38] Devon E. Lefler and Hampton C. Gabler, "The Emerging Threat of Light Truck Impacts with Pedestrians," International Technical Conference on Enhanced Safety of Vehicles, May 2001.
[39] Lawrence, Bomey, and Tanner, "Death on Foot."
[40] National Highway Traffic Safety Administration, "Consumer Advisory: Traffic Safety Agency Urges Pedestrians to Walk with Care," 보도자료, August 6, 2012.
[41] New York City Department of Health and Mental Hygiene, "*Epi Data Brief* no. 86, Pedestrian Fatalities in New York City," March 2017.
[42] John Saylor, "The Road to Transport Justice: Reframing Auto Safety in the SUV Age," *University of Pennsylvania Law Review* (근간, 2021); Insurance Institute for Highway Safety, "Vehicle Choice, Crash Differences Help Explain Greater Injury Risks for Women," February 11, 2021, iihs.org/news/detail/vehicle-choice-crash-differences-help-explain-greater-injury-risks-for-women.
[43] Emily Badger, "The Hidden Inequality of Who Dies in Car Crashes," *Washington Post*, October 1, 2015.
[44] Saylor, "The Road to Transport Justice."
[45] CDC WISQARS Fatal Injury Reports, webappa.cdc.gov/sasweb/ncipc/mortrate.html.
[46] United States Government Accountability Office, "NHTSA Needs to Decide Whether to Include Pedestrian Safety Tests in Its New Car Assessment Program," Report to the Ranking Member, Committee on Environment and Public Works, U.S. Senate, April 2020.
[47] Angie Schmitt, "While Other Countries Mandate Safer Car Designs for Pedestrians, America Does Nothing," *Streetsblog USA*, December 7, 2017; Insurance Institute for Highway Safety, "On Foot, at Risk."
[48] Lawrence, Bomey, and Tanner, "Death on Foot."
[49] Jake Blumgart, "Why Are Pedestrian Deaths at Epidemic Levels?," Governing, July 23, 2021; International Transport Forum, "Road Safety Data 2020: Japan," Organisation for Economic Co-operation and Development, itf-oecd.org/sites/default/files/japan-road-safety.pdf.
[50] Roger Harrabin, "US Cars Must Be Left Out of PostBrexit Trade Deal," BBC News, July 18, 2020.

[51] 트위터(@SecElaineChao), 2020년 10월 26일.

[52] 오피오이드 확산이 사고성 중독을 사망 원인 1순위로 만든 이래로 2위와 3위는 낙상과 교통사고가 번갈아 차지했다. 1999년에서 2019년 사이에는 교통사고 사망이 더 많았지만 2019년에는 교통사고로 3만 9107명이 사망했고 낙상으로 3만 9443명이 사망했다. 연령으로 조정한 사망률(인구 집단의 연령 분포 차이에 따른 효과를 통제한 사망률)은 여전히 교통사고가 더 높다. 다음을 참조하라. CDC WISQARS Fatal Injury Reports, webappa.cdc.gov/sasweb/ncipc/mortrate.html.

[53] CDC WISQARS Fatal Injury Reports, webappa.cdc.gov/sasweb/ncipc/mortrate.html.

[54] National Council on Aging, "About the Falls Free® Initiative," January 4, 2021, ncoa.org/article/about-the-falls-free-initiative.

[55] Centers for Disease Control and Prevention, "STEADI: Older Adult Fall Prevention," https://www.cdc.gov/falls/index.html.

[56] National Institutes on Aging, "Prevent Falls and Fractures," March 15, 2017, nia.nih.gov/health/prevent-falls-and-fractures.

[57] 전체를 찾을 수도 있지만 두 개의 사례를 들자면 다음을 참조하라. National Council on Aging, "Falls Prevention Awareness Week Promotion Toolkit," August 3, 2021, ncoa.org/article/falls-prevention-awareness-week-toolkit; STEADI, "Patient and Caregiver Resources," cdc.gov/steadi/patient.html.

[58] Jared Hossack, "Medicare's 'Never-Event' Initiative," *American Medical Association Journal of Ethics* 10, no. 5 (2008): 312–16.

[59] Administration for Community Living, "2019 Profile of Older Americans," May 2020, acl.gov/aging-and-disability-in-america/data-and-research/profile-older-americans.

[60] Melissa Bailey, "Overzealous in Preventing Falls, Hospitals Are Producing an 'Epidemic of Immobility' in Elderly Patients," *Washington Post*, October 13, 2019; Hossack, "Medicare's 'Never-Event' Initiative."

[61] Ibid.

[62] 캘리포니아대학 노인학 연구자이자 의사인 케네스 E. 코빈스키(Kenneth E. Covinsky)와의 인터뷰. Kenneth E. Covinsky et al., "Loss of Independence in Activities of Daily Living in Older Adults Hospitalized with Medical Illnesses: Increased Vulnerability with Age," *Journal of the American Geriatrics Society* 51, no. 4 (2003): 451–8.

[63] Covinsky et al., "Loss of Independence in Activities of Daily Living in Older Adults Hospitalized with Medical Illnesses."

[64] Barbara King et al., "Impact of Fall Prevention on Nurses and Care of Fall Risk Patients," *Gerontologist* 19, no. 58 (2018): 331–40.

[65] '두려움 없이 넘어지기' 창립자 마이크 그릭스비와의 인터뷰.

[66] Ibid.

[67] Christopher F. Schuetze, "Afraid of Falling? For Older Adults, the Dutch Have a Cure," *New York Times*, January 2, 2018.

[68] Diane Riley et al., "A Brief History of Harm Reduction," *Harm Reduction in Substance Use and High-Risk Behaviour*, eds. Richard Pates and Diane Riley (Hoboken, NJ: Wiley, 2012): 11-12.

[69] Ibid.

[70] Ibid.

[71] Drug Policy Alliance, "Supervised Consumption Services," drugpolicy.org/issues/supervised-consumption-services.

[72] Bajekal, "Want to Win the War on Drugs?"

[73] German Lopez, "Trump's Justice Department Is Threatening Cities That Allow Safe Injection Sites: A Showdown over Safe Injection Sites Is Brewing Between the Federal Government and Cities," *Vox*, August 30, 2018.

[74] Drug Policy Alliance, "Drug Policy Alliance Statement on Rhode Island Becoming First in the Nation to Authorize Harm Reduction Centers to Prevent Overdose Deaths," 보도자료, July 7, 2021.

[75] Ibid.

[76] Dan Vergano, "Here's How One Small Town Beat the Opioid Epidemic: Little Falls, Minnesota, Didn't Do Anything Revolutionary. They Just Made a Real Effort—and Spent Real Money—Treating Addiction as a Disease, Not a Crime," *BuzzFeed News*, February 25, 2019.

[77] Kara Leigh Lofton, "Diving Deep into Harm Reduction, Part 1: Why W.Va.'s Largest Needle Exchange Closed," Morehead State Public Radio, November 26, 2018.

[78] 넥스트위해저감 창립자 제이미 파바로와의 인터뷰.

[79] Ibid.

[80] Ibid.

[81] Ibid.

[82] Ibid.

[83] Ibid.

[84] 스웨덴의 비전 제로 프로그램을 만든 클라에스 팅볼과의 인터뷰.

[85] 교통공학 규칙집 《기하학적 도로 설계 정책》의 2011년판은 이렇게 설명한다. "설계 속도를 정할 때, 환경의 질, 경제, 미학, 사회적 또는 정치적 영향이라는 제약 조건하에서 안전, 이동성, 효율성이 바람직한 조합을 이루도록 해야 한다."(2-54) 미국 도로 설계에서 당신이 사느냐 죽느냐는 당신이 교통 체증을 겪느냐 아니냐와 동등하게 중요하다.

[86] Claes Tingvall and Maria Krafft, "Defending Vision Zero," *Vision Zero Cities: International Journal of Traffic Safety Innovation*, October 23, 2018.

[87] Zainab Mudallal, "Why Sweden Has the World's Safest Roads," Quartz, December

31, 2014.

[88] Woolf and Aron, *Health in International Perspective*, 28–31.

10 책무성

오늘날 사고에 대한 책무성이 어떻게 지워져 있는지, 그리고 책무성의 시스템을 회복하기 위해 무엇이 필요할지를 이해하기 위해 기업에 책무성을 지운다는 개념을 개척한 랠프 네이더와의 이야기에 크게 의존했다. 기업에 책무성을 지우는 메커니즘은 한때 짧게 호응을 얻었다가 안타깝게도 현재는 공전하고 있다. 퍼블릭시티즌의 로비스트 출신으로 미국 도로교통안전국 국장이기도 했던 조앤 클레이브룩, 규제 정책 운동가로 퍼블릭시티즌에서 일하는 아미트 나랑, 정의와민주주의센터의 사무총장 조앤 도로쇼, 교통 분야 전문 법학 교수인 그레그 실, 나사의 에임스연구센터(Ames Research Center)의 연구 심리학자 스티븐 캐스너(Steven Casner)와의 인터뷰에서도 큰 도움을 받았다. 캐스너는 자동화된 기계를 왜 사람이 모니터링해야 하는지를 알려주었다. 또한 회복적 사법 전문가이며 콜로라도주 상원의원인 피트 리(Pete Lee), 변호사인 린 리(Lynn Lee)와 켄 저레이와의 인터뷰도 크게 도움이 되었다.

[1] Dekker, *The Field Guide to Understanding 'Human Error,'* 195–203.

[2] Ibid., 173–81.

[3] Ibid. 175.

[4] Ibid.

[5] Mariame Kaba, *We Do This 'Til We Free Us: Abolitionist Organizing and Transforming Justice* (Chicago: Haymarket Books, 2021), 97.

[6] 변호사이자 저널리스트인 체이스 메이더는 《뉴욕 타임스》에서 "기소와 규제는 상호 배타적이지 않지만 정치적 에너지와 언론의 관심이 지나치게 형사처벌 쪽으로 치우쳐 있다"며 다음과 같이 설명했다. "이런 종류의 기소가 감정적인 보복의 필요를 충족해 줄 수 있고 돈을 벌고 싶은 지역 검사에게 이득을 줄 수는 있겠지만, 언론용 전리품 나누기 이상은 아닌 경우가 많다. 기소적 대응은 건강 및 안전 규제가 기업과 정치적 압력에 굴복했을 때 생기는 간극에 들어앉는 것일 뿐이다."("The Real Crime Is What's Not Done," August 24, 2016).

[7] 랠프 네이더와의 인터뷰. 1975년에 네이더는 이런 정부의 보호를 "미지의 위험"과 "윤리적 거버넌스" 개념을 가지고 설명했다. "소비자가 일산화탄소가 차에서 새어나오는 것을 냄새로 알아차리고 아이에게 주는 약이 돌연변이 발생률을 높인다는 것을 스스로 알아차리고 암을 유발하는 농약이 식품에 들어가고 있다는 것을 스스로 알아차릴 수 있는가? 소비자들이 인근 철강 공장에서 나오는 매연을 숨 쉴 때 들이쉬지 않기로 선택할 수 있는가?" 그는 이렇게 질문하고서 "소비자가 서있는 곳이 기술적인 폭력이 있는 곳이고 그것을 시장만으로

해결할 수 없을 때, 그래서 DDT, 방사성 물질, 석면 등이 우리의 호수로 들어갈 때, 정부 규제는 공공의 안전을 의미한다"고 말했다. (Nader, "Deregulation Is Another Consumer Fraud," *New York Times*, June 29, 1957.)

[8] 퍼블릭시티즌 규제 정책 활동가 아미트 나랑과의 인터뷰.

[9] Joe Palazzolo, "We Won't See You in Court: The Era of Tort Lawsuits Is Waning," *Wall Street Journal*, July 24, 2017; Joanne Doroshow and Emily Gottlieb, "Briefing Book: Tort Litigation by the Numbers. Center for Justice and Democracy" (2016), https://digitalcommons.nyls.edu/fac_other_pubs/17.

[10] Ken Ward Jr., "Trump MSHA Nominee Could Face Questions About Safety Record," *Charleston Gazette-Mail*, October 3, 2017.

[11] Juliet Eilperin, "Mining Safety Agency Proposes Relaxing Inspection Rule for Hard Rock Mines," *Washington Post*, September 13, 2017.

[12] Mine Safety and Health Administration, "Examinations of Working Places in Metal and Nonmetal Mines," *Federal Register: The Daily Journal of the United States Government*, April 9, 2018, federalregister.gov/documents/2018/04/09/2018-07084/examinations-of-working-places-in-metal-and-nonmetal-mines.

[13] 네이더와의 인터뷰.

[14] Andy Pasztor and Andrew Tangel, "Internal FAA Review Saw High Risk of 737 MAX Crashes," *Wall Street Journal*, December 11, 2019.

[15] 미국 하원 교통 및 인프라 위원회의 항공 소위원회에 출석한 체슬리 B("설리") 설런버거 3세(Chesley B. "Sully" Sullenberg III)의 진술.

[16] Jack Nicas and Julie Creswell, "Boeing's 737 Max: 1960s Design, 1990s Computing Power and Paper Manuals," *New York Times*, April 8, 2019.

[17] 설런버거의 진술.

[18] 나사의 연구 심리학자 스티브 캐스너와의 인터뷰. 다음도 참조하라. Stephen M. Casner, "The Retention of Manual Flying Skills in the Automated Cockpit," *Human Factors* 56, no. 8 (2014): 1506-16.

[19] 설런버거의 진술.

[20] MCAS의 작동 방식을 시각적으로 훌륭하게 보여주는 보도를 《시애틀 타임스》의 다음 기사에서 볼 수 있다. Dominic Gates, "FAA Cautions Airlines on Maintenance of Sensors That Were Key to 737 MAX Crashes," August 20, 2019. 다음도 참조하라. Gregory Travis, "How the Boeing 737 Max Disaster Looks to a Software Developer," *IEEE Spectrum*, April 18, 2019; 설런버거의 진술.

[21] Michael Laris, "Changes to Flawed Boeing 737 Max Were Kept from Pilots, DeFazio Says," *Washington Post*, June 19, 2019; 설런버거의 진술.

[22] Paul Roberts, "Delegating Aircraft Safety Assessments to Boeing Is Nothing New for the FAA," *Seattle Times*, March 18, 2019.

[23] Dominic Gates, "Former Seattle FAA Official Gets Top Aviation Safety Post, After a Stint at Industry Group," *Seattle Times*, May 25, 2017.

[24] Natalie Kitroeff and David Gelles, "Before Deadly Crashes, Boeing Pushed for Law That Undercut Oversight," *New York Times*, October 27, 2019.
[25] David Schaper, "Boeing Pilots Detected 737 Max Flight Control Glitch 2 Years Before Deadly Crash," National Public Radio, October 18, 2019.
[26] Laris, "Changes to Flawed Boeing 737 Max Were Kept from Pilots, DeFazio Says."
[27] Benjamin Zhang, "Boeing's CEO Explains Why the Company Didn't Tell 737 Max Pilots About the Software System That Contributed to 2 Fatal Crashes," *Business Insider*, April 29, 2019.
[28] Hannah Beech and Muktita Suhartono, "Confusion, Then Prayer, in Cockpit of Doomed Lion Air Jet," *New York Times*, March 20, 2019.
[29] Mark Harris, "Exclusive: Arizona Governor and Uber Kept Self-Driving Program Secret, Emails Reveal," *Guardian*, March 28, 2018.
[30] Sam Levin, "Uber Cancels Self-Driving Car Trial in San Francisco After State Forces It Off Road," *Guardian*, December 21, 2016.
[31] Richard Gonzales, "Feds Say Self-Driving Uber SUV Did Not Recognize Jaywalking Pedestrian in Fatal Crash," National Public Radio, November 7, 2019.
[32] Aarian Marshall and Alex Davies, "Uber's Self-Driving Car Didn't Know Pedestrians Could Jaywalk," *Wired*, November 5, 2019.
[33] "Uber Car 'Had Six Seconds to Respond' in Fatal Crash," BBC News, May 24, 2018.
[34] 교통과 관련된 법적 문제를 연구하는 법학 교수 그레그 실과의 인터뷰는 허츠버그의 사망을 이해하는 데 큰 도움을 주었다. 우버가 볼보의 비상 제동 시스템을 꺼놓았던 것에 대해서는 다음을 참조하라. Andrew J. Hawkins, "Uber Self-Driving Car Saw Pedestrian but Didn't Brake Before Fatal Crash, Feds Say," *The Verge*, May 24, 2018, and Daisuke Wakabayashi, "Emergency Braking Was Disabled When Self-Driving Uber Killed Woman, Report Says," *New York Times*, May 24, 2018. 필립 쿱먼(Phillip Koopman)과 베스 오식(Beth Osyk)은 사람이 모니터링하게 하는 것이 자율주행차의 안전 문제에 안전장치가 될 수 있으며 자율 중단을 줄이고자 하는 자동차 제조업자들의 바람에도 부합할 수 있음을 다음에서 밝혔다. "Safety Argument Considerations for Public Road Testing of Autonomous Vehicles," *SAE International Journal of Advances and Current Practices in Mobility* 1, no. 2 (2019): 512-23. 다음도 참조하라. National Transportation Safety Board, "Collision Between Vehicle Controlled by Developmental Automated Driving System and Pedestrian, Tempe, Arizona, March 18, 2018," *Highway Accident Report*: NTSB/HAR-19/03, November 19, 2019: 55.
[35] Aarian Marshall, "Who's Regulating Self-Driving Cars? Often, No One," *Wired*, November 27, 2019; Consumer Reports, "Consumer Reports: Uber Crash Should Be 'A Wake-Up Call' for Companies Developing Self-Driving Cars, DOT, and State Governments," 보도자료, November 19, 2019; Clifford Atiyeh, "Self-Driving Cars' Look, Feel Is Clearer through Final U.S. Safety Rules," *Car and Driver*, January

23, 2021.
[36] Clifford Law, "The Dangers of Driverless Cars," *The National Law Review* 11, no. 125 (2021): Sebastian Blanco, "NHTSA Tells Autonomous Tech Companies They Need to Report Crashes," *Car and Driver*, July 6, 2021; Marshall, "Who's Regulating Self-Driving Cars?"
[37] Congressional Research Service, "Issues in Autonomous Vehicle Testing and Deployment," April 23, 2021, fas.org/sgp/crs/misc/R45985.pdf; Andrew J. Hawkins, "Congress Resurrects Push to Allow Thousands More Autonomous Vehicles on the Road," *The Verge*, April 22, 2021.
[38] Darrell Etherington, "Over 1,400 SelfDriving Vehicles Are Now in Testing by 80+ Companies Across the US," *TechCrunch*, June 11, 2019.
[39] Eliza Fawcett, "Driverless Car Makers Want Congress to Free Them from State Oversight," *Los Angeles Times*, July 11, 2018.
[40] Jenny King, "For 30 Years, NHTSA Has Worked to Make Cars, Highways Safe," *Chicago Tribune*, July 27, 1997.
[41] Joan Claybrook, "NCAP at 40: Time to Return to Excellence," Advocates for Highway and Auto Safety, October 17, 2019.
[42] 전 도로교통안전국장 조앤 클레이브룩과 전 도로교통안전국 충돌조사부장 칼 내시와의 인터뷰.
[43] 클레이브룩과의 인터뷰.
[44] "U.S. Department of Transportation Releases 'Preparing for the Future of Transportation: Automated Vehicles 3.0,'" Department of Transportation, 보도자료, October 4, 2018.
[45] 나랑과의 인터뷰.
[46] Austin Frakt, "Damage from OxyContin Continues to Be Revealed," *New York Times*, April 13, 2020.
[47] 나랑과의 인터뷰.
[48] Ibid.
[49] 간략한 역사는 다음을 참조하라. Frank Swoboda, "The Legacy of Deregulation," *Washington Post*, October 2, 1988. 상세한 역사는 다음을 참조하라. Craig J. Jenkins and Craig M. Eckert, "The Right Turn in Economic Policy: Business Elites and the New Conservative Economics," *Sociological Forum* 15, no. 2 (2000): 307-38.
[50] Presidential Exec. Order no. 12, 291, 46 Fed. Reg. 13, 193, 3 CFR (February 17, 1981), archives.gov/federal-register/codification/executive-order/12291.html.
[51] 나랑과의 인터뷰.
[52] Ibid. 다음도 참조하라. David Levine, Michael Toffel, and Matthew Johnson, "Randomized Government Safety Inspections Reduce Worker Injuries with No Detectable Job Loss," *Science* 336 (2012): 907-11.
[53] Danielle Ivory and Rebecca R. Ruiz, "Recalls of Cars Abroad Prompt No Urgency in

U.S.," *New York Times*, December 16, 2014.

[54] Jeff Plungis, "U.S. Auto-Safety Agency's Defect Investigations at Historic Low," *Consumer Reports*, June 29, 2018.

[55] Keith Gaby, "EPA's Budget Has Been Devastated for Decades : Here's the Math," *The Hill*, January 24, 2018.

[56] Deborah Berkowitz, "Workplace Safety Enforcement Continues to Decline in Trump Administration," National Employment Law Project, March 14, 2019.

[57] Theodoric Meyer, "What Went Wrong in West, Texas—and Where Were the Regulators?," ProPublica, April 25, 2013 ; Manny Fernandez and Steven Greenhouse, "Texas Fertilizer Plant Fell Through Regulatory Cracks," *New York Times*, April 24, 2013 ; Colin Lecher, "What Is Anhydrous Ammonia, the Chemical at the Site of the West, Texas, Explosion?," *Popular Science*, April 18, 2013.

[58] 나랑과의 인터뷰.

[59] Celine McNicholas, Heidi Shierholz, and Marni von Wilpert, "Workers' Health, Safety, and Pay Are Among the Casualties of Trump's War on Regulations," Economic Policy Institute, January 29, 2018.

[60] 2016년의 숫자다. 정부가 보고서를 작성할 의무가 있는데도 트럼프 행정부는 2018년부터 2020년까지 3년간 보고서를 펴내지 않았고 2020년에 펴냈을 때는 원래 필수적으로 들어가 있던 비용-편익 평가가 없는 채로 '완화된' 버전을 내놓았다. 다음을 참조하라. Clyde Wayne Crews Jr., "Trump White House Quietly Releases Overdue Regulatory Cost-Benefit Reports," *Forbes*, January 6, 2020.

[61] 정의와민주주의센터 소장 조앤 도로쇼와의 인터뷰.

[62] Ibid.

[63] Palazzolo, "We Won't See You in Court : The Era of Tort Lawsuits Is Waning."

[64] 도로쇼와의 인터뷰.

[65] Ibid. 다음도 참조하라. F. Patrick Hubbard, "The Nature and Impact of the 'Tort Reform' Movement," *Hofstra Law Review* 35, no. 437 (2006) : 437-535 ; Joanne Doroshow, "The U.S. Chamber's Defective Litigation Machine," *Huffington Post*, April 11, 2016; Center for Justice and Democracy, "Fact Sheet : American Tort Reform Association," centerjd.org/content/fact-sheet-american-tort-reform-association ; Center for Justice and Democracy, "Factsheet: U.S. Chamber of Commerce Liability Survey—Inaccurate, Unfair and Bad for Business," centerjd.org/content/factsheet-us-chamber-commerce-liability-survey-inaccurate-unfair-and-bad-business.

[66] Carl Deal and Joanne Doroshow, "The CALA Files : The Secret Campaign by Big Tobacco and Other Major Industries to Take Away Your Rights," Center for Justice and Democracy and Public Citizen, 1999, digital.library.ucla.edu/websites/2004_996_011/cala.pdf.

[67] Center for Justice and Democracy, "Fact Sheet: 'Citizens Against Lawsuit Abuse'

Groups," centerjd.org/content/fact-sheet-citizens-against-lawsuit-abuse-groups.

[68] 도로쇼와의 인터뷰.

[69] Karen Bouffard, "Michigan Law Shielding Drug Makers Draws Scrutiny amid Opioid Crisis," *Detroit News*, June 14, 2018.

[70] John Futty, "Ohio Law May Shield Fire Ball Manufacturer in Fatal Fair Accident," *Columbus Dispatch*, September 12, 2017.

[71] American Legislative Exchange Council, "Product Liability Act," January 1, 1995, alec.org/model-policy/product-liability-act. 다음도 참조하라. Sophie Hayssen, "What Is ALEC? Learn About the Organization Writing Your State Laws," *Teen Vogue*, September 25, 2020.

[72] 71 ALEC Bills in 2013 Make It Harder to Hold Corporations Accountable for Causing Injury or Death," Center for Media and Democracy, July 10, 2013.

[73] Molly Jackman, "ALEC's Influence over Lawmaking in State Legislatures," Brookings Institution, December 6, 2013.

[74] 도로쇼와의 인터뷰.

[75] Palazzolo, "We Won't See You in Court."

[76] 맥도널드 커피 사건은 조앤 도로쇼와의 인터뷰와 랠프 네이더의 불법행위 손해배상법 박물관을 통해 알게 되었다. (Allison Torres Burtka, "Liebeck v. McDonald's: The Hot Coffee Case"). 이 사건에 대한 다른 보도들도 도움이 되었다. 예를 들어 다음을 참조하라. Reader's Digest, "Remember the Hot Coffee Lawsuit? It Changed the Way McDonald's Heats Coffee Forever"(Feb. 2021). 이 기사는 스텔라 리에벡(Stella Liebeck, 심한 화상을 입었던 79세 고객)을 "270만 달러 배상액 **잭팟**을 맞은 원고"라고 묘사하고 있다(강조 표시는 인용자).

[77] 도로쇼와의 인터뷰.

[78] Daniel A. Waxman et al., "The Effect of Malpractice Reform on Emergency Department Care," *New England Journal of Medicine* 371 (2014): 1518-25.

[79] Larry Bodine, "Exposing the Lie of Tort Reform," *Huffington Post*, October 18, 2012.

[80] Steve Cohen, "On Tort Reform, It's Time to Declare Victory and Withdraw," *Forbes*, March 2, 2015.

[81] States that cap damages from Center for Justice and Democracy, "Fact Sheet: Caps on Compensatory Damages: A State Law Summary," August 22, 2020, centerjd.org/content/fact-sheet-caps-compensatory-damages-state-law-summary. Most accident-prone states from CDC WONDER Compressed Mortality File, wonder.cdc.gov/cmf-icd10.html.

[82] 은퇴한 회복적 사법 변호사 켄 저레이와의 인터뷰.

[83] Shannon Sliva and Carolyn Lambert, "Restorative Justice Legislation in the American States: A Statutory Analysis of Emerging Legal Doctrine," *Journal of Policy Practice* 14 (2015): 77-95.

[84] 딜런 살라자르와 코너드 가족의 회복적 사법 과정에 대한 내용은 켄 저레이와의 인터뷰 및 콜로라도주 상원의원 피트 리, 회복적 사법 변호사 린 리와의 인터뷰를 토대로 했다. 이 과정에 대한 콜로라도의 '회복적 중개 프로젝트'(Restorative Mediation Project) 동영상도 참조했다. 다음에서 볼 수 있다. youtu.be/URdw1dPI9gg.

[85] 콜로라도주 상원의원 피트 리가 이에 대해 상세히 안내해 주었다.

[86] 저레이와의 인터뷰.

[87] Amy Tam-Liao and Hsi-Pei Liao, "After Tragedy, a Different Justice," *Vision Zero Cities: International Journal of Traffic Safety Innovation*, July 9, 2018.

[88] Susan Phillips, "'That Terrifies Me': Trump Rule Allows Natural Gas Transport by Rail in Dense Areas," National Public Radio, December 29, 2020.

[89] Ibid.

[90] Erin Durkin, Maria Villase, and Joseph Stepansky, "Boy, 5, Hit by Car at Brooklyn Intersection Where 12-Year-Old Was Killed in 2013, Key to Vision Zero Initiative," *New York Daily News*, April 9, 2018.

[91] Jim O'Grady, "If NYC Fixed This Intersection, Why Do People Keep Dying There?," WNYC, November 6, 2014.

[92] David Meyer, "Families for Safe Streets and DOT Cut the Ribbon on Myrtle-Wyckoff Plaza," *Streetsblog NYC*, December 2, 2016.

[93] 비전 제로 뷰에서 해당 교차로를 볼 수 있다. Vision Zero View: vzv.nyc.

[94] 메리 셸리(Mary Shelly), 에릭 피터슨(Eric Petersen), 미스치프 브루(Mischief Brew), 사랑과분노혁명주의자아나키스트연맹(Love and Rage Revolutionary Anarchist Federation)에 경의를 표한다.

맺는 글 사고

[1] Christine Hauser and Edgar Sandoval, "Death Toll from Texas Winter Storm Continues to Rise," *New York Times*, July 14, 2021; Shawn Mulcahy, "At Least 111 People Died in Texas during Winter Storm, Most from Hypothermia," *Texas Tribune*, March 25, 2021.

[2] 1만 2000건이라는 고온 관련 사망 추정치에 알래스카주는 포함하지 않은 것이다. 다음을 참조하라. Christopher Flavelle, "A New, Deadly Risk for Cities in Summer: Power Failures during Heat Waves," *New York Times*, May 3, 2021; Drew Shindell et al., "The Effects of Heat Exposure on Human Mortality Throughout the United States," *Geohealth* 4, no. 4 (2020): e2019GH000234.

[3] Anne Barnard, et al., "Flooding from Ida Kills Dozens of People in Four States," *New York Times*, September 2, 2021.

[4] Miriam Jordan, "A Car Crash in the California Desert: How 13 Died Riding in One S.U.V.," *New York Times*, April 4, 2021; Jesus Jiménez and Alyssa Lukpat, "10 Killed in Crash of Packed Van in South Texas," *New York Times*, August 4, 2021.

[5] Will Evans, "How Amazon Hid Its Safety Crisis," *Reveal*, September 29, 2020.

[6] 이런 개념 중 일부는 수 베이커와의 인터뷰에서 가져왔다. 다음도 참조하라. Stock, "Safety Lessons from the Morgue."

찾아보기

ㄴ

ㄷ

ⓡ

ⓜ

ⓑ

ⓢ

◎

ㅈ

ㅊ

ㅋ

ㅌ

사고는 없다

교통사고에서 재난 참사까지, 무너진 시스템을 어떻게 복원할 것인가

초판 1쇄 발행 2024년 7월 3일
초판 2쇄 발행 2024년 7월 18일

지은이 제시 싱어
옮긴이 김승진
펴낸이 최순영

편집2 본부장 박태근
논픽션 팀장 강소영
편집 조은, 강소영
디자인 위드텍스트

펴낸곳 ㈜위즈덤하우스 **출판등록** 2000년 5월 23일 제13-1071호
주소 서울특별시 마포구 양화로 19 합정오피스빌딩 17층
전화 02) 2179-5600 **홈페이지** www.wisdomhouse.co.kr

ISBN 979-11-7171-231-1 03330